KB036381

질적 연구자 좌충우돌기

실패담으로 파고드는 질적 연구 이모저모

이 도서의 국립중앙도서관 출판예정도서목록(CIP)은 서지정보유통지원시스템 홈페이지(http://seoji.nl.go.kr)
와 국가자료공동목록시스템(http://www.nl.go.kr/kolisnet)에서 이용하실 수 있습니다.
CIP제어번호: CIP2018025585(양장), CIP2018026325(반양장)

실패담으로 파고드는 질적 연구 이모저모

질적 연구자 좌충우돌기

한국문화사회학회 기획, 이현서 · 박선웅 엮음

김은정 · 윤충로 · 이기웅 · 이재성 · 이지연 · 이창호 ·
이현서 · 정수남 · 정은정 · 한성훈 지음

한울
아카데미

책을 내며

이 책은 한국문화사회학회에서 연구 방법론 총서로 기획한 두 번째 책이다. 현재 국내에서 '질적 연구' 용어로 검색되는 저서들은 대략 190권(인터넷 교보문고 기준)에 달한다. 이 저서들을 분류해보면 첫째, 질적 연구 방법론에 대한 개괄적 설명, 둘째, 특정 질적 연구 방법에 관한 소개(이를테면 질적인 생애사 연구 방법론), 셋째, 특정 학문 분과의 질적 연구 방법 활용 소개(이를테면 문화사회학의 관점으로 본 질적 연구 방법론)로서 세 가지 주제로 나눌 수 있다. 그런데 이렇게 많은 양의 책들은 대부분 '이론 중심'의 설명에 그치고 연구자가 실제로 질적 연구 과정에서 겪는 '생생한 경험'을 담은 책들은 드물게 소개된다. 질적 연구 경험을 중심으로 소개하는 책들이 있어도 교육학, 사회복지(상담), 간호학 분야와 같이 특정 학문 분과에 치중되어 있어 일반 사회과학 분야의 연구 사례가 드물다.

사실 질적 연구 초보자의 경우 질적 연구 방법론에 대한 이론적 설명서인 형식지(形式知, explicit knowledge)에 관한 저서도 중요하지만, 질적 연구를 먼저 수행한 선배 연구자들의 생생한 경험을 다룬 암묵지(暗默知,

tacit knowledge)적 지식을 학습하는 것도 필요하다. 오늘날 대학의 사회과학 분야 학과에서 질적 연구 방법론에 관한 수업은 양적 연구 방법론에 관한 수업에 비해 훨씬 적게 개설되고 있다. 그래서 질적 연구 초보자는 혼자 공부하거나 자기 주변에 아는 사람들과 소모임을 만들어 공부하거나 민간 연구소 등에서 개최하는 워크숍에 참여해 질적 연구 방법에 관한 지식과 기술을 습득하는 형편이다. 이렇듯 독학이나 소규모 공부모임을 통해 질적 연구 방법론을 학습하는 사람들에게 이 책은 질적 연구자의 생생한 체험을 담아 질적 연구 방법론에 관한 암묵지적 지식을 좀 더 체계적으로 전달하고자 한다. 이 책이 질적 연구 초보자나 유경험자가 이론으로 학습한 질적 연구 방법이 실제 연구 현장에서 어떻게 활용되는지 세세하게 탐색하게 함으로써 더욱 효과적으로 자신의 질적 연구를 수행할 수 있도록 도울 수 있으면 좋겠다.

이 책을 처음 기획한 것은 2016년 초였다. 사회학과 문화인류학 분야에서 질적 연구를 수행한 저자들을 중심으로 집필진을 구성하고 2016년 7월 18일에 서강대학교에서 첫 집필 회의를 했다. 그날 우리 저자들은 책의 기획 의도에는 모두 동의했으나 자신의 좌충우돌 경험을 어떻게 글로 재현해 서술할 것인가에 대해 의견이 분분했다. 저자들 대부분은 연구 결과를 재현하는 서술에 익숙하지만, 연구 과정에서 자신이 겪은 좌충우돌 경험을 글로 서술하는 것에 익숙하지 않았다. 그래서 우리는 원고를 쓰기 전에 먼저 각자 자신의 질적 연구 경험과 애로사항을 소개하고 그 과정에서 겪은 애로사항을 토론하면서 좌충우돌한 경험이 무엇인지 체계적으로 밝히고 이 경험을 어떻게 서술할 것인지 결정하기로 했다. 첫 모임으로부터 15개월이 지나 마침내 2017년 한국문화사회학회 가을 학술대회에서 저자들 모두가 이 책의 초고를 발표하는 질적 연구 방법론 워크숍을 개최할 수 있었다. 워크숍 청중으로부터 초고에 대한 다양하고 귀중한 의견을 들을 수 있었다. 이렇게 집필진의 첫 모임부터 지금까지 총 10회의 모임과 1회의 워크숍을 거쳐 원고를 작성했다. 긴 시간 동안 집필진 모두 성실하게 참여하며 자신의 질적 연구 좌충우돌 경험을 나누며 지냈다. 책임 기획자로서 이 길고 긴 과정에 끝까지 동참한 공동 저자 선생님들께 감사드린다.

이 책에는 크게 네 가지 애로사항 유형이 전개된다. 첫째, 질적 연구 방법론을 처음 접하게 되었을 때의 애로사항, 둘째, 질적 연구를 시작하고 직접 만나게 되는 연구 참여자(사람)와의 관계에서 발생하는 애로사항, 셋째, 질적 연구의 특정 조사 현장(공간)에서 발생하는 애로사항, 넷째, 연구 참여자의 기억(시간)을 다룰 때 발생하는 애로사항이 그것이다. 독자들은 이 책을 통해 각 유형별로 질적 연구자가 어떤 애로사항을 겪으며 극복해갔는지를 볼 수 있을 것이다.

2018년 여름
모든 저자를 대표해 이현서

차례

서장

"입이 벌어질 정도로 어마어마한 남벽(南壁) 아래서 긴 호흡 한 번 내쉬고, 우리는 없는 길을 가야 한다. 길은 오로지 우리 몸속에 있다는 것을 깨달으며, 밀고나가야 한다. 어떤 행운도 어떤 요행도 없고, 위로도 아래로도 나 있지 않는 길을 살아서 돌아와야 한다." 이 구절은 30대 초반의 젊은 산악인이 안나푸르나 등반에서 조난당하기 전날 밤 쓴 일기의 일부로, 시인 이성복의 시론집 『극지의 시』에서 인용되었다. 이성복은 시란 '극지'의 산물이자 '극지' 그 자체라고 말한다. 질적 연구 역시 특히 초보자에게는 마치 극지와 같다. 질적 연구자는 캄캄한 어둠 속에서 정상을 향해 없는 길을 가야 하는 등산가와 다를 바 없다. 정상에 다다를수록 안나푸르나를 저 멀리서 바라볼 때의 설렘은 점점 두려움으로 바뀔 것이다.

그 두려움을 최소화하고 탐험에 성공하기 위해서는 물론 해당 지역에 대한 온갖 해박한 지식이 필요하다. 하지만 그것만으로는 결코 충분치 않다. 일반적으로 극지는 예상할 수 없을 만큼 시시각각으로 변하는 천 개의 얼굴을 지녔기 때문이다. 풍부한 지식만큼이나 아니 때로는 그보다 더 중요한 것은 산전수전 다 겪은 전문가의 현장 가이드다. 비록 걸어온 길보다 가야 할 길이 더 많이 남은 부족한 내용이지만, 초보 질적 연구자와 현장에 동행할 수는 없으므로 조사의 시행착오를 최대한 줄일 수 있기를 바라는 마음에서 이 책을 쓰기 시작했다. 이 책의 주요 내용은 집필진이 그간 발간한 책이나 논문에서는 쓰이지 않은, 아니 좀 더 솔직히 말하자면 쓰기 곤란했던 비하인드 스토리다. 독자들의 편의를 위해 각 장에 대한 간략한 소개를 하고자 한다.

1장에서 이재성은 박사 학위 논문 집필 과정을 회고하면서 방법론적으로 척박한 상황에서 체험한 초보 질적 연구자의 고충을 보여준다. 2000년대에 들어서면서 질적 방법론에 대한 학문적 요구가 점점 커지고 있었으나, 사실 질적 연구 — 특히 구술사 — 를 상세하게 소개한 책은 거의 없었다. 그는 인천지역 노동사를 논문 주제로 정하고 예비 조사를 실시했는데, 이후 논문에 대한 이론, 방법론, 연구 내용 등에 많은 변화를 겪게 된다. 특히 방법론과 관련해 이재성은 애초에 관심을 두었던 현상학적 접근 방법을 지역 노동사에 어떻게 적용할지 고민하다가 포기했고, 수년간 열심히 공부했던 생애사 연구 방법도 거의 활용하지 못했다. 결국 65명이나 면접을 해놓고도 그 목소리들을 생생하게 그려내지 못하고 면접 내용을 안타깝게 단지 보조적 수단으로만 활용했다.

이처럼 참담한 결과를 낳게 된 이유로서 이재성은 방법론 워크숍에서 배운 원칙과 실제 현실과의 괴리를 지적했다. 그 내용은 다음과 같다. 첫째, 조사 시작 단계에서 구술생애사 방법론이 요구하는 '열린 인터뷰'의 실제 적용이 쉽지가 않았다. 구술자도 당혹스러워할 뿐만 아니라 연구자역시 현장에 맞도록 구체적인 연구 기법과 전략을 변용하지 못했다. 둘째, 방법론적으로 권장된 질문을 했을 때 구술자의 반응, 대응, 구술 방식 등이 배운 내용과 너무나도 큰 차이를 보여주었다. 현시점에서 반성적으로 회고하자면, 그러한 구술의 다양성조차도 분석 대상으로 고려해야 했다. 하지만 연구자는 때로는 의식적으로 때로는 무의식적으로 자신의 시각에 맞춰 구술 텍스트를 선택 혹은 배제했다.

이재성은 질적 연구의 중요한 가치이자 미덕을 실현하기 위해서는 상식을 벗어나거나 혹은 연구자의 이론적 전제에 맞지 않는 의견일지라도 주목해야 함을 강조한다. 아울러 충분한 연습과 훈련을 통해 방법론적 지식을 체화할 필요가 있으며, 인터뷰 조사 과정에서 조사 내용을 함께 검토하고 토론해줄 수 있는 '품앗이' 동료의 필요성을 강조한다.

2장은 양적 방법론에서 질적 방법론으로 방법론적 전환을 시도한 이래로 겪게 된 좌충우돌기다. 김은정은 박사 학위 취득 이후 본격적으로 질적 연구를 수행하면서 겪게 된 좌충우돌을 두 가지 측면에서 서술했다. 첫째로는 자신의 경험에 비추어 자료 수집을 위한 인터뷰 과정에서 연구자가 준비하고 대처해야 할 점에 대해 논의했다. 김은정은 '연구자가 곧 연구 도구'라는 말을 실천하기 위해, 사전 조사를 충분히 하고, 면접 분위기와 대화를 잘 이끌며, 면접 내용을 반복적으로 읽고 분석하고자 노력했다. 이 과정에서 김은정은 좋은 연구 도구가 되기 위해서는 연구자의 준비성과 성실성도 중요하지만, 그에 못지않게 연구자의 정체성에 대한 성찰도 중요함을 깨달았다. 그녀는 질적 연구가 단지 인터뷰 대상에 대한 이해로 그치는 것이 아니라 연구자 자신의 삶과 사회인구학적 배경, 편견 등을 반성적으로 이해함으로써 연구 도구로서의 한계를 인식할 때 연구 참여자와의 상호주관성에 도달할 수 있다고 했다. 이런 맥락에서 김은정은 연구 주제 선정 시 연구자의 정체성을 고려할 필요성을 제안했다.

두 번째로 김은정은 질적 자료에 대한 해석의 자의성 문제를 고민했다. 양적 방법론에 익숙한 연구자로서 해석의 신뢰성과 타당성 문제에 대해 누구보다 민감했기 때문이다. 질적 연구가 안고 있는 자료 해석의 문제를 극복하기 위해 김은정은 자료 해석에서 비교적 체계적인 분석 방법을 제공한 근거 이론을 공부했으며, 이를 활용해 저소득층 십 대 여성의 성매매 유입·재유입을 통한 사회화 과정을 분석했다. 그런데 이 과정에서 김은정은 성매매 십 대 여성을 인터뷰한 데이터 자료를 근거 이론으로 분석하지 않았던 이전 연구와 대동소이한 결과에 도달했다. 이 지점에서 근거 이론의 방법론적 효용성에 대해 의문을 가지기도 했다. 하지만 김은정은 근거이론이 분석과 해석의 절차적 단계를 독자에게 보여줌으로써 해당 연구 결과의 신뢰도와 타당도를 높여준다는 점에서 근거이론을 바탕으로 꾸준히 연구를 진행해왔다.

3장은 '평범한' 연구 참여자를 '특별하게' 자리매김해야 하는 질적 연구의 불가피성에 대해 논의했다. 정수남은 노숙에 이르는 과정을 생애사적으로 접근하면서 노숙자를 규정하는 사회적 기제와 그들을 주체화시키는 다양한 사회적 장치들을 분석했다. 노숙자의 현장을 방문하면서 정수남은 육체적·정신적 피해를 입었거나 고통을 당한 존재들에게 다가가는 일이 수월하지 않다고 강조한다. 특히 충분한 사전 정보나 배경 지식이 없는 상황에서 이뤄지는 연구자의 질문은 자칫 그들에게 모멸감과 수치심, 경계심을 불러일으켜 연구 자체를 망칠 수 있다고 역설한다. 대다수의 노숙인들은 자신이 다른 누군가에 의해 '특별하게 취급'되거나 노숙인으로 명명되는 것을 싫어한다. 그럼에도 불구하고 노숙인을 그저 평범한 존재로만 바라볼 수 없는 특이성을 고려하지 않을 수 없다. 대중매체에 의해 축소 혹은 과장된 노숙자의 특이성은 일정한 편견을 형성시키기 때문에 연구자는 연구 참여자인 노숙자를 특별하게 고려해야 할 필요성에도 불구하고 사전에 어떤 편견과 선입견으로부터 거리 두기를 해야 한다고 강조한다.

노숙인에 대한 초기 연구들은 노숙인이 모여 있는 현장을 방문해 직접 대화를 시도하는 경우가 많았지만, 외부인에 대한 노숙인들의 불쾌감을 인지한 정수남은 최대한 우회적으로 다가갔다. 먼저 현장에 오래 머물러 왔던 현장 실무자, 복지사, 자원봉사자 등으로부터 노숙인들의 일상 및 생활세계의 독특한 질서, 현장에 관여된 여러 해당 기관 간의 이해관계와 갈등, 정부 정책 등 많은 사전 정보를 입수했으며 이를 바탕으로 노숙인들과 빨리 친숙해질 수 있었다고 한다.

정수남은 질적 방법론으로서 현장연구의 필요를 인정하지만, 현장의 중요성이 지나치게 과장된 점을 문제시했다. 그는 질적 연구자가 연구 대상의 세계를 체험하거나 그들과 자신을 동일시함으로써 그들의 본질에 다가가는 것은 아니라고 한다. 오히려 더 중요한 것은 현장 그 자체가 아니라 특정한 이론적 관점에서 어떻게 현장을 비판적으로 재구성할 것인가라는 문제다. 이런 맥락에서 그는 노숙자, 노숙인 쉼터, 복지사, 현장 실무자, 공무원, 병원, 교회, 자원봉사자 등으로 얽혀 있는 현장의 권력관계망을 살펴보았다.

연구자와 연구 참여자 간의 거리 두기를 연구의 객관성을 위해 강조하는 양적 방법론과는 달리, 질적 방법론은 양자 간의 상호작용을 중시한다. 한스 게오르그 가다머(Hans Georg Gadamer)의 용어를 빌리자면, 질적 연구는 '지평의 융합'을 추구하며, 연구자는 연구 참여자에게로 끊임없이 다가가려고 노력한다. 라포 형성 역시 그 노력의 일환이다. 그런데, 연구자와 연구 참여자 간의 상호작용은 계몽주의적 과학주의가 신봉하는 이성을 매개로만 이루어지는 것은 아니다. 둘 사이에서는 흔히 모종의 감정 교류가 발생하며 이는 종종 연구자가 기대하지 않는 방식으로 연구 결과에 영향을 미치기도 한다.

4장에서 이현서는 2000년대 초부터 진행했던 세 개의 연구에서 연구 참여자에 대해 각기 다른 감정을 가졌으며, 연구자의 주관적 감정이 질적 연구 과정에 어떻게 작용했는지를 잘 드러내준다. 첫 번째 연구는 박사 학위 논문으로서 연구 대상은 재미 한인교포였다. 처음에는 재미 한인들의 이주 후 여가 문화에 관심을 갖고 그들과 만나 대화를 나누다가 미국에서 체험한 편견과 차별의 경험에 '동병상련'과 '분노'의 감정을 공유하게 된다. 이후 연구의 핵심 주제가 재미 한인들의 인종적 정체성 형성으로 전환되었다. 그녀는 또한 흑인 밀집 지역의 연구 참여자를 방문하는 과정에서 공포심을 체험해 가급적 안전 지역의 중산층을 대상으로 자료 수집을 하게 되었다고 고백한다.

두 번째 연구 사례는 한국에 거주하는 이주 노동자였다. 연구자는 그들의 열악한 환경과 차별 대우에 '측은지심', '메스꺼움'과 '죄책감' 등을 느꼈다고 한다. 그러나 연구가 진행될수록 연구자는 이주 노동자들이 한국에서의 거주와 노동을 고되거나 불행하다고 인식하기보다는 오히려 행복하다고 하며, 고국에 있는 가족의 삶이 더욱 나아질 것이란 희망과 행복감을 표현한다는 것을 발견했다. 이에 이전의 감정보다는 '존경심'이 생기기 시작했으며, 그들이 자신의 삶에 어떤 의미를 부여하는지에 분석의 초점을 맞추게 되었다.

세 번째 연구 대상은 국제결혼 부부였는데, 남편이 한국인인 부부와 아내가 한국인인 부부로 집단을 구분해 연구를 수행했다. 이현서는 도중에 후자 집단에 대한 면접을 중단했는데, 면접 참여자를 구하기가 어렵다는 현실적인 이유도 있었지만 외국인 남편을 존중하지 않는 한국인 아내의 태도에 대한 혐오감이 들었기 때문이었다고 한다. 위의 세 사례를 통해 이현서는 연구자가 초월적 관찰자가 아니라 사회적으로 위치지어진 존재라는 점, 그렇기 때문에 자신의 위치에서 연구 참여자에 대한 특정한 감정이 유발될 수 있다는 점을 성찰할 수 있어야 질적 연구의 질을 향상시킬 수 있다고 말한다.

우리는 질적 연구를 통한 자료 수집을 하기 이전에 질적 연구 방법론 혹은 심층 면접, 구술생애사 등의 특정 연구 방법에 대한 교재를 읽고 나름 준비를 할 것이다. 운이 좋은 연구자는 대학원 과정에서 질적 연구 강좌를 수강할 기회를 가질 것이며, 아마도 대부분의 연구자는 시중에 나와 있는 교재를 독학으로 공부할 것이다. 그러나 조사 현장에서 예기치 않게 부딪히는 다양한 문제는 연구 방법의 일반론으로 해결되기 어렵다. 5장에서 이기웅은 연구 방법 일반론이 적어도 방법론을 배우는 학생에게 필요하지만, 현장에 나간 연구자에게는 그리 중요하지 않다고 단적으로 말한다. 연구 목적, 연구 질문, 연구 참여자의 특성에 따라 연구자의 구체적인 접근 방법과 전략이 달라질 수밖에 없다는 것이다. 그렇기 때문에 이기웅은 연구자의 개방성, 창의성, 융통성 등을 강조한다.

그가 체험한 현장으로부터의 당혹스러움은 대체로 질적 연구자가 대면하게 되는 이론과 현실의 괴리다. 예컨대, 광고 산업의 세계화에 대한 연구에서 연구 참여자는 '세계화'의 변화를 몸소 겪고 있었음에도 불구하고 그 개념의 의미를 인지하지 못하고 있었다. 따라서 이기웅은 세계화에 대한 어떤 질문에도 적절한 응답을 얻는 데 실패했으며, 결국 연구 참여자가 이해하기 쉬운 용어로 변환하는 전략을 선택했다. 더불어, 이후 수행한 대중음악의 장소성에 대한 연구에서는 연구 대상자의 선정에서 좌절을 맛보았다. 그는 가급적 인지도가 높은, 소위 그 업계의 '셀럽'을 어렵게 섭외했으나, 실제로 연구에 필요한 주요 정보원은 그들이 아니라 오히려 그들 주변에서 일을 도왔던, 대중적으로 알려지지 않은 사람들이었다는 것이다. 그의 또 다른 연구에서 주목할 만한 점은 조사 기간이 길어지다 보면, 때로는 조사 대상의 의미가 변하면서 연구 관심도 변할 수 있다는 것이다. 서울의 젠트리피케이션에 관한 연구는 초기에 특정 지역의 미학화와 그 현상의 사회문화적 의미를 독해하는 것에 치중해 있었다. 그런데 연구가 진행되는 과정에서 원주민의 이동 및 임대료 인상에 따른 임차인의 비자발적 퇴거로 젠트리피케이션의 의미 전환이 이루어졌다. 부득이하게 초기에 조사된 자료는 그 자료적 가치를 상실할 수밖에 없게 되었으며, 연구자는 변화된 의미를 포함하도록 연구 주제를 조정해야 했다.

이 책의 집필진 중에서 유일한 인류학 전공자인 이창호는 6장에서 인류학적 연구의 통과 의례라고 할 수 있는 현지조사의 여정과 그 여정에서 맞닿게 되는 여러 가지 문제점을 상세하게 소개하고 있다. 일반적으로 인류학에서의 현지조사는 낯선 곳에서 장기 체류하며 그 지역민의 내부자적 관점으로부터 조사 지역의 사회적 관계, 제도, 문화를 이해하고자 한다. 이창호의 연구 대상이었던 인천 차이나타운은 낯설지 않은 곳임에도 불구하고, 처음에 그는 화교들의 비협조와 적대감으로 인해 철저히 이방인의 위치에 놓이게 된다.

그런 예기치 못한 상황에 처한 그는 놀랍게도 6개월 동안 차이나타운 일대를 배회했을 뿐 연구를 진전시키지 못했다. 그는 기독교인이 아니면서도 차이나타운 내의 교회에 다녔으며, 주민자치센터의 자치위원으로 활동하기도 했다. 그러던 중 이창호는 화교와 친밀감을 형성할 수 있는 결정적 기회를 맞이하게 된다. 교회 목사님의 숙부가 총무를 맡고 있는 화교 친목 단체의 야유회에 참석하게 된 것이다. 이창호는 그 단체의 회원으로 가입하고 난 이후에 비로소 화교들과의 친밀감을 형성할 수 있게 된다.

연구 목적과 연구 결과를 학문 공동체를 넘어 일반 대중과 공유하기 위해서는 무엇보다도 연구 주제와 대상의 대중성이 요구된다. 7장에서 농촌사회학자 정은정은 애그리비지니스의 수직계열화 체계를 입체적이면서 대중이 이해하기 쉽게 펼쳐 보이기 위한 전략적인 연구 영역으로 치킨을 선정했다. 한국에는 공식적으로 3만 6000여 곳의 치킨점이 있다고 한다. 길거리 닭꼬치나 장작 구이, 그리고 안주용 치킨을 파는 술집은 공식 통계에 포함되어 있지 않으니, 그야말로 한 집 건너 한 집 치킨집이 있는 셈이다. 정은정은 치킨의 생산, 유통, 판매와 소비의 네트워크 그리고 그 안에서 발생하는 자본의 축적과 확장, 양계 농장의 쇠퇴, 기업의 횡포와 가맹점의 애로 사항을 질적 사례 연구를 통해 조명하고자 했다.

7장은 연구 목적을 달성하기 위한 정은정의 방법론적 노력이 얼마나 치열했는지를 잘 보여준다. 현장에 진입하기 전에 농업, 축산업, 사료 산업, 특히 양계업과 관련된 방대한 자료를 수집하고 읽고 정리했다. 또한 치킨점과 관련한 인터넷 카페에 가입해 1년 동안 지속적으로 게시글을 읽으며 치킨 관련 정보를 획득했다. 특히 그녀는 카페에 참여한 경험을 치킨점의 일상 용어를 배우는 일종의 '어학연수'에 비유하기도 했으며, 그것이 이후 치킨점 사장님과의 라포 형성에 크게 도움이 되었음을 회고했다. 예를 들어, 업계 용어인 '칙카이드'라는 말을 아는 연구자와 그렇지 못한 연구자 간에 나타나는 큰 차이가 그 내용이다. 그러나 필자의 노력은 단지 용어 사용에 그치지 않는다. 치킨의 물리적 특성 및 제조 방법에 대해 어느 정도 알아야 할 필요성을 느끼고, 치킨 창업을 위한 단기 속성 학원에 다닌 적도 있었고 치킨점 사업 설명회를 찾아다니기도 했다.

이러한 노력에도 불구하고 막상 현장에서의 인터뷰 시도는 난관에 부딪히기 일쑤였다. 생존을 위해 고군분투하는 가맹점 사장님과 인터뷰를 하기 위해 동네 치킨집의 단골 손님이 되어야 했고, 인맥을 통해 어렵게 육계 전문기업의 농가에서 땀 흘리는 농민들을 소개받을 수 있었다. 자세히 밝히지는 않았지만 철옹성 같은 육계 전문기업의 관리자도 만날 수 있었다. 위에서 밝힌 대로 현장 감각을 살리기 위한 노력 덕분에, 많은 연구 참여자를 확보할 수는 없었지만 제한된 시간 안에 효율적인 인터뷰를 진행할 수 있었을 것이다. 이 과정에서 정은정은 '불편한 진실'을 토로한 취재원의 보호에 매우 신경을 썼으며, 질적 연구의 신뢰성은 곧 취재원과의 신뢰성에 기초하고 있음을 강조했다.

때로는 연구 주제가 아무리 독창적이고 학문적 의의가 크다 하더라도, 연구 목적에 적합한 연구 참여자를 찾기 어렵다면, 연구자의 좌충우돌 가능성은 더욱 커지기 십상이다. 설상가상으로 몇십 년 전에 발생한 과거에 대한 기억을 소환하는 작업이라면 끊어진 필름을 시간의 흐름에 따라 이어 맞춰 '사실'을 재생시켜야 하는 어려움을 겪게 된다. 그와 같은 작업을 익숙하게 하기 위한 방법론적 준비가 미흡하다면, 연구자의 학문적 이상은 구현되기 어렵다. '잊힌' 베트남 전쟁에 참전한 한국군인의 집합적 정체성과 기억의 정치에 관심을 갖고 연구를 수행한 윤충로는 시작 단계부터 부딪힌 어려움을 8장에서 상세히 소개하고 있다. 먼저 그는 연구 참여자에 대한 접근 가능성 문제에 봉착한다. 무엇보다 연구를 착수한 당시만 하더라도 베트남 전쟁 참전 군인에 대한 선행 연구가 거의 없어서 연구의 가치 및 필요성에 대한 확신을 갖게 되었으나, 바로 그 이유 때문에 핵심적인 조사 대상자였던 파월 기술자를 찾기 위해 2년여의 시간을 보내야 했다. 이 경험을 공유하며 윤충로는 위에서 언급한 대로, 연구 주제가 아무리 신선하고 학문적인 의미가 있다 하더라도 적절한 연구 대상을 찾지 못한다면 큰 어려움이 있을 수 있음을 알려준다.

또한 윤충로는 박사 논문을 쓸 때까지 거시 역사적 접근과 방법에 익숙했기에, 연구 주제에 적합하다고 판단되어 선택한 구술사를 활용하기에는 아직 준비가 덜 된 상태였다. 그는 연구 방법을 머리로 익히는 것과 몸으로 익히는 것에 큰 차이가 있음을 깨닫고, 체계적인 면담 교육을 통해 면담 요령을 숙지하는 과정도 중요하지만 선배 연구자의 면담에 참여해 현장 경험을 쌓을 것을 권장한다.

선과 악, 동지와 적의 경계는 명확하지만, 가해와 피해의 경계가 모호한 역사적 사건에 대한 연구에서 종종 연구 참여자의 구술은 연구자로 하여금 미궁으로 빠져들게 한다. 1990년대 말 권위주의적 정치 체제가 점점 역사 속으로 사라지고, 민주주의 시대가 본격적으로 개화될 즈음에 이르러서야 해방 이후 국가 폭력에 의한 희생과 민간인 집단 학살에 대한 문제가 공론화되기 시작했다. 시민사회가 시민단체나 언론을 통해 오랫동안 조작·은폐된 사건의 진실에 다가가고 정부 차원의 진상 조사를 요구하는 한편, 이에 발맞추어 학계에서는 '국가 폭력' 혹은 '민간인 학살'이라는 연구 주제를 설정하고 특정한 역사적 사건에 연루된 자들의 체험과 생애사에 접근하려고 노력했다. 이와 같은 민간인 학살의 증언자 연구를 위해 필요한 점과 고충은 무엇이 있을까? 이 질문에 대한 해답을 9장에서 찾을 수 있을 것이다.

일찍이 이 연구에 참여했던 한성훈은 증언자를 만나기에 앞서 민간인 학살이 자행된 정치적·사회적 변동 과정에 대한 폭넓고 심층적인 지식과 이해의 필요성을 강조한다. 식민지 시기, 해방, 분단, 전쟁으로 이어지는 우리의 굴곡진 역사는 왜곡된 자유민주주의의 체제 구축, 냉전 이데올로기와 전쟁, 이념 대립을 민간인 학살의 구조적 맥락으로 형성하고 있기 때문이다. 한성훈은 객관적 조건에 대한 주관적인 체험과 인식, 그리고 체험 이후의 개인적·사회적 삶의 연관성을 파악하는 것이 중요하다고 강조한다.

민간인 학살과 같은 연구에서는 연구 참여자가 피해자를 비롯해 가해자와 목격자 등 다양한 증언자의 지위를 갖고 있기 때문에, 사건에 대한 기억이 다르고 자신의 과거 행위 및 현재의 삶을 정당화하려는 구술을 접하기 쉽다. 그들의 구술은 때로는 과장되고, 때로는 피할 수 없는 운명처럼 이야기된다. 물론 침묵도 있다. 이와 관련해 한성훈은 증언자의 구술을 반복 청취하며 정확한 내용을 맞춰보려는 노력이 필요하다고 본다.

그동안 질적 방법론은 연구자와 연구 참여자 사이에서 발생하는 다양하면서도 예기치 않은 돌발 문제를 최소화하기 위해 라포를 강조하고, 인터뷰 시 질문 내용과 순서에 대한 사전 준비 등 다양한 조사 기법과 팁들을 개발해왔다. 하지만 10장에서 이지연은 역발상을 제안한다. 돌발 문제를 배제하려고 노력하기보다는 이를 오히려 연구자와 연구 참여자 간의 관계성을 조명하는 창구로 활용할 필요성을 강조한다. 연구자와 연구 참여자 간의 상호성에 주목하는 이유는 첫째, 인터뷰의 전개 과정에서 연구 주제가 변화될 가능성이 있기 때문이다. 둘째, 연구자의 특성이 조사 과정에 영향을 주기 때문이다. 특히 후자와 관련해 이지연은 연구자가 속한 학문적 커뮤니티 속 '모델 이야기'에 내포된, 선험적 수준에서 작동하는 권력성을 성찰할 필요가 있다고 강조한다. 특이한 점은 이 모델 이야기는 특정 학문 공동체 내에서뿐만 아니라 연구 참여자들의 이야기 구성에서도 반영된다는 것이다. 이를 조명하며 이지연은 모델 이야기로부터 이탈되는 연구 참여자들의 이야기는 경청할 만한 가치가 없다고 판단하는 경향성을 지적했다. 정해진 연구 주제와 이론적 틀을 따르는 조사 관행을 두고 이지연은 조사라는 행위의 권력성과 조사자의 자기 성찰성의 문제에 주목했다.

모든 지식이 '과학'의 위상을 차지하려면 반드시 엄밀한 방법론적 절차를 거쳐야 한다. 양적 방법론이든 질적 방법론이든 과학적 연구는 시인 이성복이 말하듯이 '극지'의 산물이며 '극지' 그 자체일 것이다. 특히 질적 방법론은 연구자의 체험과 직관적 판단이 중요한 만큼 더욱더 극지에 놓여 있을 것이다. 외롭고 캄캄하다. 질적 방법론은 전문가를 허락하지 않는다. 이제 우리는 열 명의 극지 체험자가 한 치 앞을 내다볼 수 없지만 더 이상 물러설 수 없는 자리에서 어떤 예기치 못한 장애에 부딪히며 어떻게 한 걸음 한 걸음 내디디고 정상을 향해 걸어갔는지를 살펴볼 것이다. 질적 방법론자라면 누구든 겪어야 할 좌충우돌의 잔혹사를 말이다.

박선웅

제1장

구술생애사 방법론
워크숍에 대한 회상

이재성

성공회대학교 사회문화연구원 연구위원

1. 연구자 소개

논문을 쓰고 학위를 받는다는 것은 매우 전략적인 행위다. 그냥 열심히만 하면 되는 일이 과연 얼마나 있겠는가. 모든 일에는 중요한 선택의 순간이 있고 후회가 없는 선택을 하기 위해서는 분명한 전략이 필요하다. 논문 쓰기도 선택의 연속이다. 연구 주제를 선택하고, 연구 대상과 방법을 골라야 한다. 양적 연구는 어느 정도 표준화된 방법론이 있는 반면에 질적 연구는 연구자의 재량권이 훨씬 더 크다. 그러니 더욱 많은 고민이 필요하다. 나는 이런 사실을 거의 모르는 상태에서 박사까지 마쳤다. 그 과정에 졸업이 불가능할 정도의 위기도 있었고 학위 논문도 그리 만족스럽지 못했다. 이미 시간이 많이 흘렀지만 앞으로의 연구를 위해서라도 스스로를 돌아볼 필요를 느낀다.

1997년에 대학원 석사과정에 들어갈 당시엔 김세균 교수의 지도 아래 마르크스주의 '국가이론'에 대해 공부를 하려 했었다. 하지만 졸업 논문은 국가의 노동 '정책'에 대한 주제로 바꾸어 쓰게 되었다. 오직 국가론만 생각하고 있다가 급히 주제를 바꾼 것이라서 논문 쓰기는 매우 힘이 들었다. IMF 경제위기와 김대중 정부 출범 이후 학계는 철학과 이론보다는 현실적인 문제에 대한 관심이 깊어지는 추세였다. 그래서 박사과정에 진학을 하게 되더라도 더욱 구체적인 주제를 잡아야 한다는 생각이 있었는데 막상 어떤 분야를 선택할지 전혀 방향이 잡히지 않는 방황의 시기였다. 석사 논문을 쓰고 나서 공부를 계속할 것인지 취업을 할 것인지 진로에 대해 심각하게 고민을 하게 되었다. 잠시 선택을 유보하기로 하고 막연하게 한국노동연구원에서 연구조교 생활을 했다.

우연히 한국 노동 운동에 대한 연구 프로젝트에 참여하게 되면서 점차 '노동사'에 관심을 갖게 되었다. 특히 마산창원지역노동조합협의회에 대해 쓴 김하경의 『내 사랑 마창노련』과 광주 민주화 운동에 대해 쓴 최정운의 『오월의 사회과학』을 읽고 큰 감동을 받았다. 이후 김하경 작가를 통해 '노동운동역사자료실'을 알게 되었고 노동조합의 백서를 만드는 작업에 참여하면서 처음으로 '구술사'에 대해 배우게 되었다.[1] 2002년도에 박사과정에 들어가서 최정운 교수의 강의를 듣고, 권태환 교수의 질적 연구 방법론 수업도 들었다. 학교 밖의 구술사 워크숍에도 참여했다. 그 당시 학습한 내용은 정경원(2005)과 남신동(2006a; 2006b)에 잘 드러나 있다. 때마침 성공회대학교 노동사연구소의 대형 구술 조사 프로젝트의 조교로 참여할 기회가 주어졌다. 이 과정에서 김준, 김귀옥, 김영(김순영), 이희영 등 질적 방법론으로 연구를 하는 연구교수들로부터 많은 가르침을 받는 행운을 얻었다. 구술사에 대한 공부를 하면서 정리해본 글이 나중에 이재성(2007; 2011)으로 발표가 되었다. 그런데 나는 연구자로서 훈련을 받는 과정에 큰 고비를 겪게 되었다.

연구 대상과 엄격한 단절을 전제하는 양적 연구 방법과 달리 질적 연구는 연구자와 연구 대상이 밀접히 연결되어 있다. 최근에는 '연구 대상'이라는 표현조차 잘 쓰지 않고 '연구 참여자'라고 말할 정도다. 노동, 여성, 장애, 인권 등의 주제를 다루는 연구자들은 현실의 문제를 해결하는 데 기여하고자 하는 목적의식이 더 강하다. 본인 스스로가 사회 운동의 참여자인 경우도 많다. 나는 이러한 정체성의 문제를 잘 조율하지 못했던 까닭에 논문 작업이 매우 더디게 진행되었다. 공부와 연구에만 집중하지 못했던 것이다. 2004년부터 2005년까지는 부당하게 재임용심사에서 탈락했던 서울대 미대 김민수 교수의 복직 운동에 꽤 적극적으로 참

---

1 IMF 사태 이후 공기업 민영화와 구조조정, 정규직과 비정규직의 문제가 크게 부각되면서 벌어진 사건이 한국통신비정규노조의 정리해고 반대 투쟁이었다. 2000년 1월부터 2002년 5월까지 517일간의 투쟁은 표면적으로 보면 실패로 끝났다. 하지만 노동조합은 노조의 역사를 기록으로 남기기로 결의했고, 백서 집필에 필요한 문서 자료가 부족한 문제를 극복하기 위해서 구술사 방법이 활용되었다.

여했고, 2007년부터 2011년까지는 지역 조사를 하다가 알게 된 인천 동구 배다리의 지역 문화 운동에 동참하기도 했다. 처음 2년간은 간헐적으로만 오가다가 박사 논문을 마친 2010년 이후 약 2년간은 좀 더 깊이 관여했다. 당시 이야기는 이재성·김혜영(2011)에 담겨 있다.

석사과정 때부터 나는 '연구자 운동'이라는 지향성을 가지고 있었다. 전문성을 갖춘 연구자기는 하지만 학계 활동보다는 사회 운동과 밀접한 연계 속에서 연구를 수행하고 싶었다. "현장에서 미래를." 이것은 연구자 운동을 지향했던 한국노동이론정책연구소의 모토이자 그곳에서 발간하는 정기간행물의 제목이었다. 1995년에 창립한 이 연구소는 2006년에 문을 닫았는데, 이 연구소에서 2001년까지 7년간 소장을 역임한 김세균 교수가 바로 나의 지도 교수였다. 어쨌든 이러한 활동가 지향성이 나의 연구에 많은 긍정적 영향을 주었지만 그 부작용도 적지 않았다.

이 글은 일종의 반성과 성찰의 기록이다. 자신의 경험을 '돌아본다'는 것, 이는 질적 연구 방법론의 한 측면이기도 하다. 이 글을 통해 후배 연구자들이 불필요한 시행착오를 조금 줄일 수 있다면 좋겠다. 개인적인 경험 속에서 질적 연구 방법론을 배우고자 하는 학부생이나 석사과정 학생들이 타산지석으로 삼을 수 있는 몇 가지 주제를 연구 단계별로 추려 보았다.

2. 나의 질적 연구 좌충우돌기[2]

1) 논문은 '함께 쓰기'가 좋다

학술 논문은 혼자 작업해서는 승산이 없다. 논문 심사과정 자체가 소통과 토론 방식으로 진행된다. 따라서 학생들은 논문을 쓰면서 평가자들과 독자들이 어떤 문제제기를 할 것인지 추측해보고 그에 대응할 준비를 해야 한다. 혼자만 끙끙 앓으면서 글을 쓰면 그런 대비를 잘할 수가 없다. 논문 쓰기는 '함께 쓰기'로 진행하는 것이 좋다. 지도 교수와의 활발한 소통이 가장 중요하고 동료들과의 정기적인 토론이 반드시 필요하다. 함께 모이면 내 이야기만 하는 것이 아니라 다른 사람들의 발표에 대해서 토론도 해주어야 한다. '함께 쓰기'는 상부상조의 글쓰기이고 '논문 품앗이'다. 조금씩만 서로에게 시간을 내주면 더 큰 수확을 얻게 해준다. 물론 그런 팀을 짜기가 쉽지 않다. 나는 성공회대학교의 노동사 연구 프로젝트에 조교로 참여하게 되면서 기본적인 생활비도 벌면서 논문 주제와 관련된 세미나도 하고 예비 조사도 진행할 수 있었으니 정말 큰 행운이었다고 생각한다.

한일 월드컵이 열렸던 2002년에 박사과정에 들어갔다. 그즈음만 하더라도 질적 연구 방법론 교과서가 많지 않았다. 인류학과 사회학에서 전통적인 문화기술지나 참여관찰, 지역연구나 심층 면접 등의 방법론이 꾸

---

2 이 절의 내용은 다음 논문의 연구 과정을 바탕으로 작성했다. 이재성·김혜영, 「당신에게 나, 은혜입은 거 없어!: 『여공 1970, 그녀들의 反역사』 서평」, ≪진보평론≫, 26(2005), 330~344쪽; 이재성, 「한국 정치사와 구술사: 정치학을 위한 방법론적 탐색」, ≪한국사회과학≫, 29(2007), 167~199쪽; 이재성, 「지역사회운동과 로컬리티: 1980년 인천의 노동운동과 문화운동」(DETO, 2014); 이종구·이재성, 「노동아카이브의 형성과 발전방향 모색: 성공회 노동사연구소의 '참여형 아카이브' 시도를 중심으로」, ≪기록학연구≫, 41(2014), 175~212쪽.

준히 이어지고 있었지만 '구술사'라는 단어는 약간 생소하던 시기였다. 한국에서 구술사는 민주화 이후 현대사 연구의 필요성에 의해 1990년 이후 도입되기 시작했고, 대학 연구소에서 중대형 규모의 구술사 연구 프로젝트가 등장한 것은 2000년 이후다(백미숙, 2015). 성공회대학교 노동사연구소는 그들 중 하나였고 나와 비슷한 처지의 석사 및 박사과정생 일고여덟 명이 이곳에서 방법론 세미나와 워크숍을 진행할 수 있었다. 우리들의 전공은 사회학, 정치학, 역사학 등이었고 관심 주제는 노동을 중심으로 젠더, 학생 운동, 이주 노동자, 지역 등으로 다양했다. 초기에는 연구 프로젝트 차원에서 전임연구원들과 함께 진행된 일상사, 미시사, 구술사 등에 대한 세미나에 함께 참여했다가 전체적으로 노동 주제에 대한 '민주 대 반민주'식 구도가 유지되는 것을 느끼고 다른 관점의 논의를 검토하고자 했다.[3]

2003년과 2004년 세미나에서 다룬 내용은 김원, 구해근, 전순옥, 조주은, 윤택림, 미셸 바렛(Michélle Barrett), 권명아, 김현미, 미셸 마페졸리(Michel Maffesoli), 전진성, 알프 뤼트케(Alf Lüdtke), 강성호, 유기환, 알라이다 아스만(Aleida Assmann) 등의 책을 통한 일상사, 일상생활, 신문화사, 서사, 젠더, 기억이론 등에 대한 검토였다.[4] 그러는 와중에 이희영

---

3 이 글의 본문은 당시 세미나와 워크숍에서 나온 논쟁점을 정리한 것이다. 수년간 함께 공부하고 토론했던 동료들과 우리를 이끌어주셨던 이희영 선생님과 김준 선생님께 진심으로 감사드린다. 구술사 세미나 및 워크숍 참여자는 김춘수, 김혜영, 류제철, 송용한, 양돌규, 이선옥, 이영미였다.

4 세미나를 하면서 몇몇 책의 서평을 썼다. 김원의 책에 대해서 쓴 서평으로는 이재성·김혜영, 「당신에게 나, 은혜입은 거 없어!: 『여공 1970, 그녀들의 反역사』 서평」, ≪진보평론≫, 26 (2005), 330~344쪽이 있고 전순옥의 책에 대해 쓴 서평으로는 이재성, 「70년대 민주노노운동의 현재적 의미를 묻는다: 『끝나지 않은 시대의 노래』 서평」, ≪경제와 사회≫, 62(2004), 340~352쪽이 있다. 당시에도 신중하게 쓴다고는 했지만 박사 논문을 쓰면서 후회를 했고, 자신의 능력을 고려해서 비평을 해야겠다고 생각했다. 세미나 과정에서도 많은 책과 논문들을 가볍게 평했던 기억이 난다. 대학원생들이 주의해야 할 부분이다.

교수의 생애사 분석 워크숍(2004년 12월~2005년 1월)을 계기로 조교 세미나는 방법론 워크숍으로 전환되었다. 이미 몇몇은 각자의 연구 주제에 따라 면접 조사가 진행되는 과정이었고, 다양한 연구 성과를 공부하는 것이 끝이 없어 보였던 것도 같다. 어느 시점에서는 자기 논문 주제에만 집중하고 몰두하기 시작해야만 했던 것 같다. 그런 구체적인 고민에 큰 도움을 준 것이 1차 생애사 워크숍이었다. 2005년 1월의 내 연구 노트에는 이렇게 적혀 있다.

개인적으로 일상성에 대한 '현상학적 접근'을 선택했다. 그 이유는 첫째, '노동자 자기 역사 쓰기'를 통한 '역사 만들기'라는 것이 역사의 '원본'을 구성하는 것이 아니라 '사본'을 '창조'하는 것에 가깝다는 판단 때문이다. 둘째, 따라서 '역사 만들기'의 학술적·예술적 의미는 얼마나 원본('과거의 사실' 또는 '살아진 삶')에 근접하느냐의 문제라기보다 사본('역사적 사실' 또는 '체험된 삶')에 대한 진정성에 있다는 생각 때문이다. 셋째, 따라서 현상학적 연구의 사료는 구술 사료이든 문헌 사료이든(아니면 이미지나 노래 등이든) 간에 기본적으로 '사료적 사실' 또는 '과거에 대한 사실' 또는 '경험된 삶(a life as experienced, 이희영 선생님의 구분법에 의하면 '이야기된 생애사'에 해당함)'이라는 뜻이 된다. 넷째, 이러한 방식에 의해 '민주와 반민주', '국가와 민족', '노동과 자본'이라는 비교적 단순한 해석틀을 '걷어내고' 역사에 대한 새로운 해석을 할 수 있을 것이라는 기대를 갖게 되었기 때문이다. 다섯째, 그러나 이런 방식이 '랑케식 역사 연구'를 모두 부정하는 것이 아니라는 점은 중요하다. 다만 내가 보고 싶은 것을 더 잘, 더 설득력 있게, 더 일관된 시각을 견지하면서 보고, 해석하고 연구할 수 있을 것이라는 연구자로서의 선택일 따름이다. 마지막으로, 이미지 등에 대한 분석을 하기 위해 필요한 비평적·미학적 분석틀이나 '심미적 이성' 등의 개념이 모리스 메를로퐁티(Maurice Merleau-Ponty) 등의 '현상학자'들에 의해 풍부히 발전해

왔고, 이는 현재 대학원 교수 중 한 사람에 의해 강조되고 있기 때문이라는 현실적 문제도 있다.[5]

이 내용은 박사 논문의 연구 방법론을 정하면서 정리했던 내용인데 실제로 논문에는 매우 제한적으로만 반영되었다. 내가 선호하는 방법론이 나의 연구 주제와 연구 대상에 적합한지 아닌지에 대해서 정확하게 판단하지 못했던 것이다. 또한 위 내용은 아주 추상적인 지침일 뿐 구체적인 연구조사 방법이 아니었음에도 불구하고 그런 추상적 내용을 배우는 데 너무 오랜 시간을 투자했었다. 심지어 외부에서 하는 구술사 세미나에서는 리더 격의 연구자가 프로이트의 『꿈의 해석』을 공부하자고 해서 열심히 참여한 적도 있었다. 대학원생 세미나에서 함께 읽으며 토론했던 많은 책 가운데에서도 논문에 직접적으로 기여한 것은 별로 없었다. 특히 『기억의 공간』(알라이다 아스만, 2011)은 읽고 배우는 데 시간과 노력이 많이 들어갔었다. 그 책은 문학과 미술을 아우르는 '기억의 인문학'으로서 매우 재밌었고 유익했으나 정작 나의 '사회과학' 논문에 얼마나 어떤 기여를 했는지는 불분명하다. 물론 질적 연구자가 많은 해석의 자원을 가지고 있는 것이 단점이 될 수는 없다. 논문에 직접 인용이 되지 않았다고 해서 이전에 읽은 책과 토론했던 시간이 모두 쓸모없는 것이었다고 단정 지을 수 없다. 그럼에도 불구하고 정작 자신의 연구 주제와 대상에 적합한 연구 방법론을 구성하지 못한다면 학위 논문을 제대로 쓰지 못하

---

5 연구 노트라 내용 중에는 부정확한 부분이나 오해가 될 내용도 있지만 그대로 인용했다. 현상학적 접근에 대한 내용이나 '원본과 사본'이라는 비유 등 전체적으로 개념에 대한 이해가 부정확하다. 인용문에서 말하고자 하는 것은 구술사를 '문헌 자료를 대체하는 것'으로 다루지 않고 질적 연구의 성격이 분명한 방식으로 연구하고 싶다는 문제의식이었다. 그리고 질적 분석이 필요한 자료에는 언어적 텍스트뿐만 아니라 비언어적 텍스트가 있기 때문에 이미지 등을 분석하기 위한 방법을 배워야겠다는 생각이었다. 당시에는 현상학이 이런 내용을 포괄적으로 다룬다고 생각했지만, 이후 그렇지 않다는 사실을 알게 되었다.

게 된다. 무엇보다 먼저 예비 조사를 통해서 연구 대상의 특성을 파악한 후, 연구 질문을 찾아나가면서, 본인에게 적합한 연구 방법론을 확인해야 한다.

2) 예비 조사를 미루지 말자

일반 소논문보다 학위 논문은 연구 방법론이 차지하는 분량과 중요성이 크다. 연구 주제에 대한 선행 연구들을 잘 검토해 좋은 연구 질문을 만들어내야 하고, 그 연구 질문을 풀어나가는 데 가장 적합한 연구 대상과 방법을 선택해야 한다. 논문 쓰기를 배우는 대학원에는 방법론 수업이 따로 있기는 하지만 자기 논문에 맞는 방법론을 찾고 배우기에 충분하지는 않다. 학부생들에게는 그런 기회마저 쉽게 주어지지 않는다. 방법론은 고사하고 연구 주제를 결정하기도 막막한 일이다. 그러다 보니 주제를 정한 후에는 거의 글을 다 쓴 것처럼 생각하기도 한다. 많은 학생들이 연구 주제를 결정한 이후에 방법론이라는 큰 산을 또 넘어야 한다는 사실을 잘 모르는 것 같다. 연구 주제는 학술적으로 가치 있는 연구 질문으로 전환되어야 한다. 그래야 비로소 논문 작업이 첫걸음을 뗐다고 말할 수 있다. 그리고 본 조사가 진행되면서 그 연구 방법은 또다시 흔들리고 수정되거나 교체될 수도 있다는 사실을 알아야 한다.

연구 질문은 어떻게 만드는가. 많은 방법론 책에서 연구 질문에 대해 설명하고 있어서 그 내용을 배우고 이해할 수는 있지만, 실제로 자신의 연구 주제와 논문에 적용해서 구체화하는 데는 많은 시간과 노력이 필요하다. 한 번에 좋은 연구 질문이 나오는 것이 아니라 여러 번 수정을 거치면서 천천히 만들어지게 된다. 그러니 가장 관심이 가는 주제를 정해서 우선 어떤 연구 질문이라도 만들기 시작하는 것이 효율적이다. 단번에 결론을 내려 하지 말고, 모색하면서 방향을 정해가는 것이 좋다. 한번 결정한 것이 여러 번 벽에 부딪히게 되고 좌절하게 될 것이라는 사실을 인지하고 담담하게 대처해야 한다. 그런 만큼 열린 마음 자세가 중요하다. 연구자의 경험, 판단, 가치 지향 등이 명확한 것은 그 자체로 장점일 수 있지만 연구 계획을 수립하는 데 있어 자칫 자신의 한계 안에 갇히게 되는 원인이 될 수 있음에 유의해야 한다.

　내가 방법론을 중심으로 공부를 했던 이유는 두 가지였다. 첫째 이유는 초기 백서 작업을 할 때에 이론적 고민 없이 인터뷰를 많이 했던 것에 대한 반성이었다. 둘째로는 박사과정에 들어와서 인천지역 노동사를 주제로 논문을 쓰기로 결정이 된 상태였기 때문이었다. 방법론만 정해지면 그에 맞춰 논문은 쓰기만 하면 될 것이라고 생각했던 것 같다. 하지만 예비 조사를 시작하자 모든 것이 무너져 내리는 것을 알게 되었다. 주요 이론도 노동체제론과 공장체제론으로 하면 될 줄 알고 한 챕터를 미리 써 두었지만 나중엔 모두 버렸다. 지역 수준의 노동사를 다루기에는 사회 운동론이 더 적합했던 것이다. 문화에 대해서는 다룰 수 없을 줄 알고 제대로 준비를 하지 못했다가, 우연히 중요한 구술자를 만나게 되면서 급히 추가 조사를 진행했다. 결국 문화 운동은 내 논문의 한 축을 이루는 내용이 되었다. 애초에 관심을 두었던 '현상학적 접근' 방법은 지역 노동사에 어떻게 적용할 수 있을지 알 수 없어 포기했고, 워크숍과 핸드북 제작까지 시도하면서 수년간 열심히 공을 들였던 생애사 연구 방법 역시 박사 논문에 거의 활용될 수 없었다.

　결국 박사 논문에서 질적 연구 방법은 '보조적 수단으로 활용'하는 선에서 마무리되었다. 인터뷰를 65명이나 해놓고 그 목소리들을 생생하게 그려내지 못했다는 것이 아직까지 후회가 된다. 다행히 2018년에 인천지역 민주화 운동사 프로젝트 중에서 노동 운동사 부분을 정리하는 일을 내가 맡게 되었다. 졸업 후 9년 만에 못다 한 작업을 마무리할 수 있는 기회가 생긴 것 같아서 정말 행운이라고 생각한다. 『맨발의 학자들』(전제성 외, 2014)은 동남아 전문가 6인의 현지조사 '좌충우돌기'다. 주로 인류학과 교수인 저자들은 (필자 자신들의 표현으로) 무모하리만큼 준비가 덜된 상태에서 현지에 들어갔다. 그들은 먼저 현지에 적응하고 관찰하고 이해하려 노력한다. 그런 후에 조금씩 이론화 작업을 시도한다. 자신의 논문 구성이 충분히 가능해질 즈음에 현지에서 물러나 논문을 써나가는 방식이 소개된다. 나도 방법론에 대한 고민을 하면서 예비 조사를 일찍 시작했었다면 방법론의 선택이 더 쉽고 적절했을 것 같다. 물론 연구 결과도 더 좋았을 것이다. 졸업 후 질적 연구 방법론 수업을 맡았을 때 방법론을 고민하는 학생들에게 나는 이렇게 말했다. "일단 인터뷰를 시작해봅시다."

3) 구술생애사에 대해서 배우기

이희영 교수의 1차 구술생애사 워크숍이 참여자들에게 큰 도움이 되고, 학교 외부에서 많은 사람들이 요청을 하면서 2차 워크숍도 열리게 되었다. 그리고 2005년 내내 연구 프로젝트 조교들의 텍스트 분석 워크숍이 이어졌다. 긴 시간 함께했던 동료들은 점차 각자의 논문 작업에 몰입해야 하는 시기가 되었다. 그리고 세미나 기간에 날 선 논쟁도 많이 벌어지면서 우리는 피로감에 지쳐갔다. 마지막으로 그동안의 자료를 모아서 '구술생애사 분석 매뉴얼'을 정리해 남기고 세미나를 정리하기로 했다. 그 당시에 만들어진 폴더를 열고 문서를 확인해보았다. 2005년 11월 18일의 회의록에는 마지막 토론 내용이 적혀 있었다. 그리고 뜨거웠던 논쟁 내용은 녹음이 되어 있었다. 결국 매뉴얼 제작은 완성되지 못했고, 우리는 헤어졌다. 당시 논의 중 몇 가지를 여기에 소개한다. 본문에 다 담을 수 없는 생애사 재구성 방법론에 대해서는 이희영(2005)을 참고하고, 연구 논리의 측면에서 심화된 논의는 신진욱(2008)을 참고하면 좋겠다.

(1) 워크숍의 의미와 성과

참여자들 중 어떤 사람은 '이것밖에 할 줄 아는 게 없어서' 질적 연구를 한다고 말하기도 하고, 우연한 기회에 접하게 되고 마음에 들어서 시작한 사람도 있었고, 의식적으로 특정한 목적을 가지고 구술사를 배우기 시작한 사람도 있었다. 모두 사회 운동에 관심이 있었으나 기존의 이론들에 회의감을 가지고 있었다. 여성주의 이론, 자율주의 이론, 마르크스주의 이론, 민주주의 이론 등 기존 사회 운동 내의 이분법적 구도나 선언적인 내용들을 무조건 따르기보다, 현실 속에서 재확인하고 '다른 이야기들'을 발견해내고 싶어 했다. 다양한 전공을 가지고 있었지만 참여자들은 구술사 방법론이 연구 대상을 '대상화'하지 않고자 노력한다는 점에서 민주적인 방법이라고 생각했고, 구술자들의 세계로 들어갈 수 있는 가능성이 큰 방법임을 확신했다.

특히 생애사 재구성 방법론은 실증주의 논쟁에서 나오는 '주관성 대 객관성'의 이분법적 사고를 극복할 수 있는 연구자의 '제3의 영역'을 열어주는 것이라고 평가했다. 생애사 재구성 방법론은 구술자의 삶의 '객관적' 사실을 무시하지 않으면서도, 그 위에서 구술자의 '주관성', 즉 그가 자신의 삶에 대해 '어떻게 이야기하는지'를 면밀히 분석하려 한다. 마지막으로 연구자는 이론적·사회적 맥락 속에서 구술자 개인과 집단의 사실과 이야기들을 통해 사회적 차원의 학술적 논의를 이끌어낸다. 즉, '구체적 일반성'을 추구하는 연구 결과가 도출될 수 있다. 그런 전체적인 과정을 단계적인 '가설 작업'을 통해 가시화하고, 해석 공동체를 통해 '상호주관적' 분석을 추구하는 등 모호했던 질적 연구 방법의 절차와 기법을 구체화해준다는 점에서도 깊은 감명을 받았다.

하지만 방법론은 양질의 텍스트 분석 결과를 자동적으로 가져다주지 않았다. 질적 연구 방법은 '해석'이라는 과정이 중요했는데 같은 텍스트를 보고도 그 해석은 동일하지 않았다. 소위 연구자의 '지평'이라는 것의 범위와 깊이에 따라 읽어낼 수 있는 내용들이 차이가 많이 났다. 따라서 기본적인 방법론을 익힌 후에 연구자들은 자신의 자질을 향상시키기 위해 언제나 노력해야 한다는 결론을 내렸다. 연구자들은 각자의 분야, 이론, 경험 등에 대해 더 탐구하고 더 풍부해져야 한다. 구술자들도 다양하기 때문에 구술 텍스트의 성격이나 수준, 논문에 대한 관여도나 기여도 등은 각각 다를 수 있다. 구술자에게서 연구 질문을 풀어가는 데 꼭 필요하고 학술적 분석이 가능한 '양질의' 구술 증언을 이끌어내는 연구자의 능력이 매우 중요해진다.

(2) 세 가지 논쟁점

워크숍 참여자들은 오랜 기간 구술생애사 방법론을 실습하고 토론하면서 많은 것을 배웠지만 동시에 여러 가지 의문과 한계에 도달하기도 했다. 그중에서 여러 참여자들에게 공통적이고 공감이 많이 되었던 내용들을 정리하면 다음과 같다.

첫째, 구술생애사를 통해 나온 분석 결과를 이전 이론이나 선행 연구들과 비교해보니 크게 다른 것이 없었다는 고민이 많았다. 만약 그렇다면 구술생애사 방법론을 채택해야 할 의미가 없어지게 된다. 역시 방법론은 연구자에게 '가능성'을 주는 것이지 목적한 바를 실현하는 것은 연구자 자신이다. 연구자가 노력하지 않으면 질적 연구의 결과물은 거의 구술자의 진술, 서사, 이야기 안에 갇혀버릴 것이다. 연구자 자신의 관점이나 해석 방식에 대해서 성찰하지 않는다면 논문의 결론은 연구자의 사고 체계 안에 갇히고, (처음 의도와 달리) 구술자는 연구자에 의해 동원되고 재단되는 부작용이 발생하게 될 것이다. 경우에 따라서는 다른 방법론을 사용해도 동일한 결론에 도달할 수도 있을 것이지만, 질적 연구 방법을 사용한 목적, 이유, 의도 등에 따라서 연구자는 자신의 결론과 그 학술적인 가치에 대해 명확히 진술할 수 있어야 한다.

이희영 교수도 이 마지막 부분이 연구자가 심혈을 기울여야 하는 부분이라고 강조했다. 사례 분석을 할 때에는 본인의 연구 질문에 꿰어 맞추기식의 텍스트 분석을 하지 않기 위해서 노력해야 하고, 일단 분석 결과가 나온 후에는 그 결론이 기존 학계 논의나 사회적 차원에서 연구자가 기여하는 부분에 대해 분명히 드러낼 수 있도록 노력해야 한다는 것이었다. 사례 분석에 그친다면 독자들은 '그래서?', '어쨌다는 건데?'라고 되물을 것이기 때문이다. 사례가 나열되는 것만으로는 완성도 있는 학술 논문이라고 평가할 수 없다. 여기서 연구자의 '자질'이 또다시 큰 무게감으로 다가오게 된다. 구술 자료에 대해 분석도 잘해야 하고, 그 결과의 학술적 의미도 잘 기술할 수 있을 만큼 해당 주제에 대해 박식해야 한다.

둘째, 생애사 분석 단계에서는 먼저 객관적 사실을 중심으로 살펴보고, 그다음에는 이야기 또는 서사라는 차원에서 분석을 하게 된다. 연구자는 그 두 차원을 함께 비교하면서 공통점과 차이점, 표현의 내용과 방식, 진술의 순서와 연계된 다른 에피소드와의 관계 등을 구조적으로 분석하게 된다. 그런데 '객관적 사실'을 살피는 부분에서 연구자가 쉽게 확인할 수 없는 정보들이 너무 많다는 것을 알게 된다. 한 구술자는 "우리집은 매우 부자였다"고 말하고 "나는 어려서 공부를 잘했고 부모님으로부터 칭찬을 많이 받았다"고 진술했다. 그런데 연구자는 이 진술이 '객관적 사실'인지 확인하기가 어렵다. 이 때문에 생애사 분석의 두 차원을 제대로 재구성하는 것이 생각보다 어려운 문제가 된다.

나는 이 문제를 확인하기 위해 한 동료와 '구술자 되어보기' 실험을 진행했다. 동료의 논문에 나의 사례가 들어가도록 한 것이다. 약 두 시간 동안 워크숍에서 배운 바대로 인터뷰를 진행했다. 나는 최대한 실험 상황인 것을 의식하지 않으려 했다(하지만 매우 많이 의식했고, 특정 부분을 강조하거나 생략하는 나 자신을 보았다). 인터뷰를 마치고 시간이 지난 후에 동료가 자신의 초고를 가지고 왔다. 거기에는 나의 사례를 분석한 내용이 있었다. 그의 논문 주제는 '일중독'이었다. 그리고 나는 '일중독자'로 그려지고 있었다. 박사 논문을 써야 하는 대학원생이 열심히 논문을 써 나가는 것을 일중독으로 본다는 것이 일단 의아했다. 그 연구에 내가 적절한 구술자였을까 의문이 들었다.

더 중요한 것은 내 생애사에 대한 그의 해석이었다. 나는 인터뷰 때 '막내로 자랐지만 형제들과 성별이 다르고 나이 차이가 많아서 고립된 느낌으로 성장했다'고 말했다. 동료는 논문에서 그 '외로움'을 나의 일중독을 해명하는 생애사적 요인의 하나로 해석했다. 그러나 사실 나는 기본적으로 식구들의 사랑을 많이 받았었다. 내가 그에게 말한 고립과 외로움은 주로 가치관이나 세계관, 진로나 신앙 등의 문제에 대해 소통할 상대가 없었다는 뜻이었다. 내가 보기에 그 논문의 사례에 등장하는 '나'는 내가 아니었고, 그렇게 '해석될 수도 있겠다'고 여길 수 있는 차원이 아니라 기본적 사실관계부터가 오류였다. 결국 동료는 논문에서 나의 사례를 사용할 수 없었다. 그렇다면 다른 사례들은 괜찮은 것이었을까? 과연 우리는 한두 시간 동안 진행된 인터뷰를 통해서 그 사람의 삶과 체험에 대해 얼마나 깊이 이해할 수 있을까?

셋째, (그렇기 때문에) 워크숍 마지막 토론에서는 생애사 재구성 방법론에서 '체험된 생애사' 분석이 추구하는 것이 무엇인지에 대한 논점이 형성되었다. 나는 체험된 생애사 분석의 목표는 그 '사람'을 깊이 이해하는 것이 아니라고 보았다. 아무리 열심히 '살아온 생애사'와 '이야기된 생애사'를 분석한다고 해도 한 사람을 이해하기 위해 필요한 정보는 턱없이 부족하기 때문이다. 따라서 연구 논문에서 체험된 생애사는 논의의 차원이 한 '인간'으로부터 어떤 인간들의 '사회적 체험' 또는 '체험의 사회성' 그 자체로 전환되는 것이 맞다고 보게 된 것이다. 개별 인간으로부터 체험으로의 전환을 통해 비로소 연구자는 체험 내용의 유형화와 그것의 사회적 의미를 드러내는 결론으로 나아갈 수 있는 것이 아닐까. 질적 연구가 포착해내는 '구체적 일반성'은 바로 이 전환과 도약의 순간으로부터 가시화되며, 결국 생애사 연구의 대상은 개별 '인간'이 아니라 연구자가 재구성한 '체험'이며, 생애사 연구 방법론은 구술자들을 개별 '인간'이 아니라 유형화된 '체험'으로 재구성하고 분석하기 위해 고안된 방법론으로 규정되어야 하지 않을까?

더 나아가 연구 논문은 체험된 생애사의 재구성을 통한 학술적 결론 도출이라는 목표에 맞춰서 유기적으로, 즉 역추론적으로[6] 그 목차를 짜야 한다고 생각했다. 사실 보통 논문은 그렇지 않은가. 연구 과정을 그대로 목차화하는 것이 아니라 결론까지 한번 가본 후에 전체 목차를 조정하는 것이 자연스럽고 당연한 것이다. 아무리 연구자가 '열린 태도'를 가지고 구술 텍스트를 분석해야 한다고 해도, 자신의 연구 질문에 대한 중심과 초점까지 내려놓으면 어떻게 논문을 작성할 수 있다는 말인가. 결국 본질적으로 논문은 분석 과정에서는 충분히 열린 태도를 유지한다고 해도, 집필 과정에서는 필연적으로 '닫힌 텍스트'로 전환될 수밖에 없는 것이 아닌가. 이런 판단 아래 나는 연구자의 연구 질문에 따라서 구술생애사 분석 사례들이 연구자에 의해 선택되거나 배제될 수밖에 없다고 주장했다. 단, 그 기준을 밝힘으로써 학술적 엄밀성을 견지해야 한다는 전제하에서 말이다.

---

6 이희영은 생애사 재구성 방법론을 설명하면서 '가추법'에 대해 언급했다. 논리학에는 '가추법 (abduction)'이라는 개념이 있다. 이 개념은 게임이론, 수학, 공학 등에서도 조금씩 변용되어 사용된다. 역행추론 또는 역추론이라고 하고 영어로는 'backward induction' 또는 'reverse inference'라고 한다. 일반적으로 가추법 혹은 역추론은 원인보다 결과가 먼저 주어지는 경우, 과정보다 목표가 우선되는 경우의 추론을 의미한다. '다음 달 테스트에 합격해야 한다. 나는 지금부터 무엇을 해야 하는가'라는 방식도 역추론의 일종이다. 일상 속에서 사용하는 '반추(反芻)'나 '복기(復棋)'라는 말과도 통한다. 이희영, 「사회학 방법론으로서의 생애사 재구성: 행위이론의 관점에서 본 이론적 의의와 방법론적 원칙」, ≪한국 사회학≫, 39(3)(2005), 120~148쪽.

이런 견해에 대해 이희영 교수는 연구자가 연구 질문을 중심으로 사례를 선택하고 그 선택 이유를 명시하는 것은 맞지만, '체험된 생애사'의 분석이 한 '인간'에 대한 이해가 아닌 '체험'에 대한 이해라고 규정하는 것은 일면적인 해석이라고 말했다. 구술 텍스트를 분석하는 것과 논문을 쓰는 작업은 분명 차별성이 있다. 단적으로 논문을 쓸 때에 구술 텍스트 분석 내용을 모두 담아낼 수 없는 것이다. 하지만 마치 전자는 인간에 대한 이해이고 후자는 체험에 대한 이해라는 식으로 명확히 구분되는 것으로는 볼 수 없다는 것이다. 둘째로 텍스트 분석에서 열려 있던 태도가 논문 집필 과정에서 다시 닫히는 것이 아니라, 텍스트 분석 결과를 사회과학적으로 어떻게 설명할 것인지에 대해 다각도로 노력해야 한다고 강조했다. 연구자의 관심과 연구 주제는 이미 조사 이전부터 끝까지 전제되는 것이지만 논문을 쓸 때는 그에 맞춰서 사례를 재구성해 논문을 '닫힌 텍스트'로 만들어서는 안 된다는 지적이었다. 연구자는 사례를 통해서 자신이 보려 했던 것만 보지 말아야 하고, 예측과 달리 새롭게 드러나는 여러 측면에 대해 학술적 해명을 시도해야 한다. 즉, 오히려 연구 질문에 갇히지 않도록 끝까지 열린 태도를 유지해야 하는 것이 질적 방법의 특성이라고 이희영 교수는 설명하고 있다.

4) 인터뷰 과정에서 느낀 점

2005년 11월, 마지막 워크숍으로서의 토론회를 마치고 나서 12월까지 완성하기로 했던 '구술생애사 분석 매뉴얼' 제작은 결국 무산되었다. 목차도 나와 있었고 세미나 자료도 쌓여 있었지만 그것을 종합하는 일은 꽤 방대한 작업이었다. 좁혀지지 않은 관점의 차이, 동일한 토론의 지루한 반복, 석사 논문 작업을 하던 멤버들의 시간적 제약 등이 중요한 원인이었다. 나도 내 논문 작업을 본격적으로 시작해야 했다. 길게 봐서 4년 동안 방법론 공부를 했으니 이제 인터뷰를 하고 논문을 쓰면 될 것이라 생각했다. 그것이 가장 큰 착각이었다. 우선 인천지역 민주노조 운동사에 대한 논문을 쓰는 데 있어 몇 명을 인터뷰를 해야 하는지, 전체적으로 어느 정도의 시간이 필요한지 계산해보지 않았다. 과연 '눈덩이 굴리기' 방식으로 소개받은 구술자들이 나에게 어떤 이야기를 들려줄 것인지 등에 대해서도 거의 준비를 하지 않았다. 그 결과 방법론 워크숍에서 안내된 방법에 따라 질문을 했을 때 구술자들의 반응, 대응, 구술 방식 등이 너무도 차이가 컸다. 워크숍에서 배운 원칙과 실제 현실의 차이가 크게 느껴졌다.

첫째로 '열린 인터뷰'가 잘 이뤄지지 않았다. 구술생애사 방법론에서는 처음에 구술자를 만나서 "살아온 이야기를 해주세요"라는 열린 질문을 통해 구술자가 자유롭게 자신의 이야기를 진술할 수 있도록 유도하게 되어 있다. 구술자가 머뭇거리더라도 연구자가 개입하지 말고 어떤 식으로든 구술자 본인의 이야기가 시작되기를 기다리는 것이 좋다고 했다. 하지만 현실에서 열린 인터뷰에 대한 구술자들의 혼란이 생각보다 컸다. 지역 노동사 연구를 위한 인터뷰라고 하면서 자기의 전체 인생 이야기를 해달라고 하니 당혹스러워하는 사람이 많았다. 물론 '라포(rapport)'[7]가 중요하다는 것도 배웠다. 하지만 구술생애사 텍스트에서 자기 이야기를 처음 열어가는 부분, 즉 '모두 진술' 속에서 구술자의 생애사를 꿰뚫는 '생애사적 관점'이 드러난다는 가정(이희영, 2005)이 나의 인터뷰 방식을 규정했다. 그리하여 구술자를 처음 만났더라도 연구자의 개입이 없는 구술자의 '모두 진술'을 확보해야 했기 때문에 구체적인 질문을 피하고 포

---

7 라포란 연구자와 조사 대상자 간의 긴밀한 신뢰 관계를 뜻한다. 인류학을 비롯한 사회과학 방법론에서는 프랑스어의 표현을 그대로 사용해 '라포'라고 한다. 크레인·앙그로시노, 『문화인류학 현지조사 방법: 인간과 문화에 대한 현장 조사는 어떻게 하나?』, 한경구·김성례 옮김(일조각, 1996), 21쪽.

괄적인 질문을 던질 수밖에 없었다. 하지만 그런 분위기에 쉽게 적응하지 못하는 구술자들이 많았다. 그 당시 나는 다양한 조사 상황에 처한 연구자가 방법론의 기본 원리를 적절히 변용한 연구 기법과 전략을 가지고 상황에 대응해나갈 수 있다는 점을 알지 못했었다.

둘째로 구술자들은 나의 상상력의 범위를 훌쩍 넘어서는 다양성을 보여주었다. 어쩌면 질적 연구는 바로 그런 다양성 자체를 분석의 대상으로 삼아야 하는지도 모르겠다. 하지만 조사 당시에 나를 당황하게 만든 구술자들은 분석 대상에서 가장 우선적으로 배제되었다. 그들의 이야기는 신뢰할 수 없는 것이라고 판단했다. 그들의 체험은 노동 운동사에 기록될 가치가 없다고 재단했고 자칫하면 학술 논문을 회화화시킬 수 있겠다는 염려도 되었다. 가장 대표적인 사례는 인천 노동 운동의 지도자였다가 사생활 문제로 추정되는 이유로 노동 운동을 떠나게 되고 귀농해 살아가고 있던 한 남성이었다. 먼 길을 달려가 만난 그는 본격적인 인터뷰 전에 조용한 개울가에서 이야기를 시작했는데 자신이 수련을 통해서 공중부양을 할 수 있게 되었다고 말했다. 말 그대로 '내 귀를 의심했다'. 그의 집에서 1박을 하면서 몇 번의 연속된 인터뷰를 마치고 집으로 돌아왔다. 가장 극단적인 사례이긴 했지만 다른 구술자들 중에서도 '상식적으로'는 이해할 수 없는 구술자가 있었다. 비중으로 따지면 전체 인터뷰 중 극히 소수다.

하지만 분석에서 배제되는 것은 그런 특수한 사례만의 문제가 아니었다. 나는 '일반적인' 구술 텍스트 중에서도 어떤 부분은 '자연스럽게' 수용하고 어떤 부분은 의도적으로 배제하고 있었다. 연구자의 시각, 시선, 틀에 맞춰 구술 텍스트를 자의적으로 선택 또는 배제한다는 것은 질적 연구 방법에서 매우 치명적인 문제점임을 알고 있었음에도 불구하고 실제 조사 과정에서 '내가 그렇게 하고 있다'는 점을 미처 깨닫지 못했다. 예를 들어, 한 구술자는 노조 활동을 할 때 회사 측 부장과 갈등하던 이야기를 했다. 여성 노조원들이 노조 탄압에 앞장서고 있는 나이 많은 부장의 이름을 성적으로 희롱하면서 "야, 성기야, 니 성기가 그렇게 크냐?"라고 조롱하며 일부러 '열 받게' 만들기 위해 욕을 하고, 그런 과정에서 폭행이나 충돌이 발생하도록 유도했다는 증언이었다. 이런 사례는 사실 민주노조 운동의 일상적 충돌이나 파업 과정에서 종종 등장하는 이야기다. 하지만 운동사 연구 속에서는 다뤄지지 않아왔다. 나 역시 이러한 증언들을 분석 대상에서 가장 먼저 배제했었다. 그런 영향으로 나의 연구 방향이 '민주 대 반민주'라는 정해진 이분법에서 크게 벗어날 수 없었거나, 혹시 연구 과정에서 새롭게 발견할 수 있었던 중요한 점들을 놓쳤던 것은 아닌가 하는 후회도 되었다.

상식을 벗어나고, 통념과 다르며, 연구자의 대전제에 맞지 않고, 무시해도 될 만큼 소수인 의견들에 대해서 연구자가 관심을 기울이지 않는다면, 질적 연구의 중요한 가치이자 미덕은 아마 실현될 수 없을 것이다. 또한 질적 연구 논문이 연구자가 자의적으로 '보고 싶은 것만' 볼 뿐이라는 비판에 대해서도 대응할 수 없게 된다. 생애사 워크숍의 마지막 토론에서 김준 박사는 자신의 경험을 이렇게 말했다.

최근에 열몇 건의 인터뷰를 했는데, 내가 '애호하는' 텍스트가 있고 애호하지 않고 버려지는 텍스트가 있었다. (모두 웃음) 이야기 구조가 분명하거나, 내가 하고자 하는 얘기와 잘 들어맞는 텍스트가 특별히 애호되었다. 반면 인터뷰 때도 힘들었고, 말이 이어지지 않고, 얘기가 산만하게 흩어져서 구조가 잘 드러나지 않는 인터뷰는 좀 밀어놓게 되는 문제가 있었다. 구술생애사 텍스트 분석에서는 일단 인터뷰 텍스트를 모두 분석하고, 나중에 논문을 집필할 때만 선택적으로 해야 하는 것인가? 두 번째로 우리가 '역사 속에서 자기 목소리를 못 가진 사람들을 대상으로 연구를 하자'는 취지가 있었는데, 하다 보니 나름대로 자기 삶에 대해 뚜렷한 이야깃거리를 가진 사람들 또는 나름대로 요령껏 표현할 수 있는 사람들의 목소리는 그나마 나에 의해서라도 드러나는 반면에, 그나마도 힘겨워하는 사람들의 목소리는 내가 찾아가서 증언을 받았음에도 불구하고 또한 나에게서도 무시당해버리는, 이런 문제가 발생했다.

질적 연구를 수행하는 연구자는 자신의 연구 과정을 솔직하게 드러낼 수 있어야 한다. 하지만 실제로 그런 연구 윤리와 방법론적 원칙을 이행하는 일은 쉽지 않다. 지식으로는 알고 있다고 해도 연습과 훈련 없이는 체화되지 않으며, 연구자 자신을 성찰하는 데 민감한 '품앗이' 동료들이 없이는 혼자서 처리해나가기 매우 어려운 측면이 있다. 모든 조사를 마친 후에 깨달으면 늦다. 인터뷰 조사 과정에서 자신의 연구 수행 과정을 면밀히 되돌아보고, 동료들과 토론하고, 문제가 발견된 경우 재빠르게 추가 인터뷰를 진행하는 등의 연구 과정에 대한 체계적인 자기 관리가 필요하다.

3. 좌충우돌하면서도 질적 연구를 하는 이유

나는 사회 운동에 직간접적으로 연계된 연구자로서, 그리고 구술생애사 방법론에 관심을 갖고 공부를 했던 연구자로서, 나와 비슷한 동기로 질적 연구를 수행하고자 하는 학생들이나 후배 연구자들을 떠올리며 이 글을 썼다. 하지만 아쉽게도 나의 학위 논문이나 소논문은 '문헌 자료에 준하는' 차원에서의 구술자료 활용이라는 경계 안에 머물고 있다. 이 경계 안에서도 좋은 논문을 쓰는 것이 쉽지 않지만 가능하면 그 밖으로 한 걸음 딛고 나서보고 싶다. 또한 위에서 김준 박사가 언급했듯이 나 역시 '발언권이 없는 사람들'의 이야기를 하고 싶은 욕구가 있다. 전 세계가 웹으로 연결된 요즘 같은 과잉(?) 커뮤니케이션의 시대에 '발언권' 운운하는 것이 어불성설일 수 있다. 그러나 자신에게 발언권이 있다고 생각하지 않는 사람들이 자기의 권리를 찾고 원숙하게 소통할 수 있도록 하는 일은 여전히 중요하다. 서두에 밝혔던 '노동자 자기 역사 쓰기'는 바로 그런 작업이 되어야 할 것이다.

가톨릭대학교 앞에서 카페를 하던 사장님 부부의 이야기는 나의 마음에 깊이 남은 인터뷰 중 하나다. 남편은 노래를 잘해서 문화 운동가가 되었고, 부인은 제조업체 사원으로 처음에는 구사대원이다가 이후 노조원이 된 분이었다. 노조에 노래반 강사로 갔다가 만나서 부부가 된 경우였다. 남편은 고졸로 활동을 해서 '학출'이라고는 할 수 없었다. 그는 인터뷰 말미에 이렇게 말했다.

사실 우리 같은 사람이 많거든요. 20대를, 청춘을 정말, 순수한 열정으로 운동을 했던. 그런데 시간이 지나고 그러면서, 사실 우리에게 굉장히 절실한 문제였고, 굉장히 소중한. 그러면서 폄하되고, 아무것도 아닌 것 같고. 개중에 보면 정말 권력 지향적이고 그런 사람들은 사회적으로 한자리하면서 큰소리 떵떵 치고 그렇게 사는데, 20대를 그렇게 열심히 살았지만, 그 이후에 정말 어렵게, 현실에서 어렵게 살고 그러면서, 한자리 차지하지 않고, 또 다른 삶으로 열심히, 그냥, 서민으로서 살고 있는 사람들. 그 사람들의 그 당시 열정들이 폄하되고 그러는 게, 좋지 않고, 그다음에, 굉장히 가치 있는 일이었는데, 그런 것들이 자료로 남는 것도 좀 필요하겠다는 생각이 들더라고요. 우리 같은 사람들에게는 사실 말이 쉽지 10년이면, 자기 인생에, 오래 산다고 해도, 10분의 1을 그렇게 투자를 해서 그렇게 열정을 가지고 했던 삶인데, 현실적인 어떤, 그, 대가가 있는 것도 아니고, 그 당시에는 정말 경제적으로 돈 한 푼 벌 수 있는 상황이 아니었잖아요. 다들. 자기 돈 벌어가지고, 어디 가서 아르바이트해서, 그 돈 가지고 활동하고, 남들이 십 년 모을, 부를 축적할 수 있는 시간을 모두 투자해서 아무것도 남기지도 못하고, 정말 헌신적으로 옳다고 생각하기 때문에, 그렇게 살아왔던 사람들인데, 그 사람들의 삶이 기록으로라도 남는다면, 그거는, 그것으로서도 어느 정도 충분히 보상이 된다고 생각을 해요. 그 사람들이 했던 일이, 정말 우리 역사에서 정말 필요했던 일이고, 그 사람들의 활동들이 우리 후세들한테 보다 나은 삶을 살 수 있는 밑거름이 됐다는 그런 자기만족. 그런 것들이 필요하다고 생각하거든요. 헛되이 산 삶이 아니고, 정말 가치 있는 삶을 살았다고 하는, 그런.

나는 박사 논문을 통해 이런 분들의 삶을 드러내야겠다고 생각했고, 이 작업은 연구 초기 단계에서 선택했던 노동체제론과 공장체제론 등의 이론 틀로는 어렵다는 결론을 내렸다. 그 후로 이론적인 리뷰를 다시 진행하면서 마침내 사회 운동론 중에서 '중위 동원자' 논의를 찾아냈다. 중위 동원자란 쉽게 말해 사회 운동의 리더 그룹과 일반 대중 사이에서 '허리' 역할을 하며 전체 운동을 발전시키는 데 기여하는 사람들이다. 나는 지역 노동 운동사를 그들의 역할을 드러내는 방식으로 재구성했다. 인천 지역의 경우 중위 동원자는 크게 세 분야에서 형성되었다. 먼저 이념적으로 NL 조직과 PD 조직 사이의 간극을 좁혀 대중 동원을 성공하게 했던 '공실위(인천지역 민주노조건설 공동실천위원회)'가 있었다. 두 번째로는 노동조합 운동과 노동정치 운동 사이에서 일반 조합원들의 '주체 형성'에 큰 기여를 한 노동문화 운동 단체들이 있었다. 마지막으로는 각 노조 안에서 '학출' 주도의 리더 그룹과 일반 조합원들을 하나로 묶어준 중간 간부들 또는 '선진 노동자'들이 있었다. 하지만 1980년대 민주노조 운동의 발전을 헌신적으로 뒷받침했던 중위 동원자들의 힘은 1990년대 이후 노동 운동권이 조직적·이념적으로 재구성되는 과정에서 매우 약화되어갔다. 이 과정에서 민주노조 운동이 더욱 빠르게 쇠퇴하게 되었다는 것이 내 논문의 주장이었다. 노동 운동의 발전이 역설적으로 쇠퇴의 내적 요인이 되었다는 안타까운 분석이었고, 소수의 리더와 조직 중심의 노동 운동사에 대한 문제 제기였다.

이런 결론으로 논문을 마무리할 수 있었던 것은 다행이었다. 하지만 논문 구성에 대한 생각이 정리된 시점이 너무 늦었다. 막바지에 논문의 완성도를 최대한 끌어올리려 했지만 시간이 부족해 힘들었다. 2010년에 박사 학위를 받았다. 몸이 아파서 제대로 마무리하지 못한 논문을 다시 가다듬어 전자책으로 출간했다(이재성, 2014). 처음부터 예비 조사를 하고 적절한 방법론을 선택해 제대로 인터뷰를 해나갔다면 결과물은 크게 달랐을 것이다. '질적 연구'에 걸맞은 본문 구성을 해낼 수 있었다면 인터뷰를 했던 분 중에서 많은 분의 생생한 삶과 목소리를 더 잘 드러낼 수 있었을 것 같다. 사회과학적으로도 더욱 면밀하게 검증해 훨씬 강하게 주장할 수 있는 학술적 메시지를 도출해낼 수 있지 않았을까 후회된다.

2011년 다시 성공회대학교 노동사연구소로 돌아와 산업 노동과 로컬리티 연구단의 연구교수로 일하면서 지역과 노동, 그리고 아카이브와 기록 문화의 활성화를 위한 연구(이종구·이재성, 2014)를 진행하다가 지금은 지역의 노동 아카이브 구축과 이와 연계한 노동자, 시민의 글쓰기 등을 활성화하기 위한 노력을 하고 있다. 궁극적으로 모든 인간은 자신의 이야기를 스스로 할 수 있어야 하고, 계급이나 지역 등 집단적 정체성과 역사 역시 그들 스스로 만들어가야 한다. 돌이켜보면 나의 공부는 사회운동을 하기 위한 학습의 필요성으로부터 출발했고 지금도 마찬가지다. 그 두 지향이 완전히 분리되는 것이라고는 한 번도 생각해본 적이 없다. 그리고 두 영역의 공통분모가 있다면 바로 구술사 또는 질적 연구라고 생각한다. 나는 아직 질적 연구 분야에서 뚜렷한 성과를 내지 못하고 있고 모르는 것투성이지만, 그렇기 때문에 더욱더 이 길을 계속 가게 될 것 같다.

생각해볼 거리

1 논문은 '열린' 텍스트인가, 아니면 '닫힌' 텍스트인가? 본문(38쪽)을 보면, 논문이 끝까지 열린 텍스트여야 하는지, 아니면 연구자와 연구 질문을 중심으로 재구성된 닫힌 텍스트가 되는지에 대한 논쟁이 소개되어 있다. 필자는 연구 논문에 대한 최종 책임은 연구자에게 있고, 구술자를 '연구 참여자'로 표현한다고 해도 그들이 '집필자'는 될 수 없음을 강조한다. 그리고 텍스트 분석 과정에서 연구자의 열린 태도는 중요하지만, 하나의 학술적 결론을 도출하는 논문의 성격상 (잠정적으로) 닫힌 텍스트의 형식으로 구성되어야 한다고 본다. 이에 대해 독자들은 어떻게 생각하는지 토론해보자.

2 질적 연구 과정에서는 소수의 예외 사례 또는 '특이한' 구술자들을 만나게 된다. 보통 그 특수성은 연구자가 다루고자 하는 내용과 이질적이어서 쉽게 배제되곤 한다. 본문(42쪽)에서도 "'애호하는' 텍스트와 '버려지는' 텍스트"라는 문제 제기를 다루고 있는데, 그렇다면 우리의 조사 과정에서 소수의 특수한 사례는 어떻게 다뤄야 하는지 토론해보자. 또한 엔비보(NVivo) 등의 분석 프로그램을 사용하면 연구자의 자의적 해석과 선택 문제를 해결할 수 있는지에 대해서도 논의해보자.

더 읽어볼 거리

1 **알라이다 아스만. 2011. 『기억의 공간』. 변학수·채연숙 옮김. 그린비.**
질적 연구와 구술사도 서양에서 발전해온 학문 분야이기 때문에 '기억'에 대한 서양의 인문학적 지식이 필요할 경우가 많다. 이 책은 서양 학자들의 글이나 책에서 반복적으로 등장하는 문화사적인 개념, 인명, 작품들을 '기억'이라는 테마를 중심으로 잘 엮어놓았다. 기억에 대한 인지과학적 지식을 탐구하기 전에 먼저 이 책을 읽는다면 질적 연구를 더 즐겁게 수행할 수 있을 것이라 생각한다.

2 **전제성 외. 2014. 『맨발의 학자들: 동남아 전문가 6인의 도전과 열정의 현지조사』. 도서출판 눌민.**
지역연구와 문화기술지라는 분야가 중심이지만 질적 연구를 처음 시작하는 연구자들에게 공통되는 경험들이 풍부하게 담긴 책이다. 저자들은 방법론적으로 소박하다는 의미에서 '맨발의 방법론'이라고 자평하지만, 질적 연구는 그 맨발의 기초가 없이는 제대로 수행될 수 없다는 점을 잘 보여주고 있다. 또 하나의 좌충우돌기로서 이 책과 비교하며 읽으면 좋을 것이다.

3 **전진성. 2005. 『역사가 기억을 말하다』. 휴머니스트.**
구술사는 필연적으로 '역사'를 다루게 된다. 따라서 역사학 분야에서 기억을 어떻게 다루는지에 대해 공부할 필요가 있다. 이 책은 기억이론과 역사이론, 그리고 문화사와 '기억 투쟁'에 이르기까지 다양한 주제를 다루고 있어서 구술사를 공부하는 데 필요한 기초 지식을 습득하는 데 도움이 될 것이다. 일반적인 구술사 교과서가 방법론의 뼈대를 세워준다면, 이 책은 거기에 살을 붙여줄 수 있을 것이다.

참고문헌

김세균. 2007. 「회고와 전망」. ≪현장에서 미래를≫, 종간 특별호.

김원. 2006. 『여공 1970, 그녀들의 反 역사』. 이매진.

김준. 2005. "잃어버린 공동체?: 울산 동구지역 노동자 주거공동체의 형성과 해체". ≪경제와 사회≫, 68, 71~106쪽.

남신동. 2006a. 「구술사와 기억의 역사사회학(1)」. ≪교육비평≫, 20, 292~307쪽.

_____. 2006b. 「구술사와 기억의 역사사회학(2)」. ≪교육비평≫, 21, 216~230쪽.

백미숙. 2015. 「구술사 연구 방법: 개인의 삶과 경험을 주체화하기와 역사화하기」. 한국언론정보학회 엮음. 조항제 외 지음. 『미디어 문화연구의 질적 방법론』. 컬처룩.

신진욱. 2008. 「구조해석학과 의미구조의 재구성」. ≪한국 사회학≫, 42(2), 191~230쪽.

이운재·정경원. 2002. 『517일간의 외침: 한국통신계약직노동조합 비정규직 철폐 정규직화 쟁취』. 다짐.

이재성. 2004. 「70년대 민주노노동의 현재적 의미를 묻는다: 『끝나지 않은 시다의 노래』 서평」. ≪경제와 사회≫, 62, 340~352쪽.

_____. 2007. 「한국정치사와 구술사: 정치학을 위한 방법론적 탐색」. ≪한국 사회과학≫, 29, 167~199쪽.

_____. 2011. 「그가 지켜낸 것, 그를 지켜낸 것: 비전향 장기수 김석형 구술생애사의 재구성」. ≪진보평론≫, 48, 207~226쪽.

_____. 2014. 『지역사회운동과 로컬리티: 1980년대 인천의 노동운동과 문화운동』. DETO.

이재성·김혜영. 2005. 「당신에게 나, 은혜입은 거 없어!: 『여공 1970, 그녀들의 反역사』 서평」. ≪진보평론≫, 26, 330~344쪽.

_____. 2011. 「배다리 역사문화마을, 어떻게 만들어 갈 것인가?: 인천 동구 금창동의 대안적인 도시재생을 위하여」. 『2011 스페이스 빔 국제레지던시 프로그램 자료집: Baedari pro_ject & pro_posal』. 스페이스 빔.

이종구·이재성. 2014. 「노동아카이브의 형성과 발전방향 모색: 성공회대 노동사연구소의 '참여형 아카이브' 시도를 중심으로」. ≪기록학연구≫, 41, 175~212쪽.

이희영. 2005. 「사회학 방법론으로서의 생애사 재구성: 행위이론의 관점에서 본 이론적 의의와 방법론적 원칙」. ≪한국 사회학≫, 39(3), 120~148쪽.

전제성 외. 2014. 『맨발의 학자들: 동남아 전문가 6인의 도전과 열정의 현지조사』. 도서출판 눌민.

정경원. 2005. 「노동자 자기 역사 쓰기: 백서작업을 중심으로」. 역사학연구소 엮음. 『노동자, 자기 역사를 말하다』. 서해문집.

크레인(Julia Crane)·앙그로시노(Michael Angrosino). 1996. 『문화인류학 현지조사 방법: 인간과 문화에 대한 현장 조사는 어떻게 하나?』. 한경구·김성례 옮김. 일조각.

제2장

양적 연구자의 질적 연구 좌충우돌 경험

김은정

덕성여자대학교 사회학과 교수

1. 연구자 소개

이 글에서는 질적 연구를 진행하면서 겪었던 저자의 좌충우돌 경험을 이야기해보고자 한다. 최근 10년간 나는 주로 질적 연구 방법을 중심으로 연구를 하고 있으나, 한때(라고 해도 거의 10여 년이 넘는 긴 시간 동안) 질적 연구는 전혀 하지 못하고 양적 연구 방법만을 이용해서 연구를 했었다. 이 글에서는 먼저, 이러한 연구 방법론을 중심으로 저자의 학문적 여정(방황)을 이야기해보도록 하겠다. 석사과정에서는 문화인류학을 전공하신 지도 교수님의 지도하에 질적 연구 방법을 공부했고 이 방법을 이용해 논문을 썼었다. 지도 교수님의 영향도 있었지만, 스스로 생각하기에도 절대적 객관적 진실이 있다고 보는 실증주의적 패러다임에 동의할 수 없었고, 그렇기 때문에 이를 바탕으로 하는 양적 연구 방법이 어쩐지 불편하다고 여겨졌다. 그러므로 '보는 사람에 따라 진실은 다양한 모습을 띨 수 있다'는 반실증주의적 세계관을 기반으로 하는 질적 연구 방법에 끌렸고, 참여관찰과 심층 면접을 하면서 연구를 진행해가는 것이 매우 즐거웠다. 그러나 석사를 마친 후 박사과정에 들어간 이후로 직면하게 된 현실적 문제들은 내가 옳다고 믿는 패러다임을 기반으로 연구를 하는 것을 매우 어렵게 했다. 박사과정 내내 논문을 빨리 끝내고 취업을 해야 한다는 강박감이 있었기 때문에, 장기적으로 시간 투자를 많이 해야 하는 질적 연구를 계속한다는 것은 큰 부담으로 느껴졌다. 따라서 되도록 시간을 단축할 수 있는 양적 연구 방법을 통해 논문을 쓰기로 결정했다. 이러한 결정을 한 후에 수업과 워크숍을 통해 통계를 비롯한 양적 연구 방법을 배웠고, 그것을 기반으로 무사히 논문을 쓸 수 있었다. 그렇게 어찌어찌 졸업을 하고 난 후 직장을 알아보았고, 국책 연구소에 취업을 하게 되었다. 국책 연구소에서는 정부의 예산 시기에 맞추어 1년 단위로 프로젝트가 진행되므로 연구원들은 매년 자신들의 연구 성과물을 연말에 맞춰 제출해야 한다. 한편, 예산을 배정해주는 통제권이 있는, 즉 '갑'의 위치에 있는 국가기관을 상대로 결과를 보고할 때는 그 안에서 연구의 과정과 방향, 지금까지의 성과와 앞으로의 계획 등이 분명하게 제시되어야 했다. 그렇지 않으면 다음 해에 예산을 배정받기가 어렵기 때문이다. 기간 안에 프로젝트를 완수하고 결과를 제출하기 위해서는 분명한 '성과 전달'과 '목표 달성'을 제시하기 위해서 변수 간의 관계를 명확히 보여주고, 이를 기반으로 방향 제시를 분명하게 해줄 수 있는 양적 연구 방법이 선호될 수밖에 없었다. '갑'의 요구에 따라 정신없이 바쁘게 돌아가는 시스템하에서 연구 대상자와 연구자의 상호작용을 중심으로 시간을 투자해 진실의 다양한 면을 이해하고자 하는 질적 연구 방법은 연구 책임자로서 선택하기 매우 힘든 연구 방법이었다. 그런 이유로 나는 국책 연구소에서도 박사과정에서와 마찬가지로, 계속해서 양적 연구 방법을 이용해 연구를 진행하게 되었다.

한편, 논문의 수로 연구자의 연구 성과가 판단되는 한국의 연구 평가 시스템하에서는 연구소에서 진행한 양적 연구가 취업에 필요한 논문 편수를 채우는 데 중요한 역할을 했다. 그 덕분에 학교로 자리를 옮길 수 있었다. 그렇게 막상 학교로 자리를 옮기게 되자, 이제는 내가 원하던 연구 방법을 가지고 연구를 해야겠다는 생각이 강하게 들었다. 10여 년 동안 양적 연구 방법을 가지고 논문을 쓰면서도 늘 내 몸에 맞지 않는 옷을 입은 것 같았고, 마음 한구석에 질적 연구 방법에 대한 동경과 그리움이 있었다. 석사 논문을 쓸 때처럼, 즐거운 마음으로 다시 공부를 하고 싶었다. 그래서 질적 연구 방법을 이용해 새로운 연구를 시도해보기로 했다. 하지만 마음처럼 쉬운 일이 아니었다. 심정적으로 반실증주의적 세계관을 가진, 질적 연구 방법에 적합한 사람으로 나 스스로를 평가하고 있었지만, 놀랍게도 그게 아니었던 것이다. 막상 질적 연구를 하고자 하니 질적 연구 방법에 대해 너무 모르고 있었다는 것을 알게 되었고, 그렇기 때문에 질적 연구를 제대로 할 능력이 없다는 것을 깨닫게 되었다. 그도 그럴 것이 질적 연구에 대해서 공부했던 시간은 석사과정에서의 잠깐 동안으로, 제대로 된 트레이닝과 교육을 받은 적이 없었다. 혹자는 질적 연구 방법은 양적 연구 방법과는 달리 연구자가 좌충우돌하면서 스스로 깨우쳐나가는 것이라고도 한다. 그러나 그것도 어느 정도 배움의 과정과 기회를 가진 후에 이루어지는 것이지, 잘못하다가는 정말 좌충우돌 끝에 결국 연구 결과물을 내지도 못하고 중도 포기하는 수도 있겠다는 생각이 들었다. 그리하여 질적 연구 방법에 대해서 공부하기 위해 워크숍 등을 찾아보았지만, 질적 연구 방법에 대해서 체계적으로 배울 만한 기회가 (특히 사회학 영역에서는) 거의 없었다. 양적 연구 방법을 배울 만한 강좌는 차고 넘치지만, 질적 연구 방법에 대해 학습하거나 토론할 수 있는 배움의 장은 드물었다. 주위에서 질적 연구를 하는 연구자들을 보니 마치 득도하듯이 연구자 스스로가 연구 방법을 좌충우돌하면서 배워나가는 경우가 대부분이었다. 이 과정에서 물론 성공적으로 연구를 수행하는 사람도 있을 수 있지만, 많은 사람이 포기하거나 함량 미달의 연구 결과물을 내놓기도 한다는 것 또한 알 수 있었다. 한편, 이러한 점과는 별개로 양적 연구 트레이닝을 오랜 시간 받고 양적 연구를 주로 해오다 보니 질적 연구 방법의 절차와 과정이 어쩐지 미덥지 못하고, 자의적인 해석을 중심으로 하는 것이 아닌가 하는 생각도 들었다. 물론 질적 연구 방법이 일반화를 목적으로 하지 않는다는 것은 알고 있지만, 그럼에도 불구하고 연구의 신뢰성과 타당성은 중요하다는 생각이 들었고, 많은 질적 연구들이 연구 과정에서 이 부분에 대해 제대로 보여주지 않고 있다고 판단되었다. 그리하여 이러한 질적 연구 방법의 문제를 해결하기 위해서 다양한 방법을 시도해보았는데, 스스로 너무도 부족하고 준비가 안 되어 있었으므로, 이 과정에서 많은 시행착오를 거듭하게 되었다. 시행착오 끝에 나온 결과물도 별로 신통치 않았다.

그럼에도 불구하고 질적 연구자들의 좌충우돌 경험을 모아서 책을 내자는 의견에 동의하고 이 프로젝트에 참여하게 되었다. 그 이유는 거듭되는 시행착오와 실수 끝에 결국은 그것을 극복했기 때문이 아니라, 나의 실패담을 다른 연구자들과 공유하면서 더 나은 방법을 함께 모색해보고 싶었기 때문이다. 이 글에서는 2010년에서 2013년까지 진행했던 '성 행동 관련 위험 청소년에 관한 연구' 프로젝트를 기반으로 '좌충우돌 경험'을 논의할 것이다. 이 프로젝트는 '한국 청소년 정책 연구원'의 연구비를 받아 수행했던 연구로, 학교로 옮기고 난 후 프로젝트를 받아 겁도 없이 처음으로 질적 연구 방법을 사용해 진행했던 작업이다. 그렇기 때문에 다양한 부분에서 나의 미숙함과 실수가 드러났는데, 그럼에도 불구하고 그 경험을 통해서 많은 것을 배웠다. 그 이후 작업을 하면서 이를 반면교사로 삼아 연구를 진행했고, 어찌어찌해 지금까지 질적 연구를 지속하고 있다. 이 프로젝트의 연구 결과물은 「저소득층 성매매 십 대 여성들의 성매매와 사회화 과정에 대한 일 연구: 통상적인 청소년 사회화 과정에 대한 재고를 논의하며」(김은정, 2010)와 「저소득층 십 대 여성의 성매매 유입/재유입을 통한 사회화 과정 분석: 구조와 행위 간 이중적 관계를 중심으로」(김은정, 2013)에 제시되어 있다.

2-1. 나의 질적 연구 좌충우돌기[1]

이 절에서 나의 좌충우돌 경험은 두 가지로 나누어서 소개할 것이다. 첫 번째는 인터뷰(자료 수집) 과정에서 일어났던 실수와 경험을 논의하면서 인터뷰 진행에서 연구자가 준비하고 대처해야 할 점에 대해서 생각해 볼 것이다. 질적 연구가 제대로 수행되지 않는 이유는 여러 가지가 있겠지만, 경험에 따르면 중요한 이유 중 하나는 인터뷰가 제대로 이루어지지 않았기 때문이었다. 인터뷰를 단순히 사람이랑 이야기하는 것이라고 생각하고 아무런 사전 준비 없이 임하다 보면 아무런 소득 없이 끝나기가 쉽다. 또한 인터뷰 과정에서 예기치 못하게 돌발 상황이 일어날 수가 있는데, 연구자가 이 많은 변수들을 통제하기가 상당히 어렵기 때문에 소기의 목적을 달성하지 못하고 현장에서 나와야 하는 경우도 있을 수 있다. 이 글에서는 이러한 점들을 염두에 두면서 나의 경험을 기반으로 인터뷰를 좀 더 잘하기 위해서는 무엇이 필요한가를 논의해보도록 할 것이다.

둘째로는 질적 연구의 자료 해석과 관련한 나 자신의 시행착오와 좌충우돌 경험을 이야기해보고자 한다. 내가 이 부분에 관심을 가지게 된 것은 본의 아니게 오랜 기간 양적 연구 방법을 배워왔고 이를 바탕으로 연구를 진행해왔기 때문에 질적 연구에서 보이는 자의적 해석이나 연구 방법의 비명료성 같은 것이 방법론적으로 문제가 있는 것은 아닌지 하는 의심을 계속해서 가졌었기 때문이었다. 즉, 출간된 질적 연구 결과물을

1 이 절의 내용은 다음 논문의 연구 과정을 바탕으로 작성했다. 김은정, 「저소득층 성매매 십 대 여성들의 성매매와 사회화 과정에 대한 일 연구: 통상적인 청소년 사회화 과정에 대한 재고를 논의하며」, ≪가족과 문화≫, 22(3)(2010), 31~72쪽; 김은정, 「저소득층 십 대 여성의 성매매 유입/재유입을 통한 사회화 과정 분석: 구조와 행위 간 이중적 관계를 중심으로」, ≪사회와 이론≫, 22(1)(2013), 271~322쪽.

읽으면서 어떤 경우에는 '이건 뭐지? 그냥 소설 쓰듯이 결과를 짜깁기하는 것 아니야?' 하는 생각이 드는 경우가 많았기 때문이다. 그런데 문제는 나 자신도 막상 질적 자료를 분석하면서 이러한 글쓰기 방식을 그대로 취하곤 했다는 것이다. 문제 상황에서 나도 예외일 수 없다는 것을 깨닫게 되자 질적 연구 방법의 분석 과정이나 절차, 그리고 결과에 대해서 계속 고민하게 되었고, 좀 더 나은 방법이 없을까 탐색하게 되었다. 그러다가 우연한 기회에 간호학 및 사회복지학 쪽의 질적 연구에서 활발하게 사용되는 '근거이론(grounded theory)'에 대해서 알게 되었다. 바니 글레이저(Barney G. Glazer)와 안젤름 스트라우스(Anselm L. Strauss)가 제시한 근거이론(Glazer and Strauss, 1967)은 수합된 질적 자료를 기반으로 자료 분석을 하고, 해당 자료를 근거로 한(grounded) 실질이론(substantial theory)을 도출하는 방법론이다. 근거이론에서는 질적 연구가 질적 연구 나름의 연구 절차를 가질 수 있다고 보는데, 특히 자료 분석 절차 과정에서 자료들의 비교분석을 통해서 코딩을 하고, 그 결과를 바탕으로 틀을 짜서 이론을 구성하도록 하고 있다. 무엇보다 근거이론은 다른 질적 연구 방법과는 달리 연구 절차를 상세하게 제공해 누구나 그 절차를 이해하기 쉽게 함으로써 연구자의 자의적 분석의 여지를 줄이고, 질적 연구에 생소한 사람도 접근하기 쉽도록 하는 장점을 가지고 있다. 따라서 근거이론은 질적 연구의 약점으로 여겨졌던 데이터 분석의 모호함과 연구자의 주관적 해석, 검증 불가능성 등 질적 연구 방법의 맹점을 보완하는데 일정 정도 장점이 있다고 평가되고 있다(김은정, 2017). 근거이론을 보며 '이 방법이야말로 질적 연구 방법의 약점을 보완하면서 충실한 연구 결과물을 낼 수 있는 방법이다'라고 생각하면서 근거이론에 대해서 공부하게 되었고, 이를 통해 질적 연구를 진행하게 되었으며, 지금도 그렇다. 그런데 생각과는 달리 연구 과정이 그렇게 만만치 않았고, 여러 가지 문제에 부딪혔으며, 이를 해결하려고 하는 과정에서 역시 좌충우돌하게 되었다. 아직도 뾰족한 해결 방안을 찾지 못했다. 그러므로 앞서 말했듯이 이 글에서는 해결 방안을 제시하기보다는, 질적 연구를 하면서 겪은 내 경험을 소개하는 데 중점을 두고자 한다. 바람이 있다면, 이를 토대로 독자들도 근거이론에 관심을 가지고 함께 해결 방안을 생각해봄으로써 더 나은 질적 연구를 위한 토론의 장이 만들어졌으면 하는 것이다.

1) 자료 수집(인터뷰 과정)에서 일어난 좌충우돌 경험

(1) 연구자와 연구 대상자 간의 관계: 인구집단과 관련한 이슈들

질적 연구에 관한 개론서나 설명에 자주 등장하는 표현으로, '연구자'가 곧 '연구 도구'라는 말이 있다. 짧지 않은 기간 질적 연구를 해오면서 나름 이 말을 가슴에 새기며 스스로 좋은 연구 도구가 되어야지, 다짐하곤 했다. 인터뷰 대상으로부터 많은 이야기를 끌어낼 수 있도록 인터뷰 이전에 많이 준비하고, 인터뷰 대상이 하는 말을 열심히 듣고, 인터뷰가 끝난 후에는 그것을 여러 번 읽으면서 분석하는 것, 그것이 연구자의 할 일이고 역할이라는 뜻 정도로 해석되었다. 그러나 앞에서 이야기한 것처럼 청소년 정책 연구원으로서 지원받은 용역 연구를 하면서 많은 실수를 경험했고, 그러한 경험을 통해 이 말이 가진 의미를 다시 새기는 기회를 가질 수 있었다. 그 이후에 이 말을 조금 다른 시각으로 보게 되었고, 질적 연구를 대하는 마음가짐이 좀 더 조심스러워지게 되었음을 고백해야 겠다.

용역 연구의 제목은 '성 행동 관련 위험 청소년에 관한 연구'였는데, 연구 기관 쪽에서는 여성 청소년과 남성 청소년 두 집단을 각각 인터뷰하고, 각 집단에 대한 보고서를 써줄 것을 요구했다. 두 집단은 동일한 '성 행동 관련 위험 청소년'이었으나, 연구 기관 측이 전제로 한 두 집단은 남성 청소년의 경우 '가해' 집단으로서의 위험 청소년이었고, 여성 청소년의 경우 '피해' 집단으로서의 위험 청소년이었다('가해', '피해' 용어는 연구 기관의 개념 정의로서, 그 개념의 모호성은 여기서는 언급하지 않기로 한다). 먼저 여성 청소년들을 인터뷰했다. 이들은 원조 교제를 비롯한 성매매 경험이 있는 청소년들로서, 그 이전에도 이들을 대상으로 설문조사를 진행한 경험이 있어서 낯설지 않은 집단이었다. 따라서 인터뷰를 진행하는데 별다른 난점이나 특이점은 거의 발견되지 않았다. 여성 청소년에 대한 인터뷰를 큰 어려움 없이 수행한 후, 남성 청소년들을 인터뷰할 차례가 되었다. 남성 청소년의 경우에는 강간이나 성추행으로 보호관찰소에서 상담 또는 징계를 받은 집단으로, 나로서는 한 번도 접해보지 않은 낯선 연구 참여자들이었다. 연구 기관 측에서는 "보호관찰소와 이미 이야기를 해놓았다"고 하면서 정기적으로 보호관찰소에 가서 거기서 상담과 보호관찰을 받는 남성 청소년을 인터뷰하고 앞서 인터뷰한 여성 청소년과 비교하는 보고서를 제출할 것을 요청했다. 그 이야기를 듣고 나서는 '뭐, 콘택트도 이미 이루어졌겠다, 내가 할 일은 준비해서 인터뷰하면 되는 것이고. 뭐, 남성 청소년이나 여성 청소년이나 다 비슷하지' 정도로 가볍게 생각하고, 인터뷰에 필요한 질문지 등을 작성하며 준비 작업을 했다.

인터뷰 약속을 하고 간 첫날이었다. 보호관찰소 담당자께서 그날 세 건의 상담이 있으니(보호관찰 청소년들은 정해진 기간 정기적으로 상담을 받음으로써 기간 이수를 하게 됨) 상담이 끝난 청소년들과 인터뷰 세 건을 진행하면 될 것이라고 말씀하셨다. 맨 처음으로 상담을 끝낸 A가 나와의 인터뷰를 위해 담당자분의 안내를 받아서 방으로 들어왔다. '우선 이름을 물어보고, 또 사건이 일어나게 된 경위를 물어보고, 어떻게 여기에 오게 되었는가를 이야기하고, 가정과 그 밖의 생활에 대해서도 물어야지' 뭐 그렇게 생각하고 왔는데, 막상 A를 보니 어떻게 이야기를 풀어나가야 할지 알 수 없었다. 여성 청소년들의 경우에는 소소한 이야기를 하면서 분위기를 좀 편안하게 한 뒤 인터뷰 진행을 하곤 했는데, 도대체 남성 청소년(거기다가 강간까지 저지른!)과는 어떻게 이야기를 시작해야 할지 정말 막막했다. 게다가 위압적인 모습으로 자리에 앉은 A가 "아줌마, 뭐가 알고 싶어요?"라고 하자 소심한 나는 그 방 안에 있는 사실 자체가 (부끄럽지만) 무서워지기까지 했고, 무서워진 나 자신을 발견하자 괜한 분노가 치밀기 시작했다. 이후 정신을 차리고 어찌어찌 이야기를 풀어나갔는데, 강간 사건에 이르게 되자 이러한 문제를 끌어내는 것이 나로서는 상당히 역부족이라는 생각이 들었다. 그래서 그냥 '어떻게 여기 오게 됐는지'라는 추상적이고 일반적인 질문을 할 수밖에 없었는데, 내가 쫀 것을, 그리고 그로 인해 불편하고 불쾌해진 것을 간파한 A는 일부러인지 욕을 섞어가면서 자신의 '무용담'을 펼쳐나갔다. 나를 제압하고 싶어 하는 것처럼 보였다. 이야기를 하는 도중에 A의 얼굴에 띄워진 엷은 비웃음과 과장된 몸짓이 지금도 잊히지 않는다. 나도 뭔가 슬기롭게 대처하면서 인터뷰를 진행해야 하는데 어떻게 해야 할지는 모르겠고, 그래서인지 비난조의 날선 질문을 해대고 있었다. A는 그에 대해 능글능글한 답변으로 대응했다. A의 답변은 (확인할 수는 없었으나) 과장되고 허세가 많아 보였다. 이처럼 매우 애매하고 공격적인 분위기에서 성과 없는 첫 번째 인터뷰가 끝났다. 첫 번째 인터뷰가 끝나고 난 후, 담당자가 두 번째 대상자 B를 안내해 들여보냈다. B는 정말 수줍은 소년으로 자신의 성 관련 행동을 여성인 나에게 이야기하는 것이 너무 불편하고 민망하고 힘들어 보였다. 실제로 거의 이야기를 하지 않았다. 내 질문에 "예", "아니오" 정도로만 대답했고, 그 이외에는 "제가 잘못했어요……"라고만 이야기하고 눈도 마주치려고 하지 않았다. 첫 번째 인터뷰로 뾰족해진 내가 '너 정말 잘못했지……' 하는 마음을 무언으로 전달했을 수도 있다. 아무튼 계속된 무응답과 침묵에 20분 남짓 조용하게 지속된 인터뷰를 끝낼 수밖에 없었다. 세 번째 인터뷰하기로 되어 있던 청소년은 '상담받았으면 됐지, 이건 내가 꼭해야 하는 거 아니다'라고 거부하고 일찍이 돌아갔다고 담당자분께서 말씀해주셨다.

그날 돌아오면서 생각했다. 인터뷰는 정말 실패였다. 무엇이 잘못되었을까. 문제는 이게 노력을 한다고, 내가 준비를 하고, 다시 인터뷰를 한다고 해결되는 일이 아니라는 것이었다. 그렇다면 무엇이 잘못된 것일까. 그때 이 말을 다시 생각할 수 있었다. "'연구자'는 '연구 도구'다." 이전까지 나는 나 자신이 어떤 연구 도구인지 생각해본 적이 없었다. '그냥 열심히 준비하고 임하면 되지⋯⋯'라고만 생각했지, 내가 어떤 사람인지에 대해서 알지 못했던 것이다. 나는 여성이다. 그것도 한국 사회에서 살고 있는 여성이다. 강간과 관련해 여성인 나는 가해자인 남성에 대해서 불안과 공포, 그로 인한 선입견 등을 가질 수밖에 없다. 그것은 내 정체성과 관련된 것이니 어쩔 수 없는 것이다. 그러나 그로 인해 나는 이 연구와 관련해 좋은 연구 도구가 되기 힘들다. 연구 대상에 대해 막연하게 두려워하고, 적대감을 갖고, 공격성과 분노를 가지고 인터뷰에 임하기 때문이다. 연구 대상도 이러한 나의 감정을 느낄 것이다. 따라서 인터뷰 과정에서 나를 제압하려고 하거나, 침묵으로 대항하려고 하는 등 다양한 방어기제를 작동시킬 것이기 때문에 결과적으로 좋은 인터뷰가 될 수 없다. 나는 이러한 나의 정체성과 관련한 부분을 사전에 깨닫지 못했다. 그러면서도 그냥 덤벼들었던 것이다. '열심히 준비하면 되지⋯⋯' 하는 안이한 생각으로.

"연구자가 곧 연구 도구"라는 것은 물론 연구자의 준비성이나 성실성과도 연관이 있다. 그러나 그에 못지않게 중요한 것은 연구자가 (연구 문제, 연구 주제와 관련해) 어떠한 생각을 가지고 있으며, 어떠한 삶을 살아왔는가 하는, 즉 연구자가 어떤 사람인가 하는 점이다. 이전에 나는 질적 연구란 인터뷰 대상을 이해하는 일이라고만 생각했다. 그런데 그 사건 이후에 내가 깨달은 것은 질적 연구란 인터뷰 대상을 이해하는 동시에,

내가 어떤 사람인가를 발견해가는 과정이라는 것이다. 거기서 질적 연구의 가장 중요한 특징인 '상호주관성'이라는 말이 나오게 된다고 생각한다. 연구자 고유의 시각을 통해서 인터뷰 대상을 알아가는 것. 또한 이 과정에서 자신이 어떤 연구자이고, 어떠한 정체성을 가지고 있는가를 발견해내는 것. 짧은 인터뷰를 통해서이지만, 그때 나는 내가 한국 사회에서 여성으로서 피해의식을 원죄처럼 가지고 있으며, 그것을 기반으로 한 젠더관을, 더 나아가서 그로 인해 어쩔 수 없는 편견을 가진 사람이라는 것을 발견하게 되었다. 더불어, 그렇기 때문에 나 스스로가 해당 연구 주제를 제대로 수행할 만한 연구 도구가 되기 힘들다는 것도 알게 되었다. 연구 과정을 통해서 연구 도구로서의 내가 좀 더 깊어질 수는 있겠지만, 완전히 다른 연구 도구로서의 나를 시도할 수는 없다는 것을 그 사건을 통해서 깨닫게 된 것이다. 이러한 경험 이후 나는 아무 프로젝트나 하려고 하지 않는다. 질적 연구란 연구자 자신의 자아 정체성과 깊이 관련된 것이기 때문에 내가 할 수 있는 연구가 있고, 할 수 없는 연구가 있다는 것을 알게 되었기 때문이다. 앞으로도 질적 연구를 통해 나 자신이 누구인가를 좀 더 깊게 알아가고 싶다. 그 과정에서 연구 대상을 더욱 잘 이해할 수 있으리라 생각한다.

(2) 인터뷰 대상과의 라포 그리고 윤리적 책임

한편, 여성 청소년들의 경우에는 별문제 없이 인터뷰를 진행했으나 그럼에도 불구하고 인터뷰 과정에서 고민했던 라포 형성과 연구자의 윤리적 책임에 관련해서는 논의할 필요가 있다고 생각해 설명하고자 한다. 프로젝트 발주 기관으로부터 '성 행동 관련 위험 여성 청소년'으로 정의된 연구 대상은 저소득층 십 대 여성들로서 가출한 후 성매매를 통해 생계를 유지한 경험이 있는 청소년들이었다. 당시 연구 대상은 S 청소년 쉼터에 머물고 있는 14~19세 사이의 여성 청소년 14명이었다. 청소년 쉼터는 기본적으로 가출 청소년들이 머무는 곳인데, 가출 청소년들은 1388(청소년 긴급구조 번호)이나 보호관찰소와 연계된 경찰에 의해 송치되거나 재활 및 휴식이 필요하다고 생각해 스스로 이곳을 찾기도 한다. 한편, 인터뷰 참여 여성 청소년들은 한 명을 제외하고는 13명 모두 자퇴를 한 상태였다. 학교급별 진학률이 초등학교에서 중학교 99.9%, 중학교에서 고등학교 99.7%라고 할 때, 이들은 청소년 인구의 대부분을 차지하는 학생의 범주에서 벗어난 상황에 있었다. 인터뷰는 2008년 7월에서 11월에 걸쳐 이루어졌는데, 1회 면담 시간은 1시간 30분 정도였으며, 연구 대상당 2회씩 만나 인터뷰를 진행했다. 사실 처음에는 인터뷰 횟수를 2회로 잡지 않고 좀 더 느슨하게 잡았었다. 1차 만남은 서로 소개하면서 알아가는 과정으로 두고, 그 이후에는 좀 더 친숙하고 친밀한 분위기에서 횟수에 상관없이 인터뷰를 진행하는 것으로 계획을 세워두었던 것이다. 그런데 첫 번째 인터뷰 대상자 K와의 인터뷰 이후에 라포 형성 및 연구자와 연구 대상 간의 관계에 대해 고민을 하게 되었고, 그 이후에는 의도적으로 2회로 만남을 제한하고 이를 연구 대상자에게 공지한 뒤 인터뷰를 진행했다. 여기서는 이러한 결정을 하는 계기가 된 첫 번째 인터뷰 대상자 K와의 인터뷰에 대해서 이야기하고자 한다.

K는 S 청소년 쉼터에 있었던 청소년으로 S 청소년 쉼터의 소장님을 통해 소개받게 되었다. 인터뷰 전에는 성매매 청소년이라고 해서 매우 성숙하고, 성적 매력이 있는 여성을 예상했었다. 그러나 K는 (중학생이라고는 하나) 초등학생 정도로밖에 안 보이는 작은 키에, 여성으로서의 신체적 성장이 아직 다 이루어지지 않아 예상 밖이라는 생각이 들었다. 어쨌든 인터뷰를 시작했는데, K는 묻는 말에도 잘 대답하고 또 매우 사근사근한 성격이라, 금방 편안한 분위기가 조성되었다. 사실 나는 낯선 사람과 이야기를 잘하는 성격이 아니라 라포를 형성하는 데 서투르기 때문에, 인터뷰 전에 라포 형성에 대해 좀 걱정을 했었다. 그러나 걱정과는

달리 K는 매우 적극적으로 인터뷰에 임해서, 나도 무척 편안한 마음으로 인터뷰를 수행할 수 있었다. 그 결과 첫 번째 인터뷰에서 많은 이야기를 들을 수 있었다. 1차 인터뷰를 마치고 다음 인터뷰 날짜를 잡는데, 아무래도 쉼터에서 하기보다는 다른 장소에서 하는 것이 나을 듯해서 근처 분식집에서 만나기로 했다. 2차 만남에서는 떡볶이와 김밥을 먹고, 후식으로 아이스크림을 먹으며 공원에서 이야기를 했다. 반구조화된 질문지를 중심으로 이것저것 물어보면서 가정 및 학교, 가출 후 생활 및 성매매에 관련한 인터뷰를 진행했다. K는 이때도 이야기를 잘했다. 몇 번 가출했었는데, 그때마다 집으로 돌아가고자 했다는 이야기를 했다. 기관 및 학교에서도 귀가를 권했으나 결국 다시 나오게 되었다고 했으며, 다시 집으로 가고 싶지만 갈 수가 없어서 쉼터에서 생활하고 있다고 했다. 왜 집에 돌아갈 수 없는지 물었더니 엄마가 자신이 돌아오는 것을 원하지 않는다고 했다. 1차 인터뷰에서 이미 K의 어머니가 재혼을 했으며, K가 재혼한 어머니와 새아버지와 함께 살고 있었다가 가출한 것을 알았으나, 이 이야기는 처음 듣는 것이었다. K의 어머니가 재혼한 아버지와 살며 K를 방해물로 여긴다는 것으로 해석할 수 있었고, 내심 머릿속으로 '신빈곤 아래의 가족 해체 및 개인화·파편화된 가족 관계' 등의 맥락과 연결시킬 수 있으리라 생각했다.

　그 이후, 두 번을 더 만나고 친해지는 과정에서 원래 의도했던 내용뿐 아니라 K의 개인사도 많이 알 수 있었다. 모두 네 번이나 만나고 나니까 연구 내용에 대해서는 더는 새로운 이야기가 나오지 않게 되었다. 그러나 K랑 친해지게 되면서 연구 내용과는 별개의 이야기들이 인터뷰 도중에 나오는 일이 점점 많아졌고, 연구 내용에 대해서만 이야기하면서 인터뷰를 하기가 힘들어졌다. 이런 일이 거듭되자 이제 인터뷰를 그만해야겠다는 생각이 들었다. 그런데 인터뷰를 마감하려고 하는 시점에 K는 더 만나자고 자꾸 조르기 시작했다. 몇 번 설득하려 했으나 K는 말을 듣지 않았다. 이러한 과정에서 미안한 마음이 들면서도 한편으로는 또 '내가 왜 미안한 마음을 가져야 하지'라는 생각이 들었다. 라포가 과잉되는 것이 좋은 것은 아니며, 더 감정적으로 얽히기 전에 인터뷰를 종료하는 것이 연구자로서 올바른 판단이라는 생각이 들었기 때문이다. 이러한 이성적 판단에도 불구하고 미안함은 가시지 않았다. 연구의 영역을 벗어나 사적으로 느낀 감정이었다. 어쨌든 인터뷰를 종료한다는 것을 여러 차례 이야기했음에도 불구하고 K가 이를 받아들이지 않자 나와 K는 서로 불편한 감정을 드러낸 후 약간의 말다툼을 하게 되었다. 이러한 말다툼을 기점으로 결국 다음 약속을 잡지 않은 채 인터뷰를 종료했다. 인터뷰를 종료한 후에도 K에게서 몇 번 연락이 왔지만 다시 만나지는 않았다. 이러한 과정에서 K의 기대(와 원망?)가 느껴졌다. 연구 대상의 연구자에 대한 호의 및 친밀감을 연구라는 목적으로 내가 이용한 것이 아닌가 하는 생각이 들었다. 필요한 이야기만 쏙 듣고 인터뷰를 중단해버린 것을 두고 연구 대상에 대한 존중과 보호를 어떠한 각도에서 생각해야 할지 감이 잘 잡히지 않았다. 미안하면서도 불편했고, 또한 이러한 불편한 감정을 느낀다는 것에 대해서 화가 나기도 했다.

나는 왜 이런 감정을 느꼈던 것인가? 이와 관련해 나는 연구자와 연구 대상과의 관계의 양상에 관한 두 가지 측면의 충돌에 관해 이야기하고자 한다. 첫 번째 측면은, 연구 대상을 단순히 '연구'의 관점에서 보아야 한다는 것이다. 이러한 관점에서 볼 때 인터뷰를 중단한 것은 적합한 판단을 내린 것이 된다. 계속해서 인터뷰를 진행한다면 연구자와 연구 대상 간의 거리가 지나치게 가까워지게 되어 연구가 제대로 진행되지 않을 위험성이 있기 때문이다. 라포 형성이 잘 이루어지면 그렇지 못한 경우보다 연구 대상으로부터 많은 이야기를 끌어낼 수 있다는 것은 분명하다. 그런데 그 라포 정도가 어느 한계를 넘어서게 되면 연구자가 연구 대상과 감정적으로 밀착하게 되고, 그렇게 되면 연구의 본래 의도가 흐려지면서 연구 대상과의 인터뷰를 연구자의 시각으로 제대로 분석하기 어렵게 된다. 물론, 질적 연구에서는 '절대적인 객관성'이라는 것은 존재하지 않고, 연구자의 시각을 중심으로 주관적인 연구 방식을 독려하는 것이 사실이다. 그럼에도 불구하고 연구 대상이 연구자에게, 또는 연구자가 연구 대상에게, 또는 양자가 사적인 감정을 가지고 친해지게 되면, 연구 영역과 사적 영역이 모호해지면서 어디까지를 연구 영역으로 설정할 것인가 하는 문제가 발생하고, 이로 인해 연구 진행이 제대로 되지 않는 위험이 생기는 것이다. 한편, 이러한 위험을 방지하기 위해 인터뷰를 종료하게 되면, 연구 대상의 감정이나 상처 등을 고려하지 않고 감정적 배려라는 중요한 부분을 무시하는 결과가 초래될 수도 있다. 이 부분을 연구 대상에 대한 보호라는 측면에서 보면, 나는 연구 대상에 대한 배려와 보호의 의무를 저버린 행동을 한 것이다. 앞서 서술한 '나는 왜 이런 감정을 느꼈던 것인가'라는 질문으로 돌아가 보면, 나는 K와의 관계에서 이 두 측면의 충돌을 경험했고, 그에 따라 미안함, 불편함, 화남, 그리고 민망함이라는 감정을 느끼게 되었던 것이다.

사실 이 문제는 연구자와 연구 대상 사이의 라포 형성 정도와 관련 있다. 이 문제는 라포 정도를 어떻게 적정 수준으로 유지해야 이 두 측면의 충돌을 피할 수 있는가와 연관되어 있기 때문이다. 인터뷰도 결국은 사람과 사람이 만나는 것이기 때문에 연구자와 연구 대상 사이에서 이러한 충돌은 끊임없이 일어날 수밖에 없고, 연구자는 이러한 충돌을 피하는 것이 최선이다. 그러나 많은 경우 이러한 충돌을 피할 수는 없고, 연구자는 자신의 선택 아래 어느 한 측면을 입장을 견지하는 결정을 내려야 한다. 내가 택한 방법은 첫 번째 측면을 지지한 것이었고, 그 과정에서 K를 상처 입히고 배려하지 못했다. 그 이후 내가 취한 최소한의 후속 조치는 인터뷰 횟수를 연구 참여자당 두 번으로 제한해 연구자와 연구 대상자의 거리를 일정 정도로 유지하는 것이었다. K와의 관계와 그 이후의 조치에 대해 후회는 없다. 옳은 결정이었고 최선이었다고 생각한다. 그러나 지금도 K를 떠올리면 죄책감을 갖게 되는 것은 어쩔 수 없다. 결국 두 개의 측면 중 한 개를 저버렸고, 그 감당을 K에게 전가했기 때문이다.

(3) 자료 해석의 문제

앞에서 논의한 것처럼 연구자의 자의성을 질적 연구 분석의 맹점 중 하나라고 생각했던 나는 지금까지도 근거이론을 중심으로 인터뷰 자료를 분석하고 해석하는 작업을 진행하고 있다. 이 글에서는 질적 연구의 초기 작업에서 근거이론을 어떻게 접하게 되었으며, 지금까지 사용하게 되었는지를 짤막하게나마 소개하고자 한다. 이를 위해 두 가지의 논문을 예로 들어서 질적 연구 분석과 질적 연구의 선택, 그리고 그 결과에 대해 이야기하려 한다. 첫 번째 논문은 2010년도에 발표된 「저소득층 성매매 십 대 여성들의 성매매와 사회화 과정에 대한 일 연구: 통상적인 청소년 사회화 과정에 대한 재고를 논의하며」다. 이 논문의 경우에는 따로 근거 이론을 중심으로 분석을 진행하지 않았지만, 근거이론을 선택하게 된 이유와 분석 비교 차원에서 함께 논의할 필요가 있으므로 포함해 이야기하고자 한다. 이 논문은 앞에서도 언급했듯이 청소년 정책 연구원에서 발주한 프로젝트를 기초로 나온 인터뷰 자료를 중심으로 쓰였다. 인터뷰 분석을 어떻게 할까 고민하다가 연구비 수주 기관이 요구하는 대로 청소년을 둘러싸고 있는 보호 환경 체계를 기반으로 진행하기로 결정했다. 성매매 경험이 있는 저소득층 십 대 여성 14명의 심층 면접 자료를 이들을 둘러싸고 있는 삶의 환경, 즉 가족, 또래 집단, 계급, 학교 등이 어떠한 양상을 띠고 있는가에 주목하면서 분석했다. 분석 과정에서 성매매 십 대 여성 청소년을 둘러싸고 있는 보호 환경 체계, 즉 가족, 계급, 학교 등이 이들에게 적절한 보살핌과 보상을 제공하지 못하고 있음을 알게 되었다. 따라서 보호 환경 체계를 중심으로 어떤 부분에서 각 환경 체계가 제대로 기능하지 못하고 있는가에 좀 더 초점을 맞추어 십 대 여성 청소년들의 성매매 유입 과정을 논의하고자 했다. 첫 번째로는 '가족'과 '학교' 체계를 살펴보았다. 가족이라는 공간을 중심으로 인터뷰 대상 청소년들이 하는 이야기를 수합해 분석했는데, 인터뷰 대상 청소년들 전부가 이혼 가정, 재혼 가정, 한 부모 가정의 구성원이라는 것을 발견할 수 있었다. 그런데 문제는 가족 구조의 해체 자체가 아니라, 가족을 해체시킨 요인들, 즉 빈곤, 부모의 스트레스, 폭력 성향 등이었다. 또한 가족 해체 이후에도 이 문제들이 해결되지 않은 채 남아 있으면서 가족 구성원들의 상호작용, 특히 부모와 자녀 간의 관계에 부정적 결과를 주고 있었다. 한편, '학교'도 이 청소년들에게 별다른 관심과 보살핌을 제공하지 않고 있었으며, 그 결과 이들은 학교 체계로부터도 소외·배제되고 있었다. 두 번째로는, 가족과 학교라는 기본적인 보호 환경 체계에서 소외된 결과, 이들은 자신들과 처지가 비슷한 또래 아이들과 유대를 맺고 이들과의 정서적 유대를 통해 삶의 동기를 가지게 된다는 것을 발견할 수 있었다. 또래 아이들과 친밀해질수록 기존의 보호 체계(가족, 학교)에서부터는 멀어지게 되며, 그 결과 성인 중심의 보호 체계로부터 탈피해 새로운 삶의 방법을 모색하게 되는 것이었다. 우리 사회에서는 '청소년=학생'이라는 공식이 지배적이기 때문에 이러한 공식을 벗어나 새로운 삶의 방식을 모색하는 청소년들에게 자립적으로 살아갈 만한 방법을 제공해주지 못한다. 더구나 여성 청소년의 경우에는 노동을 할 만한 기회도 매우 제한적이며, 기회가 있다고 하더라도 노동환경과 조건이 매우 열악하다. 이러한 상태에서 십 대 여성의 경우에는 자립을 위해 선택할 수 있는 삶의 기회가 부족한 상태를 타개하고자 여러 가지 방법을 모색하게 되는데, 이 과정에서 자신의 몸을 이용해 재화를 획득하면 (비록 단기적이며 소모적이지만) 자립이 가능하다는 것을 알게 된다. 이후, 자신의 몸을 이용해 스스로의 힘으로 살아가는 방법을 지속하게 되는데, 이것이 통상적인 청소년

그림 1 | 성매매 십 대 여성들의 삶을 통해서 본 여성의 사회화 과정 분석

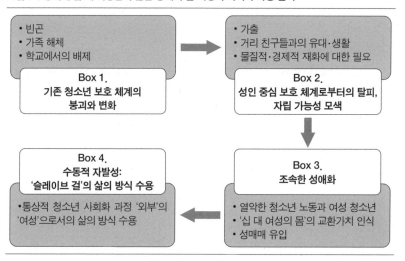

자료: 김은정(2010).

사회화 과정의 '외부'에서 여성으로서의 삶의 방식을 수용하는 방편이 된다고 보았다. 나는 이러한 과정을 종합하면서 이러한 일련의 과정의 결과, 성매매를 하는 십 대 여성들이 성매매로부터 빠져나오기가 점점 힘들어진다고 결론지었다.

한편, 〈그림 1〉은 이와 같은 인터뷰 분석을 하면서 분석 과정을 구분해 그 진행 과정을 정리한 분석표다. 큰 그림으로는 분석을 제시하기가 그럴듯해 보였는데, 진행 과정을 구분하며 성매매 유입과 재유입의 순환구조를 설명하려고 하자 무언가 어색하고 부족해 보였다. 왜 어색하고 부자연스러워 보일까 고민하며 그 이유를 분석해보니, 박스 1, 2, 3, 4의 진행의 기준이 무엇인지 명확하지 않기 때문이라는 생각이 들었다. 특별히 어떠한 기준을 가지고 진행 과정을 설명한 것이 아니라, 그저 인터뷰 자료를 읽으면서 그 내용을 범주화하고 정리한 것이었기 때문에 체계적으로 보이는 틀(그래봤자 박스 구분이지만)을 제시해놓으니까 오히려 부자

연스러워 보이는 것이었다. 제대로 된 분석이라면, 수합한 인터뷰 결과를 가지고 정리를 해가면서 범주화하는 과정에서 이를 코딩화해, 진행 과정의 기준과 흐름을 설명해야 할 것 같은데, 나는 그냥 '감'으로 데이터를 살펴보면서 소설 쓰듯이 분석을 한 것이 아닌가 하는 의구심이 들었다. 그러나 이러한 의구심과는 별개로 〈그림 1〉을 기본으로 분석을 진행해 논문을 제출했고, 다행히 출간도 되었다. 그러나 이 분석이 너무 자의적이지 않았는가 하는 생각은 논문 출간 이후에도 떠나지 않았고, 뭔가 체계적인 방법을 통해 데이터에 접근해서 분석해야 한다는 생각이 들었다. 앞에서 말했던 것처럼 양적 방법을 공부하고 트레이닝해온 시간은 질적인 연구 절차에 대해 계속 의문을 갖게 만들면서 자기 확신을 떨어뜨리게 했고, 그리하여 뭔가 확실한 방법과 기준을 마련해서 데이터를 분석해야 한다는 생각을 강박증처럼 가지게 했다.

이러한 생각을 가지고 다양한 질적 방법에 대해서 공부를 하다가 데이터 해석 과정에서 상대적으로 체계적인 분석 방법을 제공한다고 평가되는 '근거이론'에 대해서 알게 되었다. 이후 같은 자료를 가지고 근거이론 방법으로 다시 한번 분석을 해본 것이 두 번째 논문인 「저소득층 십 대 여성의 성매매 유입·재유입을 통한 사회화 과정 분석: 구조와 행위 간 이중적 관계를 중심으로」이다. 이 논문에서는 근거이론의 자료 해석 방법 중에서 안젤름 스트라우스와 줄리엣 코빈(Juliet Corbin)의 방법론을 중심으로 연구를 진행했다. 근거이론 방법을 사용할 때 연구자는 수집된 자료를 개방 코딩(open coding)과 축 코딩(axial coding) 방식에 따라 단계적으로 분석할 필요가 있다. 이러한 분석의 전 과정에서 연구자는 전사된 면접 자료를 줄 단위로 비교하는 분석을 하게 된다. 또한 자료 전체를 가지고 비교하면서 분석을 실시하고, 이를 통해 도출된 개념을 유사성과 차이점에 따라 범주화해 개념 구분을 한다. 이러한 근거이론 연구 방법을 따라 인터뷰 자료를 가지고 일련의 과정을 밟아나간 결과, 67개의 개

그림 2 ㅣ 저소득층 십 대 여성의 성매매 유입/재유입을 통한 사회화 과정 분석 패러다임 모형

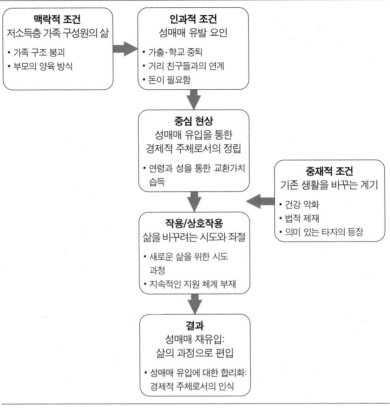

자료: 김은정(2013).

분석을 진행했다고 생각했는데, 실제로 두 논문을 비교해보면 큰 줄거리
는 별로 다름이 없었다. 이렇게 볼 때, 자의적이라고 생각했던 연구 과정
을 그냥 진행해도 되는 것이었나 하는 의문도 생겼다. 또한 결국은 연구
방법의 문제가 아니라, 연구자의 문제이지 않을까 하는 생각도 들었다.
다른 방법을 써보아도 결국 성찰을 하고 분석을 하는 연구자로서의 나
자신은 변하지 않았기 때문에 최종 단계에서는 대동소이한 결과물을 낼
수밖에 없었던 것이 아닌가 하는 생각이 들었기 때문이다. 그렇다고 한

다면 굳이 근거이론을 사용해 자료 해석 절차를 단계적으로 보여줄 필요가 있을까 하는 의문이 뒤따랐다. 이 문제에 대해서 오랜 고민을 했고, 지금의 나는 이 의문에 대해서 "그럼에도 불구하고 필요하다"고 대답한다. 그 이유는 다음과 같다. 근거이론을 사용해서 자료를 분석하는 경우의 이점은 개방 코딩과 축 코딩 과정을 자세하게 설명하고 이를 자세하게 제시하며 독자로 하여금 이러한 분석이 연구자 자신의 '감'에 의해 이루어지는 것이 아니라 절차적 단계를 밟아나가면서 나온 결과물이라는 것을 보여줄 수 있다는 것이다. 이러한 과정의 제시는 연구자 자신의 해석을 독자에게 확인받는다는 차원에서도 중요하지만, 더욱 중요한 것은 독자가 연구자의 진행 과정을 지켜보면서 이해를 하거나 의문을 제기할 기회를 제공한다는 데 있다. 이 과정이 생략된 채 결과물만 제시한다면 자료 해석 과정에 대한 연구자와 독자 간의 토론의 장이 제공될 여지가 없을 것이며, 연구자의 해석 절차는 숨겨진 채로 연구자 안에만 머물게 될 것이다. 이러한 점에서 비록 양적 연구와는 평가 기준이 다르지만, 질적 연구 방법에서도 해당 연구 결과의 신뢰도와 타당도를 높일 수 있다고 생각한다. 이러한 생각을 가지고 그 이후에도 계속 근거이론을 바탕으로 연구를 진행하고 있다.

2-2. 좌충우돌 경험에 대한 대응과 앞으로의 방향 모색

다음에서는 앞서 논의한 좌충우돌 경험에 대한 대응에 대해서 종합해 보고, 그 대응 과정에서 해결의 실마리를 찾아보았던 여정에 대해 설명하고자 한다. 또한 해결 방안을 모색하면서 예기치 못했던 문제점이 드러났음을 보이면서, 질적 연구 과정이란 과연 무엇인가에 대해서 생각해 보고자 한다.

1) 인터뷰 자료 수집 관련

(1) 2차 자료의 활용에 관해 생각해볼 점

앞에서 언급한 남성 청소년과의 인터뷰가 실패한 이후 인터뷰를 어떻게 지속해야 할지 고민했다. 개인 프로젝트였다면 연구 대상을 여성 청소년으로 한정해 연구를 지속하는 방법을 택했겠으나, 이 프로젝트는 연구 기관으로부터 수주받은 것으로 연구 기관이 요구한 대로 남·여 청소년 양자에 대한 인터뷰 데이터 및 분석 결과를 제출해야 했다. 따라서 남성 청소년에 대한 인터뷰를 중단할 수는 없었다. 그러나 연구자인 내가 이 인터뷰를 지속한다는 것은 실패가 빤히 보이는 것이었으므로 발주처인 연구 기관에 요청해 남성 연구 보조원을 새로이 영입해 인터뷰를 진행하는 방법을 택했다. 남성 연구 보조원은 20대 중반의 대학원생으로, 인터뷰가 시작되기 전에 따로 준비 모임을 갖고, 어떠한 사항을 질문으로 인터뷰를 진행해야 할 것인지에 대해서 이야기해두었다. 이후 그의 인터뷰는 별 난관 없이 진행되어 발주처가 요구한 사항을 포함한 인터뷰 자료가 수합될 수 있었다. 나는 나대로 여성 청소년에 대한 인터뷰를 진행했고, 최종적으로 남성과 여성 청소년 자료를 모두 포함한 데이터와 이를 분석한 보고서를 제출할 수 있었다. 그런데 데이터와 자료를 1차적으로 분석한 보고서는 무사히 제출할 수 있었으나 이를 심층적으로 분석해 논문으로 발전시키려 하자 연구 보조원의 인터뷰를 바탕으로 한 데이터를 분석하기가 매우 어렵다는 것을 발견하게 되었다. 직접 행하지 않아 생생한 인터뷰 경험이 녹아 있지 않은 인터뷰 자료는 내게 2차 자료에 불과했고, 그것을 가지고는 데이터 분석을 하고 의미를 이끌어낼 수가 없었던 것이다. 따라서 이 프로젝트를 기반으로 한 논문은 내가 직접 인터뷰한 여성 청소년 데이터만으로 진행되었고, 안타깝게도 남성 청소년과 관련한 데이터는 자료로만 남은 채 심층 분석되지 못했다.

이 같은 경험과 관련해 질적 연구 자료 중 연구자가 직접 인터뷰하지 않은 2차 자료를 어떻게 활용할 것인가 하는 문제에 대해서 논의하고 질문을 던지고 싶다. 내 경우에는 분석을 포기하고 그 부분에 대한 자료를 전혀 활용하지 못했지만, 실제로는 다양한 요인으로 2차 자료를 이용해서 분석을 수행해야 할 경우도 많다. 나의 경우처럼 연구자와 연구 대상자 간의 인구학적·사회적 차이 때문에 인터뷰 진행이 어려운 일이 생길 수도 있고, 시간과 연구비 등의 문제 때문에 직접 행하지 않은 2차 자료를 이용해 분석을 수행해야 할 일도 있을 수 있다. 최근에는 사회과학자료원을 비롯한 여러 단체에서 질적 자료를 수합해 연구자들이 요청하는 경우 배포하기도 한다. 이러한 데이터 수집과 분석의 분리는 연구자로서 많은 생각을 하게 한다. 연구자는 2차 자료를 어떻게 활용하고 분석해 심층적인 연구 결과로 발전시킬 수 있을지에 관한 문제부터, 방대하게 수합된 데이터와 패널 자료를 활용해 각 연구자가 여러 분석을 수행하는 양적 연구와 비슷하게 하나의 질적 인터뷰 자료도 연구자에 따라 다양한 방식으로 활용할 수 있을까 하는 문제까지 많은 질문을 할 수 있을 것이다. 사실 연구자가 직접 데이터를 수집하지 않고 수합된 데이터를 기반으로 분석을 잘할 수 있게 된다면 질적 연구자들이 고민하는 연구 과정의 시간적·경제적 비용을 최소화해 연구 성과의 질(또는 양)을 발전시킬 수도 있을 것이다. 이러한 질문과 고민에 대해 구술사 연구소에서 개최한 세미나에서 이야기했었다. 이에 대해 구술사 연구소 윤택림 소장은 2차 자료를 사용하는 경우, 연구자가 관심을 가지고 있는 연구 주제와 연구 목적은 별도로 하고, 데이터를 중심으로 연구 분석을 진행할 것을 제안했다. 이 답변이 어느 정도 타당하다고는 생각하며, 성공할 경우 연구자는 데이터 수합에 드는 시간과 노력을 절약할 수 있고, 분석에 좀 더 집중할 수도 있겠다는 생각이 든다. 그럼에도 불구하고 과연 2차 자료의 분석 효용성이 얼마나 될 것인가에 대해서는 아직도 완전한 확신이 들지

는 않는다. 또한 연구자가 미처 관심을 가지지 않은 주제와 관련해 주어
진 데이터만을 기반으로 과연 의미 있는 분석이 이루어질 수 있을 것인
가에 대해서도 미지수라고 생각한다. 내 경우에 있어서는 2차 자료를 가
지고 어떻게 분석을 해야 할지 몰라서 제대로 활용하지 못하고 포기했기
때문에, 이 문제에 대해서 명확한 답변을 하기 힘들다. 그러나 이 문제는
앞으로 질적 연구의 발전을 위한 중요한 질문이라고 생각한다. 그러므로
이 문제를 제시함으로써 2차 자료에 대한 논의를 시작해보고 싶다. 이
주제에 관심 있는 연구자들의 다양한 의견을 듣고 싶은 것이다.

2) 자료 해석 관련

(1) 근거이론의 패러다임 모형을 중심으로 한 해석과 관련한 문제

위에서 논의한 대로, 근거이론 방법에서는 다른 질적 연구 방법과는
달리 오픈코딩을 하고 난 이후 개념을 도출하는 데 그치지 않고, 도출된
개념을 중심으로 새로운 이야기를 만들어감으로써, 데이터 전반의 원인,
과정, 결과를 파악하고자 한다. 이야기를 효과적으로 파악하기 위해 근
거이론에서는 연구자들에게 '패러다임 모형'을 제공한다. 그런데 이 패러
다임 모형은 처음에는 분석을 용이하게 하고 그럼으로써 이야기를 만드
는 데 도움을 주지만, 경험이 쌓이다 보면 연구자는 이 틀에 맞추어 연구
결과를 제시해야 한다는 강박감을 느끼게 된다. 내 경우도 마찬가지였
다. 이 글에서 논의한 프로젝트에서는 별로 의식하지 못했지만, 근거이
론 방법을 채택해 연구를 수행하는 것이 거듭되면서 이 틀에 대한 압력
을 받으며 어느샌가 불편함까지 느끼게 되었다. 그 결과 패러다임 모형
의 전형성이 질적 연구자의 자유로운 사고와 해석을 방해할 수도 있으
며, 그 결과 실질이론을 생산하기 위해 진행된 작업이 기계적이고 도식
적인 해석의 생산으로 빠지게 될 우려가 있다는 생각을 하게 되었다. 특

히 한국 학계에서 근거이론을 사용한 연구의 결과가 패러다임 모형을 활용해 천편일률적인 결과를 제시하는 것을 보면서 이러한 생각은 확신으로 굳어졌다. 연구자의 자의적 해석 가능성이라는, 질적 연구의 취약점을 줄이고 해석 과정의 단계를 분명하게 제시해 질적 연구 과정의 타당성과 신뢰성을 높인다는 차원에서 근거이론이 갖는 함의는 크다. 그럼에도 불구하고 이 과정이 너무 도식적으로 정형화되어 연구자의 자유로운 해석의 여지를 없애고 있기 때문에 또 다른 문제를 낳고 있는 것이다. 질적 연구 패러다임을 마음속으로 받아들이면서도 양적 연구 트레이닝에 익숙했던 나는 근거이론이라는 연구 방법을 사용하면서 두 가지 서로 다른 방법론을 함께 사용할 수 있는 여지가 있을 것이라고 생각했다. 그러나 근거이론의 한계를 알게 되면서 그것이 말처럼 쉽지는 않다는 점을 배워나가고 있는 중이다.[2] 지금은 근거이론의 방법론에 대해서 좀 더 면밀히 연구하면서, 이를 질적 연구 차원에서 어떻게 좀 더 나은 방법으로 활용할 수 있을까에 대해서 생각하고 있다. 아직 이러한 고민에 대한 뚜렷한 답변은 찾지 못한 상태다. 앞서 논의한 대로 질적 연구자들 간의 고민에 대한 공유와 토론이 진행되면서 그 실마리를 찾기를 바란다.

3. 좌충우돌하면서도 질적 연구를 하는 이유

앞에서 논의한 대로 나는 과거 양적 연구와 질적 연구를 내 상황에 따라 번갈아 사용했다. 그러나 늘 양적 연구 대신 질적 연구를 선호했으며,

---

2 현재는 1세대 근거이론가들의 논의에서 벗어나 구성주의적 근거이론을 이용해 연구자의 성찰성을 강조하는 구성주의적 근거이론을 활용해 연구하는 방법을 모색하고 있다. Kathy Charmaz, *Constructing Grounded Theory: A Practical Guide through Qualitative Analysis* (London: Sage, 2006).

결국 지금은 질적 연구 방법론을 사용하면서 연구를 진행하고 있다. 그 이유에 대해서는 딱 부러진 대답을 할 수는 없다. 그러나 굳이 이야기하자면, 결국 내가 세상을 보는 관점이 질적 연구가 지향하는 바와 맞닿아 있기 때문이 아닐까 싶다. 나는 기본적으로 객관적 진실이라는 것이 있을 수 있는가 하는 의심을 갖고 있다. 그렇기 때문에 객관적 진실을 찾기보다는 상황적 진실을 추구하고자 하며, 상황적 진실을 통해 사건 전체의 윤곽을 재구성함으로써 비로소 세상을 이해할 수 있다고 생각한다. 그러므로 나는 이러한 나의 생각을 구현할 수 있는 방법론으로서 질적 연구 방법을 선택하게 된 것이 아닐까 싶다. 이 과정에서 물론 많은 어려움과 좌충우돌이 있고 실패도 있었고, 앞으로도 쭉 있을 것이다. 그럼에도 불구하고 질적 연구를 계속할 수밖에 없는 것은 내가 세상을 바라보는 관점을 결국은 포기할 수 없기 때문이며, 그것이 나를 연구자로 만드는 중요한 요소이기 때문이다.

생각해볼 거리

1 질적 연구자가 자신이 직접 수행하지 않은 연구의 데이터, 즉 2차 자료를 이용해 연구 분석을 수행하는 것에 대해서 생각해보자. 질적 연구자로서는 2차 자료를 활용하면 시간과 노력, 비용을 절감할 수 있는 반면, 자신이 직접 인터뷰하지 않은 데이터는 연구자 자신의 생생한 인터뷰 경험이 결여되어 있고, 주제와 이슈가 연구자의 논점과 차이가 날 수 있기 때문에 분석하기 어렵다는 단점도 있다. 2차 자료의 장단점을 논의해보고, 질적 연구에서 2차 자료의 활용 방안에 대해서 생각해보자.

2 근거이론 방법론을 다른 질적 연구 방법과 비교하면서 그 장점과 한계점에 대해서 논의해보자. 이와 관련해 자신의 인터뷰 자료가 있다면, 근거이론을 사용했을 경우와 그렇지 않을 경우 연구 결과가 달라지는지 또는 유사한지에 대해서 알아보고, 왜 그러한 결과가 나오게 되었는가에 대해서 논의해보자.

3 양적 연구 방법과 질적 연구 방법은 인식론, 존재론, 연구자와 연구 대상 간의 관계, 사용 언어 등 다양한 차원에서 차이가 있다. 그렇다면 연구자가 이 두 가지 방법을 넘나들면서 사용해 연구를 진행하는 것은 과연 가능한가에 대해서 논의해보자. 또한 양적 연구 방법과 질적 연구 방법을 통합적으로 사용하는 '삼각화 방법(triangulation)'에 대해서도 생각해보고, 그것의 장점과 한계점에 대해서 생각해보자.

더 읽어볼 거리

1 **조은. 2012. 『사당동 더하기 25: 가난에 대한 스물다섯 해의 기록』. 또하나의문화.**
한국의 질적 연구에서는 긴 흐름의 연구를 찾아보기가 매우 힘들다. 1986년에 사당동에서 처음 만난 한 가난한 가족을 25년 동안 관찰하고 인터뷰하면서 기록한 이 책은 그런 점에서 독보적이다. 그뿐 아니라 이 책에는 연구자와 연구 대상자 간의 입장과 거리, 그리고 상호 이해에 관한 성찰이 담겨 있고, 그 과정에서 연구자가 자신의 해석을 어떻게 유지·수정·발전시키는지도 잘 보여준다. 질적 연구에 관심 있는 이들이 한 번쯤은 꼭 읽어볼 만한 책이다.

2 **최종렬 외. 2015. 『베버와 바나나: 이야기가 있는 사회학』. 마음의 거울.**
저자들은 지금까지의 사회학이 추상적 논의에 집중한 나머지 사람들의 이야기를 외면했던 점을 반성하면서 연구를 시작했다고 이야기한다. 네 명의 연구자들은 구체적인 사회현상에 들어가 거기에 있는 사람들과 소통하면서 이야기를 만들어내고 있으며, 이를 통해 새로운 '사회학 하기'의 가능성을 제시하고 있다. 또한 여기서 논의하고 있는 질적 연구자들의 좌충우돌 경험담도 실려 있어서 '좌충우돌'에 관한 이해도 심화시킬 수 있다.

3 **전규찬·박래군·한종선. 2014. 『살아남은 아이: 우리는 어떻게 공모자가 되었나?』. 이리.**
형제복지원 사건에 대해 복지원 피해자인 한종선이 증언하고 문화연구자 전규찬과 인권 활동가 박래군이 서술하는 형식으로 이루어졌다. 이 책을 통해 우리는 같은 사건을 서로 다른 경험과 관점을 가진 서술자가 어떻게 이야기하는가를 비교할 수 있다. 또한 이 책에서는 피해

당사자의 서술을 함께 포함했는데, 이는 질적 연구에서 흔히 연구 대상자의 시점이 빠진 채, 연구자의 시점만이 제시되는 것에 대해 다시 생각해볼 수 있는 기회를 제공한다.

참고문헌

글레이저(Barney G. Glazer) · 스트라우스(Anselm L. Strauss). 2011. 『근거이론의 발견: 질적 연구 전략』. 이병식 · 박상욱 · 김사훈 옮김. 학지사(Glazer, Barney G. and Anselm L. Strauss. 1967. *The Discovery of Grounded Theory: Strategies for Qualitative Research*. Chicago: Aldine).

김세은. 2013. 「언론학 연구 방법론으로서의 구술사에 대하여: 현장에서 길을 잃은 한 연구자의 질문과 출구 찾기」. ≪커뮤니케이션 이론≫, 9(3), 205~255쪽.

김은정. 2010. 「저소득층 성매매 십대 여성들의 성매매와 사회화 과정에 대한 일 연구: 통상적인 청소년 사회화 과정에 대한 재고를 논의하며」. ≪가족과 문화≫, 22(3), 31~72쪽.

_____. 2013. 「저소득층 십 대 여성의 성매매 유입/재유입을 통한 사회화 과정 분석: 구조와 행위 간 이중적 관계를 중심으로」. ≪사회와 이론≫, 22(1), 271~322쪽.

스트라우스(Anselm Strauss) · 코빈(Juliet Corbin). 1990. 『근거이론의 이해: 간호학의 질적 연구 수행을 위한 방법론』. 김수지 · 신경림 옮김. 한울(Anselm Strauss and Juliet Corbin. 1990. *Basics of Qualitative Research: Grounded Theory Procedures and Techniques*. London: Sage).

최종렬 · 김성경 · 김귀옥 · 김은정. 2017. 『문화사회학의 관점으로 본 질적 연구 방법론』. 휴머니스트.

Charmaz, Kathy. 2006. *Constructing Grounded Theory: A Practical Guide through Qualitative Analysis*. London: Sage.

Creswell, John. W. 2013. *Qualitative Inquiry and Research Design*, 3rd ed. Los Angeles: Sage.

Denzin, N. K. and Lincoln, Y. S. 2008. *Collecting and Interpreting Qualitative Materials*, 3rd ed. Thousand Oaks, Calif: Sage.

Ramalho, Rodrigo, Peter Adams, Peter Huggard and Karen Hoare. 2015. "Literature Review and Constructivist Grounded Theory Methodology." *Forum: Qualitative Social Research*, 16(3). http://www.qualitative-research.net/index.php/fqs/article/download/2313/3877

제3장

'평범한' 존재를 '특별하게' 대해야 하는 불가피함

정수남

연세대학교 사회발전연구소 연구교수

1. 연구자 소개

질적 연구는 현장에 대한 구체적인 감각과 정보를 획득하는 데 매우 효과적인 연구 방법이다. 현장은 연구자에게 하나의 분화된 사회적 장의 작동 원리와 규칙들을 알게 해주면서 동시에 연구 주제와 대상에 대한 인식의 출발점을 제공해준다. 이 과정에서 수행되는 참여관찰, 대화, 심층 인터뷰 등은 연구 대상자의 생활세계와 대면하는 과정이자 연구자 자신에 대한 성찰의 계기가 된다. 질적 연구는 연구자 자신이 다른 세계와 인간들의 삶을 바라보는 하나의 창을 현상학적으로 구성해내는 방법이다. 내가 질적 연구를 하게 된 배경에는 이렇다 할 거창한 이유가 없었다. 대학원 과정 당시 문화인류학을 전공했던 선배를 따라 주야장천 그의 연구 현장을 방문하게 되면서 그나마 그 이유를 찾았다고나 할까. 사회학의 전통적인 연구 방법을 벗어나 인류학적 방법에 매료된 데는 아마도 그때의 여러 경험들이 영향을 미쳤을 것이다. 그 시점부터 본격적으로 질적 연구 방법(참여관찰, 구술사, 생애사, 심층 면접, 근거이론 등)에 관한 수업을 듣고, 워킹페이퍼 수준의 논문을 써내고, 질적 연구자들과 연구 모임을 오랫동안 가지면서 훈련을 쌓아갔던 것 같다. 지금도 그렇지만 질적 연구에 대한 체계적인 교육 프로그램이 없던 상황에서, 또한 한국 사회학계에 질적 연구에 대한 소개가 미천한 상황에서 나의 선배와 동료들은 모두 훌륭한 교사였다. 2005년부터 현재까지 질적 연구 방법으로 수행한 연구는 대략 10회 정도 되는 것 같다.

2. 나의 질적 연구 좌충우돌기[1]

1) '평범한' 존재를 '특별하게' 대해야 하는 불가피함

"세계는 나를 감싸지만, 나는 세계를 이해한다"(블레즈 파스칼).

(1) 어쩌다 노숙인?

내가 노숙인을 연구 대상으로 삼게 된 이유는 두 가지 정도로 단순화해볼 수 있다. 하나는 사회학을 전공하면서 어떤 분야를 접하든지 빈곤, 계급, 불평등, 권력 문제와 연결하고자 한 태도와 관련이 있다. 나는 줄곧 "우리 시대는 어떤 이들이 빈민이 되는가" 혹은 "빈민은 어떤 사회적 과정을 통해 생산되는가"라는 질문을 하곤 했다. 혹자는 '가난은 나라님도 구제하지 못한다'는 말을 하면서 가난의 불가피성을 인정하지만, 절대적 빈곤이든 상대적 빈곤이든 상관없이 가난은 특정한 역사적 산물이자 한 사회의 지배 체제가 낳은 생산물이다. 가난은 그저 밥 한 끼를 먹을 수 있느냐 없느냐의 차원이 아니라 누가 누구의 지배를 받는가의 차원에서 논의될 문제이기 때문이다.

이러한 문제의식을 갖게 된 것은 내 개인의 삶과도 무관하지 않지만 그보다는 사회 전반에 걸친 비참한 상황들과 깊은 관련이 있다. 즉, 양극화, 중산층 붕괴, 신빈곤, 차상위계층, 노인 빈곤, 노숙인, 생계형 자살, 청년실업 등이 만연하게 되면서 '가난의 사회적 구성'에 대한 고민은 더욱 깊어진 것이다. 이 같은 고민들은 박사과정 중에 수행했던 수업과제

---

1 이 절의 내용은 다음 논문의 연구 과정을 바탕으로 작성했다. 정수남·심성보, 「홈리스스케이프와 공간통치의 동학: 서울 영등포역사와 쪽방촌 노숙인을 중심으로」, ≪기억과 전망≫, 33(2015), 297~346쪽; 정수남, 「'잉여인간'의 아비투스와 복지 장의 후기자본주의적 논리」, ≪민주주의와 인권≫, 16(2)(2016), 241~300쪽.

나 연구 보조원으로 참여했던 프로젝트를 수행하면서 조금씩 더 구체화되어갔다. 그 과정에서 나는 신빈곤층, 차상위계층, 기초생활수급자들을 만나 인터뷰할 수 있는 기회를 가졌고, 이를 계기로 이들의 삶과 생활 양식에 더욱 깊은 관심을 갖기 시작했다.

또 하나의 계기는 노숙인과 자주 마주치게 되면서 생겼다. 나는 오랫동안 충청도 조치원에 있는 모 대학교에 강의를 하러 다녔다. 영등포역에서 출발하는 기차를 이용했는데, 그때마다 노숙인과 역사에서 마주쳐야 했다. 역사(驛舍) 내 벤치에서 멍하니 앉아 있거나 절반은 누워 있는 사람, 뭔가 가득 찬 가방을 메고 어슬렁거리면서 주변을 배회하는 사람, 쓰레기통을 뒤지면서 누군가 먹다 버린 음식을 주워 먹는 사람, 아니면 우두커니 서서 일반 행인들을 멍하니 쳐다보는 사람 등 일반인과는 전혀 다른 행동을 하는 사람들을 자주 볼 수 있었다. 당시만 하더라도 노숙인은 나와는 전혀 상관없는 사람들이었고, 나는 단지 그들의 기이한 행동을 특이하고 흥미롭게 또는 애처롭게 바라보는 한 개인에 불과했다. 아마도 그들을 보이지 않는 존재인 양 취급하거나 불쾌감을 주는 지저분한 사람들 정도로만 여겼을 게 분명했다.

그러던 찰나에 모 기관의 연구 프로젝트에 참여할 기회가 있었는데, 여기서 나는 노숙인을 심층 인터뷰하는 작업을 맡게 되었다. 당시 연구 주제는 '노숙인의 감정적 임파워먼트'였다. 이 연구를 진행하면서 연구 보조원들과 함께 진행한 인터뷰 대상자는 대략 45명 정도였다. 심층 인터뷰를 진행할 때 집중적으로 알고 싶었던 부분은 '이들은 어쩌다 노숙인이 되었나' 하는 것이었다. 인터뷰는 전반적으로 노숙에 이르는 과정을 생애사적으로 파악해보는 작업이기도 했다. 이와 같은 접근은 기존 연구에서도 시도되어왔다. 연구의 경향은 대체로 노숙인의 개인사적인 행동들, 예를 들어 도박, 가정에 대한 무관심(그에 따른 별거, 이혼 등), 알코올중독, 사업 실패로 인한 막대한 빚, 지적 장애, 실업 등의 개인적 차원을 부각시키는 쪽과 IMF 외환위기, 노동시장의 유연화, 신자유주의 등과 같은 사회구조적 요인을 내세워 분석하는 쪽으로 이분화되었다.

하지만 나는 노숙인은 이 각각의 차원으로 환원될 수 없는, 즉 개인적 차원과 사회적 차원 양자가 서로 복잡하게 얽혀서 나타나는 '사회적 개인'이라고 생각했다. 어떤 시대든 가난이나 빈곤은 역사적 특수성을 띠고 나타나며 한 사회의 지배 체제를 유지하는 데 구조적으로 생산되고 유지된다고 생각했기 때문이다. 이를 밝히기 위해서는 한 인간이 노숙인으로 규정되는 사회적 메커니즘과 이들을 노숙인으로 주체화되도록 이끄는 사회적 장치를 분석할 필요가 있었다. 이런 생각은 박사 논문 작업을 하는 과정에서 더욱 구체화되었다.

박사 논문을 작업할 당시만 하더라도 내가 노숙인을 직접 만날 수 있는 기회는 지역 쉼터 실무자의 소개로 만나서 심층 인터뷰를 진행할 때뿐이었다. 노숙인들이 주로 모여 있는 현장에 직접 가서 그들의 행태를 관찰하고 그곳에서 발생하는 세세한 일들을 파악하는 작업은 박사 후 과정에 와서야 실행할 수 있었다. 이때부터는 심층 인터뷰보다는 노숙인이 주로 머물면서 배회하는 공간을 총체적으로 관찰해보고 이곳을 중심으로 노숙인과 여러 사회적 기관들 간의 상호작용을 파악하는 데 집중했다. 이를 위해 나는 지인으로부터 영등포 역사 인근에 위치한 한 노숙인 쉼터의 사회복지사를 소개받고 나의 연구 주제와 작업과정을 충분히 전달했다. 그리고 그곳에서 장기간 연구를 해도 좋다는 동의를 받았고, 자원봉사자로 참여하면서 작업을 수행할 기회를 얻었다.

연구 과정에서의 좌충우돌은 여기서부터 본격적으로 시작되었다. 뒤에서 자세히 다루겠지만, 질적 연구자가 현장에 단번에 연착륙할 수 있는 가능성은 매우 희박하다. 아무리 하찮고 보잘것없는 장소라도, 별다른 권력과 자본을 보유하지 못한 사람이라 하더라도 연구를 목적으로 하게 되면 더 이상 이전까지 알아왔던 장소나 사람들이 아니게 된다. 이로써 연구자는 익숙했던 대상을 낯설게 만들고 그에 다가가는 절차 또한 과학적 방법을 통해 접근하는 과정에 들어서게 된다.

나는 이를 계기로 현장에 직접 참여하면서 연구를 진행할 수 있게 되었고 대략 2년여 동안 일주일에 한 번씩 정기적으로 야간 근무도 수행했다. 간혹 긴급한 호출이 있을 경우 현장에 나가는 일도 있었지만, 그 횟수는 얼마 되지 않았다. 내가 했던 역할은 아웃리치(outreach)였는데, 오후 여섯 시 무렵부터 밤 자정까지 영등포지역의 노숙인 쉼터가 맡고 있는 관할구역을 점검하면서 노숙인들의 건강 상태나 이상 행동을 확인하고 안부를 묻거나 요구사항(건강 상태나 보급품 등)을 파악하는 일이었다. 이 과정에서 아웃리치 수행원들이 하는 주요 역할 중 하나는 노숙인을 친밀하게 응대하면서 대화 상대자가 되어주는 것이다. 모든 노숙인들을 상대로 이렇게 할 수는 없지만, 수행원들과 적극적인 대화를 원하고 정보를 서로 주고받으면서 도움을 교환하는 노숙인들과 일정한 친밀감을 형성해가는 것은 노숙인 보호나 관리 차원에서 큰 도움이 된다. 나는 이와 같은 아웃리치 수행원 역할을 최대한 활용해 연구를 진행하기로 했다. 현장에서 노숙인들과 자연스럽게 안면을 익히고 대화를 나누면서 그들의 다양한 행태를 관찰하기로 한 것이다. 쉼터 직원, 공무원, 경찰들과 상호작용하면서 보여주는 그들의 전략적 행위에 대한 관찰도 나의 중요한 관심 영역 중 하나였다. 이러한 관심은 현장연구를 수행하면서 더욱 커지기 시작했다.

(2) '평범함'과 '특별함' 사이에서

질적 연구자들은 낯선 장소나 사람을 연구 대상으로 삼는 경향이 강하다. 잘 알려져 있지 않은 사실이나 지배적인 담론에 가려져 잘못 인식된 사실 그리고 사회적으로 주변화된 영역에서 제 목소리를 내지 못한 채 살아가는 존재들에게 각별한 관심을 갖는다. 노숙인과 그들이 배회하는 공간도 일반인들에게는 낯선 존재이자 장소다. 노숙인은 서울 시내 대표적인 역사 몇 군데와 인근 지하도에서 흔히 목격되지만, 연구를 위해서 이들을 직접 대면한다는 것은 완전히 다른 차원의 일이었다.

영등포 역사는 익숙한 장소지만, 그곳에서 노숙인을 만나고 그들의 동선을 따라다니게 되는 순간부터 그곳은 더 이상 전에 내가 알던 역사가 아니게 된다. 이런 생각과 기분으로 현장에 들어서게 되면 오지 탐방에 나선 탐험가처럼 낯선 시공간과 사람들을 마주할 때 느끼는 막연함, 당혹감, 두려움, 어색함, 긴장감, 흥분을 경험한다. 이러한 감정의 배후에는 특별한 존재와 대면한다는 사실을 부각시킴으로써 다른 연구자와의 차별화를 꾀하고 싶은 전략이 숨어 있기도 하다. 이는 연구자의 학문적인 야망에서 기인하기도 하겠지만, 질적 연구자는 낯선 장소나 대상과 대면해야만 한다는 '자연화되어버린'(연구자) 정체성에서 오는지도 모른다. 여기에는 친숙하거나 흔하게 볼 수 있는 존재를 연구 대상으로 할 경우 새롭지 않다거나 이색적이지 않다는 이유로 크게 주목받지 못할 것 같은 우려가 짙게 배어 있을 수 있다.

대체로 질적 연구자는 지배적인 거대 담론의 무게에 짓눌려 자신의 목소리를 내지 못하는 존재의 목소리를 좀 더 '특별하게' 담아내려고 노력한다. 연구자는 이들과 마주할 때 세심한 주의를 기울여야 하는데, 특히 사회적 권력의 횡포에 의해 육체적·정신적 피해를 입었거나 고통을 당한 존재들일수록 연구자가 이들에게 다가가는 일은 그리 수월하지 않다. 그들이 갖고 있는 트라우마나 과거의 아픈 기억을 상기시키면서 자신의 경험을 말하고 표현하도록 유도하는 일은 그들에게 극도로 민감한 일이기 때문이다. 가령 연구자가 이에 대한 충분한 사전 정보나 배경 지식이 없는 상황에서 무심코 던진 질문이 자칫 그들에게 무시, 모멸감, 수치심, 경계심을 자아낼 수 있다. 이럴 경우 연구 자체를 망치는 극단적인 상황이 발생할 수도 있다.

이는 연구 대상을 '색다르게' 바라봐야 한다는 연구자의 강박적인 태도에서 비롯되는 것일 수도 있다. 특별한 대상을 연구한다고 생각할 때 연구자는 그런 사람을 쉽게 접할 수 없는 다른 연구자나 일반인들 앞에서 더욱 연극적인 상황을 연출하면서 과도한 의미 부여를 일삼기도 한다. 나도 노숙인의 행태나 그들과 관련된 에피소드를 설명할 때면 주변 동료들이나 지인들 앞에서 과장된 표현을 활용하거나 사실을 좀 더 부풀려 묘사하곤 했다. 여기에는 '아무나 그들을 만날 수 없다'는 우월감과 그 우월감을 바탕으로 동료 집단으로부터의 인정을 바라는 이중적 태도가 암암리에 깔려 있는 것일지도 모른다. 물론 이 같은 행위는 연구자의 의도적인 조작이나 과시를 위한 치장일 수도 있지만, 연구 대상자의 특이성을 좀 더 강조하기 위한 표출적 행위로도 볼 수 있다.

그런 이유에서인지 질적 연구자들 간에는 각자의 연구 대상을 둘러싸고 기묘한 '상징 투쟁'이 벌어지기도 한다. 이는 연구자들이 자신만의 분야와 전문성을 내걸고 학계 내에서 벌이는 일련의 지위 경쟁 메커니즘이기도 하다. 낯선 대상과 현장 그 자체는 질적 연구자 자신이 학계 내에서 인정받기 위한 정보적 자본이기도 하다. 연구 대상을 선점함으로써 학계 내 지위 경쟁에서 얻는 보상과 우월감에 기댈수록 그에 대한 집착은 더욱 심해진다. 내가 노숙인 연구에 관심을 보였을 당시 몇몇 연구자들도 (노숙인 집단에 대해) '쉽게 연구할 수 있는 대상이 아니다', (이 분야에 대해) '나보다 아는 사람이 별로 없다'라는 식의 우월감을 나타내는 태도를 보였다. 이러한 뉘앙스를 감지할 때마다 초보 연구자로서 약간 위축되고 마치 '내가 함부로 건드려서는 안 되는 영역이 아닌가' 하는 의문에 빠지기도 한다. 하지만 이에 굴복할 필요는 없다. 중요한 것은 연구 대상이나 분야를 선점하는 데 있는 것이 아니라 연구를 통해 어떤 주장과 논지를 펼 것이냐이기 때문이다.

그런데 질적 연구자는 잘 알려지지 않거나 쉽게 다가갈 수 없는 그런 대상이나 존재만을 다뤄야 하는가? 물론 아니다. 매우 친숙하거나 평소에 하찮게 여겼던 존재라 하더라도 연구자의 문제의식에 따라 대상은 새롭고 특별한 것이 된다. 다시 말해 연구자는 평범하고 보통의 존재로 여겼던, 그래서 (잘 안다는 이유로) 별로 관심을 두지 않았던 사람이나 집단조차도 자신의 연구 대상이 되는 한 '특별한' 존재로 대하게 된다. 이때 연구자는 자신이 순수하고 텅 빈 존재인 것처럼 자유로운 위치에 서게 되고, 그 자리에서 연구 대상을 이전과 다르게 특별하고 각별한 존재로 해석하는 권한을 행사한다. 그렇게 해야만 기존 연구와 차별화된, 그러면서 연구자 자신이 원하는 연구 결과를 기대할 수 있기 때문이다. 이럴 경우 자칫 연구 대상의 주관적인 의지나 주체적인 의미화 과정을 소홀히 대할 수 있다. 이로 인해 연구자가 보고 싶은 대로만 해석하고 의미를 과도하게 부여한 나머지 실제 사실과 다르고 연구 대상자의 생각과는 관련 없는 이야기들이 전개될 수도 있다.

연구 대상자를 특별하게 드러내려는 연구자의 이 같은 태도는 연구 결과의 객관성을 떨어뜨릴 수도 있으며, 연구 윤리를 어길 가능성을 낳는다. 한 가지 예를 들어보자면, 노숙인들 중 상당수는 자신이 다른 누군가에 의해 '특별하게 취급되기'를 싫어한다. 행정 분류에 따라 노숙인으로 명명될 뿐이지 그들 스스로는 단지 거주 공간이 없는, 혹은 있더라도 쪽방이나 임대주택에서 살아가는 가난한 '일반인'으로 생각한다. 그들은 '노숙인'으로 불리는 것을 불편해하고 거북스러워한다. 그러거나 말거나 이런 문제에 전혀 관심을 두지 않는 노숙인들도 있다(사실 대부분이 그렇다). 당사자의 의지와 상관없이 외부자에 의해 의도적으로 특별하게 대우받는 것에 대한 불편함과 거북함은 연구 과정에서 항상 주의 깊게 고려해야 할 부분이다.

그럼에도 노숙인을 그저 평범한 존재로만 대할 수 없는, 우리 사회에서 그들이 지닌 특이성 또한 고려하지 않을 수 없다. 특히 이들의 특이성은 사회의 구조적인 억압과 개인사적 일탈로 인해 사회권과 자율성을 거의 박탈당한 상황과 밀접하게 관련되어 있다. 노숙인은 가난한 사람들이지만 불행하게도 거주지가 없는, 그래서 쉼터나 시설에서 숙식을 해결하거나 그것마저도 힘들 경우 길바닥에서 숙식을 해결하는 사람들이다. 이들은 가난한 사람들이라는 측면에서는 여느 빈민과 다를 바 없지만, 거주지 없이 거리에서 생활하거나 특정한 공공장소에서 온갖 일상생활을 영위하는 존재라는 점에서는 분명히 특이하다. 노숙인이 생활하는 모든 공간은 물론, 그들의 행동 하나하나에서 인간의 비참함을 목격하곤 한다. 그들의 행태를 보고 있자면 지금 이 시대에 인간의 비참함이 어디까지 도달할 수 있을까라는 질문도 던지게 된다. 그리고 이 비참함은 어떻게 생겨나며 없애려고 해도 왜 사라지지 않고 우리가 사는 장소와 멀지 않은 곳에 늘 존재하고 있을까 하는 질문도 하게 된다.

결국 이러한 질문에 답하기 위해서는 노숙인을 단지 평범한 존재로 바라봐서는 안 되고 좀 다른 위상에서 고찰하는 시각을 가질 필요가 있다. 그래야만 우리와 다른 그들만의 특이성을 파악하고 현상에 대한 원인을 규명할 수 있게 된다. 이런 작업이 진행되지 않는다면 이들을 통해 우리가 감내해야 하는 인간 존재의 비참함과 초라함을 견뎌낼 방법이 마땅히 없어 보인다. 실제로 인간의 비참함은 사회적 약자에 대한 의도적인 무시와 무지 그리고 무관심에서 시작되기 때문이다. 따라서 내 연구가 노숙인의 비참함을 드러내고 그로 인해 인간의 존엄함을 한 발 더 성찰하게 하는 일말의 가능성을 줄 수 있다면 최대한 그들을 특별하게 대하는 것이 '옳은' 일일지도 모른다. '특별하게' 해석하고 싶지만 그럴수록 주의 깊은 성찰이 뒤따른다는 점을 질적 연구자는 늘 감안해야 한다.

(3) 편견과 '거리 두기'

내가 노숙인을 직접 만나기 전까지 가졌던 인상은 언론이나 대중매체

보도를 통해 전달받은 정형화된 내용이 전부였다. 이에 입각하자면 노숙인은 일반 빈민들과는 좀 달랐다. 한편으로는 위협적이고 지저분하며 나태한 알코올중독자로 비춰지는 동시에 다른 한편으로는 불쌍하고 가여운 약자로 묘사되었다. 이는 노숙인을 바라보는 대중매체의 양면적인 시선과도 일치한다. 어떤 때에는 그들의 열악한 삶의 환경을 고발하면서 연민이나 동정심을 자아내는 논조를 내보내는가 하면, 다른 때에는 폭력, 중독, 방탕, 게으름, 복지 의존 등을 부각하는 혐오유발적인 기사를 내보낼 때가 있다.

노숙인에 대한 연구를 진행하려고 했을 때 나 또한 이러한 양가적인 평가를 잠정적으로 고려하지 않을 수 없었다. 연구자는 대중매체에서 다뤄진 내용과 거리를 두고 선입견을 배제한 채 기존의 학술 연구들을 검토하면서 더욱 객관적인 배경 지식과 정보들을 토대로 자신의 연구를 설계해야 한다. 하지만 실제로 이 과정이 생각만큼 쉽지는 않다. 연구자이기에 앞서 한 명의 일반인 입장에서 기존의 정보와 감정을 지닌 상태로 그들과 마주하게 되는 측면이 있기 때문이다. 그리고 대중매체의 다소 과장된 표현을 감안하더라도 노숙인 집단이 이 같은 이중적 성향을 갖고 있는 것만큼은 (내 경험에 비춰볼 때도) 어느 정도는 사실이다. 하지만 이러한 이중성마저도 대중매체와 권력자의 위치에 선 사람들에 의해 만들어진 것이지 객관적 사실이라고 볼 수 없다. 내 경험에 따르면, 노숙인들 중에는 자신들을 바라보는 일반 사람들의 불필요한 동정적 시선에 감사함을 느끼기보다는 불쾌감을 느끼는 경우가 많으며, 대중매체에 보도된 내용만큼 노숙인들이 실제로 폭력적이고 돌발적인 행동을 하는 경우도 그리 흔치 않다. 설령 그들 중 돌발적이고 즉흥적인 행동을 하는 경우가 있다면 특정 몇 명만이 주기적으로 반복해서 그런 행동을 보일 뿐이다. 그럼에도 언론에서는 노숙인 한 개인의 문제를 전체 노숙인의 문제처럼 보이도록 보도함으로써 심각한 왜곡을 초래할 때가 많다.

념을 생성했고, 이를 다시 13개의 하위 범주(가족 구조 붕괴, 성매매 유발 요인, 가출, 거리 친구들과의 연계, 학교 중퇴, 돈의 필요, 연령과 성을 통한 교환 가치 습득, 건강 악화, 법적 제재, 의미 있는 타자의 등장, 새로운 삶을 위한 시도 과정, 지속적인 지원 체계 부재, 성매매 유입에 대한 합리화)로 구분할 수 있었다. 또한 비교 분석의 과정을 거쳐 이들을 다시 여섯 개의 상위 범주(저소득층 가족 구성원으로서의 삶, 성매매 유발 요인, 성매매 유입을 통한 경제적 주체로서의 정립, 가족생활을 바꾸는 계기, 삶을 바꾸려는 시도와 좌절, 성매매 재유입)로 재분류했다. 이 과정이 스트라우스와 코빈이 논의한 개방 코딩으로, 근거이론 방법에서 자료의 1차적 분류인 코딩화 작업 과정이다.

이후 과정으로 스트라우스와 코빈은 축 코딩을 제안하는데, 이때는 개방 코딩에서 분해했던 자료를 재조합하고 이를 특정한 범주로 연결시켜 현상을 설명하기 위한 패러다임, 즉 설명의 틀을 구성하게 된다. 이러한 설명의 틀을 통해 이야기를 만들어가게 되는데, 스트라우스와 코빈이 제시한 틀은 개방 코딩에서 도출된 개념들을 인과적 조건, 맥락적 조건, 중심 현상, 중재적 조건, 상호작용, 그리고 결과로 나누어서 분류함으로써 데이터를 통해 나온 이야기의 전반을 파악하게 하는 구조를 띤다. 이 과정이 다른 질적 연구들과 근거이론이 구분되는 중요한 지점이라고 할 수 있다. 기타 질적 연구는 데이터를 범주화함으로써 그 의미를 이해하는 데 그치는 반면에, 근거이론에서는 범주화된 개념들 간의 관계성이 무엇인가를 파악함으로써 데이터를 설명하는 작은 이론, 즉 실질이론을 도출하고자 한다. 〈그림 2〉는 패러다임 모형으로 도출된 성매매 청소년을 설명하는 실질이론의 결과다.

나는 성매매 경험이 있는 십 대 여성을 인터뷰한 데이터 자료를 가지고 방법론을 달리해 서로 다른 자료 분석을 시도해보았다(하나는 근거이론 방법을 이용했고, 다른 하나는 근거이론을 사용하지 않고 나의 성찰을 기반으로 데이터를 해석했다). 근거이론 방법을 사용할 때는 더욱 체계화된 자료 따라서 흔하게 접하는 대중매체 보도와 기존 담론으로부터 연구자가 얼마나 거리 두기를 할 수 있느냐, 즉 선입견을 얼마나 떨쳐내느냐가 본격적인 연구에 앞서 고려되어야 할 사항이다. 이를 위해서 연구자는 연구 대상자에게 미리 어떤 특별함을 부과할 필요가 없다. '그들의 삶은 우리와 많이 다를 것이다'라거나 '그들에겐 뭔가 특별한 것이 있을 것이다'라는 생각을 사전에 가질 필요가 없는 것이다. 우선 그들을 우리와 동시대를 살아가고 있는 평범한 보통 사람으로 대하는 것이 중요하다. 노숙인을 처음 만나러 갔을 때를 떠올려보면(지금도 생생하다), 마치 다른 세계의 사람들을 만나러 갈 때 느끼는 설렘과 두려움이 앞섰던 것 같다. 이중 두려운 감정은 아마도 내가 갖고 있던 편견에서 기인한 것일 수 있다. TV, 신문, 인터넷에서 부정적인 이미지로 묘사되었던 사람들, 가끔씩 서울역, 용산역, 영등포역을 지날 때마다 힐끗 처다보고는 슬며시 거리를 두면서 외면했던 사람들을 직접 만나러 가는 길은 초짜 연구자에게 버거운 상황이었기 때문이다.

　하지만 인터뷰가 진행되는 과정에서 이러한 긴장감과 편견이 사라지기까지 많은 시간이 걸리지 않았다. 노숙인 개개인의 삶의 궤적은 모두 달랐지만 우리 주변의 평범한 사람들이 겪을 법한 일들을 경험하면서 살아왔으며, 설령 그 경험이 일탈적이고 반사회적이라 하더라도 대부분 크게 위험이 될 만한 일들은 아니었다. 사업 실패, 채무, 도박, 알코올중독, 가족해체, 실업 등과 같은 경험이 유독 이들에게만 닥쳐오는 것은 아니지 않은가. 이들과 인터뷰를 하다 보면 문득 드는 생각은, 그들과 나 사이에 그렇게 큰 격차가 없다는 사실이다. 그들이 범한 몇 번의 실수와 일탈은 누구든 겪을 수 있는 일이다.

　노숙인에 대한 편견은 그들과 인터뷰하는 과정에서도 많은 부분이 수정되지만, 그들이 머물며 생활하는 공간에서 함께 시간을 보내면서 상당 부분 수정된다. 때론 기존의 생각과는 정반대의 상황이 발생할 때가 있다. 그들에 대한 동정심이나 연민이 느껴질 법한 상황에서 오히려 그들은 웃거나 행복해하고, 즉흥적이고 과격하게 대응할 것 같은 상황에서는 온순하고 꽤 이성적으로 행동하는 등 선입견이 뒤집힐 때가 많다. 노숙인이라고 해서 모두 비슷한 성향이나 행동 유형을 보이지는 않는다. 예를 들어 자활 능력을 충분히 갖춘 사람부터 알코올중독이나 정신적 장애 때문에 전혀 일을 하지 못하는 사람, 사람들과 어울리기 좋아하는 사람부터 누구의 방해도 받지 않으려는 사람, 구걸하는 데 아무런 거리낌이 없는 사람부터 절대로 남에게 아쉬운 부탁 못 하는 사람, 쉼터나 쪽방 같은 고정된 거처를 선호하는 사람부터 규율이나 집단생활이 싫어서 추운 영하 날씨에도 바깥에서 지내려는 사람 등에 이르기까지 여러 부류가 있다. 그렇기 때문에 노숙인 내부의 각기 다른 생활 방식이나 특징을 고려하지 않는다면 그 집단에 대한 이해의 객관성을 보장할 수 없게 된다.

처음 노숙인 연구를 시작했을 때 나는 사례 연구나 보고서 등을 활용하고 해당 전문가나 활동가들의 도움을 받아 일정 정도의 오리엔테이션을 받은 후 인터뷰에 들어갔다. 하지만 직접 그 세계에 들어가서 경험해 보지 않는 이상 심층 인터뷰 과정에서도 분명한 한계는 존재했다. 이미지 트레이닝을 통해 예비 질문지를 작성하고 주변 연구자들로부터 검토를 받았음에도 불구하고 노숙인과 직접 만나 인터뷰하는 과정에서 기존에 짜놓은 시나리오가 예상을 빗나갔기 때문이다. 인터뷰를 해보니 별로 중요하지 않다고 생각했던 문제가 중요한 문제로 떠올랐고, 반대로 정작 중요할 것처럼 보였던 문제는 그들에게 전혀 고민거리조차 되지 않기도 했다. 가령 노숙인 쉼터가 노숙인들에게 절실하게 필요한 시설이라고 생각해서 쉼터의 기능을 확대해야 한다는 의견을 갖고 있었지만, 정작 어떤 노숙인들은 쉼터 생활을 매우 꺼리거나 불편해했다. 예를 들어 나에게는 여름철 무더위나 겨울철 한파에도 불구하고 쉼터 대신 거리에서 잠을 자는 노숙인들이 한동안 이해하기 어려운 대상이었다. 하지만 그들에게 정작 중요한 것은 지붕이 있고 따뜻한 방바닥이 마련된 집단 수용소 같은 시설보다는 누구의 방해와 간섭도 받지 않고 혼자서 자고 싶을 때 자고 술 먹고 싶을 때 먹을 수 있는 편안함과 자유로움이라는 것을 알게 되었다. 추위나 더위에도 불구하고 그들은 편안함과 자유로움을 시설의 규칙과 규율이 주는 불편함과 강제성, 그리고 그곳에서 생활하는 사람들과의 갈등에서 비롯된 스트레스와 바꾸기 싫었던 것이다. 현장에 있으면서 많이 들었던 말들 중 하나는 공무원들이 가끔씩 현장 방문을 할 때마다 하는, "왜 저 사람들은 시설에 안 들어가고 밖에 나와서 생활하는가"라는 질문이었다. 현장에서 오랫동안 일한 종사자들은 한결같이 "저런 질문이 가장 우매한 질문"이라고 말한다. 이러한 우매함은 나에게도 해당되었다. 하지만 이러한 과정은 기존의 예비 질문지를 지속적으로 수정해나가도록 해주는 계기가 되었다.

노숙인도 자신의 생활공간 안에서 나름의 인간관계, 생존 방법, 생계 유지, 놀이 문화, 소통 방식을 갖고 살아가는 소우주 일원이다. 이런 점을 충분히 고려해 나는 선입견을 극복하기 위한 전략으로 그들의 생활 세계를 총체적으로 파악해야 한다고 생각했다. 나아가 그들이 사용하는 언어, 대화 방법, 행동 유형들은 상황적 맥락에 따라 독해하고, 자신들만의 소우주 안에서 살아가기 위해 펼치는 실천들을 면밀하게 관찰했다. 이 과정은 단순히 심층 인터뷰만으로는 부족해 보였다. 오랜 기간 현장에 나가 직접 관찰하고 노숙인과 대화를 나누고 쉼터의 사회복지사들과 아웃리치 활동가들과도 함께 다니면서 노숙인들이 맴도는 공간 전체가 어떻게 작동하고 유지·변형되는지를 파악하려고 했다. 노숙인의 소우주는 그들로만 채워져 있지 않다. 거기에는 사회복지사, 복지부 공무원, 지자체 공무원, 종교 단체, 자원봉사자, 경찰, 119 구조대, 병원, 게임(도박)장, 쉼터 등 다양한 수행원과 기구들이 배치되어 있다. 이 작은 세계에서 노숙인이 보여주는 행동과 말은 이(것)들과의 상호작용 속에서 서로 영향을 주고받은 결과라고 볼 수 있다.

요컨대, 편견을 극복하기 위해 나는 하나의 사회적 공간 내에서 노숙인의 위치를 어떻게 파악할 것인가라는 질문에서 출발했다. 즉, 그들의 사회적 위치를 객관화하고 상대화해 그들을 둘러싸고 벌어지는 다양한 상호작용 전반을 이해하고자 했다. 그러고는 다음과 같은 문제에 직면했다. "도대체 노숙인을 어디까지 관찰하고 접근해야만 잘 이해했다고 할 수 있는가."

(4) 다가가기

연구자가 순수하게 연구만을 목적으로 한다고 하더라도 노숙인을 만나기 위해 무작정 현장에 나가보겠다는 생각은 무모한 일일 것이다. 연구자로서의 야망이 앞선 나머지 노숙인들이 주로 머무는 장소에 가서 그들을 일단 만나보겠다면, 그 의도가 아무리 순수하더라도 그로 인해 뜻하지 않은 위험이나 낭패를 겪을 가능성이 크다. 더욱이 연구자가 의도한 연구 목적마저도 제대로 달성하기 어려울 것이다. 노숙인 집단에 연구자가 직접 현장에 들어가 장시간 그들과 함께 생활한다고 해서 그들과 무난하게 관계를 형성할 수 있는 것도 아니다. 그렇기 때문에 노숙인을 만나기 위해서는 엄격한 연구 절차와 사전 작업이 반드시 필요하다. 어떤 연구든 유사한 과정을 거치겠지만, 연구 대상을 객관적으로 탐색하고자 한다면 과학적 연구 방법에 수반되는 여러 절차를 따라야만 한다. 그저 맘 편하게 동네 아는 아저씨를 만나러 가는 게 아니지 않은가. 노숙인에게 과학적으로 접근하는 방법을 충분히 숙지하고 다가가야 한다.

노숙인에 대한 초기 연구들을 검토하다 보면 노숙인이 모여 있는 현장에 연구자가 직접 방문해서 그들과 대화를 시도하는 경우가 많았다는 것을 알 수 있다. 노숙인 연구가 많이 축적되지 않은 당시 상황에서 이는 연구자들이 취할 수 있는 불가피한 선택이었을 수도 있다. 게다가 질적 연구에 대한 엄밀한 방법과 성찰이 요구되지 않았던 과거에는 더욱 그랬을 수밖에 없었을 것이다. 하지만 오늘날 질적 연구의 성과가 꽤 많이 축적됨에 따라 연구 방법에 대한 과학적 엄밀함이 강하게 요구되고 있다. 그에 따른 연구 윤리 문제 또한 엄격해진 상황에서 예전처럼 연구자의 '무모한 자유'를 더 이상 누릴 수 없게 되었다. 예를 들어, 이제는 더 이상 연구자가 노숙인의 행동이 특이하거나 흥미롭게 비친다고 해서, 또는 그들이 모여 사는 쪽방촌을 지나치다가 흔치 않은 풍경을 사진에 담고 싶다고 해서 카메라를 마음 놓고 들이댈 수 없다. 그 행동의 동기가 순수하고 무해하다고 해도 그러한 행동이 노숙인의 불편함과 모욕감을 대신할 수는 없다. 혹여나 그 바닥에서 '주먹 좀 쓰는' 노숙인이 지나칠 경우 이런 행동을 보고 가만있지 않을 것이다.

　나도 현장에 있을 때 직접 들은 얘기인데, 한번은 어떤 언론사 기자들이 쪽방촌을 기웃거리다가 노숙인들끼리 모여 동전 놀이하는 모습을 찍으려고 카메라를 들이댔는데 옆에서 지켜보고 있던 노숙인 한 명이 카메라를 뺏어서 내던진 경우도 있었다고 한다. 자신들의 생활 풍경을 언론이 매우 왜곡된 관점으로 자의적으로 소개하기 때문에 노숙인은 기자나 외부인들을 매우 불쾌하고 짜증나게 하는 존재로 여긴다. 연구를 목적으로 온 사람마저도 노숙인에게는 일단 그런 가식적인 존재 중 하나로 여겨진다. 가난을 상품화한다든지 공무원의 업적 쌓기에 동원한다든지 등을 이유로 자신들의 삶을 도구화하는 외부인들의 작태에 불만과 짜증이 가득하다. 처음 그들과 대면했을 때 노숙인들이 내게 보낸 약간의 의심스러운 눈빛, 냉소 섞인 코웃음, 그리고 마지못해 했던 악수의 느낌을 잊을 수 없다. 그들의 그런 행동이 근거 없는 것은 아니다. 사실 노숙인을 연구하겠다고 현장에 방문하는 연구자들이 잠깐 왔다가 사라지는 경우가 종종 있기 때문에 연구자를 바라보는 시선 또한 그렇게 편치만은 않다. 오히려 그들에게 연구자들은 잠시 왔다가 자신의 목적만 달성하면

홀연히 사라지는 귀찮고 약은 존재다. 이런 문제가 단기간에 해소될 리가 없기 때문에 나는 일정 정도는 불가피하게 '외부자'라는 낙인을 감수하면서 노숙인들과 관계를 맺어야 한다는 상황을 빨리 받아들여야 했다.

나는 시간이 지날수록 최대한 우회적으로 노숙인에게 다가가는 방법을 택했다. 제일 먼저, 현장에 오랫동안 머물면서 노숙인들과 친하게 지내는 현장 실무자, 복지사, 자원봉사자 등의 도움을 받았다. 이들은 내게 결정적인 정보원들이었으며, 노숙인들과 최대한 빨리 라포를 형성할 수 있게 해주었다. 나는 현장에서 가장 오랫동안 노숙인을 상대해온 복지사와 아웃리치 봉사자분들과 많은 얘기를 나누면서 그들의 경험들을 최대한 공유하려고 했다. 그들 나름대로 노숙인을 상대했던 이야기, 위험에 처했던 순간들, 현장을 둘러싸고 얽혀 있는 여러 해당 기관들 간의 이해관계와 갈등, 노숙인 세계만의 독특한 질서, 정부의 허술한 정책 등등의 이야기를 들을 수 있었다. 그것은 혼자서 몇 년 동안 돌아다녀도 모을 수 없는 수준의 정보였다. 이 모든 이야기들은 내가 이 작은 세계에서 일어나는 많은 일들이 어떤 메커니즘에 의해 작동하고 있는지를 좀 더 빨리 파악할 수 있게 해주었다. 이런 사전 지식을 숙지해나감으로써 나는 노숙인들과 훨씬 더 수월하게 안면을 익히고 대화를 시도할 수 있었으며, 그들의 관심사와 요구 사항들에 귀 기울일 수 있게 되었다.

질적 연구자들은 낯선 장소에 들어서거나 친숙하지 않은 대상을 만나게 되면 그런 장소와 사람에게 빨리 익숙해지려고 노력한다. 연구에 주어진 시·공간적 범위가 무한하지 않기 때문에 연구자가 계획한 스케줄과 시간 리듬에 따라 라포 형성에 애를 많이 쓴다. 그런데 나는 현장에 방문해서 연구 대상자들과 직접 대면하는 원초적인 방법은 내 연구에 있어서만큼은 적합하지 않다고 판단했다. 왜냐하면 내가 생각했던 것보다 노숙인은 (어쩌면 전혀 생각하지 못했던 측면이기도 한데) 매우 높은 수준의 보호, 관리, 감독, 지원을 받고 있었기 때문이다. 이는 아무나 그들에게 접근해서 인터뷰하고 대화를 나누고 장시간 관찰하는 행위를 가로막는 경계 벽처럼 다가왔다. 예를 들어 누군가 노숙인이 모여 있는 현장에 직접 방문했다고 해보자. 그리고 노숙인의 행태를 오랜 시간 바라보면서 관찰하고 기록하고 말을 걸어 대화를 시도하려고 했다고 해보자. 그의 그러한 행위는 금방 현장을 관리하는 실무자나 복지사 혹은 그 세계의 서열이 높은 노숙인으로부터 다음과 같은 얘기와 함께 제재를 받을 것이다. "여기서 허락 없이 뭐 하는 중이냐", "여기서 함부로 이러면 안 된다", "우리가 구경거리냐" 등.

질적 연구자가 자신의 연구 대상에 대한 특징과 성격을 얼마나 잘 파악하고 있느냐에 따라 이와 같은 문제 해결의 난도는 달라질 것이다. 나는 폐쇄적이고 감시를 많이 받고 행정 권력의 직접적인 영향력 아래에 있는 사람이나 집단일수록 다가가기가 더욱 어렵다고 생각한다. 여기에는 여러 담론, 이해관계, 권력이 개입함에 따라 아무나 다가갈 수 없게 만드는 장막들이 있다. 노숙인의 인권 보호, 현장에서 일어나는 사건들에 대한 관리, 보호, 외부자에 의한 희화화나 왜곡 방지 등의 이유를 들어 쉽게 접근할 수 없게 한다. 여러 차원에서 체계적으로 보호, 관리, 감시를 받는다는 사실은 노숙인을 일반적인 의미에서의 한 개인이 아니라 특정한 집단 그 자체로 볼 수 있음을 환기한다. 그래서 노숙인을 대한다는 것은 한 개인이 아닌 그 집단 전체와 대면하고 있는 것인지도 모른다.

(5) 현장, 하나의 멋진 신세계

혹자는 기본적으로 현장에 장기간 머물며 그곳 사람들과 환경에 충분히 적응하고 라포를 형성하면서 연구를 진행해야 한다고 말한다. 맞는 말이다. 그렇지 않다면 굳이 시간과 발품을 팔아가면서 질적 연구를 진행할 필요가 없다. 하지만 꼭 그래야 하는 것도 아니다. 현장에 직접 거주하면서 연구 대상자들과 충분히 어울려야 하는 것이 기본이지만, 그보다는 연구자가 무엇을 문제화하고 어떤 주장을 펼칠 것인지가 더욱 중요하다. 기존의 노숙인 연구들을 검토하다 보면 현장에 장기간 거주하면서 노숙인과 함께 생활했다는 부분을 많이 강조하거나 혹은 '현장에서 답을 찾아야 한다'라는 주장을 많이 하는데, 일부는 맞고 일부는 틀린 말이다. 현장 자체가 답은 아니다. 나는 현장의 중요성을 깎아내릴 의도는 전혀 없지만, 그렇다고 그것을 숭배해서도 안 된다고 생각한다. 예를 들어 노숙인과 장시간 함께 생활하고 어울리면서 그들과 이웃처럼 지낼 때야 비로소 그들의 세계를 제대로 이해했다고 주장하는 것은 현장에 한 번도 가보지도 않고 다 알 수 있다고 주장하는 것만큼이나 맹목적이고 공허하다. 현장은 맹목적으로 강조되어야 하는 것이 아니라 연구자가 문제화한 만큼, 자신의 이론적 관점이 허락하는 한에서만 의미가 있다.

요컨대 질적 연구자는 연구 대상의 세계를 체험하거나 그들과 자신을 동일시함으로써 그들의 본질에 다가가는 것이 아니다. 노숙인의 본질은 없다. 현장에 오랫동안 머물러 있었다고 해서 본질에 더 가깝게 다가가는 것도 아니다. 그들과 친해졌다고 해서 그 목적을 달성할 수 있는 것도 아니다. 연구자는 그들을 추체험적으로 이해하는 데 목적을 두는 것이 아니라 과학적 방법을 통해 그들의 세계를 어떻게 다른 시각에서 비판적으로 재구성할 것이냐에 목적을 두어야 한다. 따라서 나는 현장이 연구자의 비판적 거리 두기를 통해 재구성되지 않는다면 그 공간은 한낱 일반인들이 경험하는 평범한 장소에 불과하다고 생각한다.

영등포 역사를 중심으로 조사를 진행하고 나서 얼마 지나지 않아 나는 노숙인이 이 공간을 일반인이 오가는 공공장소로 인식하지 않는다는 점을 알게 되었다. 그들에게 역사는 공공장소가 아니라 자신들의 사생활이 이루어지는 공간이었다. 간혹 그들이 돌발적으로 위험한 행동을 하거나 공중도덕을 심하게 어겨서 공권력이 어떤 제재를 가하기 전까지는 그들에게 역사는 공공장소가 아닌 것이다. 노숙인은 그곳에 있어야만 끼니를 채울 수 있고 동료도 만나고 나름의 여가 생활도 할 수 있다. 어떤 이들에게 이곳은 잠자리가 되기도 하고 심지어는 생리 현상을 해결하는 곳이기도 하다. 노숙인들에게 영등포 역사는 공사 구분 없는 개방된 생활 장소였다. 그렇다고 이들이 그런 행동을 마음껏 할 수 있는 것은 아니다. 현장 실무자, 복지부 공무원, 관할구역 경찰들은 늘 이들을 주시하면서 제재를 가하고, 특정 행위가 범죄에 가깝다고 판단할 경우 구속하기도 한다. 실제로 가끔씩 즉흥적이고 돌발적인 폭력이나 과도한 싸움이 일어날 때면 그 공간은 순식간에 범죄 현장이 되기도 한다.

역사 공간의 이와 같은 성격에 대한 이해가 짧았던 연구 초기에는 다음 질문들이 늘 뒤따랐다. '왜 노숙인들은 역사나 그 주변을 중심으로 몰릴까? 행인도 많고 혼잡하고 자신의 초라한 행색이 전면에 드러나는 이곳에서 어슬렁거리는 이유는 뭘까? 그렇다고 이들이 조직적으로 집단생활을 하려고 기획한 것도 아닌데 말이다.' 이러한 의문은 역사라는 공공장소가 노숙인에게 단지 일상생활이 이루어지는 공간에 불과하다는 사실을 인지하는 순간 풀리게 되었다. 노숙인은 기본적인 생계유지 방편으로서는 물론이고 일단 생존하기 위해서 사람들 눈에 잘 띄는 곳에 있어야 한다. 눈에 띄어야 현장 실무자들과 관계를 유지하면서 최소한의 복지 서비스를 누릴 수 있으며, 아프거나 응급한 상황이 생길 경우 도움을 빨리 청할 수가 있고, 심지어 술에 취해 드러누워 있을 때조차도 그곳에 있어야 사람들의 시야에 들어올 수 있다. 사실 노숙인이 배회하면서 머무는 공간은 공적 장소도 아니고 그렇다고 사적 장소만도 아닌 혼합적인 성격을 띤다. 이러한 공간의 성격을 밝히는 작업은 쉽지 않다. 이곳이 노숙인을 매개로 다양한 이해관계와 권력 기관들이 얽혀 있는 공간이라는 점에서 복잡하고 다층적으로 해석될 여지가 많기 때문이다.

연구의 현장이 이러한 특징을 갖고 있으니, 노숙인 당사자, 노숙인 쉼터, 복지사, 현장 실무자, 공무원, 병원, 교회, 목사, 자원봉사자 등으로 얽혀 있는 권력관계망 안에서 연구자로서의 내 위치를 분명히 해야 했다. 그렇지 않았다면 나는 연구 내내 뻘쭘한 상태로 현장에서 많은 시간을 허비했을지도 모른다. 아니면 내내 눈치만 보면서 주변만 맴돌았을지도 모른다. 이를 피하기 위해서는 현장에 얽혀 있는 많은 사람들과 기관들 간의 상호작용이 어떻게 이루어지고 그것을 유지시켜주는 메커니즘이 무엇인지를 파악해야 했다. 실제로 이들은 표면상 서로 존중해주는 듯 대하지만, 그 이면에는 서로에 대한 불신, 불만, 굴욕, 짜증이 뒤섞여 있다. 하지만 서로에 대한 그러한 감정을 최대한 드러내서는 안 된다. 이런 이유 때문인지는 몰라도 현장 실무자들은 그들에게 '노숙인'이라는 칭호를 쓰지 않는다. 'ㅇㅇㅇ 선생님'이라는 호칭으로 대신한다. '노숙인'이라는 칭호는 현장 실무자나 복지사들이 행정 업무를 처리하는 과정이나 사안을 논의할 때 언급한다. 그리고 실무자들은 마치 고객을 응대하는 듯한 태도로 노숙인을 친절하고 상냥하게 대해주려고 애쓴다. 이들이 서로를 예우하는 이유 중 하나는 현장에서의 질서를 유지하기 위해 상호 간의 감정적 교환이 일정 부분 필요하기 때문이다. 물질적 자원의 교환의 정도가 낮을수록 그 집단 구성원들 간에는 상징적·감정적 교환의 중요성이 높아지기 마련이다.

내가 현장에서 간혹 들었던 얘기들 중 이들 간의 관계를 압축해주는 말이 하나 있다. "너희들이 누구 때문에 먹고사느냐"라는 말이다. 현장 실무자들이 노숙인 자신에게 불친절하게 대했거나 요청을 들어주지 않았을 경우 노숙인들에게서 튀어나오는 말이다. 현장에서 일하는 실무자들이나 복지사들의 의지를 꺾는 말이기도 하다. 다른 한편, 노숙인 인권에 대한 정부나 지자체의 일방적인 지침 때문에 현장 실무자나 복지사들이 현장에서 취할 수 있는 태도는 매우 수세적이고 소극적일 수밖에 없다. 이럴 때마다 그들은 노숙인들의 태도나 자신의 직무에 대해 깊은 불만과 회의를 품는다. 이뿐만 아니라 현장 실무자와 복지사들은 중앙부처나 지자체 공무원들과의 관계에서도 종속적인 위치에 있기 때문에 공무원들의 요구사항에 대부분 순종적인 태도로 응해줘야 한다. 날로 늘어나는 행정적인 서류 작업과 현장의 특성을 고려하지 않은 채 막무가내로 지시하는 몇몇 공무원들의 요청에 응해주다 보면 사회복지사로서의 직업적 회의감이 크게 밀려온다. 실제로 노숙인 담당 사회복시자가 이 분야에서는 가장 기피되는 영역이다.

이 외에도 현장에서 들리는 여러 뒷얘기들 중에는 노숙인들에게 숙식을 제공해주는 한 교회가 대기업으로부터 해마다 지원을 받는데도 그 교회 목사가 뒷돈을 챙겨 막대한 부자라는 얘기, 노숙인에게 무료 진료를 해주는 인근 병원이 실은 이것을 빌미로 다른 이득을 챙긴다는 얘기, 위탁 기관 간의 보이지 않는 경쟁이 치열하다는 얘기 등 확인되지 않은 얘기들이 늘 돌아다닌다. 이로 인해 서로 간의 암묵적인 불편함과 불신이 공존한다. 이런 얘기들은 연구자인 나로서도 궁금했지만 확인해볼 길이 없어 아쉬울 뿐이었다.

이들 간의 이러한 감정적 대립에도 불구하고 이들은 서로를 필요로 하는 존재다. 노숙인은 자신이 '노숙인'으로 불리기를 싫어하지만, 역설적이게도 '노숙인'으로 분류되어야만 그 자격으로 복지 혜택과 서비스 지원을 받을 수 있다. 사회복지사들에게는 노숙인이 자신의 직업적 정체성과 관련되어 있으며, 노숙인 쉼터를 운영하거나 진료를 해주는 기관들도 자신의 존립 근거를 노숙인에 의지하고 있다. 이렇게 상호의존적인 관계는 궁극적으로 노숙인이 안전하게 머물면서 최소한 생존할 수 있게 해주는 비가시적인 공간을 창출하게 된다. 엄밀하게 범위가 정해져 있는 장소는 아니지만 이들은 서로 다니는 길목을 알고 있고, 누가 어디서 주로 자고 있는지, 어디서 밥을 먹는지, 어디에 사는지를 파악하고 있다. 이 공간을 완전히 벗어나 버리면 아무도 그의 행방에 대해 궁금해하지도 않고 그는 금방 잊혀버린다. 그러다가 어느 날 갑자기 나타나면 으레 반갑게 인사하면서 서로 안부를 묻는다. 노숙인도 이 공간 내에 있어야만 그에 해당하는 대우와 인정을 받을 수 있을 뿐이다. 그래서 이들은 함부로 이곳을 떠날 수도 없고 떠나더라도 다시 되돌아오는 순환적 삶을 계속 반복하게 된다.

이들에게는 서로 말하지 않더라도 알고 있는 것이 있다. 어디까지 요구할 수 있고 어디까지만 요구 충족이 가능한지에 대한 내용이 그것이다. 사회복지사들은 자활에 성공하거나 노숙인 신분을 벗어나는 이들이 전체 노숙인 인구의 10%도 채 되지 못할 것이라고 확신한다. 노숙인이 처한 상황을 누구보다 잘 아는 복지사들은 정부의 온갖 겉치레에 불과한 정책 프로그램을 신뢰하지 않는다. 단지 공무원들의 실적 쌓기에 동원되는 수단 정도로 생각한다. 노숙인들도 스스로 알고 있다. 노력해도 지금의 처지보다 나아지지 않는다는 절망적인 사실을. 그래서 그들은 더욱 노숙의 순환고리에 기대어 살아간다. 그렇게 하면 살아 있을 수는 있으니 말이다. 이러한 삶을 몇 년 반복하다 보면 급격한 속도로 그들의 육체와 정신은 피폐해져 간다. 그들은 한 해 한 해가 정말 크게 느껴질 정도로 몰골이 망가져간다. 현장에서 내가 발견한 사실 중에 하나는 이 공간에는 상호 간의 적절한 타협의 지점들이 존재한다는 것이었다. 공무원이든, 위탁 기관이든, 사회복지사든 가장 신경 쓰는 부분이 노숙인의 생사와 관련한 일이다. 특히 사회복지사를 포함한 쉼터 실무자들은 무더위가 심한 여름철에는 노숙인의 탈수 증상을 방지하는 데 역점을 두며, 겨울철에는 동상 방지에 세심하게 주의를 기울인다. 이 바닥에서 일하는 사람들이 공통적으로 갖고 있는 생각, 즉 말해지지 않지만 누구나 다 알고 있는 사실 하나는 '노숙인이 죽지 않을 만큼만' 그들을 보호·관리하고 지원한다는 점이다. 요컨대 현장에 있는 기관들은 자신들의 역할을 노숙인의 자활이나 자립을 목표로 삼지만, 그들의 실질적인 목표는 이들이 죽지 않을 정도로만 관리해주는 데 있다. 그 외의 일은 형식적인 것에 불과하다. 그렇다고 이들 기관이나 현장 실무자들의 헌신과 노고를 절대로 폄하해서는 안 된다. 이들은 충분할 정도로 자신의 책무에 헌신적이며 희생적이다.

그런데 내가 놀란 한 가지 사실이 또 있다. 노숙인을 둘러싼 다양한 복지 장치들이 현장에 체계적으로 배치되어 있을 뿐만 아니라 노숙인들에게도 오랜 노숙 생활을 통한 나름의 생활 규칙과 실천 규범들이 구축되어 있다는 점이다. 그리고 그들 집단 내에는 자체적으로 서열이 있고, 집단 내 오피니언 리더 역할을 하는 사람이 있는데, 이 사람은 복지사들과 친하게 지내면서 서로 정보를 주고받기도 한다. 그가 가진 권한은 막강하기까지 하다. 서열은 이들 세계의 질서 유지에 강제성을 부여해준다. 이 서열 관계로 인해 노숙인 세계는 자체적으로 질서를 잡아간다. 더욱 중요한 것은 이 과정이 현장 실무자들이나 경찰의 개입 없이 자체적으로 이루어진다는 사실이다. 나는 운이 좋게도 조사 초기부터 이곳에서 서열이 제일 높은 노숙인과 알게 되어 그로부터 이 바닥에 대한 많은 얘기들을 들을 수 있었다. 사실은 이 사람의 첫인상이 좀 험상궂어서 한동안 경계하면서 다녔다. 알고 보니 그는 예전에 부산 쪽에서 조직폭력배 활동을 했었는데 어느 날 조폭들 간의 싸움이 벌어지는 과정에서 상대방을 살인한 사건으로 교도소에서 몇 년을 살다 나온 경력이 있었다. 이런 사람을 만나게 될 줄은 나도 전혀 예상하지 못했지만, 그가 노숙인으로 살아가면서 이곳에서 하고 있는 일들을 보면 정말 살인자였나 싶을 정도로 평범하다. 어쨌든 이곳 현장을 관리하는 실무자들은 그 사람으로 인해 여러 수고를 덜기도 한다. 그가 노숙인들 사이에서 일어난 곤혹스러운 문제를 어느 정도 해결해주고 정보를 알려주기 때문이다.

지금까지 길게 나열했지만, 현장에서의 뒷얘기나 권력관계와 관련된 사안들은 실제 연구 결과물에 그대로 반영되기 어렵다. 논문에 반영하고 싶은 흥미로운 내용들이 많지만 나의 연구가 자칫 현장에 있는 많은 사람들에게 의도하지 않은 피해를 줄 수도 있고, 오해를 불러일으킬 수도 있기 때문이다. 실은 나도 이러한 권력관계 내 어딘가에 위치하고 있을 것이다. 내가 듣고 볼 수 있는 경계가 분명히 있을 것이고 내게 할 수 있는 이야기도 한계가 있을 것이다. 더 오랫동안 현장에 머물 수 있다면 알 수 있는 범위가 더 넓어지고 이해의 정도도 더 깊어질 수 있을지 모른다. 그럼에도 연구자는 그 세계의 일원으로 살아갈 일이 없다. 그런 점에서 연구자는 처음부터 끝까지 연구자로서의 위치를 명확하게 해야 한다. 그런 점에서 나는 노숙인이 생활하는 이 '멋진 신세계'를 최대한 객관적으로 드러내주는 역할에 충실하고자 했다.

2) 연구자 '나', 무엇을 할 수 있는가

나는 노숙인을 평범하게, 그렇다고 특별하게도 그려내려고 하지 않았다. 그들이 얼마나 열악한 환경에서 인권 탄압을 받고 있는지, 그들을 위한 복지 정책이 얼마나 형편없고 허술한지, 또는 그들이 얼마나 특이한 행동과 비정상적인 생활을 하는지에 대해서도 관심을 갖지 않았다. 그들은 자신들만의 삶의 규칙에 적응해가면서 하루 24시간이나 50년의 시간을 마치 같은 시간인 듯 살아간다. 굳이 앞날을 내다보지 않고, 당장 내일 무엇을 해야 하는지에 대해 고민하지도 않는다. 아침에 일어나면 밥을 제공해주는 쉼터나 교회에 가서 끼니를 해결하고, 지하철을 타고 이곳저곳 돌아다니면서 식사를 제공해주는 다른 쉼터나 교회를 배회하면서 배를 채운다. 그렇게 하루의 시간을 때운다. 가급적 많이 먹어두려고 한다. 그래야 잠자리에 들기 전까지 배고프지 않을 수 있다(사실 노숙인에게 제공되는 식사의 질은 매우 형편없다). 노숙 생활이 오래되다 보면 이러한 반복적인 생활은 마치 삶의 다른 모든 영역들을 끌어당기는 중력처럼 작용한다. 이제 노숙인의 생활 리듬은 밥 먹는 시간을 중심으로, 활동 범위는 밥을 제공해주는 곳을 중심으로 재구성된다. 이들은 그냥 이렇게 삶을 버텨내는 사람들이다. 하지만 시간이 지날수록 나에게 이 공간은 차가운 기계 부품들로 가득 찬 기괴한 공장처럼 다가왔다. 희망과 시간이 멈춘 곳, 가난을 계속 만들어내는 곳, 서로 누구를 위해 존재하는지도 모호하게 만드는 곳, 달아나고 싶어도 계속 머물러 있게 만드는 곳. 그래서 노숙인은 일자리를 찾고 열심히 일해서 차곡차곡 돈을 모아 자립하려는 생각보다 차라리 아무런 꿈도 꾸지 않고 일정 수준 이상 소유하지 않는 삶을 사는 게 더 합리적일 수 있다고 생각할지 모른다. 이미 그들의 육체는 그렇게 살아가도록 직조되어 있는 것처럼 보인다.

현장에서 이런 모습을 오랫동안 경험하고 있자면 연구자인 나에게조차도 막막함과 절망감, 체념이 몰려온다. 노숙인의 상황이 조금이라도 나아질 것이라는 희망이나 기대가 전혀 보이지 않기 때문이다. "이곳에 있다 보면 자신조차도 의욕감이 떨어진다"는 어느 사회복지사의 말처럼 나 또한 "도대체 이 연구를 통해 무엇을 할 수 있는가"라는 물음을 자주 던지게 된다. 노숙인이 인간 이하의 삶을 살고 인권유린을 당한다는 등의 고발성 짙은 연구를 하는 것도 아니고, 그들이 마냥 불쌍하고 애처롭다고 강조하는 감상적 에세이나 르포를 쓰는 것도 아니니 말이다. 이럴 때 연구자는 무력감을 느낄 수도 있다. 연구자는 정치 관료들처럼 거창한 희망을 얘기할 수도 없고 정책가처럼 구체적인 대안을 제시해줄 수도 없다. 단지 과학적 연구 방법을 통해 그들의 삶을 객관적으로 드러내는 역할 정도만 할 수 있을 뿐이다. 그래서 연구자는 연구 대상자와 동일시해서도 안 되며, 그들의 목소리를 대신 전해주는 대변자가 되어서도 안 된다.

하지만 현장을 오랫동안 관찰하다 보면 그곳이 그렇게 단순하고 간단하게 이해될 수 없는 곳이라는 걸 알게 된다. 그만큼 연구자의 고민도 깊어진다. 분명히 연구 초기 단계에서는 주제와 문제의식이 뚜렷하고 다루려는 범위도 대강 정해져 있었지만 막상 현장에서 조사를 하다 보면 전혀 생각지도 못했던 여러 사건과 현상들을 목격하게 된다. 그러다 보면 당초에 세워두었던 계획보다 불가피하게 다루는 범위가 더 넓어지거나 계획에 없던 내용들이 추가되거나 기존의 생각에 변화를 주는 방식으로 연구 결과를 작성하게 된다. 그럴 때마다 어디까지 다룰 것인지를 고민하고 판단해야 한다. 미처 다루지 못한 부분은 다음 기회에 연속해서 다루더라도 말이다.

앞서 언급했듯이, 나는 질적 연구를 수행할 때 연구자는 연구 대상자를 재현해주는 수단에 불과하다는 주장에 동의하지 않는다. 또한 연구자는 연구 대상을 한눈에 내려다보는 전능한 해석자가 되어서도 안 된다고 생각한다. 그들은 연구자와 계속 상호작용하는 과정 중에 있는 존재다. 이 상호작용에는 연구자와 대상자가 각자 위치에서 자신을 되돌아보게 하는 성찰적 작업이 내포되어 있다. 인간 대 인간으로서 상호 간의 이해 지평을 넓혀가면서 연구자는 대상자의 삶의 세계에 한 발짝 다가가는 동시에 연구자 자신의 삶에 대해, 그리고 대상자는 연구자를 통해 자신의 삶을 한 번쯤 객관화하면서 자신의 위치를 가늠해보는 성찰의 기회를 가져볼 뿐이다.

연구자는 논문이든 저서든 특정한 연구 결과물을 생산해내야 한다. 하지만 그는 단지 논문 생산자의 역할에만 머무는 것이 아니다. 그는 현장과 그곳의 여러 존재들과 함께 상호작용하면서 여러 은폐된 사실과 모순들을 드러내는 데 동참하는 존재다. 다만 연구자는 그것을 글로 표현해 남길 뿐이다. 연구자는 정치가도 예언가도 아니다. 그는 '무엇을 해야 할 것인가'라는 질문을 던지며 새로운 윤리를 모색하도록 불특정 다수의 마음을 부추기는 존재다. 이를 위해 나는 노숙인과 그를 둘러싼 다양한 사회적 장치들이 살아 움직이는 현장에서 그들 간의 복합적인 상호작용과 그로 인해 파생되는 여러 효과들을 파악하고자 했으며, 그에 대한 조사 내용을 연구 결과물로 담아냈다. 나의 역할은 그들이 사는 소우주의 작동 원리를 과학적 방법을 통해 객관적으로 드러내주는 것이었으며, 이를 통해 나는 세계를 이해하고자 했고, 세계가 나를 통해 자신을 성찰하도록 했다. 이것이 질적 연구자의 역할 중 하나라면 연구자는 이 세계의 여러 분화된 영역들이 자기 자신을 이해하고 성찰할 수 있도록 해주는 과학적 인식 틀로서 존재할 수 있지 않을까. 그러면서도 다른 한편, 오늘 그들(노숙인)이 먹을 밥숟가락 위에 고기 한 점이라도 더 얹어져 있기를 바라는 것은 한낱 인간의 감정적 사치일까.

3) 의도하지 않은 문제들

현장연구를 진행하다 보면 뜻하지 않게 당혹스러운 장면을 목격하거나 불편한 상황을 마주할 때가 있다. 초반에는 보이지 않던 장면들과 들리지 않던 이야기들이 점차 내 눈과 귀로 다가올 때 연구자인 '나'는 어떤 자세와 태도를 취해야 하는가에 대한 도덕적·윤리적 고민에 빠지게 된다. 특히 이러한 이야기들을 글에 반영해야 하는지에 대한 고민 말이다. 노숙인 현장에서 가장 미묘하고 민감한 문제 중 하나는 지원금 활용, 다시 말해 '돈의 쓰임'이다. '그 많은 지원금이 어디에 어떻게 쓰이는가'를 두고 이런저런 신경전과 불만들이 속출한다. 지원금은 대부분 정부와 지자체 예산, 기업의 후원금, 종교 단체 및 개인들의 기부금으로 이루어져 있다. 이 중에서 정부 예산을 제외한 기업이나 종교 단체로부터 오는 후원금에 대해서는 말들이 많다. 노숙인 쉼터를 운영하는 센터에서 후원금을 멋대로 "해 처먹는다"든지 "뒤로 꿀꺽한다"든지 등의 말들이 심심치 않게 들려온다. 노숙인들에게는 아주 오래된, 공공연한 사실(?)이다(이에 대해서는 앞에서도 살짝 언급이 되었다).

어쨌든 이 설의 정확한 진원지는 알 수 없다. 연구자인 나로서는 더욱 알 길이 없다. 각 센터의 내부 예산 내역서를 뒤질 수도 없는 짓이고 공식적으로 요청할 수도 없는 일이다. 처음 이런 이야기를 들었을 때에는 연구와 상관없는 내용이겠거니 하는 생각에 크게 의미를 부여하거나 가치를 두지 않았다. 내심 어딜 가나 있을 법한 내부 비리나 암묵적으로 공유된 불합리 정도로 생각하고 가볍게 여겼다. 그리고 이런 부분은 알아도 모른 척하고 넘어가는 게 상식이라고 판단했다.

하지만 현장 상황에 더 익숙해지고 내부의 역학 관계를 알아가게 될수록 이와 같은 문제를 사소하게 다룰 수 없다는 사실을 알게 되었다. 돈의 쓰임 문제는 이곳 노숙인 현장을 관리하고 지원하는 문제, 그보다는 이곳을 어떻게 어느 수준까지 관리하고 통제할 것인가 하는 결정과 직결되기 때문이다. 가령, 이들에게 배급되는 식사 메뉴는 국에 밥을 말아서 김치 몇 조각 올려주는 정도가 대부분이다. 쇠고깃국이 나오든 닭곰탕이 나오든 건더기는 보기 힘들고 거의 국물뿐이다. 이럴 경우 이들 사이에서는 그 많은 지원금을 어디에다 쓰느냐라는 불만이 터져 나오기도 한다. 노숙인의 숙소 환경도 마찬가지다. 해마다 지원금이 들어오는데 왜 숙소 환경이 거의 변하지 않고 그대로냐는 불만도 줄곧 터져 나온다. 몇몇 활동가들과 이에 관해 대화한 결과 내가 얻어낸 결론은 노숙인을 향한 지원은 '노숙인이 계속 노숙인으로 머물러 있는 정도만큼만 이루어진다'는 것이었다. 엄밀히 말해 탈노숙을 위한 지원이라기보다는 노숙인이 지금 상태를 유지할 수 있을 정도만큼만 돈을 쓴다는 것이다. 지원금이 모두 어디에 어떻게 쓰이는지 정확히 알 수 없다. 알 길이 없어 추측만 난무할 뿐이다. 이에 대해 현장 사람들은 아무도 불만을 제기할 수 없다. 그랬다가는 도리어 역풍을 맞아서 지원금이 끊기거나 집단 내 구성원들로부터 비난을 받을 수 있기 때문이다.

연구자는 이런 상황과 마주했을 때 당혹스럽고 곤란에 처할 수 있다. 그냥 모른 척하고 연구 내용과 상관없는 문제라고 울타리를 치면서 보고 싶은 것만 보고 연구를 끝마칠 수도 있다. 하지만 나는 이러한 문제가 연구 내용과 관련 없다고 생각하지 않았다. 오히려 내가 이 연구에서 밝히고자 하는 바를 더욱 명확하게 해줄 것이라고 판단했다. 물론 집중 탐사 보도하듯이 이 문제를 파헤칠 수는 없었다. 그것이야말로 나의 연구 내용과 별 관련이 없을 수 있기 때문이다. 그럼에도 내가 택한 전략은 이 문제를 최대한 객관화해 연구 내용에 포함하려는 것이었다. 내부 비리나 암묵적인 부패 같은 일들이 이곳 현장에서 벌어지는 일들에 어떻게 기여하고 관여하는가를 객관적으로 서술하고자 했다. 이것이 설령 법적으로 문제가 되고 도덕적 규범에 상해를 입힌다고 하더라도 이는 이곳 현장을 작동시키고 유지시키는 하나의 기능이라고 생각했다. 연구자가 법적·윤리적 차원의 문제와는 별도로 이 작은 사회의 내적 동학과 역학을 객관적으로 드러내고 서술하는 데 기여한다면 나는 그것만으로도 연구자로서 책무를 다한 것이라고 생각한다.

생각해볼 거리

1 질적 연구에서 연구자의 사회적 위치는 연구 대상자와의 관계 설정에 상당한 영향을 미친다. 예를 들어 연구자가 성인 남자인지 여자인지, 젊은 연구자인지 중년 연구자인지, 사는 곳이 현장과 얼마나 떨어져 있는지, 유사한 삶의 배경을 갖고 있는지 그렇지 않은지 등 상당히 많은 변수들이 연구 과정에 영향을 미친다. 그 이유는 어떤 방식으로 관계가 설정되느냐에 따라 상호 간에 안정감과 신뢰감을 갖느냐 아니면 불편함과 어색함을 갖느냐가 결정되기 때문이다. 하지만 우리는 모든 변수를 고려해 연구자에게 맞춰진 연구 대상자를 찾을 수만은 없다. 때로는 불가피하게 생소하고 어색한 대상자를 만나 인터뷰를 해야 할 때도 있다. 이럴 경우 상호 간의 불편함이나 어색함을 최소화하기 위해 연구자는 어떤 노력을 할 수 있는지 다양한 상황을 설정해놓고 토론해보자.

2 가끔 인터뷰를 진행하다 보면 피면접자가 이미 답을 정해놓고 얘기하는 경우를 접한다. 면접자의 질문 내용을 미리 짐작하고 질문에 조리 있게 답하는 경우도 있고 심지어 면접자가 무엇을 알고 싶어 하는지를 간파해 듣고 싶은 얘기만을 선별해서 답을 하는 경우도 있다. 주로 면접을 많이 접해본 사람들일수록, 혹은 직업적 특성이나 개인 사정상 숨겨야 할 부분이 있는 사람들의 경우 이런 특징을 보이곤 한다. 또는 피면접자가 자존심이 강하거나 자기방어기제가 센 경우 솔직한 답변은 하지 않고 '솔직한 척'만 할 뿐 진솔하게 얘기를 하지 않은 경우도 있다. 이럴 때 연구자는 알면서도 당해줘야 하는 입장에 놓이기도 한다. 혹은 당시에는 몰랐지만 이후 교차 검증을 통해서 뒤늦게 전혀 다른 사실을 알게 되었다면 연구자로서는 당혹스러워할 수도 있다. 만약 이러한 경우를 실패 사례로 규정하거나 자료로서 활용하지 않을 생각이라면 어쩔 수 없지만, 반드시 활용해야 하는 상황이라면 연구자는 이 상황을 어떻게 돌파해야 하는지에 대해 토론해보자.

3 질적 연구를 수행하다 보면 매우 민감한 문제와 엮이는 상황에 처하기도 한다. 현장에서 조사하다 보면 일반인이나 대중매체를 통해 알려진 사실과 달리 부조리하고 모순된 현상을 목격할 때가 있다. 이를 외면하고 마치 존재하지 않는 현상인 것처럼 글에 반영하지 않을 수 있다. 연구자가 분석하고자 하는 연구 목적에 부합하지 않는다면 그럴 수도 있다. 하지만 정반대의 경우, 즉 연구자가 반드시 글 속에 반영해야만 한다면 문제는 달라진다. 왜냐하면 여기에는 흔히 말하는 '인간관계'라는 인격적인 측면이 깊게 관여되어 있기 때문이다. 연구를 수행하는 과정에서 알게 된 여러 관계자들과 지인들과의 관계를 전혀 무시할 수는 없기 때문이다. 이럴 때 연구자는 고민하게 된다. 솔직하게 글 속에 반영해야 할 것인가, 아니면 인간적인 도리상 눈 감아주고 모른 척할 것인가. 만약 연구자가 이러한 상황에 처했을 경우 어떤 입장을 취해야 하는지에 대해 토론해보자.

더 읽어볼 거리

1 김준호. 2010. 「거리노숙인이 생산하는 '차이의 공간'에 대한 연구: 서울역 거리노숙인을 중
   심으로」. 경희대학교 석사 학위 논문.

   김준호의 석사 논문 「거리노숙인이 생산하는 '차이의 공간'에 대한 연구: 서울역 거리노숙인
   을 중심으로」은 노숙인 연구 중에서도 현장연구에 모범이 될 만큼 성실하게 수행되었다. 이
   글의 필자는 서울역 부근에서 직접 거리노숙을 감행함으로써 실제 노숙인들을 관찰하고 마주
   하면서 겪은 경험을 기록했다. 직접 체험을 통해 연구를 진행했다는 점에서 연구의 신뢰를 높
   였다고 볼 수 있다.

2 라루, 아네트(Annette Lareau). 2012. 『불평등한 어린 시절: 부모의 사회적 지위와 불평등
   의 대물림』. 박상은 옮김. 에코리브르.

3 일루즈, 에바(Eva Illouz). 2014. 『낭만적 유토피아 소비하기: 사랑과 자본주의의 문화적 모
   순』. 박형신·권오헌 옮김. 이학사.

   『불평등한 어린 시절: 부모의 사회적 지위와 불평등의 대물림』과 『낭만적 유토피아 소비하
   기: 사랑과 자본주의의 문화적 모순』의 마지막 부분에는 필자들이 수행한 연구 과정이 자세
   하게 소개되어 있다. 질적 연구를 수행하는 과정에서 반드시 동반되는 심층 인터뷰 질문지 작
   성, 해석기법 등이 소개되어 있다.

4 카림, 라미아(Lamia Karim). 2012. 『가난을 팝니다: 가난한 여성들을 착취하는 착한 자본
   주의의 맨얼굴』. 박소현 옮김. 오월의봄.

   인류학자로서의 현장연구를 진행하면서 겪은 이야기들이 책 전반부에 자세히 소개되어 있다.
   특히 라포를 형성하는 데 어려움을 겪었던 필자의 상황과 이를 극복해나가는 과정이 잘 기록
   되어 있다.

5 부르디외, 피에르(Pierre Bourdieu). 2000. 『세계의 비참』 3권. 김주경 옮김. 동문선.

   이 책의 결론에는 질적 연구, 특히 심층 인터뷰 조사에 관한 부르디외의 성찰적 태도가 상세
   하게 서술되고 있다.

제4장

연구 참여자와 상호작용으로 나타나는 연구자 감정들

이현서

아주대학교 스포츠레저학과 대우 부교수

1. 연구자 소개

나는 질적 연구만 수행하는 순도 100%의 질적 연구자는 아니다. 질적 연구 방법이냐 양적 연구 방법이냐 여부보다 내게 더 중요한 것은 연구 질문에 대한 답을 구하는 데 가장 적절한 연구 '방법'[1]을 사용했는가 하는 것이다. 그래서 나는 대학원 시절에 다양한 연구 방법들을 배우고자 했다. 사회학 석사, 예술경영학 석사, 여가학 박사과정 중에 소속 학과나 다른 학과에서 개설하는 양적 연구 방법 수업과 질적 연구 방법 수업을 들었을 뿐 아니라 양적 접근과 질적 접근을 함께 쓰는 혼합연구 방법론 (mixed methodology) 수업도 수강했다. 박사 학위 취득 후에도 네트워크 분석, 구술사, 패널데이터 분석 등 다양한 연구 방법 워크숍에 참여하며 다양한 연구 방법을 탐구하고 연구에 적용하고자 했다. 연구 방법론 관점에서 나를 평가하면 인식론적으로 구성주의(constructivism)를 따르면서 연구 방법에 있어서는 양적 방법과 질적 방법을 함께 사용하지만 질적 연구 방법론에 좀 더 치중한 연구자로 볼 수 있다.

내가 질적 연구를 본격적으로 수행한 것은 2002년으로 박사과정 중에 재미 한인을 조사할 때였다. 당시 나는 한국 이민자들의 이민 경험과 정착 생활, 특히 노동과 여가 생활 경험을 조사하고 있었다. 개인의 이민 경험과 그 경험에 부여하는 주관적 의미에 관해 탐구하는 내용으로, 이 연구에는 질적 연구 방법이 적절하다고 판단해 심층 면접과 참여관찰을 시작하게 되었고 이 연구 주제를 확대해 박사 학위 논문으로 썼다. 학위 취득 후에 나는 질적 연구와 양적 연구를 모두 수행했다. 정부나 공공기

---

1 나는 '방법론(methodology)'과 '방법(method)'을 구분해 사용한다. 방법론은 "탐구가 어떻게 진행되어야 하는가에 대한 이론"이라면 방법은 "탐구자가 데이터를 수집하고 분석하기 위해서 사용하는 절차, 도구, 기법"을 말한다. 코린 글레스네(Corrine Glesne), 『질적 연구자 되기』 (아카데미프레스, 2008), 11쪽에서 재인용.

관에서 발주한 연구를 할 때는 현황 파악이 연구 목적이었기 때문에 대부분 양적 연구를 수행했다. 그러나 개인 연구에서는 연구 주제가 개인의 경험과 그 경험에 대한 의미를 해석하는 경우가 많아 대부분 질적 연구를 수행했다. 질적 연구와 양적 연구를 수행해본 경험자로서 나는 질적 연구가 양적 연구와 비교해 가장 어려운 부분은 연구 참여자 개인을 직접 만나 상호작용하는 과정이라고 생각한다. 연구 참여자와 상호작용하는 과정이 어려웠던 것은 무엇보다 이들과 대면해 이야기를 듣고 관찰하는 과정에서 느끼게 되는 감정 때문이었다. 자신의 감정이 어떻게 나타날지 연구자는 연구 참여자를 만나기 전에 절대 알 수 없는 것인데 연구 도중에 느끼게 되는 감정을 마주하고 대응하며 연구를 지속하는 과정이 쉽지만은 않기 때문이다.

따라서 이 글에서 나는 질적 연구 중에 연구자가 경험하는, 감정으로 인해 겪은 좌충우돌 상황을 소개하고자 한다. 이 글에 등장하는 나의 질적 연구는 모두 국제 이주자들에 관한 연구로서 그 결과는 다음 쪽 주석에 표기한 바와 같이 박사 학위 논문, 학술지 논문 또는 책의 일부로 출간되었다.

2. 나의 질적 연구 좌충우돌기:
연구 참여자와 상호작용에서 나타나는 연구자 감정[2]

1) 좌충우돌 소개를 시작하며

질적 연구 방법론에서 '감정'에 대해 고찰한 연구는 크게 두 가지로 나눌 수 있다. 하나는 질적 연구자가 연구 과정에서 자신의 감정을 어떻게 '관리'하는가에 대한 논의를 다룬 연구다(Creswell, 2017; Dickson-Swift et al., 2009). 다른 하나는 질적 연구자가 느끼는 감정이 연구 과정에서 어떻게 주관성을 인식하게 하는가를 논의한 연구다(Gilbert, 2001; Glesne, 2008). 사실 이 두 가지 논의는 서로 연결되어 있다고 볼 수 있지만, 각각 연구자의 감정에 대해 강조하는 측면이 다르다. 전자 논의는 질적 연구를 일종의 "감정 노동(emotional work)"(Dickson-Swift et al., 2009)으로 보

---

2 이 절의 내용은 다음 논문의 연구 과정을 바탕으로 작성했다. 이현서 외, 「결혼이주여성의 노동/여가 생활 변화인식과 삶의 만족감에 대한 연구」, ≪여가학연구≫, 11(2)(2013), 31~58쪽; 이주연 외, 「외국인 노동자의 노동·여가생활 변화 인식과 삶의 만족감에 대한 연구」, ≪한국여가레크리에이션학회지≫, 35(4)(2011), 83~97쪽('이주연'은 2012년에 개명하기 전 필자의 이름으로, 현재 내 이름과 다르다); 이주연, 「여가와 민족정체성」, 최석호 외 엮음, 『여가와 사회』(일신사, 2008). 이주연, 「재미 한인의 여가, 그들의 민족정체성」, ≪문화와 사회≫, 4(1)(2008), 6~42쪽; M. Stodolska and Yi-Kook, J., "Ethnicity, immigration and constraints." In Edgar L. Jackson(ed.), *Constraints to leisure* (State College, PA: Venture Publishing, 2005); Yi, J., "The Role of Leisure in Reproduction of Race and Ethnicity among Korean Americans"(Doctoral Dissertation, Department of Recreation, Sport & Tourism, University of Illinois at Urbana-Champaign, 2005); Stodolska, M. and Yi, J. "Impacts of immigration on ethnic identity and leisure behavior of adolescent immigrants from Korea, Mexico, and Poland." *Journal of Leisure Research*, 35(1) (2003), pp. 49~79.

한편, 이 절의 내용은 출간된 논문에서 일부 발췌해 유사함을 밝힌다. 이현서, 「질적 연구에 나타나는 연구자 감정 성찰」, ≪문화와 사회≫, 26(1)(2018).

며 과학적 지식 생산을 위해 전문가다운 자세로 연구자의 "감정 관리 (emotion management)"를 하는 방안을 주로 다룬다. 존 크레스웰(John. W.Creswell)은 질적 연구자가 연구 과정에서 겪는 감정에 압도되지 않고 잘 관리해 연구가 실패하지 않도록 스스로를 잘 돌보는 것이 필요하다고 강조한다(Creswell, 2017). 또한, 강간과 같은 민감한 연구 주제나 암 환자와 같이 연구자가 접근하기 어려운 집단을 조사하는 질적 연구에서 연구자가 경험할 수 있는 감정적 문제(회피, 두려움 등)를 어떻게 '전문가다운' 연구자로서 관리해야 하는지 설명하며 감정 관리를 논의하고 있다 (Dickson-Swift et al., 2009; Davis, 2001).

이 글은 감정 관리 입장보다는 연구자 감정이 연구자의 주관성을 어떻게 드러내며 지식 생산 과정에 영향을 끼치는가를 탐색하고자 한다. 사실 과학자들이 연구에서 감정이 차지하는 중요성을 인정하는 경향이 최근 나타나고 있고, 연구자 감정 관리라는 측면에서 다루어진 연구도 많은 편이다. 그러나 연구의 최종 결과물인 학술지 논문에서 연구 과정에 나타난 연구자 감정이 어떻게 연구 결과에 영향을 미치고 있는지 구체적으로 다룬 연구는 흔하지 않다. 이것은 개별 연구자의 연구 결과물이 과학 공동체에서 공적 속성을 지니게 될 때 연구 과정에 개입한 독특한 감정이 '배후 또는 드러나지 않는 곳'으로 이동해 '저널 과학'(학술지에 게재되는 논문 중심의 과학)에서 과학적 지식 생산 안내를 돕는 '핸드북 과학' (특정 이론이나 연구 방법론에 대한 단계별 소개에 목적을 두는 과학)으로 이동하게 되기 때문이다(Fleck, 1979; Barbalet, 2009: 270 재인용). 따라서 이 글은 연구 결과물의 '배후'로 이동하는 감정적 측면을 '전면'에 내세워 세 개의 질적 연구 사례에서 연구자가 연구 참여자와 상호작용하며 어떤 감정을 느끼고, 이 감정이 연구 결과(과학적 지식)를 생산하는 데 어떻게 영향을 미치는지 살펴보고자 한다. 더불어 질적 연구에서 연구자가 느낀 감정이 연구 과정에서 연구 질문과 자료 수집 방법을 (재)조정하고 연구 결과를 해석하는 데 어떻게 영향을 미치는지 살펴봄으로써 연구자의 감정이 어떻게 연구자 주관성을 인지하게 만들면서 연구 결과 생산 과정에 영향을 미치는지 고찰하고자 한다.

이 글에서 소개하는 세 가지 사례는 국제 이주자를 대상으로 한 질적 연구 내용이다. 연구자와는 다른 문화권의 사람을 대상으로 질적 연구를 수행할 때 연구자의 인종, 종족성(ethnicity), 종교, 계층, 성, 나이, 교육 수준과 같은 사회적 정체성은 연구 과정에서 연구자 주관성에 관여하며 연구에 큰 영향을 미친다(윤택림, 2004; Denzin and Lincoln, 2011). 사실 국제 이주 연구 분야뿐만 아니라 질적 연구의 모든 분야에서 연구자의 사회적 정체성은 연구 참여자와 상호작용하는 과정에 영향을 미친다. 그런데 국제 이주자를 대상으로 하는 이(異)문화 연구 현장은 문화적 "접경 지대(borderland)"(Rosaldo, 2000: 336)로서 이 경계에서 국적, 성, 계층, 인종, 종족성, 나이, 성적 취향, 정치 성향, 옷, 음식 혹은 기호 등 연구자의 다양한 사회문화적 정체성은 다른 분야 질적 연구보다 더 두드러지게 부각될 수 있다. 따라서 이 접경지대에서 연구자는 더는 '초월적 관찰자'가 아니라 특정한 위치와 입장을 가진 "입장 지어진 주체(positioned subject)"(Rosaldo, 2000: 37)이며 연구 참여자 역시 분석하는 주체로서 문화의 해석 과정에 적극적으로 참여해 연구자와 함께 "상관적 지식(relational knowledge)"(Roslado, 2000: 320)을 생산하게 된다. 그런데 이 접경지대는 연구자와 연구 참여자가 함께 관련된 지식을 생산하는 현장이 될 수 있지만, 다른 한편으로는 견고한 경계 안에서 자신의 정체성을 형성해온 사람들에게 "접경지대 히스테리(borderlands hysteria)"(김현미, 2001: 131)를 불러일으키는 현장이 될 수도 있다. 이 글에서 국제 이주 연구라는 이문화 연구 현장에서 연구자와 연구 참여자 간의 상호작용이 어떻게 전개되며 특히 이 상호작용에서 나타나는 "접경지대 히스테리", 예를 들어 연구자가 느끼는 놀람, 공포, 죄책감 등의 감정이 연구자의 주관성 인식과 연구 과정에 어떻게 영향을 미치는지 살펴보고자 한다.

2) 질적 연구 사례 소개

이 연구에서 살펴볼 사례 연구는 내가 국제 이주자들을 대상으로 수행한 세 개의 질적 연구로서 각 연구의 결과물은 학술지 논문이나 저서의 일부분으로 출간되었다. 〈표 1〉에서 나타나듯이 연구 A는 2004년 1월부터 8월까지 미국 일리노이주 시카고와 시카고 근교에 거주하는 재미 한인들을 대상으로 실시한 질적 연구다. 이 연구에서 나는 연구 대상자들을 개인별로 심층 면접을 실시했고, 연구 대상자들이 참여하는 다양한 행사(축제, 결혼식, 종교의식, 단체 프로그램 등)에 가서 참여관찰을 사용해 자료를 수집하고 질적 연구를 수행했다. 연구 B는 2010년 3월부터 8월까지 우리나라 경기도에 거주하는 국제 이주 노동자들을 대상으로 실시했던 연구이며 이 연구에서도 개인별 심층 면접과 연구 대상자들의 행사(축제, 결혼식, 사회단체 교육 프로그램 등)에 대한 참여관찰을 통해 자료를 수집했다. 연구 C는 2011년 3월부터 8월까지 한국에 거주하는 국제결혼 부부를 대상으로 한 연구다. 연구 C에서 나는 참여관찰법은 거의 쓰지 않았으며 부부가 살고 있는 가정집이나 내 연구실에서 심층 면접을 실시했다. 연구 B와 C의 경우 한국연구재단에서 지원받아서 했던 공동 연구인데 각 연구자들이 자신의 고유 연구 질문을 가지고 독자적으로 조사했지만 2~3개월에 한 번씩 주기적으로 만나서 서로 연구 진행을 확인하고 연구 중간 결과에 대해 함께 논의한 부분이 있었기 때문에 연구 결과물을 출간할 때 공동 저자로 출간되었다.

〈표 1〉에서 보듯 세 연구는 같은 연구자가 수행한 것이지만 연구 중간, 연구자와 연구 참여자가 처한 사회적 맥락과 연구자의 사회적 위치에 변화가 있었다. 연구 A와 B, C를 비교할 때 중요한 차이점은 연구 A

표 1 | 사례 연구별 연구자와 연구 참여자들의 사회인구학적 특성

구분	연구 A	연구 B	연구 C
시기	2004	2010	2011
대상	미국 거주 재미 한인 연구	한국 거주 이주 노동자	한국 거주 국제결혼 부부
방법	심층 면접법, 참여관찰법	심층 면접법, 참여관찰법	심층 면접법
조사지역	시카고 시내 한인 상가 밀집 지역, 시카고 근교 백인 다수 거주 지역, 시카고 근교 흑인 다수 거주 지역	남양주시 소재 가구단지 주변 이주 노동자 NGO 단체 및 이주 노동자 거주지	수원시, 화성시, 시흥시, 안산시 소재 면접 참여자의 거주지
조사장소	연구 참여자의 사무실, 가게, 집 재미 한인 사회단체 또는 종교단체 사무실 등	연구 참여자의 근무처나 집, 가게, 이주 노동자 NGO 단체 사무실, 종교 시설 등	연구 참여자의 집, 연구자의 연구실, 결혼 이주 여성 대상 사회단체 사무실

구분	연구 A 연구자	연구 A 연구 참여자 (출간물 기준* 21명)	연구 B 연구자	연구 B 연구 참여자 (출간물 기준 20명)	연구 C 연구자	연구 C 연구 참여자 (출간물 기준 24명)
성별	여성	남성(13명) 및 여성(9명)	여성	남성(17명) 및 여성(3명)	여성	여성(13명) 및 남성(11명)
연령	30대 초반	대부분 연구자보다 연장자	40대 초반	대부분 연구자보다 연소자	40대 초반	대부분 연구자보다 연소자(남편의 경우 수 연장자)
국적(종족)	한국(한민족)	미국 이민 1세대 및 1.5세대(한민족)	한국(한민족)	서남아시아 및 동남아시아 국적(방글라데시, 네팔, 필리핀, 미얀마, 타국)	한국(한민족)	결혼 이주 여성의 모국은 중국, 일본, 베트남, 캄보디아, 필리핀, 몽골, 엘살바도르
계층	중산층	대부분 중산층	중산층	한국에서 중하층, 고국의 가족은 중산층 또는 그 이상	중산층	중산층 및 중하층
직업	대학원생	대부분 자영업자	대학교수	다수 제조업 공장 노동자	대학교수	여성은 대부분 가정주부 또는 파트타임 강사(언어), 남편은 건설업·제조업 종사자가 대부분, 소수는 관리직 종사자
혼인상태	기혼	기혼 다수, 미혼 소수	별거	미혼 다수, 기혼 소수	이혼	기혼 전부

* 연구별로 연구자가 면접했던 연구 참여자 수는 출간물에서 제시한 인원보다 최소 6명, 최대 20명 정도 더 많았다. 면접 과정에서 표기 이상을 받았거나 연구 내용의 변화로 부득이하게 제외된 연구 참여자가 있었기 때문이다. 구체적으로 살펴보면, 연구 A의 경우 재미 한인 1세대, 1.5세대 그리고 2세대를 모두 면접조사했는데, 연구 과정에서 1세대와 1.5세대에 집중해 비교하는 것이 연구 결과를 더 명료하게 제시할 수 있게 됨에 따라 2세대 연구 참여자를 제외했다. 연구 B의 경우 추가로 한국인 노동자 참여자가 제외되었다. 연구 C의 경우 국제결혼 부부로서 외국인 여성과 한국인 남성 부부와 외국인 남성과 한국인 여성 부부를 같이 조사해 비교하려고 했으나, 후속 비교연구를 중단함에 따라 한국인 남성과 외국인 여성의 사례를 찾는 데 도움을 주었다. 연구 C의 경우 국제결혼 부부로서 외국인 여성과 한국인 남성 부부와 외국인 남성과 한국인 여성 부부를 찾는 것이 아주 어려워 비교연구가 아려워져서 한국인 여성과 외국인 남성 부부의 사례들이 모두 제외되었지만, 비록 제외된 연구 참여자가 있었지만, 이들의 이야기도 이 연구 결과 대상자를 찾는 데 도움을 주었다.

의 경우에는 나 혼자서 일대일로 연구 참여자를 만나 면접한 반면, 연구 B와 C는 나 혼자서 면접을 수행한 적도 있지만 연구 보조원(남성, 20대 중반 석사과정 학생)과 함께 연구 참여자들을 면접한 경우가 더 많았다는 것이다. 이 세 연구에서 내가 연구 참여자들과 상호작용하면서 느꼈던 감정이 구체적으로 어떻게 연구 과정에 영향을 미쳤는지 살펴보기 위해, 연구하면서 남겼던 조사 메모, 연구 일지, 연구 보조원 또는 공동 연구원들과 논의한 회의록과 내 기억을 다시 살폈다.

3) 연구 참여자와 상호작용에서 출현한 연구자 감정들

(1) 연구 A: 인종차별을 둘러싼 이중적 감정 – 분노 대(對) 공포심

재미 한인 연구에서 내가 지속적으로 느낀 감정은 동병상련으로 인한 '분노'과 '공포심'이었다. 재미 한인을 연구하던 시기는 내가 유학을 목적으로 미국으로 이주한 지 6년째에 접어들던 해였다. 고국을 떠나 타국에 이주해 정착하면서 겪었던 어려움, 예를 들어 언어적 장벽이나 유색인종인 내게 쏟아지는 '불편한' 시선과 '은근한' 차별, 문화적 차이로 인해 빚어지는 오해와 곤란함 등의 경험 때문에 연구 참여자들과 만나 대화를 나눌 때 무엇보다 국제 이주자로서 동질감을 강하게 느꼈다. 특히 그들이 겪었던 편견과 차별의 이야기를 들으며 함께 분노하게 되어 그들이 미국 사회에서 살아가면서 겪는 '소수자'로서의 삶과 "영원한 이방인"(Tuan, 1999)의 삶에 대해 집중적으로 조사를 하겠다는 결심을 하게 되었다. 사실 내가 이 연구를 시작할 때에는 재미 한인이 경험하는 편견이나 차별 등의 문제에 크게 관심을 가지지 않았다. 연구를 시작할 때 내가 가졌던 연구 질문은 이들이 국제 이주 이후 자신의 일상생활, 특히 여가 생활 변화를 어떻게 경험하고 있는가였다. 그런데 연구 중에 이들을 만나 심층면접을 하고, 이들이 참여하는 한인 축제나 종교 활동 등에 대해 참여관찰을 하는 과정에서 이들이 미국 사회에서 국제 이주자와 소수자로서 겪은 차별 경험을 듣고 감정이 동요했다. 내가 경험한 소수자로서의 삶이 상기되면서 '동병상련'과 '분노'의 감정들이 강하게 생긴 것이다. 이로 인해 나는 연구 참여자가 스스로 자신을 '100% 미국인'이라고 여기지 않는 현상에 대해 관심을 가지기 시작했다. 이러한 감정들로 인해 나는 재미 한인들이 자신의 국가 정체성, 인종 정체성 및 민족 정체성을 어떻게 인식하는지, 그리고 이들의 일상생활에서 어떤 경험이 그들의 정체성 형성과 관련이 있는지 탐구하게 되었고, 이 내용을 학위 논문의 핵심 주제로 삼게 되었다.

한편, 재미 한인 연구 과정에 크게 영향을 미친 또 다른 감정은 '공포심'이었다. 이 연구 당시 내가 살았던 곳은 시카고에서 약 두 시간 떨어진 주립대학교 캠퍼스 도시였다. 나는 이 도시에서 다양한 유색인종의 미국인과 여러 국가에서 온 유학생을 흔히 볼 수 있었으며 거리를 다닐 때 두려움을 갖고 살지는 않았다. 하지만 시카고와 그 근교에는 저소득층 아프리카계 미국인(African-Americans, '흑인'[3])들이 밀집해서 사는 소위 '할렘' 지역이나 우범지대라고 불리는 곳들이 있었는데 나는 시카고 거주자가 아니라서 그런 지역의 위치나 특성을 자세히 알지 못했다. 그런데 연구 참여자 대부분은 자영업자로서 주로 중산층 백인(white americans) 밀집 거주 지역에서 세탁업에 종사하거나 흑인 밀집 거주 지역에서 상가(옷가게, 신발가게 등)를 운영하고 있었다. 흑인 밀집 거주 지역에 있는 상가로 연구 대상자들을 만나러 갈 때 나는 주로 혼자서 차를 운전해서 갔는데, 한번은 골목에서 흑인 청년들 십여 명이 무리 지어 모여서 내 차의 보닛(bonnet)을 주먹으로 퉁퉁 치는 장난(?)을 걸어오며 내가 직진하지

---

3 '흑인'이라는 표현은 인종 편향적인 용어로서 '아프리카계 미국인'이라는 더 중립적인 용어를 사용하는 것이 바람직하나 이 연구 조사 과정의 특성을 좀 더 구체적으로 드러내기 위해 사용함을 밝힌다.

못하도록 방해를 했다. 이때 느낀 공포심을 절대 잊지 못할 것이다. 이성의 목소리는 이런 공포심은 흑인에 대한 고정관념이나 인종차별적인 생각에서 나오는 것이라고 말하고 있었지만 내 몸은 차갑게 식었고 식은땀을 흘리며 스스로에게 소리치고 있었다. '무엇 때문에 이렇게까지 해서 조사를 하는 거야? 이거 하다가 죽고 싶어?' 짧은 순간에 몇 번이나 자동차 문이 제대로 잠겨 있는지 확인하면서 제발 아무 일이 생기지 않기를, 살아서 무사히 집으로 돌아갈 수 있기를 간절히 기도했다. 당시 공포심이 이렇게까지 컸던 이유는 조사를 시작하기 직전에 내가 속한 대학교 캠퍼스 주변에서 아시아계 여학생만을 대상으로 한 흑인에 의한 강도 총기사건이 3회 이상 연속적으로 발생했기 때문이었다. 그 사건으로 학교에서는 용의자가 검거되는 2~3개월 동안 아시아계 여학생들에게 주의하라는 안내를 몇 번 했고, 그 시기에 평소와 달리 나는 불안함을 자주 느끼며 외출할 때 주의를 기울였으며 특별한 일이 없으면 외출하지 않고 집에만 있으려고 했다.

이 연구를 시작하기 전에 내가 겪은 불안함과 이 연구를 진행하는 중에 경험하게 된 극도의 공포심은 인종차별 사건에 격분해 흑인들이 일으킨 1992년 4월 29일의 유혈 사태, LA 폭동 사건을 상기시켰다. 또한 인종 간 갈등 속에서 살아가는 재미 한인들의 삶을 더욱 피부로 느끼게 해주었으며, 이런 환경에서 사업을 할 수밖에 없는 재미 한인들의 어려움에 대해서도 깊이 각인시켜주었다. 이 공포심으로 인해 나는 왜 재미 한인들이 같은 소수자인 흑인들에게 앵글로 색슨계 미국인(백인)이 하는 것처럼 차별적 태도를 가지는지 '이해'하게 되었다. 그 공포심을 경험하기 전에는 같은 유색인종끼리 왜 서로 차별하는지 잘 이해가 가지 않았다. 공포심으로 인한 나의 이러한 깨달음은 인류학자 레나토 로살도(Renato Rosaldo)가 필리핀 일롱고트 부족을 연구(Rosaldo, 2000)하면서 경험한 것과 유사하다. 로살도는 일롱고트 부족의 '머리 사냥'이라는 문화적 관행의 원인을 부족 사람들에게 물었을 때 '비통함에서 연유하는 분노'라는 대답을 듣고 '이해'할 수가 없었는데 그 후 14년이 지나서 자신의 아내가 죽게 되어 처참한 상실감을 겪은 후에야 부족 사람의 대답을 온전히 '이해'할 수 있었다고 했다.

연구 A에서 공포심을 처음 느낀 이후에 나는 가능하면 공포심을 경험하지 않을 수 있는 상황에서 연구 참여자를 만나려고 노력했다. 물론 피하지 못하고 이런 위험 지역을 방문해 연구 대상자를 만나는 일은 다시 생겼지만, 면접시간 내내 불안감을 떨쳐버리기가 쉽지 않았다. 연구 참여자의 가게로 들어오는 (흑인) 손님들에 대해서 민감해지고 가게 주변 길거리에 주차한 내 차가 무사한지 걱정되어 연구 참여자와 면접하는 것에 온전히 집중하기가 쉽지 않았다. 이러한 공포심과 불안 때문에 나는 재미 한인들 중에 상대적으로 경제적으로 더 안정된 중산층 혹은 그 이상의 계층에 속한 사람들을 선택해 조사했고 이것이 연구 결과에 영향을 미쳤음을 인정한다. 재미 한인의 인종 및 민족 정체성 연구를 하는 내 연구에서 흑인들과 어울리는 저소득층 재미 한인 청소년들을 좀 더 많이 조사했더라면 내 연구 결과에서 재미 한인 이주자가 구성하는 정체성 유형들이 더 다양하게 나올 수도 있었을 것이다. 이 점은 이 연구 결과를 논문으로 출간하면서 연구 한계로 지적해 밝혔다.

그리고 연구 A에서 연구 참여자를 만나러 가는 중에 조우했던 흑인 청년들에게 느낀 공포심은 내가 특정 위치에 놓여 있는 사회적 존재, "입장 지어진 주체"(Roslado, 2000: 37)라는 것을 확실하게 깨닫게 해준 것이다. 아시아계 인종으로서 미국의 백인들이 유색인들에게 대하는 차별 현상에 '분노'해 이 연구를 시작했음에도 불구하고 흑인들에 대해 '공포'를 느끼게 되어 나 역시 '인종차별주의 체계'에 갇혀 있는 존재라는 것을 알게 해주었다. 인종차별에 대한 나의 '이중적'인 감정(분노와 공포심)은 미국 사회 인종 위계 서열에서 내가 나 스스로를 어디에 배치해놓고 있는지를 깨닫게 해주었다. 인종(민족) 정체성 형성을 연구하는 학자로서 내 연구가 인종(민족) 차별 문제를 개선하는 데 도움이 되기를 바랐는데 정작 나 스스로 인종적 위계 서열 체계에서 크게 벗어나지 못하고 있었던 것이다. 그뿐만 아니라 시카고 흑인 밀집 지역에서 경험한 공포심은 나의 인종주의가 '젠더화된' 인종주의임을 드러내고 있었다. 10~20대 젊은 흑인 청년들에 둘러싸여 경험한 공포심은 흑인에 대한 나의 차별적 인식뿐만 아니라 익명의 남성 집단에 대해서 두려움을 지니게 되는 '여성'으로서의 나의 정체성도 깨닫게 해주었다. 결국 내가 경험한 감정은 미국 사회의 인종적 위계 서열과 차별 체계와 젠더 권력관계 맥락에서 내가 어떤 위치에 있는지를 다시금 깨닫게 해주었다.

연구 참여자들이 미국 사회 소수자로서 살아가는 삶에 대해 같은 소수자 입장에서 느낀 분노, 소수자인 내가 시카고에 조사를 하러 다니면서 조우한 익명의 흑인 청년들에 대해 느낀 공포심. 연구 A에서 내가 느꼈던 감정이었다. 동병상련과 분노의 감정으로 인해 나는 연구 참여자들이 미국 사회에서 겪는 차별 경험과 그들 스스로 '100% 미국인이 되지 못한다'고 인식하는 현상에 주목해 이들의 '코리안 아메리칸'이라는 인종 및 종족 정체성(racial and ethnic identity) 형성 과정에 관심을 가지게 되어 연구의 핵심 주제를 바꾸게 되었다. 그리고 내가 경험했던 '공포심'으로 인해 재미 한인들이 미국 사회에서 다른 유색인종들과 어떻게 관계를 맺으며 살아가는지 생생하게 느낄 수 있는 계기가 되었다. 또한 연구 참여자를 모집하는 과정에서 더 경제적으로 안정된 사람들을 찾거나 좀 더 안전한 지역에 거주하거나 근무하는 사람들을 찾게 되었다. 결국 이 연구에서 연구 참여자들의 사회인구학적 특성이 특정 사회계층에 쏠리게 되었고, 이와 같은 편중 현상이 연구 결과에 영향을 미쳤다. 다시 말해 내가 처한 사회적 지위, 즉 국제 이주를 경험한 유학생 소수자, 아시아계 인종, 여성이라는 사회적 정체성과 연구 대상자들이 처한 이주민과 유색인이라는 사회적 정체성, 이를 둘러싼 상황과 문화가 나에게 동병상련에 의한 분노, 그리고 공포심을 느끼게 해주었다. 그리고 이런 감정은 다시 연구 핵심 질문과 연구 대상자 모집 과정에 큰 영향을 끼쳤다.

(2) 연구 B: 측은지심과 존경심, 그리고 메스꺼움과 죄책감

두 번째 사례인 한국 거주 이주 노동자 연구(연구 B)에서도 나는 다소 다양한 감정들이 서로 충돌하는 것을 경험했다. 연구 B의 초기에 나는 연구 참여자들에게 '측은지심'을 느꼈지만, 연구가 진행되며 점점 그들에게 '존경심'을 가지게 되었다. 그러나 연구 도중 느낀 가장 강렬했던 감각은 비위생적으로 보였던 어느 면접 장소에서 갑자기 찾아온 '메스꺼움'이었다. 이 외에도 연구 B를 수행하는 중에 나는 종종 다수자로서 소수자인 연구 참여자들에게 '죄책감'을 느끼게 되었다.

연구 A와 비교해 연구 B에서는 연구자와 연구 참여자들 간의 사회적 지위와 성별 위치가 달라졌다. 먼저 연구 B의 경우 연구 참여자들이 나를 처음 만나서 내 직업이 대학교에서 학생들을 가르치는 사람이라는 것을 알게 되면 그들은 나보다 나이가 적건 많건 간에 공경하는 태도를 보였다. 특히 내가 석사과정에 있는 남학생 연구 보조원과 함께 연구 참여자들을 만나면 내 직업이 더 분명하게 드러나서인지 공경하는 태도가 더욱 두드러졌다.

한편 연구 B에서 만난 다수의 이주 노동자 연구 참여자들은 20대 후반 30대의 미혼 남성이었는데 내가 '여성'이라는 점 때문에 조사 과정에서 제약을 받은 것이 있었다. 연구 B의 참여자들은 대부분 20대에 집안의 가장이 되어 고국을 떠나 한국에 와서 장기간 노동함에 따라 불법 체류자가 되어 있었고 귀국하지 못한 채 가족을 그리워하며 지내고 있었다. 이들은 대부분 자신의 불법 체류 신분을 합법화하기 위해 한국인 여성과 결혼하고 싶어 한다고 들었다. 조사 지역에 있는 NGO 단체에 근무하는 한국인 남성 직원들을 통해 들은 내용이었다. 이 과정에서 조사에 많은 도움을 준 한 면접 참여자가 한국 여성과 결혼한 지 얼마 되지 않았다는 것 또한 알게 되었다. 하지만 그 연구 참여자에게 한국 여성과 결혼한 것에 대해 질문했더니 "결혼한 적이 없다"고 펄쩍 뛰었고 심지어 한국인 여성과 결혼할 생각도 없다고 말했다. 그때 나는 연구 참여자와 비교적 친하다고 생각해서 솔직하게 이야기해줄 것을 기대했는데 예상 밖의 거짓말을 듣게 되어 '당혹감'을 느꼈다. 그리고 의도하지 않았지만 연구 참여자에게 민감한 질문을 했다는 생각에 '미안함'도 느꼈다. 그런 이유로 고국을 떠나 장기간 한국에 살아가는 미혼의 젊은 남성이 경험하는 이성교제나 결혼 등에 대한 질문이 연구에 필요했음에도 불구하고 그들에게 이 민감한 질문을 집요하게 물어보기가 어려웠다. 나는 이 연구가 종료된 후에야 연구 보조원이었던 남학생에게 연구 참여자들과 따로 만날 기회를 만들어주어, 같은 남자끼리 친해지도록 한 다음 다소 민감한 주제에 대해 더 물어보았더라면 어땠을까 생각하게 되었다.

연구 B에서 연구 참여자들과 만나는 시간이 길어짐에 따라 나는 이들과 같이 국제 이주를 한 번 경험해본 사람으로서, 그리고 그들보다 연장자인 여성으로서 이들에게 누나, 언니, 이모와 같은 심정으로 이들이 한국에 와서 살아온 이야기에 귀를 기울이게 되었다. 연구 참여자들이 보여주는 자기 가족을 위한 희생, 강도 높은 노동으로 인한 병고, 불법 체류라는 지위로부터 오는 불안감을 보면서 '측은지심'이 생겼으며, 이 측은지심은 연구 과정에서 지속적으로 영향을 미쳤다. 그런데 미국의 재미한인을 연구할 당시 내가 느낀 '동병상련'의 느낌과 한국에서 이주 노동자들을 연구하면서 가지게 된 '측은지심'의 느낌은 다소 다른 것이었다. 연구 A에서 느낀 동병상련의 감정은 내가 연구 대상자들과 다소 동등한 관계에서 형성되는 감정이었지만, '측은지심'은 내가 그들보다 다소 우위(직업적 직위, 경제 수준, 또는 연령)에 있다는 입장에서 느낀 감정이었다.

나는 연구 대상자들보다 경제적 형편이 조금 낫기 때문에 그들 이야기를 듣고 내가 도울 일이 있으면 도움을 주고 싶다는 측은지심의 심정으로 그들 이야기를 들었다. 연구 A에서 재미 한인들의 차별 경험을 듣는 경험은 분노를 느끼게 하고 연구 관심을 '코리안 아메리칸'이라는 정체성 형성 과정으로 바꾸는 것에 영향을 끼쳤다면, 이와 달리 연구 B에서 연구 참여자들이 겪은 억울한 일을 듣는 경험은 '분노' 대신에 그들을 힘들게 만드는 한국인과 한국 사회에 대한 '부끄러움'과 '측은지심'을 느끼게 했다. 이 부끄러움은 내게 한국에는 '나쁜' 사람도 있지만 '괜찮은' 사람도 있다는 것을 그들에게 보여주어야 한다는 사명감(?)까지 가지게 했다. 그들에게 '괜찮은' 사람, 또는 '바른' 사람으로 행동하려는 내 노력으로 인해 어쩌면 연구 참여자들은 불법적으로 이루어지는 위장 결혼이나 한국인 여성과의 이성 교제 등에 대해 내게 더 말을 하지 못한 것일 수도 있다.

한편, 이들에 대해 느끼는 측은지심과는 별개로 이들이 거주하는 집과 골목, 이들의 일터인 공장에서 지저분하고 때로는 비위생적으로 보이는 환경 때문에 내게는 이들이 사는 집이나 일하는 장소에서 면접이나 참여관찰을 하기가 곤란해지는 상황이 종종 있었다. 연구 B의 조사는 경기도의 한 지역에서 거의 모두 이루어졌는데, 이곳은 이주 노동자들을 주로 고용하는 공장들이 많았고 공장 주변에 이주 노동자들의 밀집 거주지가 형성되어 있었다. 나는 마을에 위치한 이주 노동자들을 위한 비영리기관인 사회단체 센터나 이들의 집과 일하는 공장을 직접 방문해 참여관찰과 심층 면접을 실시했다. 센터의 경우 환경이 비교적 깨끗했지만, 공장이나 집은 내가 보기에 쾌적하지 못한 곳이 많았다. 집들이 대부분 깨끗하지 못했고 마을의 거리나 마을에 흘러가는 작은 개천 주변 환경도 지저분해 보였다. 어느 날 필리핀 출신 이주 노동자의 집에서 토요일 저녁에 파티가 있다고 해서 연구 보조원 없이 나 혼자 방문을 했고, 거기서 한 필리핀 출신 이주 노동자와 면접을 하기로 약속했다. 필리핀 이주 노동자들은 집에서 한국인과 달리 신발을 벗지 않은 채 생활하기 때문에 방바닥의 장판이 지저분했다. 방에서는 필리핀 사람들이 사용하는 특유의 향신료 때문인지 독특한 냄새가 났다. 그리고 그 지저분한 방바닥에 강아지 한 마리가 놀고 있었는데 지저분한 바닥을 혀로 핥아대던 강아지가 내게 다가와 반갑게 꼬리를 흔들며 무릎으로 올라와 혀를 날름댔다. 지저분한 방, 익숙하지 않은 독특한 냄새, 내게 건네주던 깨끗하게 닦이지 않은 물컵, 지저분한 방바닥을 뒹굴던 강아지의 발바닥과 혀의 접촉은 갑작스러운 메스꺼움을 불러일으켰다. 하지만 꾹 참고 웃으며 인터뷰를 시작했다. 그런데 얼마 지나지 않아 나는 편두통 증세로 머리가 너무 아파오며 구토증까지 생겼다. 할 수 없이 면접 참여자에게 집에 갑자기 급한 일이 생겨 가봐야 한다는 거짓말을 하고 면접을 중단한 후 그 집을 뛰쳐나왔다. 그렇게 뛰쳐나온 골목 옆으로 흘러가는 작은 개천과 주변에 버려진 쓰레기들이 지천으로 있었다. 그 순간, 연구 보조원 남학생이 개인 사정으로 면접 현장에 같이 오지 못했던 것에 내가 얼마나 안도했는지 모른다. 이런 부끄러운 내 모습을 석사과정 연구 보조원에게 보여주지 않아도 되어서 다행이라고 생각했다. 그 일이 있고 나서 한참 후에 나는 어머니와 함께 이 마을에서 하는 서남아시아 설날 축제를 구경하러 갔다. 어머니는 그 마을 골목과 개천 풍경이 마치 한국 전쟁 중에 보았던 부산의 피난민 동네 같다고 말씀하셨다. 어머니 말씀 때문에 이 마을의 환경이 얼마나 열악한지 알게 되었고 이런 환경에서 이주 노동자들을 일하고 거주하게 만든 한국인에 대한 부끄러움, 이런 환경이 내 이웃에 있다는 사실을 알지 못한 채 깨끗한 거리에서 살아가고 있는 나 자신에 대한 죄책감이 밀려왔다. '측은지심', '부끄러움', '메스꺼움'과 '죄책감'이라는 감정은 연구 과정에서 이주 노동자들이 한국에서 살아가면서 경험하는 힘겨움과 이들의 열악한 생활환경에 대해 관심을 가지고 주목하게 만들었다.

그런데 연구 참여자들에게 느낀 측은지심, 메스꺼움과 죄책감으로 인해 이들 삶의 고단하고 힘든 환경을 주목하게 되었지만, 놀랍게도 정작 이들은 한국에서 보내는 자신의 삶을 불행하다고 생각하지 않았다. 연구 참여자들은 한국으로 이주해 가족을 위해 희생하며 안전하지 않은 환경에서 '미등록' 이주 노동자로 살아가고 있지만 스스로 행복하다고 말해 나를 놀라게 했다. 이를 계기로 내 연구 관심은 이들이 한국에서 살아가면서 자기 삶의 변화를 어떻게 해석하고 어떤 의미를 부여하며 행복을 찾는지 살펴보는 것으로 바뀌게 되었다. 그 과정에서 나는 이들이 한국에서 처한 자신의 삶의 환경은 다소 열악하다고 느끼지만, 고국에 있는 가족이 누리는 환경이 개선되고 있기 때문에 그로부터 희망과 행복을 느끼고 있다는 것을 알게 되었다. 이렇듯 연구 참여자들이 자신의 삶에 의미를 부여하며 행복을 찾는 과정을 보면서 이들에 대해 느끼던 '측은지심'의 감정은 점점 사그라들며 '존경심'을 가지게 되었다.

연구 B에서 내가 연구 참여자들과 상호작용하면서 지배적으로 느꼈던 감정들, 특히 측은지심, 메스꺼움이나 죄책감들은 내가 한국인이라는 '다수자'의 관점을 가지고 있는 '입장 지어진 주체'이기 때문에 느낄 수 있는 감정이라고 볼 수 있다. 무엇보다 내가 필리핀 이주 노동자의 집이 청결해 보이지 않아 느꼈던 메스꺼움은 나 역시 이주자들을 '오염된' 존재로 '타자화'하는 '다수자'의 관점에 젖어 있다는 것을 깨닫게 해주었다. 이주 노동자, 특히 '불법' 이주 노동자들은 종종 사회를 '오염시키는 존재'(한건수, 2003; Chavez, 1992)로 인식되는데, 여기서 오염은 말 그대로 병리학적 의미부터 사회병리적 의미까지 모두를 포함하는 의미다. 익숙하지 않은 냄새에 대해 불쾌해하며 구토증을 느끼고 나와 다른 청결 기준을 가지고 살아가는 연구 참여자의 생활환경에 대해 더럽고 오염되었다고 생각하고 메스꺼움을 느껴서 면접 장소에서 도망치던 내 모습은 다수자들이 이주자들을 '타자화'하는 방식에 나 역시 젖어 있었음을 알게 해주었다. 이를 깨닫게 되면서 나는 '이들의 입장'에 서서 '열악해 보이는 환경'에서 이들이 어떻게 삶의 의미를 부여하며 살아가는지 살펴볼 수 있게 되었다.

(3) 연구 C: 혐오감, 존경심과 열패감

연구 C에서 나는 한국에 거주하는 국제결혼 부부를 대상으로 이들이 결혼 이후 달라진 일상생활에 대해 어떻게 인식하고 있는지 살펴보았다. 단지 국제 이주자만을 연구했던 연구 A, B와 달리 연구 C의 경우 국제 이주자와 함께 한국인 배우자도 면접을 실시했다. 앞의 두 연구와는 달리 연구 C는 참여관찰을 거의 하지 않고 주로 심층 면접으로 자료를 수집했다. 국제결혼 부부는 크게 두 집단으로 나눌 수 있다. 하나는 국제 이주 여성들과 그들의 한국인 남편들로 이루어진 집단이며 나머지 하나는 국제 이주 남성들과 한국인 아내들로 이루어진 집단이다. 나는 연구 재단에 연구 계획서를 제출할 당시에 전자 집단만을 조사하겠다고 했다. 그러나 문헌 연구를 하면서 후자 집단을 조사해 전자 집단과 비교해보는 것이 좋겠다고 판단해 면접조사를 시작할 때 두 집단을 함께 조사하고자 했다. 나는 먼저 전자 집단 부부들과 면접을 시작했고 전자 집단 부부에 대한 면접조사가 중간 단계에 이르렀을 때 후자 집단 부부에 대한 면접조사를 시작했다. 그런데 나는 후자 집단 조사를 중간에 포기하고 중단했다. 중단한 이유는 크게 세 가지로 나누어볼 수 있다. 첫째, 후자 집단에서는 면접 참여자를 구하기가 매우 어려웠다. 전자 집단의 경우 결혼 이주 여성을 지원해주는 다양한 사회단체와 기관이 있어서 이들의 도움으로 면접 참여자들을 찾을 수 있었지만, 후자 집단의 경우는 사적인 인맥에 전적으로 의지해 찾으려고 하니 전자 집단에 비교해 훨씬 어려웠다. 두 번째 이유는 연구재단에 제출했던 연구 계획서에 후자 집단 조사가 원래 포함되어 있지 않았기 때문에 이 집단을 조사하기 위해 추가로 시간과 비용을 부담해야 하는 상황 때문이었다. 연구 참여자 모집의 어려움과 추가되는 시간적·금전적 부담을 무릅쓰고 계속 후자 집단 조사를 하기는 어렵겠다는 판단 때문이었다. 그리고 마지막으로 내가 후자 집단의 부부를 만나면서 느끼게 된 '당혹감'과 '혐오감'의 감정 때문이었다. 이 세 가지 이유가 모두 작용해 후자 집단 조사를 중단했다고 생각하는데 여기서는 마지막 이유가 된 '감정' 부분을 집중해 조명하고자 한다. 유의할 것은 후자 집단 조사가 이 감정 때문에 일방적으로 중단된 것은 아니라는 점이다. 강조하지만 내가 느낀 감정에 압도되어 감정 결정론적으로 후자 집단 조사를 중단한 것은 아니었다.

내가 후자 집단에 해당하는 부부를 찾을 때 결혼 이주 여성 남편의 직업과 연봉 수준이 유사한 외국인 남성을 찾다 보니 주로 비숙련분야 이주 노동자인 경우가 많았다. 이들은 대부분 장기간 한국에 체류하게 되면서 미등록 이주 노동자 신분이 되었고 한국인 여성과 결혼하고 합법적 체류 자격을 가지게 된 사람들이었다. 연구 C를 진행하면서 비숙련분야로 노동 이주를 한 외국인 남성이 한국인 여성과 결혼하는 유형은 보통 세 가지임을 알게 되었다. 첫째는 연애결혼 유형으로, 내가 만났던 부부 중에 이 유형은 없었다. 둘째는 한국인 여성이 어떤 문제(예: 발달장애 등)를 가지고 있는 경우 한국인 여성의 부모가 남성 이주 노동자를 데릴사위처럼 결혼시킨 경우로서, 이 경우도 흔하지 않았다. 셋째는 이주 노동자 남성이 불법 체류 신분을 벗어나기 위해 거래를 하듯이 한국인 여성과 결혼한 경우로, 내가 만난 부부는 이 유형이 많아 보였다. 물론 이 부부들이 면접에서 스스로 자신들이 그런 거래를 했다고 밝히지는 않았다. 그러나 내가 그들의 집에 방문해 두 부부가 살아가는 모습을 살펴보았을 때 그런 모종의 거래가 있었을 것이라 느껴지게 되었다.

이 세 번째 유형의 사례로 스리랑카에서 온 '루완'(가명) 씨와 그의 한국인 아내 '희선'(가명) 씨 부부의 경우를 살펴보려 한다. 이 부부에게는 다섯 살 난 딸이 있었다. 딸의 외양은 아빠를 닮아 조금 가무잡잡한 피부색과 짙은 쌍꺼풀이 있는 눈을 하고 있었고 한국어로 말을 유창하게 했다. 나는 2011년 4월 어느 토요일 늦은 오후에 시흥시에 사는 이들의 집을 혼자서 방문했다. 희선 씨를 먼저 면접하고, 그 후에 직장에서 막 퇴근한 루완 씨를 면접했는데 면접 도중에 딸이 계속 배고프다고 칭얼거렸다. 이때 루완 씨가 딸을 챙기면서 식사 준비를 하게 되어 면접은 잠깐 중단되었다. 희선 씨는 딸의 말에 귀를 기울인다거나 식사 준비는 하지 않고 책상에 앉아 컴퓨터 게임을 계속하고 있었다. 루완 씨는 그런 희선 씨의 뒤통수를 지친 표정으로 쳐다보며 "게임 그만하고 밥 먹어"라고 말하는데 희선 씨는 건성으로 대답하고 계속 모니터만 쳐다보고 있었다. 딸을 위해 식사를 차려놓은 뒤에 루완 씨는 면접을 계속 이어갔다. 이 장면을 보고 난 후에 루완 씨와 이야기를 해보니 나는 그가 여러 가지로 많이 지쳐 있다는 것을 느낄 수 있었다. 그는 공장에서 장시간 일하고도 집에 돌아와 쉴 새 없이 몸을 놀리며 식사를 차리고, 거실도 청소하는 가사일을 하면서 딸을 씻기고 챙겼다. 면접 중에 그는 고국에 있는 형제들 중한 명이 독일에 일하러 가서 돈을 많이 벌게 되었는데 자신도 그 나라로 갈까 생각 중이라는 말을 했다. 이 면접을 마친 다음 날, 희선 씨가 나에게 전화를 해서 면접 사례비가 언제 송금되냐고 물었다. 몇 주 걸린다고 했더니 나에게 짜증을 내었다. 이 부부의 면접이 녹음된 것을 전사하면서 나는 희선 씨가 루완 씨에게 함부로 말하고 대하던 태도와 행동이 떠올라 당혹스러웠다. 비슷한 시기에 나는 결혼 이주 여성들과 한국인 남편들을 조사하면서 부인에게 함부로 하는 한국인 남편들을 보면서 소위 '남편'이라는 사람들의 배려 없음과 무심함에 화를 내고 있었는데, 한국인 '남편'이 외국인 아내에게 하듯이 한국인 '아내'도 외국인 남편에게 하는 것이 아닌가! 바로 이때 내가 만난 국제결혼 부부 관계에서는 남편과 아내의 권력관계가 아니라 한국인-외국인이라는 권력관계가 더 강하게 작동하고 있음을 알았다. 한국 국적을 취득해야 하는 절박함을 가진 약자에 대해 소위 한국인이 '갑질'을 한다고 생각했다.

그런데 이상하게 한국인 남편과 한국인 아내가 자신의 외국인 배우자에게 갑질을 똑같이 하더라도 한국인 아내들에게 좀 더 혐오감이 생겼다. 루완-희선 부부를 만난 후에 이와 유사한 유형의 부부 네 쌍을 연속적으로 만났는데 그때마다 외국인 남편을 함부로 대하는 한국인 아내에게 혐오감이 생겼다. 연구 C를 수행하면서 내가 외국인 아내에게 함부로 말하고 대하는 몇몇 한국인 남편들에게 느끼던 혐오감보다 외국인 남편에게 함부로 대하는 한국인 아내에 대한 혐오감이 좀 더 강했던 것은 무엇 때문이었을까? '여성'이라는 전통적 사회적 약자 지위의 경험을 해본 한국인 아내가 또 다른 사회적 약자인 외국인(남성)에게 소위 '갑질'을 하는 모습에 대해 더 화가 났던 것이라고 생각한다. 한국인 아내가 '여성'이라는 사회적 약자 지위에 처해본 경험이 있을 텐데 왜 자신의 경험을 회상해 '외국인' 남편을 배려하지 않고 자신이 한국인 '남성'에게 당한 방식대로 갑질을 하는지 이해하기가 좀 어려웠기 때문이다(희선 씨의 경우 한국인 남편과의 첫 결혼에서 실패하고 루완과 재혼한 것임). 내가 후자 집단 부부 조사에서 느낀 혐오감은 연구 진행상 겪고 있던 다른 어려움(후자 집단 부부 면접 대상자 모집의 어려움과 연구 계획서에 없던 조사를 추가로 하면서 겪게 된 시간적·금전적 어려움)과 같이 맞물려 후자 집단 조사를 중단하기로 결정하는 데 영향을 미쳤다.

연구 C에서 결혼 이주 여성과 그들의 한국인 남편 집단만을 조사하기로 한 후에 연구 C를 계속 진행하면서 내가 지배적으로 느낀 감정은 결혼 이주 여성에 대한 '존경심'과 나 자신의 처지에 대한 '열패감'이었다. 이 연구를 수행하는 당시 나는 결혼 생활에 실패한 상태였다. 오랜 기간 별거 생활을 마치고 법적으로 이혼을 하던 시기에 부부 연구 참여자들을 만나 결혼 생활에 관해 이야기를 나누었다. 연구 C를 수행하면서 나는

20쌍이 넘는 국제결혼 부부들을 만나보았다. 나보다 경제적으로 더 넉넉해 보이지 않고, 나보다 더 잦은 부부 다툼이 있어 보이던 그들이 자신의 결혼 생활에 의미를 부여하고 자녀와 함께 가족을 이루고 살아가기 위해 애쓰는 모습을 보면서 '존경심'이 일어났다. 그러나 동시에 또 다른 복잡한 감정들이 생겨났다. 자녀도 없고 남편도 없어 '가족 만들기'에 실패한 나에 대한 열패감이 자꾸 짙어져서 이혼이라는 선택이 과연 잘한 것일까에 대해 다시 생각하게 되기도 했기 때문이다. 연구 C를 진행하면서 국제결혼 부부의 면접을 마치고 집으로 돌아오는 길에 그날 들었던 면접 내용을 곱씹으며 자꾸 나의 결혼 생활을 회상하게 되었다.

그러나 실패했다고 생각하는 결혼 생활을 자꾸 돌아보게 만드는 연구 C에서 나는 무의식적으로 도망치고 싶었던 것 같다. 나는 연구 C의 결과를 출간하려고 할 즈음에야 이 연구에서 면접 내용을 전사하고 녹취록을 반복해 읽어보고 녹음 내용을 반복적으로 들으며 분석했던 기간이 연구 B에 비해 더 짧았다는 것을 깨달았다. 내가 느꼈던 열패감 때문에 내가 '의도적으로' 연구 C의 분석 기간을 연구 B보다 더 짧게 한 것은 아니었다. 연구 C는 연구 B와 같이 국제 이주자 경험을 연구한 것으로 유사점이 있었기 때문에 연구 C의 분석 기간이 단축되었을 수도 있다. 그러나 내가 연구 C에서 느낀 열패감과 자신의 실패를 회피하고 싶었던 감정도 분석 기간 단축에 일부분 영향을 끼쳤다고 생각한다. 연구 C에서 경험했던 열패감과 자괴감이 연구 결과를 도출하는 데 집중해 끈질기게 분석하지 못하도록 했을 수도 있다. 연구 C의 이러한 약점에 대해 학계에서는 나를 보고 감정 관리를 잘못해서 연구자로서 '전문가답지' 못하다거나 무책임하고 게으르다고 비판할 수 있다. 그러나 나는 연구 과정에서 느낀 감정이 의도하지는 않았지만 '무의식적으로' 영향을 미쳐 자료 분석 기간을 짧게 만들 수도 있음을 밝힌다.

연구 C에서 외국인 남편에게 함부로 하는 한국인 아내에게 느낀 혐오감과 애로사항이 많은 조건에서도 자녀를 낳고 가정을 지키는 외국인 아내에게 느낀 열패감은, 내가 고등교육을 받고 전문직을 가진 여성이지만 여전히 우리나라 전통적 여성상인 '현모양처'의 이데올로기에 갇혀 있는 존재라는 것을 깨닫게 해주었다. 여성으로서 내가 경험한 결혼 생활은 연구 C에서 결혼 이주 여성의 결혼 생활의 여러 고충에 쉽게 공감할 수 있도록 해주었지만, 나 자신이 아내로서 실패하고 자녀도 생산하지 못해 어머니로서도 실패했다고 느끼는 것에서 오는 열패감은 이 연구 과정에서 면접 자료를 반복적으로 검토해 분석하는 데 장애가 되었다고 볼 수 있다.

연구 C에서 내 처지에 대한 열패감을 더욱 부추긴 것은 몇몇 결혼 이주 여성들이 나에게 그들의 목소리를 대변해주기를 기대했기 때문이다. 그들은 연구 주제와 상관없이 그들이 경험한 억울한 사연을 내게 말하며, 교수라는 나의 직위를 통해 자신의 억울한 사연을 사회에 알리고 해결해주기를 기대하는 열망을 말로 표현했다. 사실 연구 B와 C는 한국연구재단에서 2년간 지원받았던 연구인데 두 번째 해에 수행 중이던 연구 C의 종료 시기가 다가와 면접조사 자료 분석을 마무리하는 중에 이들이 내게 기대하는 역할을 적절히 수행하기가 어려웠다. 그렇게 되자 나는 내 연구를 위해 연구 참여자들을 이용하기만 하는 것 같은 '자괴감'이 들었다. 나는 그들이 기대하는 실질적인 도움도 주지 못한 채 마감일에 맞추어 연구를 끝내야 하니 다른 일에는 신경 쓰지 말자는 합리화를 하며 연구를 마무리했다. 연구 C를 종료하고 연구 결과를 출간한 후에도 계속 남아 있던 자괴감과 죄책감 때문에 나는 이주 여성을 위한 NGO 단체를 후원하기 시작했고 지금까지 계속하고 있다. 그러나 이런 물질적 후원 행위로 내가 그때 느꼈던 열패감이나 자괴감이 쉽게 누그러지지는 않는다. 아마도 이것 때문에 나는 질적 연구에서 연구자가 연구 참여자와 상호작용하면서 느끼는 '감정'에 이토록 사로잡히게 된 것 같다. 그뿐 아니라 이 경험을 통해 나는 개인적 상처나 아픔을 자극하는 연구를 되도록 하지 않겠다는 생각을 했다. 질적 연구 자체가 쉽지 않은데 굳이 더 힘들고 큰 감정 소모를 요하는 연구 주제로 조사하지 말자고 스스로에게 말하고는 했던 것이다. 결과적으로 연구 C를 진행하면서 느낀 감정들은 내가 질적 연구에서 '감정'의 중요성에 주목하게 된 계기를 마련해주었다.

4) 좌충우돌 경험을 정리하며

세 개의 사례 연구를 검토하면서 연구자가 연구 참여자들과 상호작용하면서 어떤 감정을 느끼는지, 그리고 그 감정들로 인해 연구자가 연구주제, 자료 수집 방법, 그리고 자료 분석과 해석을 어떻게 하게 되었는지 살펴보았다. 이같이 질적 연구에서 연구 참여자들과 상호작용하면서 느끼게 되는 감정들은 연구자의 '이성'과 분리될 수 없고 연구 과정에 지속적으로 영향을 끼치고 있음에도 불구하고 질적 연구의 출간물, 특히 학술지 논문에서 구체적으로 잘 언급되지 않는 편이다. 그러나 질적 연구에서 연구자는 '초월적 관찰자'가 아니라 사회적으로 어떤 형태로든 '입장지어진 주체'로서 연구 참여자들과 상호작용하면서 끊임없이 다양한 감정들을 느끼게 되고, 이 감정들은 연구 과정 곳곳에 영향을 끼치게 된다. 그렇기 때문에 질적 연구자가 특정한 감정을 느끼게 될 때마다 그 감정이 어떤 감정인지, 그 감정을 왜 느끼게 되었는지, 그 감정으로 인해 자신의 연구 과정이 어떻게 변화되는지를 성찰하는 것은 질적 연구의 질을 높이는 데 필수적이라고 볼 수 있다.

3. 좌충우돌하면서도 질적 연구를 하는 이유

질적 연구는 연구자가 사람들을 직접 만나 상호작용하면서 나타나는 감정들로 인해 양적 연구보다 수행하기가 더 어려운 부분이 있다고 생각된다. 무엇보다 질적 연구자가 느끼는 감정들은 전혀 예측하지 못한 채 나타나기 때문에 더욱 당혹스러울 수 있다. 그리고 감정 변화에 어떻게 대응하고 처리해야 하는지 질적 연구 방법론 수업을 통해 학습하는 것이 아니어서 더욱 어렵게 느껴질 수 있다. 질적 연구를 하면서 느꼈던 감정들로 인해 연구를 수행하기가 어려웠음에도 불구하고 내가 질적 연구를 그만두지 않고 지속했던 이유는 두 가지였다. 첫째, 연구자가 자신의 연구 질문에 답을 찾을 수 있는 가장 적절한 수단이 질적 연구 방법론이라고 판단했다면 어떤 어려움이 있어도 중단하지 않고 지속해 연구를 완료해야 하기 때문이다. 둘째, 연구자가 질적 연구를 하면서 직접 사람들을 만나고 상호작용하면서 느끼게 되는 다양한 감정들은 연구자에게 "접경지대 히스테리"를 일으키기도 하지만 연구자를 인간으로 더욱 성장시키기 때문이다. 나는 양적 연구를 수행했을 때보다 질적 연구를 수행했을 때 '연구자'로서뿐만 아니라 한 '인간'으로서 더욱 성장할 수 있었다. 질적 연구에서 만났던 사람들과 상호작용하면서 나는 내가 어떤 사람인지, 어떤 점이 부족한 사람인지 더욱 잘 알 수 있었다. 질적 연구 과정은 쉽지 않지만, 연구를 마치고 연구자에게 여운이 크기 때문에 여러 가지 좌충우돌에도 불구하고 질적 연구를 또 시작하게 된다.

생각해볼 거리

1 외국인 노동자를 대상으로 조사한 연구 B에서 핵심 연구 참여자(다른 연구 참여자들을 나에게 소개해주고 연구 기간 친하게 지낸 사람)가 한국인 여성과 결혼해 불법 체류 신분에서 벗어났다는 이야기를 다른 사람에게 듣고 난 후에 나는 그에게 한국 여성과 결혼한 경험에 관해 물은 적이 있다. 그때 그는 결혼한 적이 없다고 정색을 했다. 연구 참여자가 질문에 대해 거짓으로 대답하는 것을 알고 있을 때, 연구자가 어떻게 대응하는 것이 필요한지 토론해보자.

2 질적 연구자는 연구 도중에 연구 참여자들을 직접 만나 상호작용하면서 예측하지 못한 다양한 감정들을 느끼게 된다. 때로는 그 감정이 '공포감'과 같이 극단적이거나 '자괴감'과 같이 무력감에 빠지는 경우가 생겨 연구를 활기차게 지속하기가 쉽지 않다. 이런 경우 자신이 경험한 감정에 대해 혼자서 대응하기보다 자기 주변에 '연구 지지자들'을 두고 함께 이야기를 나누는 것도 도움이 될 수 있다. 자신이 만약 질적 연구를 한다고 할 때 연구 지지자들은 누가 될 수 있는지, 연구 지지자들과 무슨 이야기를 어느 정도까지 나누는 것이 바람직한지 토론해보자.

더 읽어볼 거리

1 글레스네, 코린(Corrine Glesne). 2008. 『질적 연구자 되기』, 제3판. 안혜준 옮김. 아카데미프레스.
질적 연구 방법론에 관한 책들은 많이 있다. 그중에서 이 책을 굳이 추천하는 이유는 연구자의 관점에서 연구 시작부터 종결까지 겪을 수 있는 과정들을 저자의 에피소드를 사례로 비교적 세세하게 소개하고 독자가 적용해볼 수 있도록 워크북 형식을 따르고 있기 때문이다. 질적 연구 초보자에게 도움이 될 것이다.

2 배럿, 리사 펠드먼(Lisa Feldman Barrett). 2017. 『감정은 어떻게 만들어지는가?』. 최호영 옮김. 생각연구소.
감정이 단순히 생물학적 신체 반응으로 촉발되는 것이 아니라 사회문화적 맥락에 놓여 있는 개인에게 출현되는 것이라고 말하며 감정 또한 사회적 실재임을 밝힌 저서다. 질적 연구자가 느끼는 감정이 이성과 함께 왜 중요하게 다루어져야 하는지 이해하는 데 도움을 주는 책이다.

참고문헌

글레스네, 코린(Corrine Glesne). 2008. 『질적 연구자 되기』, 제3판. 안혜준 옮김. 아카데미프레스.

김현미. 2001. 「문화 번역: 근대적 성찰의 비판적 작업」. ≪문화과학≫, 27, 130~142쪽.

로잘도, 레나토(Renato Rosaldo). 2000. 『문화와 진리』. 권숙인 옮김. 아카넷.

바바렛, 잭(Jack. M. Barbalet). 2007. 『감정의 거시사회학』. 박형신·정수남 옮김. 일신사.

_____. 2009. 『감정과 사회학』. 박형신 옮김. 이학사.

윤택림. 2013. 『문화와 역사연구를 위한 질적 연구 방법론』, 제2판. 아르케.

크레스웰, 존(John. W. Creswell). 2017. 『질적 연구의 30가지 노하우』. 한유리 옮김. 박영 story.

한건수. 2003. 「'타자만들기': 한국 사회와 이주노동자의 재현」. ≪비교문화연구≫, 9(2), 157~ 193쪽.

Chavez, Leo R. 1992. *Shadowed Lives: Undocumented Immigrants in American Society.* Fort Worth: Harcourt Brace Jonanovich College Publishers.

Davis, Hilary. 2001. "The management of self: Practical and emotional implications of ethnographic work in public hospital setting" in K. R. Gilbert(ed.). *The Emotional Nature of Qualitative Research*, pp. 37~62. London: CRC.

Denzin, Norman and Yvonna S. Lincoln. 2011. *The Sage Handbook of Qualitative Research*, 4th ed. Thousand Oaks: Sage.

Dickson-Swift, Virginia, Erica. L. James, Sandra Kippen and Pranee Liamputtong. 2009. "Researching sensitive topics: Qualitative research as emotion work." *Qualitative Research*, 9(1), pp. 61~79

Gilbert, Kathleen R.(ed.). 2001. *The Emotional Nature of Qualitative Research.* Boca Raton, FL: CRC.

Tuan, Mia. 1999. *Forever Foreigners or Honorary Whites?: The Asian Ethnic Experience Today.* New Brunswick, N.J.: Rutgers University Press.

제5장

나의 현장 조사에 관한 기억들:
좌절, 실망, 시행착오의 연대기

이기웅

성공회대학교 동아시아연구소 연구교수

1. 연구자 소개

피에르 부르디외(Pierre Bourdieu)에 따르면 현장 조사란 추상적 이론과 경험적 자료의 끊임없는 적응과 긴장의 성찰적 과정이다(Bourdieu and Wacquant, 1992). 현장은 책에서 습득한 이론으로 재단될 수도 없지만, 이론의 도움 없이 파악될 수도 없다. 그렇기 때문에 연구자는 이론과 경험이 상호 적응하고 조화를 이룰 수 있도록 끊임없는 노력을 기울여야한다. 이는 자신이 공들여 만든 연구 설계를 현장의 요구에 따라 기꺼이 바꿀 수 있는 개방성과 융통성을 지녀야 함을 의미한다. 연구자가 다루는 현실은 그가 머리로 아는 이론으로 축소될 수 없다. 현장은 언제나 이론과 대립하며 연구자의 손아귀에서 도망친다. 바로 이 점이 현장 조사의 가장 큰 난점이면서 가장 큰 묘미이기도 하다. 현장 조사의 이러한 특징은 통제가 중시되는 양적 접근에 비해 다소 느슨한 질적 연구에서 훨씬 두드러진다. 질적 연구는 거의 언제나 예측을 불허하는 발견을 쏟아낸다. 유일하게 예측 가능한 것은 그것이 연구자의 예상을 뛰어넘고 골머리를 앓게 만든다는 점이다.

나는 1996년에 한국형사정책연구원에서 펴낸 「한국언론의 범죄 보도 관행」이라는 정책보고서를 작성하면서 심층 면접법을 처음으로 사용해봤다. 지금도 대학교 사회학과에서 질적 연구 방법을 체계적으로 배울 기회가 많지 않지만, 내가 학교를 다니던 1980~1990년대에는 그 기회가 전무했다고 해도 과언이 아니다. '조사 방법론' 시간에 이런저런 방법이 있다는 이름 정도는 들어봤지만, 그에 대한 심도 있는 훈련을 받은 경험은 없었다. 이런 상황에서 나의 첫 질적 연구는 '주먹구구'와 '감'의 산물이었다. 그러나 그 과정에서 배운 점이 꽤 많았다고 생각된다. 무엇보다 현장을 누비며 사람들을 만나고 탐문해본 경험은 이후의 연구를 위한 소중한 자산이 되었다.

내가 심층 면접을 본격적으로 사용하기 시작한 것은 박사 학위를 위한 연구에서였다. 내가 박사과정을 이수한 런던정경대학교(The London School of Economics and Political Science)는 모든 신입생에게 방법론 연구소(Methodology Institute)에서 제공하는 방법론 프로그램을 의무적으로 이수하도록 했다. 방법론 프로그램은 다양한 모듈의 강의와 워크숍으로 구성되었는데, 나는 질적 연구 방법, 심층 면접법, 논문 작성법 등의 워크숍에 참가해서 처음으로 심층적인 질적 연구 방법 훈련을 받을 수 있었다. 여기서는 연구 설계와 면접 기법에서 누디스트(NUDIST)를 활용한 데이터 분석법까지 다양한 교육이 이루어졌다. 박사 2년 차에는 '연구 목적과 방법(Aims and Methods)' 심사를 받았다. 이는 논문 자격 시험에 해당하는 것으로서, 제목 그대로 자기가 쓸 학위 논문의 목적과 방법을 상술한 소논문을 제출해 리뷰 패널의 심사를 받는 절차다. 이 과정에서 논문에 특화된 심층 면접법의 문제들에 대한 구체적 피드백을 받을 수 있었고, 이는 다시 연구의 방법적 엄밀성을 제고하는 데 도움이 되었다.

이후 현재까지 20년 이상 진행한 연구의 대부분은 심층 면접에 근거한 것이었다. 이러한 경험을 통해 배운 일차적 교훈은 현장 조사, 특히 질적 조사 연구는 명목상 같은 방법이라 할지라도 현장의 성격과 연구 목적에 따라 크게 달라진다는 점이다. 같은 심층 면접을 사용한다고 해도 어떤 연구 질문을 갖고 누구를 조사하느냐에 따라 접근 방법과 전략은 상이해지는 것이다. A 연구자의 심층 면접과 B 연구자의 심층 면접은 서로 다른 방법이다. 특정한 연구 방법에 대한 일반론은 조사 방법을 배우는 학생들에게는 의미가 있지만, 현장 조사를 실행하는 연구자에게는 그리 중요하지 않다. 연구 방법은 사회학 연구자가 활용하는 일종의 기술이다. 모든 기술은 일단 배우고(learn) 나면 잊는(unlearn) 과정이 필요하다. 그래야만 각각의 현장이 제기하는 고유한 문제와 방법론적 도전에 창의적이고 즉흥적으로 대응할 수 있기 때문이다. 연구자는 현장의 요구에 부응해 부단히 연구 방법을 재발명해야 한다.

2. 나의 질적 연구 좌충우돌기[1]

이 글은 심층 면접이라는 연구 방법에 대한 일반론이 아니다. 개인적이고 사적인 경험담 또는 심층 면접이 수행되는 특수하고 구체적인 한 상황에 관한 기술이다. 이런 점에서 이 글의 효용은 심층 면접 중에서도 특수한 경우로 제한됨을 다시 강조한다. 지금까지 내가 수행한 연구의 조사 대상자는 기자, 광고 산업 종사자, 대중음악 관계자, 예술가, 도시 운동가 등 이른바 '문화계' 인사들에 집중되어 있다. 따라서 이 글에서 내가 논의하는 심층 면접에 관한 생각과 느낌 그리고 전략은 이들 조사 대상자 집단의 특성과 내가 그들과 맺는 관계의 동학에 의해 굴절된 것일 가능성이 높다.

연구자의 개인적 특성에 따라 다르기는 하겠지만, 경험이 비교적 많은 연구자에게도 현장 조사는 언제나 기대와 불안이 동반되는 과정이다. 한편으로는 자신의 가설을 검증하고 지적 욕구를 충족할 수 있다는 기대감에 들뜨기도 하지만, 다른 한편으로는 낯선 사람과 오랜 시간 마주해야 한다는 불편함, 때로는 달갑지 않은 질문을 던져야 한다는 부담감, 그리고 언제든 조사가 잘못되거나 망쳐질 수 있다는 두려움에 긴장을 늦추기

---

1 이 장의 내용은 다음 논문과 책의 연구 과정을 바탕으로 작성했다. 노성호·이기웅, 「한국언론의 범죄 보도 관행」(형사정책연구원, 1996); 신현준·이기웅, 『서울, 젠트리피케이션을 말하다』(푸른숲, 2015); Lee K., "Practicing Globalization: Mediation of the Creative in South Korean Advertising"(Doctoral Dissertation, Department of Sociology, London School of Economics and Political Science, 2013); Lee K., 「行于地下: 20世紀80年代新村和光化门的音乐樂制作」, ≪全球传媒学刊≫, 3(2)(2016).

어렵다. 이러한 불안감은 대부분 조사 대상자를 만나고 조사에 몰입하는 순간 사라져버리지만, 가끔은 현실화되어 조사가 이루어지는 시간 내내 가시방석에 앉은 듯한 고통을 안겨주기도 한다. 물론 이런 상황이 발생했다고 해서 그 결과가 반드시 좋지 않은 것은 아니다. 조사의 결과는 조사가 얼마나 원활했는가와 직결되지 않는다. 때로는 망쳤다고 생각한 조사에서 뜻밖의 많은 수확을 얻는 경우도 흔히 있다. 그럼에도 조사의 진행에 문제가 있을 경우 실패의 확률이 높아진다는 것은 부인할 수 없다.

질적 연구에서 조사 실패의 타격은 상당히 크다. 표준화된 설문지를 활용하는 양적 연구에서는 동일한 표본집단 내의 조사 대상자가 동질적이고 대체 가능한 것으로 생각되기 때문에 다른 사람을 대상으로 한 번 더 조사하면 된다. 하지만 질적 연구에서는 조사 대상자 개개인이 고유한 정보원으로 가정되기 때문에, 실패한 조사를 새로운 조사로 대체하기가 어렵다. 이러한 대체의 어려움은 조사에 임하는 연구자에게 더욱 큰 압박으로 작용한다. "이번 조사는 망쳤으니 다시 한번 해주십시오"라고 요청할 수 있는 경우는 드물다. 설령 가능하다 해도 실패한 첫 조사를 없던 일로 되돌릴 수는 없는 일이다. 첫 조사에서 형성된 자취는 어떤 방식으로든 두 번째 조사에 개입해 영향을 미친다. 이제 나의 좌충우돌 현장 조사의 이야기를 풀어보도록 하자.

1) 담론과 현실의 괴리 1

현장 조사에서 가장 흔히 경험하는 감정 중 하나는 연구가 '내 예상과 다르게 흘러간다'는 당혹감이다. 이는 모든 현장 조사에서 나타나는 공통적인 현상이지만, 응답자가 선택할 수 있는 답변이 한정되어 있는 설문조사에 비해, 연구자가 결과를 통제하기 어려운 질적 연구에서 훨씬 큰 폭으로 발생하곤 한다. 중요한 것은 이러한 당혹감이 현장 조사의 자연스러운 일부라는 점이다. 오히려 이러한 당혹감이 발생하지 않는 경우, 즉 모든 것이 연구자의 뜻대로 흘러가는 경우에 연구가 잘못된 것이 아닌가 의심해봐야 한다.

앞서 언급한 것처럼 질적 연구에 대한 나의 첫 경험은 1996년에 수행한 「한국언론의 범죄 보도 관행」 연구 프로젝트였다. 대학원을 졸업하고 정부 출연 연구 기관에 입사해 몇 개의 프로젝트를 수행하는 동안 질적 연구 방법을 사용할 기회는 없었다. 아니 그것을 해보려는 생각조차 하지 못했다. 당연한 일이겠지만 정책연구소들은 양적 연구를 중시하는 경향이 있다. 이에 따라 연구진도 양적 연구 전문가들로 충원되며, 연구 과제의 개발과 선정도 그에 적합한 것들로 이루어진다. '음란물이 청소년 범죄에 미치는 영향'이나 '전과자에 대한 사회적 인식'처럼 변수 간 인과관계 또는 상호연관성을 통계적으로 입증하는 연구가 정책연구소 연구의 전형을 이룬다. 이러한 환경과 분위기에서 질적 연구를 하기는 쉽지 않다. 질적 연구는 수적으로 드물고, 정당한 연구 방법으로 인정받지도 못한다. 질적 연구를 하려고 하면 여러 차례에 걸쳐 그것의 정당성을 설명하고 설득해야만 한다.

그럼에도 불구하고 나는 이 프로젝트를 위해 심층 면접이라는 질적 연구 방법을 선택했다. 한편으로는 이전부터 질적 연구에 대한 호기심이 있었고, 다른 한편으로는 연구 과제의 성격이 질적 연구를 요구했다. 범죄 보도에 대한 인식이 아니라 관행을 조사해야 한다는 점에서 기자나 언론 수용자에 대한 설문조사는 적절치 않은 것으로 여겨졌기 때문이다. 질적 연구 방법을 통해 대상에 접근해야 했는데, 여기서도 두 개의 선택지가 있었다. 하나는 텍스트 분석을 통해 범죄 보도 방식의 패턴을 구명하는 것이고, 다른 하나는 범죄 보도와 관련한 언론사와 기자들의 보도 행위에 초점을 맞추는 것이었다. 나는 이 중 후자를 택했다. 여기에는 텍스트 분석이 연구자의 주관성에 과도하게 의존하는 방법이라는 편견이 작용했다. 나는 심층 면접을 통해 대상에 접근하기로 결정하고, 한국의 주요 신문·방송사 사회부 기자들을 대상으로 조사를 실시했다.

　문제는 당시 내가 심층 면접에 대해 아무런 훈련이 되어 있지 않았다는 점이다. 돌이켜볼 때, 질적 연구 방법을 다소 쉽게 생각했던 것 같다. 현장의 생생한 목소리와 디테일한 정보를 획득할 수 있을 것이라는 막연한 생각만으로 조사에 뛰어들었다. 지금 생각하면 지극히 어리석은 일이었으나, 어쨌든 나는 매우 의욕적으로 조사에 임했다. 부지런히 응답자를 섭외하고 만나서 인터뷰를 했다. 처음 해보는 것이었음에도 조사는 매우 순조롭게 진행되었다. 당시에는 이것이 문제인지를 깨닫지 못했다. 현장 조사가 뜻대로 진행된다는 것은 이미 알고 있는 것 이상의 새로운 발견이 없다는 것을 의미한다. 그리고 이는 응답자를 자신의 가설에 대한 확인의 도구로만 취급하는 태도와 연관된다. 이러한 태도는 응답자의 진술을 충분히 듣고 그의 입장과 맥락에서 이해하기보다는 조사자에게 필요한 몇몇 문구에만 집중하도록 만든다. 결국 응답자에게 원하는 답을 유도한다든지, 분석할 때 자신의 설명틀에서 벗어나는 응답들을 의도적으로 누락시킨다든지 하는 방식으로 연구 과정 전체를 조작하게 된다. 당시 나는 이것이 잘못된 것이라는 인식이 없었다.

2) 담론과 현실의 괴리 2

　담론과 현실의 괴리는 사전 준비과정에서 문헌을 통해 획득한 정보와 현장에서 접하는 반응이 다를 때 나타난다. 특히 외부세계에 공표되는 공적 담론의 제도화 정도가 높은 집단일수록, 그리고 집단에 대한 연구자의 일차적 경험이 적을수록 괴리가 발생하기 쉽다. 연구자는 조사에 들어가기 전에 대체로 기존 연구와 문헌 자료를 통해 대상에 친숙해지고, 이를 통해 확보한 지식에 근거해 일정한 가설 또는 설명틀을 구성한다. 그런데 현장 조사는 이러한 가설이나 설명틀을 여지없이 무너뜨리는 경우가 많다. 이런 상황에서 연구자는 현실과 이론을 조화시킬 수 있는 다양한 전략을 동원해야 한다.

내가 심층 면접법을 본격적으로 채택해 진행한 첫 번째 연구는 박사 학위 논문인 「세계화의 실천: 한국 광고 산업의 크리에이티브 매개(Practicing Globalization: Mediation of the Creative in South Korean Advertising)」였다. 이 연구에서 나는 광고 크리에이티브의 변화에 초점을 맞춰, 세 개의 한국 대형 광고 회사가 국제 경쟁력의 범주를 매개로 세계화를 수행하는 서로 다른 방식을 분석했다. 나는 여기서 세계화의 실천이 어떻게 한국 광고의 크리에이티브 콘텐츠를 변화시키는지, 크리에이티브 경쟁력 강화를 위한 실천은 어떤 방식으로 나타나는지 등을 추적했다. 논문이 추구한 지식의 성격이 양적 방법으로 충족하기 어려운 심층적이고 섬세한 것이었기 때문에, 심층 면접을 연구 방법으로 택했다. 잠시 참여관찰을 고려해보기도 했으나, 세 개의 광고 회사를 비교연구하기에 적절한 방법은 아니라는 판단이 들었고, 무엇보다 비용과 시간을 감당할 자신이 없었다. 어쨌든 이러한 과정을 거쳐 대기업 계열 광고 회사, 외국계 광고 회사, 독립광고 회사 등 한국 광고 산업에서 서로 다른 유형을 대표하는 세 개의 회사를 선정해 회사당 10명씩 총 30명에 대한 심층 면접을 3개월 동안 진행했다.

나는 철저한 외부자로서 현장에 들어갔다. 일반적으로 박사 논문의 주제는 석사과정에서 연구했던 주제나 그와 연관되는 주제를 심화시키는 경우가 많은데, 나의 경우 석사과정과 박사과정 사이의 시간적 간격이 좀 커서였는지, 석사과정에서의 연구 관심과 문제의식이 박사과정까지 이어지지 않았다. 나의 석사 논문은 시민사회와 민주주의에 관한 연구였고, 박사과정을 시작할 때만 해도 그 연장선상에서 전공을 결정할 생각이었다. 그러나 나의 관심이 더는 그곳에 있지 않았다. 관심이 없고 흥미를 느끼지 못하니 연구가 제대로 진행될 리가 없었다. 결국 오랜 고민과 모색과 시행착오 끝에 '한국 광고 산업의 세계화'라는 주제가 결정되었다. 문제는 내가 이 분야에 철저한 문외한이었다는 점이다.

처음으로 발을 딛는 영역인 만큼 당연히 공부도 많이 하고 준비도 열심히 했다. 현장 조사는 2005년 10월~2006년 1월까지 진행했는데, 당시 한국의 광고 산업은 1997년 외환위기 이후 격변기를 거치고 있었다. 2000년 이전까지 한국 광고 산업은 세계적으로 유례가 없는 독특한 구조를 형성하고 있었다. 이른바 대기업 계열 광고 회사라는 체제가 성립해 외국계 광고 회사들의 진입이 철저히 봉쇄되고 있었던 것이다. 1990년대 말부터 이러한 상황에 격변이 발생하기 시작했다. 한국 최대의 광고 회사들이 속속 외국회사들에 합병되었고, 살아남은 회사들도 적극적인 구조조정과 강력한 경쟁력 강화 드라이브를 통해 체질 개선에 매진했다. 이 모든 변화를 설명하는 키워드는 지구화 또는 세계화였다. 나는 광고 잡지, 사보, 인터넷 사이트 등 광고업계에서 출간하는 각종 자료들을 섭렵하면서 한국 광고업계에 대한 지식을 쌓고 '현장감'을 키웠다. 그리고 현장 조사에 임박해서는 구체적인 준비에 착수했다. 문항을 작성하고, 일정표를 짜고, 장비를 챙기고……. 단, 유학생이라는 처지와 시간적 제약으로 인해 파일럿 리서치를 생략한 것은 뼈아픈 실수였다. 결국 첫 2~3회의 조사는 시행착오로 귀결되고 말았다.

현장 조사를 준비하면서 나름대로 그것이 어떻게 전개될 것인지에 대한 기대를 갖고 시작했다. 이미 자료들을 충분히 소화한 상태였기 때문에, 조사를 통해서는 내가 알고 있는 것을 당사자의 육성을 통해 확인받고, 공식 자료에 나타나지 않는 세부사항들을 확보하기만 하면 된다고 생각했다. 그러나 이러한 기대는 첫 조사에서부터 산산이 무너져내렸다.

조사자 2000년 이후로 광고 산업의 세계화가 활발하게 진행되고 있다고 들었습니다.

응답자 글쎄요. …… 그런가요? 그런데 세계화가 정확히 무슨 뜻이죠?
……

조사자 귀사에서도 외국과의 교류가 많이 늘고, 외국인 직원들도 많이 채용하고 있는 것 같던데요. ……

응답자 그건 해외업무부서에서 하는 일이지, 우리 하는 일은 달라진 게 없어요. 예전하고 똑같아요.

조사자 …….

분명히 수많은 문헌에서 세계화가 활발히 추구되고 있다고 나와 있었는데, 막상 현장의 분위기는 전혀 달랐던 것이다. 나는 극심한 혼돈에 빠졌고, 이 사태를 어떻게 해결해야 할지 아득하기만 했다. 어렵게 응답자를 섭외해서 자리를 마련했는데, 처음부터 전제가 무너지고 나니 준비해 간 나머지 질문들은 소용이 없어졌다. 겨우겨우 어렵게 조사를 마치고 집에 돌아와서는 긴 성찰의 시간에 돌입했다. '포기해야 하나' 하는 고민도 있었지만, 일단 시작한 연구를 뒤엎을 수는 없었다. 어떻게든 끌고 가야 했다. 일단 마음을 비우고 현장을 배우기로 했다. 그리고 문헌에 나와 있는 내용과 현실 사이의 괴리가 어디서 발생했는지를 찾으려 노력했다. 당연한 이야기지만 현장에 익숙해질수록 보이는 것이 많아졌다. 그리고 논문의 주제와 관련해서도 실마리가 하나둘씩 잡히기 시작했다.

한국 광고 산업이 세계화의 소용돌이에 휩싸였다는 광고잡지들의 호들갑을 현장에서 감지하기는 어려웠다. 그러나 그것은 다양한 방식으로 실천되고 있었고, 그것이 광고 산업 및 텍스트에 미치는 영향도 서서히 눈에 들어왔다. 단지 조사 대상자들이 광고 회사의 소유권 이전, 조직 개편, 업무 수행 평가 방식의 변화, 새로운 커뮤니케이션 모델의 도입 등 새로운 변화들을 세계화라는 범주로 분류하지 못했을 뿐이다. 앞서 인용문에서도 언급되었듯이 조사 대상자들은 세계화라는, 당시만 해도 낯선 단어에 대해 질문을 받았을 때, 그것의 의미를 되묻는 경우가 많았다. 그에 대한 개념이 명확하게 서 있지 않았기 때문이다. 일부 응답자들은 연구자가 제시한 세계화 개념에 대해, 자신이 아는 세계화는 그런 것이 아니라며 이의를 제기하기도 했다. 결국 이 연구에서 내가 경험했던 담론과 현실의 괴리는 연구자와 조사 대상자 간 언어의 차이에 근거한 것으로 판명되었다. 이후 계속되는 조사에서는 그들의 언어에 대한 이해를 높이고, 나의 언어를 그들에게 적응시키는 전략을 채택함으로써 애당초 제기되었던 문제를 상당 부분 극복할 수 있었다.

3) 누구를 조사할 것인가

누구를 연구 대상자로 선정할 것인가의 문제는 그리 간단치 않다. 내가 지금까지의 연구에서 연구 대상자를 선정한 방식은 크게 두 가지였다. 하나는 스노볼링 샘플링(snowballing sampling) 방식, 즉 연구 대상 집단을 선정한 뒤 소수의 가능한 접촉선을 확보하고 그로부터 소개를 받아 응답자 수를 늘이는 방식이다. 사회연구에서 널리 활용되는 방법이기는 하지만 조사 대상자의 지인이라는 특정한 관계망으로 조사의 범위가 한정될 위험성이 있다. 또 하나의 문제는 조사 대상자를 소개받는 방식에서 비롯된다. 흔히 조사가 끝난 이후 "이 문제에 대해 잘 얘기해주실 분이 있으면 좀 소개해주세요"라는 식으로 요청을 하는데, 이는 특정한 부류와 성향의 사람들로 조사 대상자를 한정하는 효과를 발휘할 수 있기 때문이다. 이런 요청을 받았을 때, 응답자들은 대부분 언변이 좋고, 해당 분야에서 중심적 위치에 있거나, 자신의 의견과 유사한 견해를 지닌 사람을 소개하는 경향이 있다. 특히 자신의 지위 또는 위치에 따라 면접조사의 경험이 많은 응답자들은 수차례의 인터뷰 경험을 통해 연구자가 원하는 답변을 예상하고 그에 걸맞게 대답하는 요령을 터득한 경우가 많다. 이 경우 조사는 수월하게 진행될 수 있지만, 일면적인 정보만을 수집하는 결과를 초래하기 쉽다.

다른 하나는 해당 분야의 주요 인물이나 유명인사를 대상으로 연구를 진행하는 것이다. 이 방식은 내가 1980년대 대중음악과 장소의 관계를 연구하면서 사용했던 방법이다. 이 조사의 결과는 아직 본격적인 연구 논문으로 집필되지 않았지만, 그 내용의 일부는 중국 칭화대학교(清华大学)에서 발간하는 《글로벌미디어저널(全球传媒学刊)》(2016)에 「언더그라운드: 1980년대 신촌과 광화문에서 음악만들기(行于地下: 20世纪80年代新村和光化门的音乐乐制作)」라는 제목의 소논문으로 발표되었다. 이 연구에서 나는 비엔나 왈츠, 미시시피 델타 블루스, 맨체스터 사운드 등 음악과 장소의 연관이 왜 한국 대중음악에서는 존재하지 않는가를 질문하고, 1980년대 이른바 '언더그라운드' 대중음악을 신촌과 광화문이라는 장소에 위치 지으려는 시도를 했다. 이를 위해 언더그라운드 음악가들이 어울렸던 공간, 함께 어울렸던 사람들, 어울림의 방식들, 신촌에 대한 장소 애착, 그들이 장소에 대해 부여하는 의미 등에 초점을 맞춰 조사를 진행했다.

하워드 베커(Howard Becker)가 보여준 것처럼 예술계(the art worlds)는 수많은 참가자의 협업을 통해 작동하는 공간(Becker, 1982)이다. 그러나 외부인의 시선에는 몇몇 창작자와 실연자밖에 보이지 않을 뿐 아니라, 흔히 예술가로 지칭되는 이들이 이 세계의 가장 중요한 정보원들로 여겨지기 쉽다. 나 역시 당시 음악사적으로 가장 중요하다고 여겨지는 아티스트 위주로 10여 명의 응답자 라인업을 작성하고 조사에 나섰다.

이런 방식에 문제가 있다는 점을 깨닫는 데는 오랜 시간이 걸리지 않았다. 반드시 유명하고 한 시대를 풍미했다고 해서 그 시대의 대중음악계를 잘 아는 것은 아니었다. 개인차는 있었지만 그들이 당시의 대중음악에 대해 갖고 있는 기억은 오히려 적은 축에 속했다. 그들은 자신의 음악과 자신의 예술세계에 대해서는 할 말이 많았지만, 당시 그들의 주변에서 벌어진 일들에 대해서는 관심도 크지 않았고, 할 말도 많지 않았으며, 말하는 것을 즐기지도 않았다. 전성기의 바쁜 일정으로 인해 주변에 관심을 둘 여유가 없었던 경우도 있고, 오랜 약물 남용으로 기억이 희미해진 경우도 있으며, 자아가 충만한 나머지 자기 외에는 관심이 없었던 경우도 있다. 일례로 조사에 응한 한 아티스트는 앨범 작업에 대한 세부사항을 묻는 질문에 대해 다음과 같이 대답한 적이 있다.

조사자 ○○○ 음반을 녹음하실 때, △△△ 씨의 역할은 무엇이었습니까?
응답자 걔가 한 게 뭐 있어? 내가 다 했지……. 걔는 그냥 따라다닌 거밖에 없어.

이는 그가 대부분의 협력자들에 대해 내린 공통적인 평가였다. 그가 자신의 역할을 돋보이기 위해 거짓말을 했다고 생각되지는 않는다. 단, 그의 입장에서는 자신이 모든 과정을 주도했고, 자신의 역할에 몰두했기에, 다른 사람의 기여는 눈에 들어오지 않았을 수 있다. 이런 점에서 스타, 유명인사, 주요 인물들은 발생한 사건의 전체적인 그림을 얻기 위한 정보원으로서는 적절하지 못한 경우가 많다. 오히려 보조적 위치에서 전체 과정의 실무를 담당했던 인물들이 구체적이고 세밀한 정보를 갖고 있는 경우가 많다. 그뿐만 아니라 이들은 주요 인물들이 설파하는 공식 담론에 대해 '대안적인' 또는 사건에 대한 다른 서사를 들려주기도 한다. 나의 조사에서는 몇몇 레코딩 엔지니어와 밴드 멤버들이 이러한 역할을 담당했다.

이런 이유에서 중요하지 않거나 주변적 위치에 있는 사람들을 조사 대상자에 포함시키는 것이 필요하다. 이들은 공식 담론의 영향을 덜 받았을 뿐 아니라 동일한 사건을 다르게 경험했다는 점에서 사건에 대해 더욱 입체적인 시각을 제공해줄 수 있다. 그러나 여기에도 난점은 있다. 앞서 광고 산업 종사자의 사례에서 나타난 것처럼 주요 인사들과 달리 이들의 경험은 의미화되거나 언어화되지 않은 채 날것 그대로 남아 있는 경우가 많다. 이런 이유에서 이들을 상대로 하는 심층 면접은 어려울 때가 많다. 경험에 대한 의미 부여와 언어화가 인터뷰의 시작과 동시에 시작되기 때문이다. "난 그런 거 모른다", "난 한 거 아무것도 없다"는 식으로 대답을 회피하는 경우도 있고, 인터뷰 경험이 적기 때문에 상황에 적절하게 행동하지 못하는 경우도 많다. 질문과 무관한 다른 얘기로 빠지는 것은 이러한 경험 부족의 전형적인 징후다. 이런 문제들을 해결할 방법은 없다. 너무 오래 궤도를 이탈하면 은근슬쩍 질문의 요지를 일깨워주고, 언어화되지 않은 기억에 대해서는 기억을 돕는 단초를 계속 제공하면서 참을성 있게 경청하는 것이 유일한 방법이다.

4) 이동하는 초점

조사 기간이 길어지다 보면 시작 시점과 종결 시점의 연구 관심이 달라지는 경우가 발생한다. 이는 설문의 구조화 정도와 밀접한 관련이 있는데, 구조화 정도가 낮을수록 이러한 현상이 발생하기 쉽다. 그런데 이에 대해서는 좋고 나쁨을 단정하기 어렵다. 한편으로 현장 조사가 새로운 사실을 발견하는 과정이며, 새로운 사실이 새로운 관심을 촉발한다는 관점에서 보면 이는 자연스러운 현상이며 불가피한 것이기도 하다. 그러나 다른 한편으로 체계적 분석을 위한 자료의 일관성 확보라는 차원에서 보면, 이런 식의 '표류하는' 자료는 들어간 노력에 비해 쓸모가 적을 수 있다. 이는 연구자에게 주어진 또 하나의 딜레마다. 연구자는 연구의 진화 과정에 몸을 맡김으로써 연구 대상에 더욱 깊이 들어갈 수 있지만, 동시에 생산된 자료가 형식적 일관성을 유지하도록 지속적인 통제를 가해야 한다. 이는 결코 쉽지 않은 문제다.

비교적 최근에 참여한 연구 중 서울의 젠트리피케이션에 관한 연구가 있다. 2014년부터 2016년까지 2년여에 걸쳐 100명이 넘는 응답자와 심층 면접을 한 상당히 큰 프로젝트였다. 이 연구는 2016년에 『서울, 젠트리피케이션을 말하다』라는 책으로 출간되었다. 이 프로젝트의 초기 문제의식은 비교적 단순했다. 당시 서촌, 경리단길, 해방촌, 연남동, 상수동 등 이른바 '핫 플레이스' 또는 '뜨는 동네'라 불리는 지역들이 등장했고, 우리는 이 현상에 대해 궁금증을 가졌다. 이 현상이 발생하는 메커니즘은 어떤 것인지, 누가 동네를 예쁘게 만드는지, 이 동네에 찾아오는 사람들은 누구인지, 도시공간의 이러한 변화가 지니는 사회문화적 의미는 어떤 것인지 등이 우리의 주된 질문들이었다. 그러던 중 '젠트리피케이션'이라는 생소한 용어를 접하게 되었다. 우리의 젠트리피케이션 연구는 처음부터 젠트리피케이션 연구가 아니었던 것이다. 아니, 엄밀히 말해서 처음부터 젠트리피케이션 연구이기는 했다. 단지 초기의 젠트리피케이션 개념은 연구가 마무리될 무렵의 그것과는 크게 달랐다.

애초에 우리가 흥미를 갖고 접근했던 젠트리피케이션은 주로 미학적 측면에 집중되어 있었다. 즉, '예쁜 동네'가 초점이었던 것이다. 그리고 당시만 해도 조사 대상자 중 이 용어를 아는 사람은 극히 드물었다. 이런 상황에서 우리는 별다른 도전이나 비판에 직면하지 않고 미학적 젠트리피케이션 개념을 채용할 수 있었다. 그러나 그로부터 3~4개월 만에 이용어는 모든 사람들의 입에 오르내리는 일상용어로 확산되었다. 이와 함께 용어의 의미도 영미권에서 발달한 것과는 조금 다른 것으로 정착되어 갔다. 한국에서 젠트리피케이션은 이른바 '뜨는 동네'에서 상가건물 임대료의 부당한 인상으로 인해 상가 세입자가 비자발적으로 퇴거하는 현상을 지칭하는 것으로 개념화되었다. 이러한 변화 속에서 우리는 애초에 사용하던 젠트리피케이션의 개념을 지탱하기가 어려워졌다. 이는 변화된 상황의 정치적 압력이기도 했지만, 일차적으로는 조사 과정에서 사람들을 만나면서 우리의 생각과 문제의식이 바뀌었기 때문이다. 우리의 연구 결과는 애초에 의도했던 것과는 전혀 다른 것이 되었고, 결국 초창기의 조사 결과 일부는 쓸 수 없게 되었다. 그럼에도 불구하고 달리 방법이 있었을까에 대해서는 회의적이다. 연구 대상과 그를 둘러싼 상황은 급속하게 변해가는데 애초의 문제의식과 설문을 유지하면서 일관된 데이터를 확보하는 것이 과연 의미가 있었을까? 조사 과정에서 연구자는 때로 흐름에 몸을 맡기고 최대한 멀리까지 나아갈 필요가 있다. 그리하여 연구 대상의 심장부까지 도달했다고 느껴질 때, 진정한 연구는 바로 그때 시작된다고 할 수 있다. 그 이전까지의 모든 조사는 파일럿 조사로 간주하는 것이 좋다. 체계적 분석에만 치중한 나머지 불완전한 조사 결과를 섣불리 학문적 지식으로 가공하기보다는, 다소의 낭비가 있더라도 대상에 대한 충분한 파악을 우선시하는 것이 좋다.

5) 조사의 한계?

현장 조사의 성패를 결정하는 가장 중요한 요인 중 하나는 조사자와 응답자 사이의 라포 형성이다. 이는 매우 민감한 기술(art)로서 일차적으로 개인적 소질이 작용하는 영역이나, 경험과 노력을 통해서도 어느 정도 향상이 가능하다. 그러나 이러한 기술이 모든 경우에 다 통한다고 보기는 어렵다. 조사자의 사회집단과 다른 집단에 속하는 응답자에 대해서는 같은 집단의 응답자에 비해 라포 형성이 어려운 것이 사실이고, 경우에 따라서 이는 극복할 수 없는 문제로 보이기도 한다. 사실 나를 포함한 많은 연구자들이 상대하기 편한 응답자들만을 대상으로 연구를 진행해 그들의 목소리만을 반영한 연구 결과를 내놓기 일쑤다. 상대하기 편한 응답자는 연구자와 유사한 계급적 배경, 교육 수준, 언어를 공유하고, 사회 조사의 상황과 작동방식에 관한 이해가 잘되어 있는 응답자를 말한다. 앞서도 언급한 바 있지만, 이들은 조사라는 양식화된(stylized) 사회적 상호작용의 상황에서 어떻게 행동하고 무슨 말을 해야 할지 잘 알고, 상황에 적합한 반응을 제공한다. 연구자들은 이를 당연한 것으로 생각하기 쉽지만, 사실 이러한 능력을 갖춘 이는 소수에 불과하다. 때로는 이러한 능력을 가졌다 해도 연구자와 맺는 관계의 특성으로 인해 조사가 어려운 상황이 발생하기도 한다. 젠더와 계급은 이러한 난점이 발생하는 대표적 지점들이다.

(1) 젠더

일반적으로 연구자와 응답자의 성별이 같은 경우는 다른 경우에 비해 원활한 조사로 이어질 가능성이 높다. 물론 개인차가 중요하겠지만, 그럼에도 불구하고 이성 간의 인터뷰에서는 동성 간의 경우에 비해 주제나 심문의 방식이 훨씬 민감한 경향이 있다. 남성인 나의 경험에 따르면 여성 응답자의 경우 남성 연구자에 대해 방어적인 경향이 있으며, 연구자인 나 자신도 여성 응답자에 대해서는 상대적으로 더 조심스럽고 덜 공격적인 태도를 취하는 것을 발견하곤 한다. 이러한 이유에서 이성에 대한 조사에서는 건조한 팩트 중심의 답변이나 공식적인 진술을 넘어서는 좀 더 사적이고 내밀한 정보를 얻기 어려웠다. 이는 사회의 지배적인 젠더 권력관계가 인터뷰 상황에서도 재연되기 때문인데, 이를 완벽히 해결할 수 있는 방법은 없는 것으로 보인다.

앞서 언급한 '음악과 장소' 연구의 경우 대중음악가 위주로 조사 대상자를 선정했는데, 여성 가수는 섭외 단계부터 쉽지 않았다. 아무리 대중을 상대하는 직업에 종사한다고 해도 낯모르는 남성의 인터뷰 요청에 쉽게 응하는 여성은 드물었다. 어쩌면 그러한 직업 탓에 더욱 민감했을 수도 있다. 인터뷰의 목적부터 활용 방식까지 꼼꼼히 캐묻고, 여러 차례 확인과 다짐을 거듭한 후에도 취소하는 경우가 몇 번 있었다.

인터뷰 진행에 있어서도 질문의 내용과 표현을 가려서 해야 한다는 압박이 동성인 경우에 비해 강하게 느껴졌다. 당시 나는 1980년대 한국 록음악의 젠더적 측면에 관심을 갖고 있었다. 남성 로커들을 만나서 조사해본 결과, 당시 한국의 록 문화가 매우 남성적임을 알 수 있었다. 증언의 상당수가 술 마신 이야기, 싸운 이야기, 여자 이야기에 할애되었다. 이러한 이야기 중 일부는 그들만의 세계에서 흘러나와 바깥세상에서도 '전설'처럼 전해지고 있다. 그런데 이러한 지배적 담론에 가려 당시 활동했던 여성 로커들의 목소리는 거의 들려진 바가 없다. 그 숫자가 많지는 않았지만 분명 여성들도 록 신(scene)의 일원으로 활약했고, 몇몇은 대중들에게 널리 알려져 인기를 구가하기도 했다. 과연 이렇게 남성적인 문화 환경 속에서 그들은 어떻게 생존했을까? 그들은 어떠한 전략을 동원해 자신의 정체성과 주변적 위치를 협상했을까? 이런 것들이 내가 궁금했던 질문들이었다.

결론부터 말하면 이에 대한 만족할 만한 답을 듣지는 못했다. 조사에 임한 두 명의 가수 모두 이러한 질문을 달가워하지 않았다. 이 질문에 특별히 민감해서였는지는 모르겠으나 그들은 인터뷰의 내용을 음악 얘기로 한정하고 싶어 했다. 이들의 이러한 반응에서 한편으로는 민감한 질문에 대한 답을 꺼렸던 태도가 읽혔지만, 다른 한편으로는 자신을 아티스트로, 뮤지션으로 드러내고 싶어 하는 욕구가 강하게 느껴지기도 했다. 딱히 무엇을 감추거나 보호하려는 태도라기보다 "생각해본 적 없다" 또는 "그게 뭐가 중요하냐"는 반응이었다. 표현을 바꿔가며 두세 번 물었지만, 그들은 이 질문에 흥미를 나타내지 않았다. 여성을 진지한 음악가로 대우하지 않던 당시의 차별 경험에 대한 반작용이 아닌가 하는 생각이 들었지만, 이를 입 밖에 내어 묻기는 어려웠다. 결국 이 문항은 버려야 했다.

(2) 계급

젠트리피케이션 연구를 위해 우리는 서촌, 홍대(상수동, 연남동, 성산동), 이태원(해방촌, 경리단길, 우사단길, 한남동), 창신동, 신사동의 가로수길과 방배동 사이길 등을 돌아다니며 예술가, 건축가, 청년기업가, 지역활동가, 문화기획자, 공무원 등 다양한 종류의 사람들을 만났다. 그러나 그중에 주민은 없었다. 정확히 말하면 없는 것은 아니었다. 비록 소수이긴 하나 주민도 있고, 동네 상인도 있었다. 문제는 그들에 대한 조사 내용 중 쓸 만한 것이 거의 없었다는 점이다. 결국 이들에 관한 조사 자료는 실질적으로 폐기되었다. 조사에 응한 응답자의 대부분은 지역의 도시재생을 적극적으로 주도하는 엘리트들이었고, 언변이 뛰어났다. 그들은 우리가 흥미를 가질 만한 이야기가 무엇인지 알았고, 정확하게 그런 얘기들을 들려주었다. 그러나 이러한 게임에 익숙하지 않은 일반 주민들은 인터뷰 중 주제에서 벗어나 인생사나 신세 한탄 또는 개인적 포부 등으로 빠지기 일쑤였고, 그렇게 생산된 자료는 최종적으로 그리 유용하지 않다고 판단되었다. 물론 주민들이라고 해서 동질적인 집단은 아니었다. 인터뷰에 응한 주민들 중에는 비교적 고학력의 젊은 응답자가 있었고, 이들과는 만나서 대화를 할 수 있기는 했다. 그러나 우리가 조사한 지역의 전형적 건물주인 70대 이상의 노인들은 접근도 쉽지 않았고, 조사도 어려웠다. 물론 여기에는 조사자들이 이들에 대해 말이 통하지 않을 것이라고 지레 겁을 먹거나 편견을 가진 것이 작용했을 수도 있다. 젠더의 경우처럼 이 문제에도 손쉬운 해결책은 없다. 최대한 열린 태도를 갖고 많이 부딪히면서 그들의 언어를 배우고 감각에 동화되도록 노력하는 것이 아마도 유일한 방법일 것이다. 이런 점에서 현장 조사는 그 자체로 학습 과정이며 연구자의 자아가 변형되는 실천이기도 하다.

3. 좌충우돌하면서도 질적 연구를 하는 이유

지금까지 나는 개인적 경험에 근거해 현장 조사에서 발생할 수 있는 여러 문제들을 다섯 가지의 이슈를 중심으로 논의했다. 여기서 제시된 이슈 중에는 해결된 것도 있고, 그렇지 못한 것도 있다. 이 글은 현장 조사의 문제들에 대한 해결책을 제시하기 위한 것이 아니다. 저마다 고유하고 독특한 조사에서 발생하는 상황에 대해 일반적으로 적용할 수 있는 노하우나 정답은 있을 수 없다. 개별 연구자는 구체적인 상황을 타개할 수 있는 자신만의 해결책을 그때그때 창안(improvise)해내야 한다. 단, 이러한 상황이 발생할 수 있다는 점을 사전에 알고 현장에 들어가는 것은, 그것을 전혀 예상하지 못한 채 조사에 임하는 것에 비해 대응력에서 큰 차이를 나타낼 것이다. 또 이런 문제가 나에게만 발생하는 것이 아니라 연구 경험이 비교적 많다는 선배 연구자들에게도 발생한다는 점을 아는 것도 심리적 안정감 확보에 어느 정도 도움이 될 것이라고 생각한다.

내가 처음 질적 연구를 시작할 때보다는 나아졌다고 하지만, 적어도 사회학 분야에서 질적 연구는 아직도 타자의 지위를 벗어나지 못했고, 여전히 의심의 눈초리에서 자유롭지 못하다. 사회학계에서 질적 연구자들은 여전히 소수자의 위치에 머물러 있는 것이다. 이런 상황에서 질적 연구는 그것을 수행하는 연구자에게 이중고로 작용한다. 연구자는 한편으로 연구 과정에서 비롯되는 도전과 난관을 극복해야 하며, 다른 한편으로 학계 내부의 사회적 차별과 오해에 맞서야 한다. 이렇게 비관적인 이야기를 늘어놓으면 도대체 누가 질적 연구를 할 것인가 의문이 들지도 모른다. 그런데 놀랍게도 적지 않은 사람들이 이러한 어려움에도 불구하고 질적 연구에 자신의 인생을 바치고 있다. 그들은 도대체 왜 그러는 것일까? 아마도 질적 연구가 지닌 억누를 수 없는 매혹 때문일 것이다. 질적 연구는 주류 연구 방법인 양적 연구와 전혀 다른 종류의 지식을 추구한다. 동일성이 아닌 차이를 중시하고, 평균과 표준편차보다 아웃라이어(outlier)의 목소리에 귀를 기울인다. 이런 점에서 질적 방법은 인간적이며 정치적이다. 그곳에는 언제나 우리가 들어보지 못한 목소리가 있고, 우리가 알지 못한 놀라움이 있다. 놀라움은 익숙한 세계를 전복시킨다. 나는 질적 연구가 주는 이러한 놀라움, 당혹감, 도전이 좋다. 내가 질적 연구를 계속하는 이유는 이런 것들의 즐거움에서 벗어나고 싶지 않기 때문이다.

생각해볼 거리

1 자신의 연구 문제에 답하기 위해 응답자의 표집을 어떻게 할 것인지 생각해보자. 그리고 예상되는 응답자들에 대한 면접조사에서는 어떤 잠재적 문제가 있을지 예상해보자.
2 자신의 연구 대상 중 접근이 어렵거나, 접근이 가능하더라도 탐문에 제한을 받는 사회인구학적 집단이 있는가? 있다면 그 문제를 어떻게 해결하려고 하는가?

더 읽어볼 거리

1 크레스웰, 존(John W. Cresswell). 2015. 『질적 연구 방법론: 다섯 가지 접근』. 조흥식 외 옮김. 학지사.
   크레스웰의 책은 내러티브 연구, 현상학적 연구, 근거이론 연구, 문화 기술지, 사례연구라는 질적 연구의 다섯 갈래를 중심으로 철학적 배경부터 연구 설계, 자료의 수집과 분석, 글쓰기에 이르는 질적 연구의 전 과정을 상세하게 설명한다. 이 책은 철학적 인식론에 초점을 맞춰 방법들을 구별하고, 각각의 방법을 통해 수행할 수 있는 연구의 성격을 설명한다. 이 책에서 특히 유용한 부분은 '도전'이라는 제목이 붙은 절들인데, 여기서는 각 방법이 직면할 수 있는 다양한 문제들을 제시하고, 그에 대한 해결책을 논의한다.
2 리치, 제인(Jane Ritchie) 외. 2017. 『질적 연구의 이론과 실제』. 이병숙 외 옮김. 정담미디어.
   제인 리치 등이 함께 지은 『질적 연구의 이론과 실제』는 제목과 달리 이론적 논의를 대폭 줄이고, 질적 연구의 실제 수행과 관련된 문제들을 집중적으로 다룬다. 조사 방법에서도 심층면접, 포커스그룹, 관찰에 초점을 맞춘 점에서 크레스웰의 책과 구별된다. 이 책은 연구 윤리의 문제에 특히 중점을 두고 방법들을 설명한다. 연구 윤리는 하나의 독립된 장으로도 논의되지만, 책 전체를 관통하는 주제이기도 하다. 이런 점들을 고려할 때, 이 책은 좀 더 이론 지향적인 크레스웰의 책을 보완하는 것으로 간주될 수 있으며, 동시에 좀 더 실용적인 현장 가이드북으로 활용될 수 있다.

참고문헌

Becker, H. 1982. *Art Worlds*. Berkeley: University of California Press.
Bourdieu, P. and L. Wacquant. 1992. *An Invitation to Reflexive Sociology*. Cambridge: Polity.

이동하는 현장을 따라서:
현지조사에서 다현지조사로

이창호

한양대학교 글로벌다문화연구원 연구교수

1. 연구자 소개

호기심이 많던 중고등학교 시절에 나는 소설 쓰기를 좋아해 소설 속에서 현장을 생생하게 묘사할 수 있는 방법에 대해 고민해보곤 했다. 본격적으로 질적 연구를 시작한 것은 대학 전공과목으로 인류학을 접한 이후이며 이때 질적 연구가 단순한 개인의 취향이나 성품을 넘어 부단한 교육과 훈련을 통해 성취될 수 있는 것임을 깨닫게 되었다.

질적 연구 방법론은 인류학을 전공하면서 학부 정규 과정인 현지조사 방법론 세미나와 매학기에 이루어지는 현지답사 등을 통해 습득했으며 세미나 과정 및 답사 후 이루어지는 발표, 토론을 통해 현지조사의 부족한 부분을 보완했다. 기존 인류학자들이 쓴 민족지에 대한 비판 및 토론 수업도 질적 연구 방법론 훈련의 중요한 과정이었다. 석사(1998) 및 박사 학위(2007) 논문을 쓰는 과정을 포함해 현재까지도 줄곧 질적 연구를 수행해오고 있는데, 본격적인 현지조사는 박사 논문을 쓰던 기간으로 1년 이상의 장기적인 현장연구를 지향하는 인류학적 현지조사를 완수해보자는 일념으로 인천 차이나타운이라는 현장에 뛰어들게 되면서부터다.

박사 학위를 받은 이후 연구 대상은 더욱 확장되었다. 한국 화교, 신화교화인을 비롯해 중국 조선족, 결혼 이주 여성, 학령기 다문화가정 자녀, 재중국한국인, 북한 이탈 주민, 러시아 파견 북한 노동자, 재한 고려인, 방글라데시 난민인 줌머인, 네팔 이주 노동자, 미등록 이주 노동자 등이 질적 연구의 중요한 연구 대상이며, 이를 통해 이주민의 다양한 삶의 방식과 노동, 시민권, 관광, 교육, 건강·의료 등의 상황과 맥락을 더욱 깊이 있게 탐색하고자 노력하고 있다.

최근에는 '질적 연구와 양적 연구 중에 무엇이 더 중요한가', '질적 연구만으로 양적 연구만큼 과학적으로 타당한 결론을 이끌어낼 수 있는가'라는 질문을 많이 받는다. 사실 이 두 방법론은 모두 우리가 살고 있는 사회와 인간의 삶을 좀 더 정밀하고 풍성하게 분석할 수 있도록 하는 중요한 도구다. 다만 어떤 사람이나 사물 및 환경을 둘러싼 현상에 대해 무엇을 알고 싶은지에 따라 각 방법론의 쓰임이 다르다. 양적 연구 방법론이 어떤 현상에 대한 보편적이고 과학적인 규명에 맞춰져 있다면, 질적 연구 방법론은 그 현상을 이루는 조건 및 현지의 다양한 맥락과 의미를 탐색하는 데 좀 더 집중한다.

그러나 질적 연구는 시간과 노력이 많이 드는 등 경제성이 떨어진다는 이유만으로 그동안 연구의 구색을 맞추는 데 보조적으로 사용되어온 것이 사실이다. 이 과정에서 사회과학은 사회를 비추고 통찰해보는 거울과 같은 역할에서 점점 멀어져 갔다. 인류학자, 문화사회학자와 같은 연구자들이 오늘날 질적 연구의 중요성을 더욱 소리 높여 강조하는 것은 사회과학 연구의 위기를 극복하고 미래 사회의 학문적 대안을 찾기 위한 일종의 절박한 외침이라고 볼 수 있다.

2. 나의 질적 연구 좌충우돌기[1]

1) 인류학적 통과의례의 출발

인류학 연구자에게 현지조사는 일종의 통과의례라고 할 수 있다(Gupta

---

1 이 장의 내용은 다음 논문의 연구 과정을 바탕으로 작성했다. 이창호, 「한국 화교(華僑)의 사회적 지위와 관계의 공간: 인천 화교의 관시(關係)와 후이(會)를 중심으로」, ≪비교문화연구≫, 14(1)(2008), 75~122쪽; 이창호, 「차이나타운의 재개발과 의미의 경합: 인천지역의 사례를 중심으로」, ≪한국 문화인류학≫, 41(1)(2008), 209~248쪽; 이창호, 「이주민 2세대의 고향(home)의 의미와 초국적 정체성: 화교 동창생들의 인터넷 커뮤니티를 중심으로」, ≪한국문화인류학≫, 45(1)(2012), 5~32쪽; 이창호, 「한국화교의 '귀환'이주와 새로운 적응」, ≪한국문화인류학≫, 45(3)(2012), 153~198쪽.

and Ferguson, 1997: 16). 20세기 초 브로니슬로 말리놉스키(Bronislaw Malinowski)가 트로브리안드 섬에서 장기 현장연구를 수행하며 민족지적 현장연구의 새로운 기준과 전범을 제시한 이후, 현지조사에서는 현지어를 습득하고 현장에서 최소한 1년 이상 체류하며 집중적인 현장연구를 하는 것이 인류학 연구의 표준적인 방법이자 특징으로 확립된 바 있다(이용숙 외, 2012: 27). 오늘날에도 많은 인류학자들은 한결같이 박사 논문을 작성할 때가 인류학적 질적 연구의 완성도가 가장 높다고 말한다. 실제로 박사 논문을 쓸 때는 전적으로 현장에 참여해 장기간 현지인들과 생활하면서 연구하지만 졸업하고 직장을 가지게 되면 그럴 기회가 좀처럼 주어지지 않기 때문이다.

학부와 석사·박사과정에 이르기까지 줄곧 인류학을 전공했던 내가 한국 화교에 대한 현지조사를 시작한 것도 박사 논문에서만큼은 현지에서 적어도 1년 이상의 현지조사를 거치는 것이 이러한 통과의례를 거치는 길이라고 생각했기 때문이다. 전공 특성상 학부 시절에는 매년 일주일 정도씩 '현지답사' 프로그램이 있어서 현지조사의 기본적인 과정을 배우기는 했지만 현지에 오랜 기간 몰입해보지 못했고, 석사 논문을 쓸 때도 도시 내의 육아 공동체에 대한 조사를 하면서 현지 경험에는 6개월 정도만을 할애했다. 이 때문에 장기간의 현지조사는 내게 일종의 로망과도 같은 것이었다.

전통적으로 현지조사에 임하는 인류학자의 기본적인 가정 중 하나는 집(home)과 연구 현장(field site)이 멀리 떨어져 있어야 하고, 조사 대상자들은 나와 다른 익숙하지 않은 집단이어야 한다는 것이다. 인류학자는 집을 떠나 오지에서 오랜 기간 현지인들과 접촉하고 그들의 문화를 조사한 뒤 현장을 '온전히' 빠져나와 집에 와서 조사한 민족지적 자료를 정리해 저널이나 책의 형태로 출간한다. 그런데 이러한 상황은 종종 인류학자의 '특권' 혹은 '권위'와도 연결되었다. 아무도 가보지 않은 오지의 문화에 대해 웬만해서는 비판이 어렵기 때문이다.

그러나 내가 연구 대상으로 선정한 인천 차이나타운과 화교들은 초기에 가정했던 현지와는 전혀 다른 상황과 맥락 속에 존재하고 있었다. 인천 차이나타운 화교들은 서울에서 지하철 기준 두 시간 내외의 거리에 살고 있었고, 한국 사회로 이주한 후 130여 년 이상 대를 이어 살아오고 있어서 한국어나 한국 문화에 익숙한 사람들이었다. 더구나 이들은 일반적인 '중국인'의 범주로만 볼 수 없는 사람들이었다. 이들 한국 화교 1세대의 고향은 중국 산둥성(山東省)이지만 이들의 현재 국적은 대만이라는 점, 2~3세대 이후는 대부분 한국에서 태어났으며 부모 중 한 명은 한국인이 대다수라는 점, 한국에 머물면서도 대만과 중국으로 이동을 많이 한다는 점이 이들을 단순히 '중국인'으로 볼 수 없게 만들었다.

이러한 복잡한 특성 때문에 기존의 연구들에서 한국 화교를 연구하는 방법론은 대체로 다음과 같았다. ① 화교를 전적으로 다른 문화권으로 구별한다(화교는 중국에서 태어나 이주한 사람들이므로 중국 문화의 특징을 가진 사람들이라고 분류해서 다룬다). ② 이주민 대부분은 주류 사회의 차별과 억압에 놓이게 되므로 화교 역시 전형적인 '소수자'로 분류해 정책적 배려가 필요한 존재로 다룬다. ③ 그도 저도 아니면 이주민들을 마주 대하기보다는 통계 혹은 설문조사 방식을 사용하거나 역사적 자료들을 통해 이들의 문화를 서술한다. 화교뿐 아니라 대부분의 이주민 연구는 이러한 범위를 넘어서지 않는다. 하지만 이러한 방식은 조사 대상자를 끊임없이 타자화함으로써 연구자와 연구 대상자와의 불균형한 권력관계를 만들었고, 연구 대상자가 여러 사회에 연결되어 있음에도 불구하고 조사를 한 장소에만 한정시키는 모순을 발생시켰다.

현지조사와 민족지 영역은 과거 미개인, 부족민, 비서양인과 같이 확실히 정의된 타자를 상정해놓았던 것에서 벗어나 점차 조사자와 조사 대상자를 둘러싼 다양한 권력관계 속에서 타자와 접촉하고, 한편으로는 조사자 스스로를 타자로서 바라보는(Clifford and Marcus, 1986: 23) 관점으로의 전환이 필요해졌으며 장소보다는 공간에 대한 새로운 관심이 필요해지고 있다. 이러한 경향은 오늘날 새롭게 그 의미가 재조명되고 있는 글로벌리즘, 초국가주의, 디아스포라, 다문화주의 등의 논의와 맞닿아 있다. 특히 방법론적으로는 다중현지조사(multi-sited ethnography) 방법이 새롭게 부상하고 있다. 1995년 조지 마커스(George Marcus)가 제안한 다중현지조사 방법은 단일 지역에 초점을 맞추어 설명할 수 없는 사회현상에 대한 연구를 어떻게 할 것인지에 대한 질문에서 출발하며, 공간을 가로질러 사람, (사람 간 혹은 사람과 사물 간의) 연결성, 연맹, 그리고 이들의 상호관계들을 따라서 조사하는 것으로 정의될 수 있다(Falzon, 2009: 1~2). 즉, 한 지역을 연구하는 것이 목적이 아니라 문화적 의미, 대상, 정체성의 순환을 분산된 시간과 공간대에서 연구하는 것이다. 이때 과거에는 이론적으로 구성된, 총체적인 틀로 여겨졌던 세계 체계(world system)가 이제는 불연속적이고 다중지역적인 연구의 대상들에 통합되고 묻혀 있는 것으로 파악된다(Marcus 1995: 96~97). 지역과 글로벌, 체계와 생활세계(lifeworld)의 구분이 사라지는 것이다. 이러한 방식으로 조사해보면 한국 화교들의 일상적이고 지역적인 삶이 세계 체계와 연결되기도 하고 역으로 세계 체계가 한국 화교들의 일상적 삶에 영향을 끼치기도 한다는 점을 더욱 구체적으로 발견할 수 있다.

현지조사차 인천 차이나타운에 들어온 이후 나는 한국 화교들의 이동 경로를 따라 인천 차이나타운, 부산, 대구, 군산, 대만, 중국 심지어 베트남, 싱가포르까지 다녀왔다. 화교들의 가상적 인간관계 방식이라고 할 수 있는 인터넷 소통 방식 연구를 위해 수많은 인터넷 공간을 탐색하기도 했다. 이 글에서는 내가 2004년 현지조사차 인천 차이나타운에 들어간 이후 전통적인 인류학적 방법론에서 다중현지조사 방법론에 눈뜨기까지의 경험에 대해 성찰적으로 기술하고자 한다.

2) 현지에 들어가기

(1) 한국 화교의 삶의 역사

내가 현지조사를 통해 논의보고자 했던 대상은 인천 북성동 차이나타운이라는 공간의 구성과 그 속에 살고 있는 사람들이었다. 근대 시기 한국 사회에 중국인이 집단적으로 머물며 살게 된 것은 임오군란(1882년) 이후 원병 요청으로 당시 조선에 청나라 군사 4000여 명과 40여 명의 교역 상인이 들어오기 시작하면서부터였다. 인천 차이나타운이 위치한 북성동에는 예부터 어선이 많이 드나들던 북성포구가 있었다. 개항 당시 북성포구는 외국인이 많이 드나들던 외국지계(外國地界) 지역이 되었는데 일본인 화방(花房)공사가 이곳으로 처음 상륙했다고 해 화방정(1914년)이라 했다. 현재 법정동인 선린동 일대 5000여 평은 1884년부터 중국 조계가 자리 잡았으며 청국의 조계라 해서 청관(淸館)으로 불렸다. 선린동 일대에 자리 잡은 이 청국 조계는 이후 세 차례나 확장을 거듭했다. 청국 지계에는 동순태(同順泰), 인합동(仁合東) 등 청국 거상들의 커다란 점포와 여관, 잡화상, 주택들이 빽빽하게 늘어서 있었고, 특히 공화춘, 중화루, 동흥루 등 전국적으로 유명한 청요리집이 있어 서울에서까지 이곳의 음식을 먹으러 내려오곤 했다. 이들의 상권이 한때 무척 번성하면서 늘어나는 중국인 인구를 감당하지 못해 지금의 동인천역 근처까지 조계를 확장하기도 할 정도였다. 일제강점기 때에는 중국의 혼란과 불안정, 노동 이주의 증가로 국내에 이주해온 화교의 수가 매년 약 2만 5000명~6만 명 정도로 크게 증가했다.

그러나 1948년에 남한 정부가 수립되어 외국인 출입을 규제하자 중국인의 한국 이주가 중단되었고, 1949년 공산화된 중국과의 단교 이후 중국 배가 더는 항구로 들어오지 못하게 되면서 무역 회사들이 한국을 떠나기 시작한다. 이때부터 1992년 한중 수교 이전까지 한국 화교들은 이

주 1세대의 고향인 중국에 갈 수 없었으며, 대만 국적을 소지하고 살아왔다. 예전 '청관' 혹은 '중국 동네'로 불렸던 인천 북성동 일대 차이나타운은 1960년대부터 한국 정부의 억압적 정책과 사회적 차별로 인해 지속적으로 침체되어왔으며 그 결과 이곳에 거주하던 화교들이 하나둘씩 떠나면서 쇠락하기 시작했다.

그러나 1992년 수립된 한중 수교와 1997년 외환위기 이후 해외 화인(華人)의 한국 내 투자 유치가 모색되기 시작했고 그 방안 중 하나로 한국 화교에 대한 법적·제도적 개선이 이루어지기 시작했다. 차이나타운 역시 2000년 6월 중국인의 한국 여행이 전면적으로 자유화되면서 지방 정부에 의해 투자처와 동시에 관광 상품으로 본격적으로 개발되었다. 인천 차이나타운의 경우 2001년 6월 중앙정부(문화관광부)가 이곳을 관광 특구로 지정하면서 근대 이후 다시 전환기를 맞이했다. 내가 현지조사차 인천 차이나타운에 본격적으로 들어간 것은 2004년으로, 당시는 한국 사회의 온갖 차별과 배제로 인해 차이나타운을 떠났던 화교들이 다시 모여들어 음식점을 하나둘 개업하던 때였으며, 외식문화 붐으로 이 일대의 음식점들이 매스컴에서 많이 다루어지면서 전국적으로 유명세를 치르기 시작할 무렵이었다.

2) 현지조사의 시작과 성찰성

인천 차이나타운에 대한 연구를 시작한 계기는 인천광역시립박물관의 '인천 남부 종합 학술 조사'에 연구 보조원으로 참여한 이후부터였다. 이 조사는 2003년 6~10월에 걸쳐 총 9일 동안의 방문 조사로 이루어졌는데 이를 기회로 인천 차이나타운의 여러 화교들과 만날 수 있었다. 그러나 단기간의 방문으로 얻을 수 있는 자료는 별로 없었다. 화교들은 조사자에게 자신이 하고 있는 일이나 가족 관계에 대한 사항조차 잘 알려주려하지 않았다. 마치 철저한 비밀 사회를 보는 것 같았다. 인류학을 전공하게 되면 흔히 농촌이나 어촌 등에 현지조사 실습을 나가곤 하는데 마을의 상황이나 마을 주민들에 대한 상세한 이야기뿐만 아니라 때로는 기대하지 않았던 식사 대접까지 받는 경우도 있었다. 그러나 화교들과의 첫 조우는 이와 달랐다. 이들은 현지조사를 갓 시작했던 나에게 비협조를 넘어서 적대감을 보이기도 했다. 그 때문에 당시 화교들에 대한 첫인상은 솔직히 험악하기까지 할 정도였다.

9일간의 조사를 마친 후 나는 화교와 차이나타운에 대한 문헌들을 검토해보기 시작했다. 그동안 화교 사회 및 차이나타운에 대한 논의들은 화교들의 이주사에서부터 거주국에서의 적응 방식, 정치 참여 문제 등으로 다양했다. 그러나 내가 찾고 싶었던 정보는 눈에 띄지 않았다. 특히 화교와 차이나타운에 대한 논의들 가운데 연구 자체의 완결성을 떠나 화교의 입장과 생생한 현장의 목소리를 담은 논의는 거의 없었다. 논문에서 미미하게나마 존재하는 화교들의 목소리는 대개 소수자에 대한 차별과 억압에 대한 법적·제도적 정책 마련에 대한 요구에 한정되어 있었다. 물론 최근 미국 사회처럼 과거 미국으로 이민 온 중국인의 후속 세대들이 학자로 성장해 자신의 사회를 조사한 경우에는 비교적 이주민 자신의 상황과 입장에 대해 많은 부분을 이야기하기도 하지만, 한국 사회의 논의는 이와 달랐다. 그렇기 때문에 당시 나는 정말 화교들을 만나고 그들의 생동감 있는 목소리를 청취할 수만 있어도 현지조사의 최종 목표인 현지인의 관점(native's point of view)을 기술해낼 수 있으리라고 기대했으며 장기간의 현지조사만이 이를 가능하게 해줄 것이라고 믿었다.

2004년 초 인천 차이나타운 근처에 조그마한 원룸을 얻으면서 본격적인 현지조사가 시작되었다. 나는 안정적인 현지조사를 위해 우선 인천 북성동 차이나타운 인근의 부동산 중개소에 들러 화교가 사는 집에 월세로 들어갈 수 있는지 알아보았다. 화교의 집에 세를 얻어 살면서 집주인과 라포를 형성해 화교들과의 관계망을 넓히려는 심산이었다. 그러나 부동산 중개인은 "중국인들은 값을 턱없이 높게 불러 자기 맘대로 내놓으며, 집 청소를 안 해 집이 아주 더럽고, 집수리도 안 한다"고 했다. 심지어 "그렇게 벌어서 고스란히 중국에 갖다 준다"며 자신은 중국 음식도 한국인이 운영하는 식당에서 시켜먹는다고까지 말했다. 당시 한국인 주민들의 화교들에 대한 편견이 어느 정도인지 실감할 수 있었다. 나는 결국 한국인 주민이 운영하는 다세대주택 원룸에 월세로 들어가기로 했다. 내가 이사한 원룸은 차이나타운이 한눈에 보이는 전망을 가지고 있었다.

그다음으로는 본격적으로 차이나타운의 화교들과 친근해지는 절차가 남아 있었다. 그러나 화교들이 많이 거주하고 있는 차이나타운에서 나는 이방인이나 다를 바 없었다. 인천 차이나타운에 조사자로 갑자기 나타난 나는 화교뿐 아니라 그곳 한국인 주민에게도 낯선 존재였다. 아는 사람이 아무도 없었다. 내가 할 수 있는 것이라곤 식사 때 중국 음식을 먹으러 식당에 가서 몇 마디 인사를 나누는 것뿐이었다. 나는 일단 차이나타운을 어슬렁거리며 돌아다니다가 간혹 중국 음식점에 들러 음식을 주문해 먹으면서 천천히 친분을 쌓기로 했다. 그러나 음식점을 몇 번이나 들어가도 이들과 친해지기는커녕 교회에서 온 전도사가 아닐까 하는 의심만 받았다. 고백하건대 현지조사를 시작한 후 약 6개월 동안은 아무 연구도 이루어지지 않은 것 같다. 본격적인 자료 조사를 위해 화교들의 공식적 단체인 인천화교협회에 가서 자료 요청을 해도 이들은 서울에 있는 한성화교협회에 자료가 많으니 그쪽으로 가보라고 권유할 뿐 자료도 주지 않았고 인터뷰도 해주지 않았다.

그럼에도 불구하고 나는 식당 및 차이나타운 일대를 돌아다니며 사진을 찍고 차이나타운의 인상과 경관을 기록하는 한편 기독교인은 아니지만 일요일마다 차이나타운 내의 중화기독교회(이하 중화교회) 예배에 매번 참석했다. 중화교회는 부지가 백화점 재건축 공사 계획에 포함되어 있는 관계로 차이나타운 인근 관동 쪽에 세를 얻어 예배를 보고 있었다. 당시 중화교회는 소유하고 있던 부지의 재건축 공사가 시공사의 잇단 부도로 중단되고 있던 상황이었으며 이 때문에 당시 화교가 대다수인 교인들은 심리적으로 무척 어려운 상황이었다. 나는 우선 중화교회의 화교 목사님에게 나를 대학교에서 강의를 하고 있는 강사이자 박사과정 학생이며 화교와 차이나타운에 대해 연구하기 위해 이곳에 왔다고 소개하고 당시 강사로 일하던 S 대학교의 명함을 내밀었다. S 대학교는 다른 대학과 다르게 시간강사에게도 '외래교수'라는 호칭을 쓰고 있었고 희망자에 한해 외래교수 직함으로 된 명함을 무료로 만들어주었는데, 당시 나는 현지조사를 하게 되면 명함을 따로 만들지 않고 그것을 사용했다. 비록 직함 앞에 '외래'라는 명칭이 붙어 있었지만 그 뒤의 '교수'라는 신분은 한국 사회와 마찬가지로 화교 사회에서도 인정해주는 분위기가 형성되어 있었기 때문이다. 명함을 받은 화교들은 내게 '교수님'이라는 호칭을 쓰기 시작했다. 더구나 당시 대학병원에서 내과 전공의 1년 차로 근무하던 아내를 화교들에게 소개하고 나서는 화교들이 이전보다 훨씬 부드럽게 대해주기 시작했다. 나중에 안 사실이지만 한국 화교들은 자녀의 대학 진학 문제 때문에 한국 교수들과 친분을 가지길 원한다고 한다. 특히 자녀가 의대나 한의대를 가는 것이 가장 큰 소망이기 때문에 의사들과도 일정한 '관시(關係)'[2]를 형성하기를 원했던 것이다. 실제로 화교들은 나에

---

2 혈연관계, 학교, 직장 등 연고 관계나 지역 관계에 기초해 맺어진 일종의 인맥을 중국 문화의 맥락에서 이른바 '관시'로 표현할 수 있다. 정하영, 「중국의 '관시'문화에 대한 시론」, ≪중국학연구≫, 27(2004), 356쪽. 관시의 종류로는 ① 친속(親屬): 혈연과 혼인으로 맺어진 사람, ② 동향(同鄕): 지관(籍貫)이 같은 사람, ③ 동학(同學): 같은 학교에서 공부한 것으로 맺어진 사람, ④ 동사(同事): 동료나 동업자 관계인 사람, ⑤ 동도(同道): 같은 취미나 흥미로 맺어진 사람, ⑥ 세교(世交): 2대 이상의 교분이 있는 사람, ⑦ 상사[老上司]: 자신보다 지위나 직급이 높은 사람, ⑧ 부하[老部下]: 자신보다 지위나 직급이 낮은 사람, ⑨ 스승(業師): 자신을 가르쳐 준 사람, ⑩ 문생(門生): 한때 가르쳤거나 가르치는 학생, ⑪ 동파(同派): 정치적 파벌이 같

게 자녀의 대학 진학 문제뿐만 아니라 화교학교에서 명예퇴직한 남편의 대학 강사 자리를 알아봐달라고 여러 차례 요청하기도 해서 아주 곤혹스럽기도 했다.

현지조사 초기에 나는 우선 현지에서 도움을 받을 수 있는 주요 정보 제공자(key informant) 혹은 주요 연구 참여자[3]를 찾기 위해 노력했다. 주요 정보 제공자를 찾고 이와의 우정을 돈독히 하는 것은 현지조사자를 단순히 객관적 관찰자에 머물게 하지 않고, 연구하고 있는 사람들의 삶에 점차 몰입하게 함으로써 자민족(자문화) 중심적인 편견을 없애고 현지와 현지인에 대한 더욱 세련된 전체상을 가질 수 있도록 해주기 때문이다(크레인·앙그로시노, 1996: 94~101). 나를 물심양면으로 도우며 화교 사회의 이곳저곳을 소개해주던 중화교회의 Y 목사님은 점차 주요 정보 제공자가 되었다. 그러나 당시 중화교회 부지의 재건축 공사가 건설 회사의 잇단 부도로 인해 지연되자 교회의 발전을 위해 재건축 공사를 앞장서 추진했던 목사님에 대한 소문과 평판이 차이나타운 화교 사회 내에서 별로 좋지 않았다. 더구나 목사님은 부산에서 태어났고 대구에서 학교를 다녔기 때문에 '인천 화교'라고 볼 수 없었으며, 목사님 자신이 화교들의 전통적인 관념들에 대해 무척 비판적이었기 때문에 목사님을 통해 연결망을 넓혀가는 데 한계가 있었다. 또 다른 주요 정보 제공자를 찾아야 했다. 주요 정보 제공자가 사회적으로 배척받는 위치에 있다면 그 반대편

은 사람, ⑫ 숙인·친구·지인(熟人·朋友·知人): 자주 왕래하거나 관계가 긴밀한 사람을 뜻한다. 乔健,「关系刍议」,『中国人的心理』, 楊国枢(主编)(江苏教育出版社, 2006), pp. 83~84.

3 정보 제공자(informant)라는 용어는 민족지적 현장연구의 맥락에서 널리 사용되는 용어이지만 현장에서의 '정보'란 단순한 '정보'를 넘어 사람마다의 '의견'이나 '해석'들이 이미 포함되어 있기 마련이며, '정보 제공자'라는 표현이 현장에서 이루어지는 인간관계의 다면성을 도외시하는 관계의 '도구적' 측면만 강조하는 느낌을 주기도 한다. 그래서 아직 드물기는 하지만 근래에는 '연구 참여자'나 '공동 연구자'와 같은 용어를 사용하기도 한다. 이용숙 외,『인류학 민족지 연구 어떻게 할 것인가』(일조각, 2012), 86~88쪽.

에 위치한 정보 제공자를 찾는 것이 중요했다.

중화교회를 통한 연결망 확장과는 별도로 차이나타운 내 주민들의 문화와 관념, 차이나타운 개발을 둘러싼 갈등을 조사하기 위해 나는 주소지를 서울에서 인천으로 옮긴 후 차이나타운 내 북성동 주민자치센터의 자치위원으로 2004년 5월부터 1년간 활동했다. 자치위원 모임의 내용은 매달 한 번씩 주민자치센터에 모여 동네에서 일어나는 일들에 대해 간단한 회의를 하고 회식을 하는 것이 전부였지만 이 지역의 한국인 주민들이 차이나타운이라는 지역과 화교들을 어떤 시각으로 바라보고 있는지 확인할 수 있는 좋은 기회가 되었다. 그러나 당시 오해로 인해 소문과 평판이 좋지 않았던 교회 목사님과의 친분, 한국인 주민 모임의 참여로 차이나타운 내 나의 입지가 점점 더 좁아지기 시작했다. 이대로 가다가는 현지조사가 중단될 수도 있겠다는 위기감이 들기조차 했다.

이렇게 불안한 상황에서 돌파구를 찾게 된 것은 11월경 인천 남구 쪽 화교 모임인 '인화형제우의회(仁華兄弟友誼會)'(이하 형제회)의 야유회에 우연히 참석하게 되면서부터다.[4] 이 모임의 총무가 교회 목사님의 숙부였기 때문에 총무와의 인사 후 나의 참석은 즉석에서 결정되었다. 야유회를 가는 도중 나는 현지조사를 시작한 이후 처음으로 화교들과 술을 마시며 얘기를 나눌 수 있었고 버스 내의 노래방 기기에 맞춰 함께 노래도 불렀다. 비록 형제회 회원 모두가 차이나타운에 거주하지는 않았지만 이들은 차이나타운 쪽에 친척 혹은 친척의 아는 사람 등 수많은 연결고리를 가지고 있었다. 야유회 도중 총무는 회원들과 상의한 후 즉석에서 회원 가입을 권유했고, 나는 기쁘게 가입을 받아들였다. 야유회가 끝나

---

4 연구자가 참석했던 이 야유회에 대한 내용은 지금은 폐간되었지만 당시 한국 화교들이 즐겨 읽었던 신문인 ≪한중일보(韓中日報)≫ 2004년 11월 16일 자 3면에 "인화형제우의회 야유회 개최: 전북 내장산 백양사(仁華兄弟誼會擧辦: 全北內藏山白羊寺郊游)"라는 제목으로 자세히 실리기도 했다.

고 정식으로 형제회 회원으로 가입하면서 나는 회원들의 경조사에 초대를 받기 시작했다.

어느 날, 나는 화교들이 쥐어준 청첩장을 손에 쥐고 형제회 회원 자녀의 결혼식에 참석하게 되었다. 그곳에는 그동안 만나기 어려웠던 화교협회 임원, 화교학교 교장선생님 등 화교 단체 및 학교의 임원들이 앉아 있었다. 인류학자들은 우스갯소리로 '라포'만 형성된다면 연구의 50%는 이룬 것이다'라고 얘기하곤 하는데 드디어 그 길이 열린 것만 같았다. 그동안 이론으로만 접했던 중국 문화의 '관시'가 나에게 펼쳐지는 듯했다. 그간의 현지조사 경험상 화교들로부터 결혼식과 같은 대소사에 초대를 받는다는 것은 라포의 시작이라고 볼 수 있었다. 경조사에 참석하면서 화교들에게 인사를 건네고 자기소개를 했는데 그들의 반응이 무척 살가웠다. 과거에 경험한 무뚝뚝함과는 상반된 느낌이었다. 그들은 "아, 교수님이 노래 잘 부른다면서요?", "교수님이 술 잘 마신다면서요?"라고 웃으며 답했다. 화교들의 경조사에 참석하며 비로소 나는 복잡한 화교 사회 내의 소문과 평판의 힘이 무엇인지 점차 이해가 되기 시작했다. 이렇게 나는 현지조사를 시작한 지 1여 년이 지나서야 본격적인 조사를 시작할 수 있었다.

차이나타운 거주 화교들은 점차 나를 신뢰하기 시작했고 인터뷰에도 곧잘 응해주었다. 그러나 본격적으로 인터뷰에 들어가면서 문제가 생겼다. 인터뷰 대상자들이 한결같이 "그 노트 좀 치워주세요"라고 부탁했기 때문이었다. 1960년대부터 강화된 화교에 대한 억압과 차별적 정책은 화교에 대한 공무원들의 강압적 태도로 이어졌기 때문에 화교들은 노트를 들고 방문하는 세무서와 보건소 직원만 생각해도 끔찍하다고 말했다. 비록 연구자가 인터뷰를 기록하기 위해 받아 적는 노트는 과거 공무원들의 업무 장부와는 다른 성격이지만 이 역시 부담스럽다는 것이 화교들의 한결같은 반응이었다. 이제 라포가 형성됐구나 하고 안도하기에는 너무나 일렀다. 말을 받아 적는 것을 포기한 채 인터뷰를 해야 했다. 내 기억의 한계를 우려해 인터뷰 중간에 화장실에 간다고 하면서 밖에 잠시 나가 노트에 인터뷰 내용을 적기도 하고 중요한 얘기들은 디지털 녹음기를 간간이 사용했다. 녹음기 사용 역시 화교들은 좋지 않게 생각했지만 간곡히 허락을 구하면 마지못해 사용하게끔 해주었다.

수많은 인터뷰를 진행하면서 연구 참여자들에게 (현지조사 초기 화교들에게 내세웠던) 외래교수라는 신분보다 더 중요한 것이 있다는 것을 발견했다. 그것은 바로 현지조사자의 태도와 평판이었다. 인터뷰 당시 나는 '겸손하다'는 평판을 가지고 있었는데, 이 '겸손함'은 단지 현지조사를 더 잘해내기 위해 억지로 만들어낸 것은 아니었다. 돌이켜 생각해보면 나는 차이나타운 화교들에 대해 알아가면서 점차 그들의 삶에 상당히 몰입해 감정이입의 상태까지 이르렀던 것 같다. 이를테면 화교들은 1세대가 중국, 그중에서도 인천과 가까운 산둥성 출신이 대부분이었는데, 이들은 중국의 재해와 기근, 내란, 생활고 등으로 한국으로 이주했으나 한국 정부 수립 후 중국과의 국교 단절로 고향에 가보지 못하고 한국 사회에서 살아남기 위해 대만 국적을 선택할 수밖에 없던 처지였다. 따라서 이들은 적어도 1992년 한중 수교 전까지 고향인 중국에 돌아갈 수 없었으며, 대만 국적을 소유했지만 대만 거주증을 가진 완전한 국민도 아닌 상태였다. 이후 세대 역시 한국에서 태어나고 자라 세금까지 내고 있었지만 귀화하지 않는 이상 한국인처럼 시민권을 가지고 살아갈 수 없었다. 이것도 아니고 저것도 아닌 존재, 끼인 존재처럼 살아가는 복잡하고 모순된 삶의 방식을 가진 존재, 이들이 바로 한국 화교였다. 바로 그 지점이 그들 앞에서 나를 숙연하고 겸손하게 했다. 나 역시 한국 국적을 가지기는 했지만 화교와 마찬가지로 이것도 저것도 아닌 존재였기 때문이다. 미래가 보장되는 학문을 하는 것도 아니고 해외 유학파도 아니었던 당시의 내가 그리는 미래는 그다지 밝지만은 않았기 때문이다. 박사과정 학생이자 시간강사였던 나는 기득권의 편에 서 있다고 할 수도 없었고 그 반대 편에 서 있다고 볼 수도 없었다. 그런 상태에서 우러나오는 나의 '겸손'은 연구를 위한 전략이라기보다는 내 삶의 존재론적 상황에서 나온 것이 아니었나 싶다. 만약 겸손을 현지조사의 전략으로만 생각했다면 아마도 화교 사회에서의 나의 평판이 오래가지는 않았을 것이다. 현지조사 과정에서 얻은 좋은 평판과 함께 나는 오랜 기간에 걸쳐 중국인들의 계[5]에도 가입했으며 '형제회' 모임에도 열심히 참석했다.

연구 초기 계획으로는 현지조사에 할애할 시간이 1년이었으나 결국 18개월이 지난 뒤에야 나는 차이나타운에서 현지조사를 '종료'하고 나올 수 있었다. 그러나 현지에서 나오긴 했으나 아직도 현지에서 나왔다는 생각이 들지 않는다. 화교들의 삶의 공간은 장소와 지역을 넘어선 것에 위치한다는 것을 현지에서 경험하고 이해했을 뿐만 아니라 일부분 체화하기도 했기 때문이다. 서울에 거주하지만 아직도 인천 화교들과 연락을 주고받으며 이들의 대소사에 빠짐없이 참석하고 있는 이유이기도 하다.

3) 이동하는 현장을 따라서

마치 통과의례처럼 현지조사를 마친 후 나는 다시 학교로 돌아와 박사 논문과 씨름하기 시작했고 결과물들을 학위 논문(이창호, 2007)으로 만들고 학술지에 발표(이창호, 2008a; 2008b)하느라 분주하게 지냈다. 논문은 논리적인 완결성을 띠고 있는 듯했지만 그럴수록 무언가 허전한 감정이 느껴졌다. 연구 현장에 좀 더 깊숙이 다가서면서, 현지인의 관점을 취하기 시작하면서 점차 뚜렷하게 느끼기 시작했던 것은 '연구 대상이 이동한다'는 것이었는데 이 내용이 논문에는 비중 있게 다루어지지 않았기 때문

5 첫 회에 목돈을 내기 때문에 대두회(大頭會) 혹은 큰머리계라고 한다.

이다. 연구 대상이 이동한다는 생각은 현지조사에서 대상자들을 총체적으로 기술할 수 없는 상황에 직면하면서부터 하게 되었다. 예를 들어 화교 가구를 조사해보면 자녀들이 화교학교를 졸업하고 대학에 진학하기 위해 대만으로 가서 아예 거기에서 직장을 가지고 살고 있는 경우, 친족 일부가 미국으로 이민을 간 경우, 1992년 한중 수교 후 부모 세대가 노후를 보내기 위해 혹은 자녀 세대가 사업차 고향이자 적관인 중국 산둥성으로 간 경우, 역으로 친척 방문차 중국의 친척이 한국에 오는 경우 등 이른바 초국가적인(transnational) 삶의 방식이 화교 사회에 존재하고 있다는 것을 알 수 있었다. 즉, 이들 삶의 공간적 범위는 인천 차이나타운이라는 한 지역에 머무는 것이 아니라 열려 있고 확장되어 있었다.

그래서 나는 현지조사 기간 중에 조사 대상지를 차이나타운이라는 지역에 한정하지 않고 기회만 되면 화교들의 이동 경로를 따라가 보려고 노력했다. 그러나 화교들의 이동은 대개 개인적으로 이루어지는 것이어서 동반이 쉽게 허락되지 않았다. 이런 상황에서 중화교회의 Y 목사님은 아주 큰 도움을 주었다. Y 목사님은 나의 논문이 한국 화교들의 삶에 도움이 되기를 바라는 마음에서 출장 갈 때마다 나를 데리고 가주었다. 나는 군산, 대구, 부산, 제주 등 국내뿐 아니라 대만과 중국도 Y 목사님과 함께 다녔다. 인천 차이나타운 거주 화교들과의 인터뷰에서 막연하게 상상만 할 수 있었던 그들의 가족, 친족, 동창, 고향 등의 단어가 차츰 입체적으로 이해되기 시작했다. 하지만 이러한 경험들이 학위 논문에 적극적으로 반영되지는 못했다. 논지의 일관성 손상 및 지면상의 이유도 있었지만 잠깐의 방문 조사는 전통적인 인류학적 방법론에 입각한 것이 아니라고 생각했기 때문이었다.

그러나 이 경험들이 결코 헛된 것만은 아니었다. 박사 논문 발표 이후 2010년에 한국연구재단에서 3년간 학술연구교수 지원을 받으면서 막연하기만 했던 한국 화교들의 공간 인식과 생활세계를 전통적인 인류학 방법론 대신 다중현지조사 방법에 의해 조사할 기회가 마련되었기 때문이다. 그러나 기쁨도 잠시였다. 곧 처음 차이나타운에 들어갔을 때보다 더 막막한 느낌이 들기 시작했다. 어디가 현지인가, 어떤 경로로 따라가야 하는가, 공간을 가로질러 화교들의 수많은 연결 고리들을 민족지 내에 재현할 수 있을까……. 다중현지조사는 단순히 여러 현지를 조사하는 것이 아니기 때문에 조사 대상들을 맥락화할 수 있는 커다란 연결 고리에 초점을 맞추는 것이 중요했다. 그러나 그러한 고리들은 셀 수 없이 많이 존재하고 있어 어디에서부터 접근해야 하는지 고민스럽기만 했다.

연결고리의 실마리가 되었던 것은 뜻밖에도 화교 동창생들이 만든 인터넷 커뮤니티였다. 인천지역에 이어 한국의 각 지역 화교 및 차이나타운을 조사하기 위해 부산에 내려간 적이 있었는데 이때 중학교와 고등학교를 각각 부산과 대구에서 다녔던 Y 목사님이 자신이 소속되어 있는 한 동창 커뮤니티를 소개해주었다. 한국 화교들은 한국 학생들이 일반적으로 다니는 학교보다는 화교학교를 다니는 경우가 많은데 학교의 수와 학생 수가 적다 보니 유치원부터 고등학교까지 거의 한 학교에 다녀 서로 친근감이 아주 깊다. 그러나 이들이 화교학교를 졸업하게 되면 진학과 취업 때문에 국내 각 지역은 물론 대만, 미국, 동남아 등지로 뿔뿔이 헤어져 연락이 끊어지는 경우가 많았다. 이들을 엮어주는 하나의 고리는 '동창회[同學聯誼會]'였다. 이 동창회 모임은 초기에는 오프라인으로 모임을 가졌으나 점차 통신수단이 발달하면서 2008년경부터는 온라인 커뮤니티를 만들어 활동하기 시작했다.

내가 조사한 한 인터넷 커뮤니티에서는 해외로 이주한 한국 출신 화교들이 교복 입은 사진을 아바타로 사용하며 과거 한국 생활에 대한 향수와 현재 자신의 일상에서의 생각들을 털어놓는다. 첫 페이지에는 철새의 모습을 담은 영상이 나오기도 하고 「방랑자」, 「목로주점」, 「이름 없는 새」 등의 1970년~1980년대 가요가 흘러나오기도 한다. 때로 동창들은 적극적으로 홈페이지 관리자에게 신청곡을 주문하기도 한다. 전 세계로 흩어진 동창들이 올리는 게시글은 과거에 대한 향수, 친구에 대한 그리움에 관한 글들이 주종을 이룬다. 내용 중에는 친구에 대한 관심, 한국의 방송 내용과 문화에 대한 관심, 건강에 대한 관심, 옛 추억 등으로 분류해볼 수 있다. 종종 친구의 부고를 알리는 글이 올라오기도 하며 자녀에 대한 걱정도 꽤 많이 보인다. 자녀를 미국에 유학 보낸 동창생들을 위해 유학 중인 자녀들이 일상생활에서 필요한 각종 행정적 절차 및 서식 작성 방법이 올라와 있기도 한 반면, 한국에서 대학교를 다녔지만 외국인 등록 신분으로는 아직까지도 인턴사원 접수조차 내보지 못하는 자녀의 현실에 대한 고통스러운 마음을 올리기도 한다. 사진을 올리는 곳에는 미국, 대만, 중국 등에 흩어져 살고 있는 동창들의 현재 살고 있는 곳과 생활하는 모습, 여행 경험에 대한 사진들이 올라와 일종의 사이버 관광을 할 수 있도록 해놓았다. 화교 동창생들은 이러한 온라인 모임을 계기로 국가 간 경계를 넘어서 각 지역의 동창들에게도 관심을 가지기 시작했으며 점차 전 세계 동창들의 오프라인 모임도 가지고 싶어 했다. 나는 이 과정을 인터넷 커뮤니티를 통해 조사했지만 이것은 어디까지나 이른바 '눈팅'에 불과한 것이어서 인터넷 조사만으로도 연구가 가능한 네트노그라피(netnography)[6] 방법에는 이르지 못했다. 무엇보다도 화교 동창생

---

6 네스노그라피(nethnography)로 불리기도 한다. Adriana Andrade Braga, "Nethnography: A Naturalistic Approach Towards Online Interaction," in Bernard J. Jansen, Amanda Spink and Isak Taksa(eds.), *Handbook of Research on Web Log Analysis* (Information Science Reference, 2009); Emily Noelle Ignacio, *Building Diaspora: Filipino Cultural Community Formation on the Internet* (Rutgers University Press, 2004), p. 10. 인류학에서 사용하는 민족지적 조사를 컴퓨터 매개 의사소통(computer-mediated communications)을 통해 최근에 만들어지고 있는 문화와 공동체들에 적용시킨 방법론이다. Robert V. Kozinets, "The Field Behind the Screen: Using Netnography for Marketing Research in Online Communities," *Journal of Marketing Research*, 39(2002), pp. 61~72.

들과 일면식도 없는 내가 그 커뮤니티에서 신뢰 관계를 획득하기란 불가능에 가까워 보였다.

각 동창회 커뮤니티들을 인터넷으로 관찰만 하다가 실제로 이들을 오프라인에서 만난 것은 2010년 6월 대구 화교학교 졸업생들이 주축이 되어 개최한 전 세계 동창회(全球同學會)였다. 이 동학 집단들의 특징 가운데 주목할 만한 점은 이 화교 2세대 및 이후 세대들이 자신의 삶의 범위를 초국가적인 공간으로 인식하며 살아가고 있다는 것과 그러한 삶의 구심점을 점차 동창회에 두고 있다는 것이었다. 학교 졸업 후 전 세계로 흩어진 이후 시간이 흐르면서 과거 화교학교가 있었던 한국 혹은 인천, 부산, 대구라는 장소는 점차 이들의 정서와 감정에 중요한 영향을 미치고 있었다. 비록 이들은 한국이라는 국가와 인천, 부산 등의 지역을 전적으로 조국 혹은 고향이라고 느끼고 있지는 않지만 자신이 태어나고 자란, 친구들에 대한 기억이 남아 있는 공간으로서 그리움과 애증, 향수가 묻어 있는 장소로 생각하고 있었다.[7]

전구동학회 모임에 나가 연구 취지와 내용을 동창생들에게 소개하면서 나는 동창생들의 각 지역 오프라인 모임에도 참석할 수 있었으며 이들과 직접 만나면서 인터넷 커뮤니티 내에서 동창생끼리 나눈 대화의 의미들을 좀 더 구체적으로 파악할 수 있었다. 이들의 정체성과 감정은 한마디로 표현할 수 없는 복잡한 맥락 속에 놓여 있었다. 이들은 한국 사회에서 받은 차별과 배제에 대해 큰 목소리로 성토도 하지만 때로는 한국을 그리움과 향수의 근원지로 생각하기도 한다. 또한 동창생과의 관계에서 생애 단계의 공통점을 찾아나가기 시작했으며 서로 간에 도움을 주고받을 수 있다는 희망을 가진다. 그러나 여느 동창회 모임과 마찬가지로

---

7 이 연구는 이창호, 「이주민 2세대의 고향(home)의 의미와 초국적 정체성: 화교 동창생들의 인터넷 커뮤니티를 중심으로」, ≪한국 문화인류학≫, 45(1)(2012), 5~32쪽에 자세히 소개되어 있다.

때로는 같은 동창 집단 특유의 구별 짓기 문화가 새롭게 형성되어 있어 변화를 추구하는 성원들 간에 논쟁을 불러일으키기도 한다.

이들의 감정과 정서의 맥락은 여느 한국인 중년층과 비슷하면서도 한편으로는 이주민이라는 또 다른 맥락 속에 놓여 있었다. 이 맥락을 따라 나는 국내뿐만 아니라 대만과 중국으로 이주한 동창들을 찾아 종족 귀환 이주(ethnic return migration)[8]에 대해 좀 더 구체적으로 파악해보기로 했다. 대만은 1950년대부터 한국 화교학교 졸업생들에게 대만 내 대학 진학 및 취업 후 호적 등록과 국민신분증 부여를 허용하기 시작하면서 한국 화교들이 선호하는 이주지로 각광을 받기 시작했고, 현재 많은 한국 화교 자녀들이 터전을 잡아 살고 있다. 한편 중국은 냉전 시대의 막이 걷힌 이후인 1992년 한중 수교 이후에야 한국 화교의 방문과 이주가 급증하기 시작했다. 초반에는 헤어진 가족 및 친족과의 상봉이 귀환의 주요한 동기였다. 그러나 시간이 흐르면서 점차 은퇴 이후의 휴양지로, 저임금 노동력을 이용할 수 있다는 경제적 이유 등으로 중국으로 이주하는 한국 화교들이 증가하기 시작했다. 한국 화교들은 정기 여객선이 취항한 중국 산둥성의 웨이하이시(威海市)와 옌타이시(烟台市)를 중심으로 이주했는데 이 지역은 산둥성 출신이 90% 이상인 한국 화교 1세대들의 고향이 주로 위치한 곳이다. 그러나 대만과 중국으로 다시 이주한 한국 화교들은 그 사회에 완전히 동화되기 어려워 갈등을 겪는다. 결국 한국 사회에서의 삶의 경험이 바탕이 되어 거주국에서 '한화(韓華)'라는 독특한 집

---

8 귀환 이주(return migration)란 일반적으로 국외로 이주한 1세대들이 재정착하기 위해 고향으로 돌아오는 것을 뜻하며, 종족 귀환 이주는 1세대의 귀환 이주와 구별해 이후 세대들이 조상의 땅에 다시 돌아오는 것을 의미한다. George Gmelch, "Return Migration," *Annual Review of Anthropology*, 9(1980), p. 136; Takeyuki Tsuda(ed), *Diasporic Homecomings: Ethnic Return Migration in Comparative Perspective*(Stanford University Press, 2009).

단적 정체성이 만들어지기도 한다.[9] 나는 한화 연구를 시작한 김에 미국의 한국 화교 연구로까지 조사를 확대하려 했다. 그러나 연구비가 부족해 직접 현지조사는 하지 못하고 문헌과 인터넷 커뮤니티를 통한 조사에 그치고 말았다. 현지조사를 더 해봐야 알겠지만 미국에 거주하는 한국 출신 화교들 역시 '중국계 미국인(Chinese-American)'이 아닌 '미국 한화(美國韓華)'로 자신의 정체성을 드러내며 한국인 공동체와 긴밀히 연계하고 있었다.

다시 시작된 현지조사는 무작정 한 지역을 찾아가서 오랫동안 현지에 머무는 것이 아니라 10일에서 20일 정도의 기간을 정해 인터뷰 대상자를 찾아가는 형식으로 진행되었다. 이 조사는 현지에서보다도 오히려 한국에서의 준비 작업에 더 시간이 걸렸다. 현지조사를 가기 전에 했던 활동은 문헌을 통해 지역에 대한 정보를 찾고 인터뷰 대상자의 인터넷 커뮤니티 활동에 대해 조사하고, 주변 동창들의 조언을 구하는 등의 작업이었다. 그런데 사전 작업이 완료되었다 할지라도 막상 현지에 가서 인터뷰 대상자를 바로 만날 수 있는 것은 아니었다. 한국에서는 연락이 되었지만 실제 현지조사 때는 인터뷰 대상자가 사업차, 출장차 다른 지역에 가 있는 경우도 많았기 때문이다. 어떤 날은 하루의 약속이 모두 취소되어 인터뷰 대상자를 마냥 기다리기도 했다. 이 경우 느긋하게 인터뷰 대상자가 살고 있는 지역을 관광하듯이 간단하게 관찰했다. 현지조사에서 이와 같은 둘러보기는 할 일이 없어 쉬기 위해 하는 일이 아니라 짧은 현지조사 기간 내에 인터뷰 대상자가 살고 있는 지역적 맥락을 파악하기 위한 중요한 작업이었다.

한국 화교에 대한 다중현지조사를 통해 밝힐 수 있었던 것은 초국가적

---

9 이 연구는 이창호, 「한국화교의 '귀환'이주와 새로운 적응」, ≪한국 문화인류학≫, 45(3)(2012), 153~198쪽에 소개되어 있다.

이주의 형태와 초국가적 이주민의 삶의 방식들 및 정체성의 맥락이었다. 초국가적 이주라는 측면에서 보자면 기원지(모국)와 목적지(이주한 사회)는 더 이상 단절된 기억과 향수의 장소가 아니라, 실천적이며 상상적으로 구성되는 생활세계로 거듭나게 된다(이영민, 2013: 54). 또한 이러한 초국가적 이주를 실행에 옮기는 행위자들을 우리는 초국가적 이주민 혹은 트랜스 이주민(transmigrants)이라고 정의할 수 있는데, 초국가적 이주민(트랜스 이주민)이란 일상의 삶이 국제적 경계를 가로지르는 다양하고 지속적인 상호 연결성에 의해 좌우되며, 자신의 공적 정체성이 한 국가 이상의 관련성 속에서 형성되는 이주민을 뜻한다(Glick-Schiller, Basch and Blanc-Szanton, 1992; Basch, Glick-Schiller and Szanton-Blanc, 1994; Glick-Schiller, Basch and Szanton Blanc, 1995). 이것은 모국과 거주국을 분석의 기본 단위로 삼았던 기존의 고전적 디아스포라 논의를 넘어 이주민을 주체적 행위자로서 파악한다는 것을 뜻하며 단순한 지리적인 이동보다 이주민의 마음과 상상이 어디로 이동을 하는지 파악하는 것이 더 중요하다는 것을 뜻한다.

그런데 이러한 초국가성과 이주성(migrancy)을 진정으로 이해하기 위해서는 하나의 장소를 기반으로 하는 전통적인 현지조사 방법론에서 한 발 더 나아가 공간을 기반으로 하는 새로운 방법론이 필요하다. 다중현지조사 방법은 화교, 차이나타운이라는 하나의 집단과 고정된 장소의 개념을 넘어 내가 궁극적으로 관심을 가지고 있던 이주 및 이주민 연구의 새로운 방향을 깨닫게 해주었다. 이후 나는 중국으로 이주한 재외 한국인, 한국으로 이주한 중국 조선족 및 고려인 연구와 같은 후속 연구들에 이러한 방법론을 적극적으로 활용하기 시작했다.

3. 좌충우돌하면서도 질적 연구를 하는 이유

인천 차이나타운이라는 당시 화교 인구수 500여 명 안팎의 작은 동네에서 시작한 현지조사는 이동하는 화교들을 따라 대만과 중국으로 점차확대되었다. 연구를 거치는 동안 나는 동북아 사회의 이주 및 이주민에대해 새롭게 눈을 뜨기 시작했으며 문화 간 비교를 위해 추가적으로 베트남과 싱가포르 화교에 대한 조사를 다녀오기도 했다.

현지조사 결과를 엮어낸 나의 논문들을 다시 바라보면 조사 대상자들이 타자화된 '그들'로 보이지 않는다. 그 속에서 이들과 함께 나이 들어가는 나의 모습이 겹쳐 보이기 때문이다. 이들의 이동 경로를 따라 다닌 나의 삶과 감정 역시 그 속에 존재하고 있었으며 끊임없이 이동하고 있었다. 결론적으로 현지조사 방법론은 여러 가지이고 기법도 다양하지만, 더욱 근원적인 원칙을 찾아본다면 연구 대상자와 정보 제공자와의 신뢰관계가 아닐까 싶다. 사실 현지조사의 좌충우돌은 대개 이 지점에서 출발한다. 언어도 다르고 문화도 다른 이주민 공동체 내에서 단기간에 현지인에게 신뢰를 얻기란 그리 쉬운 일이 아니기 때문이다. 그러나 이러한 관계 맺음을 통해 만들어진 자료들은 피상적인 설문에 의존한 자료와는 그 질이 엄청나게 다르다. 이주민에 대한 현지조사 및 질적 연구는 이주와 인간의 삶에 대한 깊이 있고 통찰력 있는 이해에 도달하는 길을 항상 새롭게 열어준다. 이것이 내가 좌충우돌하면서도 질적 연구를 계속하고 있는 중요한 이유다.

최근 현지조사의 중요성이 강조되면서 대학에서 현지조사 관련 강의를 자주 하게 된다. 학생들과 현지조사 실습과 토론을 하다 보면 간혹 놀라는 부분이 있는데 학생들이 자신을 이주민과 구분 짓고 마치 자신을 이주민 정책의 입안자처럼 생각한다는 것이다. 정부나 매스컴에서 이주민을 다루는 시선과 별반 다를 바가 없다. 이 학생들에게 강조하고 싶은 말은 무엇보다 현지인들과의 신뢰 관계를 쌓으라는 것과 이주하는 사람들의 삶의 맥락을 따라 이주민의 삶의 감각을 익히라는 것이다. 즉, 조사 대상자를 타자로 상정하는 것이 아니라 조사자와 조사 대상자가 똑같은 이주민이자 내부자임을 깨닫고 자리매김할 수 있는 내부자성(insider-ness)을 획득할 수 있어야 한다는 것이다(Voloder and Kirpitchenko, 2013). 이것은 오늘날 증가하고 있는 초국가적인 현장을 조사하는 데 있어 점차 중요해지고 있는 현지조사의 출발점이자 덕목이라고 할 수 있으며, 현재 우리가 살고 있는 초국가적인 시대의 논리와 삶을 읽어내는 중요한 통로로 기능할 수 있을 것이다.

생각해볼 거리

1 이주민에 대한 연구 논문들을 모아 양적 연구와 질적 연구로 나누어 주제와 서술 방식, 결론 등 각각의 특성이 어떻게 다른지 비교해보자.
2 이주민을 대상으로 현지조사를 시작할 때 빠르게 신뢰 관계를 얻는 방법에는 무엇이 있을지 함께 논의해보자.
3 각자의 현지에서 누가 주요 정보 제공자 혹은 주요 연구 참여자인지 구별하는 방법과 이들을 어떻게 선정하고 인터뷰를 전개할 것인지 함께 논의해보자.
4 현지조사의 결과이자 과정인 민족지가 과연 과학적인 것인지 논의해보자. 과학이란 무엇인가에 대한 기본적 논의에서부터 현실을 재현하고 이론화하는 과정에서 생기는 여러 가지 오류들에 대해서도 비판적으로 토론해보자.

더 읽어볼 거리

1 크레인(Julia Crane)·앙그로시노(Michael Angrosino). 1996.『문화인류학 현지조사 방법: 인간과 문화에 대한 현장 조사는 어떻게 하나?』. 한경구·김성례 옮김. 일조각.
   한국에서 현지조사 방법론에 대한 교재가 없었던 시절에 처음 출간된 번역서다. 현지조사에 대한 가장 기초적이면서 기본적인 부분을 다루고 있다.
2 이용숙 외. 2012.『인류학 민족지 연구 어떻게 할 것인가』. 일조각.
   현지조사 경험이 많은 인류학자들이 기존의 번역서에서 한 발 나아가 한국 실정에 맞는 현장 연구 방법론을 기획하고 집필해, 좀 더 우리 현실에 맞는 방법론을 찾을 수 있도록 구성했다.
3 Falzon, Mak-Anthony(ed.). 2009. *Multi-sited Ethnography: Theory, Praxis and Locality in Contemporary Research*. Farnham: Ashgate Publishing Company.
   기존의 단일 지역에 대한 현지조사 방법론에서 한발 더 나아가 다중현지조사 방법론의 개념과 실제 연구 사례들을 담아내고 있다.

참고문헌

이영민. 2013.「글로벌 시대의 트랜스이주와 장소의 재구성: 문화지리적 연구 관점과 방법의 재정립」.≪문화역사지리≫, 25(1), 47~62쪽.
이용숙 외. 2012.『인류학 민족지 연구 어떻게 할 것인가』. 일조각.
이창호. 2007.「한국 화교(華僑)의 사회적 공간과 장소: 인천 차이나타운을 중심으로」. 한국학중앙연구원 박사 학위 논문.
_____. 2008a.「한국 화교(華僑)의 사회적 지위와 관계의 공간: 인천 화교의 관시(關係)와 후이(會)를 중심으로」.≪비교문화연구≫, 14(1), 75~122쪽.
_____. 2008b.「차이나타운의 재개발과 의미의 경합: 인천지역의 사례를 중심으로」.≪한국 문

화인류학≫, 41(1), 209~248쪽.

_____. 2012a. 「이주민 2세대의 고향(home)의 의미와 초국적 정체성: 화교 동창생들의 인터넷 커뮤니티를 중심으로」. ≪한국 문화인류학≫, 45(1), 5~32쪽.

_____. 2012b. 「한국화교의 '귀환'이주와 새로운 적응」. ≪한국 문화인류학≫, 45(3), 153~198쪽.

정하영. 2014. 「중국의 '관시'문화에 대한 시론」. ≪중국학연구≫, 27, 355~377쪽.

크레인(Julia Crane)·앙그로시노(Michael Angrosino). 1996. 『문화인류학 현지조사 방법: 인간과 문화에 대한 현장 조사는 어떻게 하나?』. 한경구·김성례 옮김. 일조각.

乔健. 2006. 「关系刍议」. 楊国枢 编. 『中国人的心理』. 江苏教育出版社.

Basch, Linda, Nina Glick-Schiller and Cristina Szanton-Blanc. 1994. *Nations Unbound: Transnational Projects and the Deterritorialized Nation-state*. Langhorne, Pa.: Gordon and Breach.

Braga, Adriana Andrade. 2009. "Nethnography: A Naturalistic Approach Towards Online Interaction." In Bernard J. Jansen, Amanda Spink and Isak Taksa(eds.). *Handbook of Research on Web Log Analysis*. Hershey, Pa.: Information Science Reference.

Clifford, James and George E. Marcus(eds.). 1986. *Writing Culture: the Poetics and Politics of Ethnography*. Berkeley: University of California Press.

Falzon, Mak-Anthony. 2009. "Introduction." In Mak-Anthony Falzon(ed.). *Multi-sited Ethnography: Theory, Praxis and Locality in Contemporary Research*. Farnham: Ashgate Publishing Company.

Glick-Schiller, Nina, Linda Basch and Cristina Szanton Blanc. 1992. "Transnationalism: A New Analytic Framework for Understanding Migration." In Nina Glick-Schiller, Linda Basch and Cristina Blanc-Szanton(ed.). *Towards a Transnational Perspective on Migration: Race, Class, Ethnicity, and Nationalism Reconsidered*. New York: New York Academy of Sciences.

_____. 1995. "From Immigrant to Transmigrant: Theorizing Transnational Migration." *Anthropological Quarterly*, 68(1).

Gmelch, George. 1980. "Return Migration." *Annual Review of Anthropology*, 9, pp. 135~159.

Gupta, A. and J. Ferguson(eds). 1997. *Anthropological Locations: Boundaries and Grounds of a Field Science*. Berkeley: University of California Press.

Ignacio, Emily Noelle. 2004. *Building Diaspora: Filipino Cultural Community Formation on the Internet*. New Brunswick, N.J.: Rutgers University Press.

Kozinets, Robert V. 2002. "The Field Behind the Screen: Using Netnography for Marketing Research in Online Communities." *Journal of Marketing Research*, 39, pp. 61~72.

Marcus, George E. 1995. "Ethnography In/of the World System: The Emergence of

제6장 이동하는 현장을 따라서 187

Multi-Sited Ethnography." *Annual Review of Anthropology*, 24, pp. 95~117.

Tsuda, Takeyuki(ed). 2009. *Diasporic Homecomings: Ethnic Return Migration in Comparative Perspective*. Palo Alto: Stanford University Press.

Voloder, Lejla. 2013. "Introduction: Insiderness in Migration and Mobility Research: Conceptual Considerations." In Lejla Voloder and Liudmila Kirpitchenko(eds.). *Insider research on Migration and Mobility: International Perspectives on Researcher Positioning*. Farnham: Ashgate Publishing Company. pp. 1~17.

제7장

치킨으로 펼쳐 본
사람과 사회

정은정

『대한민국 치킨展』 저자, 농촌사회학 연구자

1. 연구자 소개

1977년 충주에서 태어나 이촌 향도의 물결을 따라 1983년 서울 중랑구에서 자랐다. 부모님이 경기도 남양주시 인근에서 시설 재배 농사를 지었기 때문에 농촌 문제에 관심이 있었다기보다는 자연스럽게 접하고 살았다. 잠시 문학을 공부했으나 사회학으로 전공을 바꾸었다. 경북대학교 대학원 사회학과 박사과정을 수료하고 지금은 한신대학교에서 시간강사로 출강하고 있다. 주요 관심 주제는 한국의 농촌 문제를 음식의 세계화와 기업화 문제로 들여다보는 일이며, 농촌 문제를 대중들과 공유하기 위해 정기적으로 칼럼을 기고하고 있다.

나는 질적 연구와 양적 연구의 구분을 명확히 하면서 글을 쓰지는 않는다. 다만 연구와 서술 체계는 더욱 다양해지고 풍부해져야 한다고 여기고 있다. 질적 연구와 양적 연구는 상호 보완의 관계가 아닌 서로의 연구 방법론을 반성하게 만드는 것이다. 질적 연구는 양적 연구의 결과와 방향성에 의존한다. 반대로 양적 연구에서는 필연적으로 기각되는 구간의 문제를 질적 연구에서는 연구의 결과물로 좀 더 정밀한 연구 설계가 가능하다. 학부 때는 통과만 하면 다행이라 여겼던 사회 조사 방법론과 통계학의 학문적 유용성을 대학원에 가서 제대로 배웠다. 다양한 사회학 이론을 배우고, 매번 그 이론에 맞게 글을 써야 하는 것이 대학원의 공부다. 사회 조사 방법론과 고급통계학 수학을 통해 연구의 질문과 연구의 방향성을 잡는 방법을 배웠다. 양적 연구를 통해 이론의 틀 속에서 전개하는 연역적 방식의 질서정연함, 무엇보다 사회적 현상을 숫자의 세계로 명료하게 표현하는 일은 매우 중요하다는 것을 배웠다. 단언컨대 질적 방법 연구를 수행하기 위해서는 양적 연구에 빚질 수밖에 없고 그 반대의 경우도 마찬가지다. 사람과 집단의 이야기를 면밀하게 적는 일은 숫자로 가둘 수 없는 '우연성'을 드러내고 의미화시키는 작업이다. 이는 그 누구도 예외의 존재로 만들지 않겠다는 학문적 지향을 드러낸다.

2011년 대학원을 수료하고 개인 프로젝트로 전국여성농민회총연합 소속 여성 농민들을 취재하고 충남 공주지역의 20여 농가를 인터뷰했다. 농민 한 명의 사연은 그 자체로 한국 농촌·농업 역사의 재구성 과정이었고, 이를 계기로 이들의 이야기를 꼼꼼하게 적는 일을 평생의 소임으로 정하게 되었다. '치킨'이라는 가장 연성화된 테마를 의도적으로 선택해 한국 농업의 글로벌화 문제와 자영업자 문제를 펼쳐 보이고 싶었고 이 글은 당시의 좌충우돌한 여정을 담았다.

2. 나의 질적 연구 좌충우돌기[1]

1) 내가 농촌사회학을 공부한 까닭은?

세상 밖에 내 이름을 걸고 나온 첫 인쇄물인 석사 논문을 쓰면서 나는 스스로를 '농촌사회학' 전공자로 규정지었다. 들춰보기에도 부끄러운 수준이지만 석사 학위 논문은 1960대 미 공보부(USIS)에서 한국 농촌에 대대적으로 배포한 농촌 잡지 ≪새힘≫을 분석한 논문[2]이었다. 1960년대 이승만 정권기에 미 공보부가 한국에 이식하려 했던 미국식 '농촌 만들기' 담론을 어설프게나마 분석하면서 공부의 흐름을 잡아나갈 수 있었다.

이는 사회학 내에서도 세부 전공을 정하는 문제이기도 했고, 연구의 방법론을 결정하는 일이기도 했다. 나는 본래 한국의 농촌·농업·농민(三

---

1   이 장의 내용은 아래 소개된 책의 연구 과정을 바탕으로 작성했다. 정은정, 『대한민국 치킨展: 백숙에서 치킨으로, 한국을 지배한 닭 이야기』(따비, 2014).

2   정은정, 「1960년대 미국의 한국 '농촌 만들기' 담론 전략 ─ 미 공보원(USIS)발간 '농촌 사람들을 위한 잡지 ≪새힘≫' 분석을 중심으로」(경북대학교 사회학과 석사 학위 논문, 2007).

農)에 대한 시공간적 관심이 있어왔다. 특별한 계기가 있었다기보다는 농사를 짓는 부모님 밑에서 자랐기 때문에 농촌 정서에 익숙했고, 한국 농촌의 쓸쓸한 소멸을 생활의 문제로 받아들이며 성장했기 때문이다. 결정적으로 20대에 어머니의 죽음을 맞닥뜨리면서 본격적으로 공부의 길로 들어섰다. 어머니의 삶은 이중 질곡에 놓인 삶이었다. 세계화된 농업 체제 속에서 가장 약한 존재인 한국 농민인 동시에 가부장 체제의 여성이자 농민이었다는 점에서 그랬다. 나의 어머니는 단수로서의 '정은정' 개인의 어머니이기도 했지만, 이 나라의 농촌에서 농사짓고 살림하고 자식 건사를 하는 복수로서의 '어머니들'이기도 했다. 나는 처음부터 거창한 사회학적 고민을 하면서 이 길에 들어선 것은 아니었다. 다만 내 주변만 해도 어머니를 비롯한 숙모와 이모들이 '여성 농민'의 이름으로, 하필이면 '한국에' 살아가고 있었고, 나는 오래도록 그들의 삶을 지켜봐왔다. 그리고 이를 적어두기로 했을 뿐이다.

문학을 공부하던 나는 농사를 짓다 돌아가신 어머니를 보면서, 문학에서 사회학으로 급하게 항로를 변경했다. 그때의 철없던 심정으로는 문학의 허약함을 참을 수 없었기 때문이었다(지금은 어설픈 논문보다는 소설이 세상을 바꾸는 데 더 큰 역할을 한다고 생각하지만). 어머니의 죽음은 개인의 죽음인가, 아니면 사회적 죽음인가. 이 질문을 상중(喪中)에 끊임없이 던졌다. 그러던 중 모든 사적인 것은 사회적인 것이고, 모든 개인의 죽음은 역사의 흐름 속에 있다는 사회학의 정언에 가닿는 계기를 느닷없이 맞이했다. 어머니의 육신을 갉아먹은 요인들에 대한 나름의 분석을 하면서 이 죽음을 규명하고 싶었다. 이 죽음을 복기하면서 그때야 부모님의 사적 문제가 사실은 척박한 한국 농업 문제의 연장선이라는 확신이 들게 된 것이다. 그저 대학 신입생 때 농활 교육용 자료집에서나 봤을 법한 이야기가 좀 더 서늘하게 다가왔다. 나는 이 분노를 체계적으로 기술할 수 있는 학문으로 '사회학'을 선택했다. 20대였던 내가 받아들인, 그리고 여전히 사랑하는 사회학이란 학문은 가장 낮은 곳으로 임하는 학문이자 세계의 바닥으로 향해가는 연민의 학문이라 믿기 때문이다. 내게 있어 '나의 가장 나종 지니인 것'[3]과 연민의 현장은 농촌과 농민이었다.

2) '연구자'라는 흔들리는 이름 위에서

"저 박사 아닙니다." 이렇게 해명을 하는 일이 종종 있다. 강의 주최 측이 강사인 나를 소개할 때 '정은정 박사'라고 하거나 가끔 하는 언론 인터뷰에서 아직 따지도 못한 '박사' 신분으로 나를 호명할 때의 민망함은 여전하다. 그때마다 그냥 『대한민국 치킨展: 백숙에서 치킨으로, 한국을 지배한 닭 이야기』(이하 『대한민국 치킨展』)의 저자라고 덧붙이거나 '농촌사회학 연구자' 정도로 불러달라 부탁을 하곤 한다. '농촌사회학자'라는 말까지는 이제 해명하는 데 지쳐서 그냥 두기로 했다. '작가'라는 호명도 부담스럽기는 마찬가지다. 겨우 단행본 한 권을 세상 밖에 내어놓은 사람한테는 이 호칭도 무척이나 부담스럽고 무겁기 때문이다.

그렇다면 연구자라는 말은 합당한가? 소속된 연구 집단도 없고, 그저 몇 학기를 채우면 또 새로운 학교의 시간강사로 떠도는 처지에 말이다. 무엇보다 구체적인 연구 프로젝트의 성과물인 박사 논문을 아직 내어놓지 않는 사람이다. 이런 상황에서 '연구자'라는 말을 가져다 쓰는 일은 온당한지 아닌지, 이런 질문 앞에 여전히 서성대는 중이다. 하지만 사회학의 연구 방법론은 다양하고, 연구에 서사를 입히고 논의를 확장하는 방법도 여러 가지라고 생각한다. 나는 그 가운데 '대중서'라는 미디어를 선택했고 언론에 정기적으로 글을 기고하는 칼럼니스트의 길을 택하면서

---

3 박완서 단편소설 「나의 가장 나종 지니인 것」에서 따온 제목이다. 박완서, 『나의 가장 나종 지니인 것』(문학동네, 2006).

어느 정도 나의 색을 가지게 되었다고도 할 수 있을 것이다. 그럼에도 명확한 위치를 갖지 못하고 여전히 '연구자'라는 흔들리는 이름 위에 위태롭게 기대고 있다는 감각이 내게는 더 크게 다가온다.

3) 치킨이 내게로 왔다: 치킨을 주제로 선택한 이유

왜 치킨이었을까? 『대한민국 치킨展』은 2014년 7월에 출간되었으나 기획단계는 2011년으로 거슬러 올라간다. 2011년 당시, 박사과정을 마치고 아직 조무래기인 아이 둘을 키우느라 소진 상태였다. 와중에 학위 논문에 대한 고민까지 겹쳐 갈등을 하고 있었다. '한국 농민 운동사'를 학위 논문 주제로 염두에 두고는 있었지만 막상 착수하는 데는 엄두가 나질 않았다. 다만 연구자의 직위를 얻기 위해 내가 해야 할 과정들을 상기하고, 박사 학위 문제를 고민하고, 연구 집단 소속 등에 대한 갈망과 회의를 동시에 느끼며 시간이 흐르고 있었다. 치기 어려웠지만 그때 내가 품은 회의는 농촌사회학 영역에서 생산되는 논문과 저작들을 정작 농촌의 핵심 주체인 농민이나 농촌 주민이 읽을 수도 없다는 것과 논문 속 언어가 현실에 적용할 수 있는 언어의 세계가 아니라는 점에 관한 것이었다. 연구자들은 농촌과 농민을 대상으로 연구하지만 막상 그 결과물인 저작에는 접근하기도 어렵다. 나도 비슷한 처지이긴 하다. 학교 밖을 벗어나면 도서관 접근과 논문을 열람할 수 있는 자격이 박탈된다. 그건 또 나름 서러운 일이고 현실적인 제약이어서 시간강사라는 약한 지위라도 유지하는 현실적인 이유가 있다. 다만 학술 언어에 휩싸인 말의 세계가 농업 생산 주체들에게 닿을 수 있을지에 대한 회의감은 끝없이 나를 혼란스럽게 했다.

박사과정 수료를 하고 국립대학교에서 희미하게 유지되고 있는 농업경제학과에 '농촌사회론' 전공 선택 과목의 시간강사로 나서면서 새로운 고민이 던져졌다. 고민이었다기보다는 일종의 갈급이었다. 농업경제학과지만 학생들은 그 이름에서 '농업'이란 말은 제거해버리고 싶어 했다. 그저 '경제학과'이기만을 바랐다. 학교도 사정은 비슷했다. 그나마 몇몇 국립대를 빼고는 학과 이름에서마저도 환경, 자원, 식품, 산업, 응용 등의 이름을 적당히 버무려서 '농업'이란 말을 희석하려 애썼다. 이는 한국 사회가 갖는 농촌·농업의 취약한 위치가 그대로 드러나는 일이었다. 돈 되는 학문, 자본을 끌어들여올 수 있는 연구가 아니라면 가차 없이 통폐합의 운명을 맞이해야 했다(사회학과도 그런 면에서 비슷한 운명이다). 그러다 보니 (강사인 나의 실력 부족이 제일 큰 문제였겠지만) 전반적으로 수업에 탄력이 붙지 않았다. 그럼에도 나는 가르치는 일에 대한 열망이 있었다. 적어도 내가 맡은 과목만큼은 들을 만한 수업으로 만들고 싶었다.

그래서 어렵다면 어려운, '안물, 안궁'[4]의 농촌·농업·농민, 이 삼농의 문제를 사유하기 위해서 '음식'이란 주제를 선택했다. 누구에게나 가장 친숙한 일상의 소재인 음식을 거점으로 삼아 귀납적 방식으로 설명해 들어가는 것이 농촌 문제를 효율적으로 확장할 수 있겠다는 결론에 닿아서였다. 어찌 됐든 사람은 먹어야 하는 존재이고 먹는 이야기만큼 재밌는 일도 없으니까. 그렇게 치킨은 내게로 왔다. 대학생들뿐만이 아니라 온 세대를 관통하는 음식을 꼽으라면 단연 '치킨'이다. 또 2000년대 초반부터 한국에 불기 시작한 미식 열풍과 스타 셰프의 탄생, 푸드 쇼(먹방)의 열풍은 사회를 읽는 중요한 키워드로 등장했다. 유럽이나 미국 사회학 내에서는 이미 '음식사회학'이란 분과 학문이 자리를 잡은 지 오래되었고, 인접 학문으로 가장 각광받는 영역이기도 하다. 한국에서도 가능성은 충분했다. 지금도 음식과 관련한 콘텐츠가 가장 활발하게 생산되고 소비되는 시대다. 물론 소비코드와 맞물려서 과하게 자본화되긴 하지만

---

4 '안 물어보고 안 궁금하다'의 줄임말을 뜻하는 시쳇말이다.

그것 또한 연구자들에겐 연구 대상임에 틀림없다.

그래서 '대한민국 치킨展'이란 책 제목은 농촌사회학을 공부하고 있는 내가 음식의 범주 안에서도 가장 대중적인 음식, '치킨'이란 콘텐츠를 통해 한국 사회가 어떻게 먹어왔고, 어떻게 먹고살고 있고, 또 살아가는지를 펼쳐 보인단 뜻에서 말씀 전(傳)이 아닌 펼 전(展)을 쓰게 되었다. 이는 농(農)의 영역을 포함한 문제이기도 하고 넘어서려는 시도이기도 했다. 농의 풍경만이 아니라 한국 사회학 전공자로서 한국 사회의 민낯을 펼쳐 보려던 도전이었다.

4) 치킨으로 한국 농업을 적다: 다만 읽고 또 읽을 뿐

모든 연구의 첫 출발은 문헌 연구일 것이고 질적 연구라 해서 다르지 않을 것이다. 실제로 『대한민국 치킨展』이 출간되기까지 총 3년의 시간이 걸렸다. 그 3년 중에서 사실 1년은 '이걸 왜 한다고 했을까' 하는 후회로 보낸 시간이었다. 당시 아이들은 아직 어려 잔손이 많이 가는 시기였다. 육아 문제로 좌절을 겪던 여성 연구자 선배들의 모습이 떠올랐다. 나도 마찬가지였다. 뚜렷한 협력자를 구할 수 없어서 연구의 맥은 뚝뚝 끊겼다. 무엇보다 취재와 인터뷰를 하자면 아이들 문제를 해결해야 했지만 그 문제를 돌파할 방법이 없었다. 그 상황에서 가능한 연구 방식은 방대한 자료를 모으고 읽고 정리하는 일뿐이었다.

질적 연구와 관련한 기초적인 논문은 물론이고 농업, 축산업, 사료 산업, 그중에서도 양계업과 관련한 자료를 축적해나갔다. 돌이켜보면 대학원 수업이 가장 큰 도움을 준 것은 수업의 내용을 넘어선 방식, 즉 훈련 방식이었을 것이다. 그래서 이 글을 후배들이 읽는다는 전제로 한마디 덧붙이자면, 나처럼 학계가 아닌 저자의 삶 혹은 프리랜서 작가의 삶을 선택하더라도 대학원에서 익힌 훈련을 매우 알차게 수행하기를 권한다.

특히 대중서를 쓰는 작가들에게 학술 논문의 가치란 사용하는 언어와 이론의 정밀성의 밑바탕이 될 수 있기 때문이다(비록 저자의 정밀한 이론이 책에 직접적으로 드러나진 않더라도 전반적인 문체에서 직간접적으로 드러날 수 있기 때문이다). 어쩌면 대학원 과정을 마치는 것은 논문을 쓸 수 있는 자격을 획득하는 일이기도 하지만 무엇보다 연구자에게는 논문을 읽을 수 있는 자격을 얻는 것이 훨씬 더 중요하다. 이 글에서 나는 나 자신을 '질적 방법 연구자'로 규정짓기는 했지만 내게 질적 연구냐 양적 연구냐 는 구분은 사실 무의미하다. 대학원 수업에서 인구학과 통계학을 전공한 원로 교수님께 배웠던 사회 조사 방법론과 통계학 수업은 사회'과학'을 한다는 자세에 대한 훈련이었다. 이론을 갖고 연역적 방법으로 자신이 연구하고자 하는 연구 주제를 사고하고 구성해야 한다는 가르침은 지금도 늘 새기고 있다. 흔들리지 않는 글을 쓴다는 것은 이론의 틀 안에서 자신의 글을 써내야 하는 것을 의미했다. 그것이 질적 연구 방법론을 공부하는 우리에게 요구되는 자세라고 생각한다.

앞서 적었듯이 내 석사 논문의 시간적 배경은 1950년대 말에서 1960년대 초반이었고 공간은 농촌이었다. 주요 분석 텍스트는 《새힘》이라는 잡지였다. 자세히는 삼백산업(밀가루, 설탕, 면화)으로 상징되던 원조의 정치경제가 작동되던 시기, 대미 원조를 통해 한국의 농촌 공간이 어떻게 해체되는지를 다루려고 했었다(시도만 했다는 뜻에 가깝다). 미국화(americanization)는 물질적·정신적 차원에서 진행된다는 점을 '식민지 근대성' 논의를 빌려 설명하려 했다. 근대화에 대한 강력한 열망이 개인에게 어떻게 내면화되는지, 또 자신을 타자화시키는 과정(식민화)에 얼마나 큰 작용을 하는지를 어설프게 분석한 내용이다. 당시 농민들은 자신을 부끄럽고 부족한 존재로 위치 지었고, 농촌은 전근대성의 상징 공간으로 상정되고 있었다.

석사 논문에서 다룬 내용의 배경 시기인 1950년대 말에서 1960년대 초반은 한국전쟁의 상흔이 채 가시지 않았던 시대이자 미국과 소련의 냉전 시대였다. 남한이 처한 지정학적 문제에 따라서 한국은 미공법(PL480)[5]에 따라 원조를 가장 많이 받은 국가 중 하나였다. 가장 대표적인 원조 물자는 단연 밀가루다. 원조된 밀가루로 본격적인 분식 시대가 열렸을 뿐만 아니라, 삼백의 원료를 독점적으로 장악할 수 있었던 기업들은 한국 재벌의 근간이 되었다. 1961년 당시, 한국의 국민총생산(GNP)은 고작 81달러로, 극빈국에 속했다.

음식사회학 영역에서는 소득별 식단의 구조를 살피는 것이 가장 기본적인 접근 방법이다. 그 기초조사의 토대는 식품영양학이기는 하지만 이를 사회적 맥락에서 해석하는 것이 음식사회학의 접근 방법이다. 인간이 칼로리를 가장 효율적으로 채울 수 있는 영양소는 탄수화물이다. 1950년대 말에서 1960년대는 탄수화물 문제가 가장 절실하던 시대였고, 이는 식민지를 겪고 전쟁을 치른 모든 국가가 처한 공통의 현실이었다. 한반도는 늘 쌀이 부족했다. 유일한 농수출품도 쌀과 사과 정도였다. 따라서 모든 농업 정책은 쌀 증산에 맞춰져 있었다. 쌀은 감히 먹을 수도, 먹어서도 안 되는 물자였다. 반면 국시(國是)는 반공과 공업화였고 공업화의 근간은 저렴한 농촌 노동력이었다. 농촌으로부터 노동력을 싸게 공수할 수 있었던 것은 저곡가 정책에 힘입은 바였다. 저곡가 정책은 농민들을 두 가지 차원에서 대도시로 밀어냈다. 농사를 지어도 생계가 불가능한 상태를 만들었기 때문에 농민들은 공업 도시로 나와야 했다. 그리고 대도시 노동자의 저임금을 받쳐주는 것도 저곡가 정책이었다. 낮은 임금으로 제대로 채울 수 없는 허기는 싸게 들여오는 밀가루로 메우면서 말이다.

1960년대 밀가루로 시급한 탄수화물 문제는 해결했지만 국민의 영양

---

5 미국의 '농업수출진흥 및 원조법(Agricultural Trade Development and Assistance Act)'의 약칭. 1954년 제정된 일종의 원조법. 이 규정에 따라 잉여농산물 원조를 각국에 제공했다. 잉여농산물인 밀이 가장 대표적인 원조 물품이었다.

개선에 필수적인 것은 단백질이었다. 하지만 축산업의 근간인 사료 산업의 기반이 거의 없었다. 당시의 축산 수준은 농가에서 계란을 얻기 위해 닭을 몇 마리 놓아 기른 정도였을 뿐이다. 인간과 먹이가 겹치는 돼지는 충분히 키울 수 없었다. 그래서 돼지도 농가에서 부업 차원으로 10여 마리 내외를 기를 정도였다. 축우의 현실은 더욱 열악했다. 소는 역축(役畜)으로 '일소'의 의미가 강했고, 명절이 아니면 먹어볼 일이 드문 고기가 쇠고기였다.

한국이 밀가루 원조를 받았다는 사실은 잘 알려져 있다. 하지만 '사료'도 원조의 정치경제학의 동학 속에 들어가 있었다는 것은 많이 알려져 있지 않다. 하지만 세계 축산업의 역사, 특히 미국의 현대 축산업은 전 세계 축산업의 모델로 기능해왔다. 1960년대 초반 이미 우리의 귀에 익숙한 초국적 곡물 기업인 '카길(Cargill)'과 '랄스톤 퓨리나(Ralston Purina)', 일본의 '미쓰이 물산(三井物産株式會社)'이 한국에 차관 형태로 진출한다. 사료의 원료인 콩과 옥수수 등의 곡물은 물론 기술 이전과 사료 공장의 건설 등에 진출했다. 여기에서 살펴볼 문제는 '애그리비즈니스(agribusiness)'[6] 영역은 처음부터 세계화 경향을 띤다는 점이다. 게다가 삼백 원료처럼 사료 원료(콩과 옥수수)의 가공과 유통권을 누가 쥐느냐에 따라서 한 국가의 축산업 독점화 경향과 음식의 육식화 경향이 만들어지기 때문에 나는 이를 현상으로서의 '치킨'에 주목하고 점검해나갔다.

글로벌 푸드 시스템, 즉 세계 식량 체제라는 말은 한국의 농업과 먹거리 문제가 국내 농업의 분석만으로는 불가능하다는 것을 뜻한다. 일제강점기부터 한국은 이미 글로벌 푸드 시스템에 편입되기 시작했다가 한국전쟁을 정점으로 글로벌 애그리비즈니스의 현장이 되었다. 나는 이 현상

---

6 애그리비즈니스는 농업을 뜻하는 'agriculture'와 산업 영역을 뜻하는 'business'의 합성어로 농업 관련 산업을 일컫기도 하지만 점점 더 기업에 포섭되고 비즈니스의 경향을 띠는 농업의 현실을 드러내는 말이기도 하다.

을 규명하기 위해 치킨에 주목했다. 현대 축산의 원형은 양계업이다. 양계로 성공하고 나면 그다음은 돼지나 소의 대가축 산업의 순서로 대형화되고 현대화된다. 또한 양계업은 미국에서 농업이 어떻게 거대한 비즈니스를 형성하고 기업화될 수 있었는지 그 사례의 전형을 보여준다. 사료와 축종만 들어오는 것이 아니다. 비즈니스의 프로세스 전반이 이식되는 과정이 더욱 중요한 문제이고 입맛의 격변이 더욱 큰 문제다.

닭을 기르는 양계업의 경우 기업을 중심으로 한 수직계열화의 모델을 처음부터 지향해왔다. 그 결과가 지금 10조 원의 자산 규모를 가진 '하림'이라는 신생 재벌의 탄생이다. 고작 치킨이 만든 세상이다. 한국의 재벌 형성의 연원인 원조의 정치경제학에 닿는다면 '하림'이라는 신생 재벌의 탄생은 글로벌 푸드 시스템에 편입된 한국의 농업과 기업화된(비즈니스 영역이 된) 먹거리 구조를 드러낼 수 있는 소재다. 이런 이야기를 강의에서 혹은 논문에서 기술했다면 어땠을까? 나는 학생들에게 이 묵직한 농업의 세계화 현상과 한국 농촌의 문제를 일상적으로 먹고 즐기는 '치킨'으로, 오로지 치킨 한 마리로 설명을 하려 했다.

그래서 이 책에서는 처음부터 고등학생 정도면 이해할 수 있는 문장을 선택했다. 비장해지지 않으려 했다. 이유는 간단하다. 독자들이 끝까지 좋은 가독성으로 따라와 주길 바라서다. 가능한 한 각주도 달지 않았다. 자료를 읽고 소화한 대로 내 문장 속에서 자연스럽게 이론을 드러내려는 시도였는데, 한동안 소위 '논문체' 글이 아니라 조지 오웰의 『위건 부두로 가는 길』을 위시한 여러 르포르타주에 매료되었기 때문이다. 여러 가지 글쓰기 실험을 해볼 수 있다는 점에서도 학위 논문이 아닌 대중서를 써보고 싶었다. 결론적으로 어떤 연구든 집필이든 결국 읽고 또 읽고, 적고 정리하는 일이 작업의 8할 이상을 차지한다는 점을 깨달았다. 비록 '치킨'이라는 테마로 귀납적 방식의 서술 체계를 택했지만, 머릿속으로는 이론이라는 방주에 의지해야 하는 것이다. 손은 귀납적이더라도 뇌는 연역적일 것. 이는 지금도 신문에 짧은 칼럼을 쓰면서 늘 염두에 두는 글쓰기 원칙이다.

5) 치킨으로 사회를 만나다: 치킨은 누구인가

한때는 인생 막장이란 말이 유행이었다. '막장 탄다'라는 말은 사전적 의미로는 광산의 광부가 된다는 의미지만 본뜻은 사람이 밑바닥까지 떨어졌다는 뜻이다. 그런데 요즘에는 이 막장을 대체하는 말이 바로 '치킨집'이다. 고등학교 학생들 사이에서 문과든 이과든 결국 치킨집을 차리게 되어 있다거나, 내신 1, 2, 3등급은 치킨을 시켜 먹고 4, 5, 6등급은 치킨을 튀기고 7, 8, 9등급은 치킨을 배달한다며 공부를 해야 한다는 말까지 유행이었다. 이를 '치킨 계급표'라 부른다. 이는 한국의 자영업, 그중에서도 외식업의 현실이 얼마나 혹독한지를 청소년들도 잘 인지하고 있다는 뜻이다.

농촌사회학을 공부하는 내가 외식업, 특히 음식 자영업에 관심을 가진 이유는 여기에 있다. 1960년대까지 한국의 인구 구조에서는 60% 이상이 농업 인구였다. 지금은 농업 인구, 즉 농민이 257만 명으로 총 인구의 5% 비율이다. 그중에서도 65세 이상의 고령 인구가 40% 이상을 차지한다. 반면 자영업자는 650여만 명. 2016년 통계로 전체 자영업자 수는 557만 명이지만 통상 650만 명에서 700만 명까지도 본다. 이러한 자영업자의 가계 대출 규모가 520조 원에 이른다는 조사 결과가 2016년에 나왔다. 소득은 줄어드는데 빚은 빨리 늘어나는 소득 구조가 고착된 상태임을 알 수 있다. 그런데 이 중에서도 외식업은 전체 자영업에서 약 10%의 비중을 차지하고, 노점을 포함한 겸업 형태까지 포함한다면 20% 정도를 차지한다. 수치로는 한국에 65만 개의 외식 업체가 있다. 190만 명 정도가 외식업에 종사한다고는 하지만 부부 창업이나 동료 창업, 그리고 고용 인력까지 추산해서 본다면 500만 명 이상이 외식업에 매달려 있다. 인구 1000명당 식당이 한 개라는 통계는 이렇게 가능해지는 것이다.

그래서 이런 질문에 닿았다. 먹는장사는 이렇게 발에 차일 정도로 많은데 왜 먹는 일의 근간인 농업은 붕괴했을까? 그리고 그 많던 농민들은 다 어디로 갔을까? OECD 국가에서 두 번째로 식당이 많은 한국에서 가장 척박한 직업이 외식 자영업자와 농민이라는 점은 규명할 필요가 있다. '공업화 위주의 경제 정책으로 이촌 향도의 물결을 따라 농촌은 비어 가고 도시는 팽창한다'라는 설명은 초·중·고등학교 사회 교과서에 나오는, 한국의 인구 구조와 인구 이동에 대한 기본 내용이다. 사회학의 기본은 인구의 규모와 흐름을 살피는 것인데 이렇듯 당연하게 받아들여지는 말을 어떻게 규명하고 해석할 것인가? 그래서 나는 닭을 기르는 농민과 그 닭을 튀기는 자영업자들의 삶을 들여다보기로 했다.

1984년 김선영이 쓴 이화여대 석사 논문 「도시 소규모 경제활동에 관한 연구」에서는 당시 도시의 포장마차 주인들 다수가 농촌 이주자였다는 연구 결과를 보여준다. 더불어 젠더 측면에서는 단연 밥 하는 기술밖에 없는 것으로 저평가된 여성들이 포장마차 장사를 하고 있었다는 사실도 밝히고 있다. 팽창하는 노점상(포장마차)은 이농 현상의 문제가 도시화된 형태다. 자본과 기술이 부족하면 어쩔 수 없이 노점에 나서 식료품 행상을 하거나 음식을 만들어 팔게 되기 때문이다. 밑천 없이 나설 수 있는 장사가 '먹는장사'이기 때문이다. 현재 자영업의 과도한 팽창의 연원은 여기에 닿는다. 제대로 된 일자리가 부족한 한국은 사람을 쥐어짜 이루어낸 발전 국가였고 그 대상은 농민이었다. 즉, 비대한 자영업 시장은 농촌을 갉아 먹으면서 이룬 결과다. 식민지와 전쟁을 겪은 나라가 이만큼의 경제 발전을 이루어낸 것은 대단한 일이긴 하지만 우리는 결국 분배에는 실패했다. 좋은 일자리의 부족은 만성적인 현상으로 자리 잡았고, 농촌을 떠나온 농민의 손자손녀 세대인 지금의 청년들까지도 저마다 창업에 뛰어든다. 근래 청년 세대들에게 많은 관심을 끄는 분야는 '푸드 트럭 창업' 분야다. 이를 부추기는 언론도 문제지만, 청년들에게도 당장 밥벌이 문제가 매우 절실한 상태다. 청년 세대가 창업을 결정하면 다수가 외식업에 뛰어든다. 특히, '푸드 트럭'이 상징하는 낮은 기술, 긴 노동 시간, 값싼 식재료로 버무린 저가의 음식 시장에 진출하는 경우가 많다. 질 좋은 국내산 신선 식재료로 음식을 만들면 이윤이 창출되지 않기 때문이다. 그래서 한국의 외식업 구조에서는 가장 싼 식재료(글로벌 단계에서 오가는)를 가져다가 자신의 노동력을 스스로 착취해 값싸게 팔아야만 이윤의 구조가 짜인다. 미국계 대형 할인점인 '코스트코'가 없으면 자영업이 무너진다는 말은 여기에서 나오는 것이다. 한국에서 음식업을 하려면 제 나라의 농촌과 농업을 버려야만 한다. 과도한 외식 문화 속에서 정작 기초 식재료를 생산하는 농민의 사정은 나아지지 않는 까닭이다.[7] 농촌의 자식들이 농촌을 버려야만 지금의 업을 그나마 지킬 수 있다.

6) 치킨집은 많아도 치킨집 사장님 만나기는 어렵다

한국에는 공식 통계로는 3만 6000여 곳의 치킨집이 있다. 하지만 치킨집의 범주를 어디까지 볼 것인가. 나는 길거리에서 파는 닭꼬치나 장작구이, 그리고 술집에서 안주로 내어 파는 치킨도 치킨집의 범주로 포함하는 것이 맞다. 보통 술집에서 파는 치킨은 반제품의 형태로 기름에 넣

7 2014년 보건복지부와 질병관리본부가 조사한 국민건강통계를 보면 한국인의 외식 비율(하루에 한 번 이상 외식을 하는 비율)은 30%를 넘는다. 하지만 이 조사는 단순히 음식을 사 먹는 것만을 기준으로 삼았고, 식사 행위가 집에서 이루어지더라도 식사 내용이 '매식'의 범위에 들어가는 경우가 많기 때문에 실제로 50%로 봐도 무방할 것이다. 예를 들어 라면이나 편의식을 사와서 집에서 간단히 조리해 먹는 경우 응답자들이 집에서 먹었다고 판단을 내릴 가능성이 있기 때문이다.

고 튀기기만 하면 되는 치킨 요리로, '텐더 치킨'이나 '너깃' 형태로 대형 식재료상에서 구매 가능한 치킨이다. 이에 따라 내가 역산한 결과 한국의 치킨집은 최소 4만 곳이 넘는다. 이 책을 준비할 때 주변에서 많이 들었던 말은 한국에는 한 집 건너 한 집이 치킨집이므로 치킨집 사장님 인터뷰는 당연히 쉽게 할 수 있을 것이란 말이었다. 하지만 『대한민국 치킨展』 집필 당시, 핵심 취재원이어야 하는 치킨집 점주와 육계계열화의 사육 주체, 즉 닭을 기르는 육계 생산자 인터뷰를 하기가 가장 어려웠다. 점주들은 지쳐 있었고, 본사의 눈치를 보아야 했기 때문이다. 육계 농가도 마찬가지였다. 특히 사육 농가에서는 '하림' 본사를 두려워했다.

사실 나는 연구 방법론을 규정지어놓고 작업에 착수하지는 않았다. 그래서 질적 연구를 하겠다는 생각을 해본 적도 없었다. 오로지 책을 하나 쓰겠다는 목표로 온갖 방법은 다 써본 셈이다. 기초 취재로 치킨집 사장님들의 일상 구조를 알기 위해 생각보다 긴 공력이 들어야 했다. 네이버와 다음 같은 포털 사이트에는 치킨집 창업과 관련한 인터넷 카페가 많다. 서로 정보도 공유하고 때로는 필요 물품을 공동 구매하는 창구의 역할을 하기도 한다. 점포 거래가 이루어지는 일도 있고, 무엇보다 답답한 마음을 서로 나눈다. 종종 세미나를 열어 신메뉴 개발에 서로의 아이디어를 보태기도 한다. 또 독특한 치킨으로 인기를 끌고 있는 치킨집에 함께 방문을 하기도 한다. 말 그대로 치킨 한 마리를 더 팔기 위한 고군분투의 현장인 것이다. 나는 이런 인터넷 카페에 가입해서 1년 정도 꾸준히, 올라오는 글을 지속적으로 읽었다. 왜 1년씩이나 걸렸는가 하면 나는 치킨집 창업 당사자가 아니기 때문에 핵심 정보, 예를 들면 염지[8] 비

8 염지란 원재료에 소금 간을 한다는 뜻이다. 특히 치킨에서는 닭의 염지 작업이 매우 중요한데 염지에 따라 치킨 맛에 큰 차이가 있다. 염지는 간을 하는 과정이기도 하지만 닭 특유의 비린내를 제거하는 일이기도 하다. 소금이나 향신료만으로는 사실상 효율적인 염지가 어렵기 때문에 다양한 염지제가 출시되어 있고 이를 어떻게 조합해서 사용하느냐에 따라서 치킨의 맛

법이나 공동 구매 참여, 핵심 유통정보 등의 '꿀 정보'에 접근하는 데 한계가 있었기 때문이다. 철저한 등급제로 운영하는 다음이나 네이버의 대표적인 치킨집 점주 카페는 그 회원 수가 2~3만 명은 훌쩍 넘을 정도로 규모가 있다. 그러던 중, 한 인터넷 카페에서는 이실직고를 했다. 치킨집 창업이 아니라 책을 집필할 목적으로 가입했다는 것을 밝힌 것이다. 하지만 그러든가 말든가 식의 무관심으로 응대를 받았다. 그럼에도 나는 이 상황을 밝혀야 하는 것이 맞다고 여겼다. 이 정도를 두고 굳이 연구자 윤리까지 들먹일 수 있을지는 모르겠지만 적어도 타인의 생존을 소비하고 싶지 않아서였다.

취재원 확보 차원에서 단골 치킨집을 만들려 동네 치킨집에 열심히 드나들었지만 점주가 채 1년을 못 버티고 전업을 하는 바람에 취재원을 놓치게 된 일도 있었다. 단골손님의 관계를 겨우 맺더라도 치킨집 사장님 인터뷰는 쉬운 일이 아니었다. 점주들은 지쳐 있고, 또 경계를 풀기가 어려웠다. 책에는 모처의 멕시카나 점주의 인터뷰를 실었는데, '멕시카나'는 'BBQ' 다음으로 악명이 높은 프랜차이즈 치킨 본사 중에 하나이기도 하다. 당시에도 본사와 가맹점주 간 여러 갈등이 있었고 몇몇 가맹점주는 본사가 제기한 소송에 휘말려 있는 상황이었다. 멕시카나 본사는 도저히 불가능한 주문을 가맹점주들에게 강요를 하는 곳으로 유명했다. 예를 들어 '한 달에 1만 수 팔기' 같은 판촉 활동을 강행하거나(전체 치킨집의 하루 판매량은 평일 판매량 30수에서 50수 사이다), 이벤트 쿠폰을 남발하라고 부추기고 서비스를 많이 주라는 등의 불가능한 주문을 점주들에게 떠넘기곤 했다. 다른 치킨 프랜차이즈 본사도 이런 갑질을 종종 벌이긴 하지만, BBQ와 멕시카나는 그 정도가 좀 심한 편이었다. 그런데 이상한

이 달라진다. 프랜차이즈 치킨집의 경우 본사에서 염지 상태의 닭을 파우치 형태로 공급하기 때문에 따로 염지법을 배우지는 않는다.

건 그럼에도 치킨집 사장님들은 항의보다는 순응을 택한다는 것이다. 이는 점주들이 갖는 위치성이 매우 애매하고 위험하기 때문이었다.

자영업자란 'an independent businessman'으로 독립적으로 자신의 비즈니스를 실행하는 사람이기도 하고, 'a self employed person'으로 자신을 스스로 고용한 사람, 즉 자신의 봉급을 스스로 만들어내는 노동자이기도 하다. 사장님이기도 하고 노동자이기도 한 이 애매한 위치성은 그들의 정체성에 엄청난 혼란을 준다. 본사에 매달려야 한다는 점에서는 노동자이지만 자신의 작업 현장은 엄연히 자기 소유의 가게이므로 어찌 됐든 본인이 열심히만 하면 된다는 단순한 결론을 내리기도 한다. 프랜차이즈 본사에서는 본사와의 분쟁을 겪는 타 점주들을 노력이 부족하거나 본래 불평불만이 많은 스타일로 규정하곤 한다. 하지만 군말 없이 장사에 매진을 하는 점주들이 가만히 있는 현실적인 이유는 이미 시설 투자가 되어 있고 지불한 권리금의 문제가 있기 때문에 치킨 튀기기를 멈출 수 없어서다.

이 혼란과 갈등의 틈새를 잘 활용하는 것은 한국의 프랜차이즈 산업이다. 치킨 프랜차이즈뿐만 아니라 대체로 한국의 프랜차이즈 산업이 갖는 특징이다. 근래 갑질 논란에 수많은 프랜차이즈 본사가 입길에 오르락내리락하는 것은 한국 프랜차이즈 산업의 중심이 외식산업이기 때문에 눈에 더 많이 뜨인 것이다. 본사 오너들은 자기들이 개인 장사에서 출발해 굴지의 회사 오너가 된 경험을 과잉 확대해석하곤 한다. 자신들의 성공 신화에 스스로 도취해 그 신화는 확대재생산되고, 결국 가맹점주에게 과잉 충성과 오너의 영업 스타일을 강요하게 한다. 나를 따르라, 그러면 너희에게 성공을!

현장연구는 대단한 것이 아니었다. 그저 2년 정도 치킨만 먹고 돌아다녔다고 보면 맞다. 다만 인터뷰를 할 때의 겸손한 자세와 인터뷰 당사자의 삶과 친밀해지기 위한 수련 과정에는 많은 공을 들였다. 1년 넘게 치킨집 창업 온라인 카페에 참여했던 경험은 적어도 치킨집에서 쓰는 일상 용어에 익숙해지는 일종의 '어학연수' 기간이었다. 예를 들어 '칙카이드 (염지 작업용 용액)'[9] 라는 말을 아는 인터뷰어와 그렇지 못한 인터뷰어 사이에는 많은 차이가 있기 때문이다. 겸손하게 묻되 어느 정도 치킨의 물리적 특성과 제조 방법 정도는 알고 가야겠다는 결심 때문에 결국 속성으로 치킨을 가르쳐주는 창업 학원에 가서 돈을 내고 치킨 만드는 방법을 배우기도 했다. 그리고 프랜차이즈 산업의 정점이자 가장 바닥인 치킨집의 세계를 알기 위해 국내 유수의 치킨집 사업 설명회를 쫓아다녔다. 실제로 창업을 하라는 권유를 많이 받기도 했다. 그렇게 평생 요리라고는 해보지 않은 40~50대의 남성들이 어떻게 치킨집 사장님으로 탄생하는지를 지켜보았다. 언론에선 하루가 멀다 하고 '치맥 열풍'이나 '대박 치킨집'의 콘텐츠를 함부로 흘려보냈고, 거기에 유혹을 느낀 사람들은 많았다. 해외에서 치킨집을 창업하려고 들어온 교포들도 있었다. 국내 시장이 팽창하면서 톱10 브랜드 안에 들어가 있는 프랜차이즈 치킨집뿐만 아니라 개인 창업[10]을 부추기는 일종의 '먹튀' 분위기도 많이 봐야 했다. 창업의 장밋빛 전망은 알려주지만 현실적인 어려움에 대해서 이야기를 해주지는 않기 때문이다. 정보와 기술이 부족한 예비 창업자들은 본사의 말에 절대적으로 의지해야 했고 그 말에는 과잉이 많았다. 절대로 망할 수 없다는 식의 위험한 과잉 발언들이 무책임하게 쏟아졌다. 본사는 많은 창업을 유도해야만 생존할 수 있고 본사와 가맹점주 사이에는 '슈퍼바

---

9 '칙카이드'란 '칙카이트티(복합조미식품)'의 업계 용어로, 시판용 염지 용액을 통칭한다. 정제염과 L-글루타민산나트륨, 각종 향신료 첨가된 일종의 식품첨가물이다. 가정이 아닌 업장에서 손쉽게 희석해서 쓸 수 있는 육류 농축 염지제이다.

10 업계 용어로 프랜차이즈 치킨집은 줄여서 '프차점'이라고 부르고, 개인 창업의 경우 개인 치킨집을 줄여서 '갠점'이라고 부르곤 한다. 여기에서 '갠점' 창업은 초기 비용은 적지만 그만큼 인지도를 높이기 위해 노력이 필요하다. 치킨집 대표적인 프랜차이즈 외식산업이기 때문에 대체로 프랜차이즈 창업에 많이 쏠리게 된다.

이저'라고 불리는, 일종의 본사에 소속된 창업 매니저들이 있었기 때문이다. 이들은 본사에 소속된 사원이기도 하지만 또 영업 사원이기도 했다. 사실 연구를 마칠 때까지 슈퍼바이저들이 마음에 걸렸다. 갑과 을이 분명할 줄 알았던 치킨 산업에서 갑도 아니고 을도 아닌 위치에 놓여 있던 중간자들을 대하는 감정이 여러모로 복잡했기 때문이다.

이유야 어찌 됐든 나는 치킨집을 창업하려고 현장에 간 것은 아니었다. 처음부터 집필의 목적이 있다고 말하지 못하고 그들의 정보만을 빼내기 위해 잠입을 했을 뿐이다. 혹시라도 이 책 『대한민국 치킨展』이 나오고 난 다음에 자신이 활용당했다는 느낌이 들면 어떨까 하는 죄스러움이 내내 마음에 걸려 있었다. 『질적 연구 좌충우돌기』 집필에 동의를 한 이유는 이 미안함 때문이다. 책이 출간된 뒤 미안하다고 사과의 말을 하려 전화를 하면 이미 이직을 한 경우가 많았다. 솔직히 전화를 받지 않으면 마음이 편했다. 프랜차이즈 본사를 향해선 날 선 비판을 세울 수 있었고, 가맹점 점주들에겐 한없는 연민을 표현할 수 있었지만, 슈퍼바이저들에 대한 감정은 여전히 복잡하기만 하다.

7) 상징의 '하림', 현실의 '하림': 육계 농가 취재기

'치킨은 누구인가?' 이 질문에 답을 하기 위한 여정을 기록하기 위해 나는 오래도록 돌아다녔다. 치킨이 무엇인지보다는 치킨이 누구인지를 말하고 싶었다. 닭을 기르고, 튀기고, 먹는 사람들의 이야기를 적는 일이 이 책의 목적이었다. 한 마리의 치킨이 우리에게 오는 여정을 맛의 문제로만 설명할 수는 없었기 때문이다. 이 책에 아주 미약한 학술적 가치가 있다고 한다면 아마도 농촌·농업의 사회학적 관점[11]을 끝까지 견지하려

---

11 농촌사회학과 농업사회학의 관점에는 조금 차이가 있다. 농업사회학의 관점은 농촌 내부에

했기 때문일지도 모르겠다.

'하림'이라는 육계 전문 기업은 1977년 전북 익산 종계장에서 출발했다. 그리고 꼭 40년 만인 2017년에 대기업 지정을 받았다. 모든 대기업들이 자신만의 신화를 만들고 퍼트리는 데 열을 올리지만 하림은 유독그 작업에 많은 집착을 한 편이다. 오너인 김홍국 회장은 언론과의 접촉을 매우 선호하는 인물이다. 1990년대에 하림은 이미 미디어 기업에 진출을 꿈꾸며 SBS 사업자 공모에도 뛰어들었다. 하림에 주목한 이유는 재벌이 만들어지는 민낯을 비교적 가장 최근의 자료로 분석할 수 있기 때문이었다. 하림이라는 특정 기업의 문제를 다루는 것이긴 하지만 한국의대기업 형성의 기승전결을 볼 수 있었고, 무엇보다 정부의 정책이 어떻게 기업을 탄생시키고 소멸시키는지도 엿볼 수 있었다.

소비자들이 이해할 수 없는 치킨 가격의 형성(산지 닭 값은 1000원이 채되지 않는데 왜 소비자들은 2만 원에 육박하는 치킨을 사 먹게 되는지)의 열쇠를 쥐고 있기 때문이었다. 기존 분석에서는 치킨 프랜차이즈 본사의 폭리나 치솟는 임대료 문제 등을 건드리는 정도였다면, 나는 하림 문제에집중했다. 사료부터 사육, 유통, 가공, 완제품 판매와 자체 치킨 프랜차이즈 운영 등 먹거리의 수직계열화 문제의 과거와 미래를 가늠해볼 수있는 사례로서의 하림도 중요했기 때문이다. 이는 치킨에만 해당하는 것이 아니다. 우리가 먹는 일이 대개가 이렇다. 1차 산업으로 분류되는 농·어업, 그리고 그 산물인 농수산물은 최종 소비 가격의 10%를 채 차지하지 못한다. 음식 산업의 상징 사례로 치킨을 택한 것일 뿐, 그 자리에 김

문제의 초점을 맞춰온 전통에 비판을 제기하며 농촌 외부의 문제, 즉 세계 식량 체제와 같은농업 외부 요인이 현재의 농촌·농업 현실을 담아낼 수 있다는 점을 지적하며 그러한 관점으로 시야를 확장하자는 취지에서 제안된 연구 방향이다. 하지만 이 글을 비롯해서 내가 '농촌사회학 연구자'라고 쓰는 이유는 '농촌사회학'이 해당 분야를 일컫는 사회학계의 공식 언명이기도 하고, 의식적으로 농촌과 농업의 문제를 분리하지 않고 있기 때문이다.

밥을 넣든 떡볶이를 넣든 크게 달라지지는 않는다. 그리고 치킨은 물 건너온 '외국'의 음식이지만 그것이 토착화하는 과정 자체가 한국 음식이 갖는 운명을 대표한다. 서구 음식의 토착화는 가정과 국내의 농업과의 연결고리가 매우 약해진다는 뜻이다. 닭은 국내산이긴 하지만 닭이 먹는 사료는 100% 세계 곡물 무역의 결과이기 때문이다. 이러한 구조 속에서 충실한 수행 주체로서의 하림, 그리고 그 수혜자로서의 하림에 나는 천착했다.

일단 하림이라는 굴지의 기업은 관련 인물 인터뷰 성사가 책 나오기 한 달 전에 겨우 이루어질 정도로 변방의 연구자가 접근하기 매우 어려운 철옹성이었다. 나는 일단 취재원 보호 방법에 가장 신경을 썼다. 하림 본사는 계약 농가와의 갈등을 해결하는 방식이 매우 폭압적인 편이다. 농기업의 특징이다. 기업의 형태는 현대적이지만 운영하는 방식은 전근대적이다. 본사는 계약 생산자들의 단결권을 가장 경계한다. 만약 단결하고 항의했다면 그 보복은 철저하다. 이미 시설 투자가 다 되어 있는 농가에 병아리와 사료를 끊어버리면 된다. 농가가 가장 무서워하는 철퇴다. 그래서 하림의 계약 농가를 취재원으로 섭외하는 일은 매우 지난했다. 이는 하림만의 문제는 아닐 것이다. 한국에서 기업에 반하는 발언은 위험하다. 특히 고용되어 있는 입장이라면 더욱 그렇다. 힘없는 변방의 연구자가 그들을 보호하려면 얼마나 보호할 수 있겠는가.

하림 농가 인터뷰는 '인맥'을 동원해서 성사되었다. 그동안 관계를 맺어왔던 농민들을 통해서였다. 농촌사회학 연구자를 도와준 주체는 결국 농민들이었다. 추상적이지만 농민들과 '좋은 관계'를 유지하기 위한 노력 해왔기 때문에 가능했던 일일 것이다. 그 좋은 관계를 '라포'라고도 부르곤 하지만 나는 이 말이 '청할 수 있는 관계'의 다른 말이라고 생각한다. 서로의 존재를 인지시키고 신뢰를 쌓는 시간은 개인차가 있겠지만 오래 걸리는 일이다. 무엇보다 그 관계를 유지하는 일은 연구의 신뢰성과 풍부합으로 이어지기 때문이다.

농민 운동 진영의 도움으로 하림의 계약 농가 중 복수의 취재원을 만날 수 있었다. 실제로 인터뷰 현장에는 몇 명의 농민들이 나왔지만 책에는 마치 한 명만 인터뷰한 것처럼 적어놓았다. 지역이 어디인지도 알 수 없도록 생생한 현장 말(사투리)을 빼고 최대한 건조한 평서문으로 적어야 했다. 만약에 현장의 말을 그대로 옮겼다면 훨씬 더 재밌는 글이 되었을 테지만 그건 내 욕망일 뿐이다. 인터뷰는 늘 어려운 일이다. 그래서 가급적 내가 취재한 모든 말들을 다 쓰고 싶지만 그런 마음도 접는 방법을 터득해야 했다. 모든 것을 다 적을 수는 없다. 이 깨달음이 이 책을 쓰면서 얻은 가장 큰 배움이었다.

질적 연구의 가장 기본이라고 할 수 있는 인터뷰는 사실 연구자 개인의 성향에 많이 좌지우지되는 면이 있다. 사람의 말을 끌어낸다는 일이 어디 그리 쉬운가. 게다가 집필이나 연구 목적을 갖고 만나는 일이란 목적의식이 가득한 만남이다. 그래서 인터뷰어는 늘 조심스러울 수밖에 없다. 인터뷰의 목적, 혹은 이 저작의 목표를 공유하는 것부터 첫 작업에 들어가는 일이기는 하지만 한정된 시간 안에 밀도 있는 이야기를 나누기 위해서는 그만큼의 준비가 필요하다. 잘 묻는 일은 잘 듣는 일과 함께 가야 한다. 나는 아직도 그 훈련이 부족해 인터뷰 현장에 나설 때마다 두렵고 마치고 나면 늘 아쉬움과 후회뿐이다.

가끔 농촌 지역에 가면 연구자들이 휩쓸고 지나간 곳들이 있다. 농민 운동이나 마을공동체 등을 조사하기 위해 마을의 중요한 회의록이나 자료들을 가져가서 제대로 반납하지 않은 사례도 있었다. 그 이후 그 마을 차원에서 다시는 연구자들에게 협조를 하지 않기로 결의를 하기도 했다. 이는 꼭 연구자 윤리만은 아니다. 삶의 윤리다. 서로 얼굴 마주칠 일은 없지만 그 연구자가 취재원들과의 신뢰를 지키지 않는 바람에 그 후속 연구는 물론 연구 과정의 연대, 동료의 연구 기회를 모두 파괴해버렸기 때문이다.

나는 가끔씩 인터뷰이가 되는 경우도 왕왕 있다. 언론과 인연이 닿을 때다. 그런데 언론이 갖는 속성이기도 하지만 일단은 취재만 이루어지고 나면 그 이후에 그 어떤 후속 조치, 예를 들면 방송 날짜를 알려준다든가 발간된 매체를 보내준다든가 하는 후속 작업을 하는 경우를 거의 보지 못했다. 가끔 예외가 있긴 했지만 언론인들에게는 일종의 시혜적 태도, 다시 말해 '인터뷰를 해서 네 책이 한 권이라도 더 팔리면 이득 아니겠느냐'라는 식의 인식이 기저에 있다는 느낌을 강렬하게 받곤 했다. 이후 언론을 대하는 내 태도도 상당히 경직될 수밖에 없었고 유치하게도 인터뷰어와 인터뷰이 사이의 '예의범절'에 민감해지기 시작했다.

그래서 책이 출간되고 제일 먼저 인터뷰에 응해준 취재원들에게 결과물을 우송하고 감사 인사를 가장 먼저 전하는 일에 신경을 썼다. 기본 중에 가장 기본인데 생각보다 잘 지켜지지 않아, 우리의 현장은 더더욱 좁아지고 환대는 해체되고 있다.

3. 좌충우돌하면서도 질적 연구를 하는 이유: 다시 흔들리는 현장으로. 백남기 농민(들)의 이야기를 기록하기로 하다

요즘에는 종종 연구자라는 이름에 덧대어서 '현장연구자'라는 말로 소개받을 때가 있다. 주로 내가 뛰는 현장이란 데가 시민단체거나 농민들과 연을 맺어서 다니는 일이다 보니 딱 떨어지게 나를 설명할 말이 없는 바람에 나온 고육지책의 말일 것이다. 현장이란 것이 대체 무엇이란 말인가. 아니 실체가 있는 말인가. 보통 '현장연구'란 말을 습관적으로 쓰곤 하지만, 그 현장이란 말은 내게 참으로 무거운 말이다. 나를 왜 현장연구자라고 칭할까 싶었는데 긍정 발화로 보자면 그래도 그 말은, 내가 농촌 사회학자입네 하고 책만 파고 있지는 않더란 농민들의 환대의 말이다. 또 농촌·농업·농민의 입장(관점)에 서려고 애를 쓴다는 뜻일 것이다. 동시에 학교든 연구소든 자리를 잡지 않고 떠돌고 있는 나의 약한 지위를 '현장'으로 통칭하는 것이기도 하다.

이 말뜻의 진위를 따지는 일은 의미가 없다. 다만 연구자로서 그리고 저자로서 어떤 현장을 고수하려고 애를 쓰는지, 내 연구(집필)의 향배를 가늠하기 위해서는 자리에 대한 예민한 점검은 늘 있어야 한다. 실수를 많이 할 수밖에 없는 질적 연구를 수행하는 우리들에게 결국 필요한 것은 동료들이다. 그래서 모든 연구자들에게 가장 절실하게 필요한 존재는 역시 동료들이다. 나는 종종 글을 쓰고 나면 농민들에게 윤독을 부탁하곤 한다. 농민들의 의견이 그 어떤 논문 지도보다 더욱 필요한 것은, 나에게는 연구 현장일 뿐이지만 농민들에게는 그 글 속의 현장이 실제 생존 공간이기 때문이다. 나는 그 삶을 훼절시킬 권리가 없다.

대학원 과정에서 여성 농민 운동사에 대한 논문을 두 편 쓴 적이 있다. 그때의 논문을 두고 여성 농민 운동을 하는 여성 농민들이 리뷰를 해준 적이 있었다. 현장연구라는 것이 종종 지독한 내 고집과 입장을 재차 확인하려는 과정일 때가 있기 때문에 그 현장에서 밥을 버는 사람들, 당사자들의 한마디는 큰 흐름을 잡아주고 실수를 줄여준다. 이 논문의 영문 초록은 영광스럽게도 여성 농민 운동가들이 해외에 사례 발표를 하러갈 때 종종 활용되기도 한다. 매우 강렬한 경험이었다. 내 글이 누군가 읽고 발언할 수 있는 기초 자료로 활용될 수 있다면 이는 연구자가 누릴 수 있는 최고의 기쁨이자, 현장으로부터 받은 최고의 환대이기 때문이다.

그럼에도 나는 늘 흔들린다. 연구자라는 말에는 지금의 허약한 위치가 그대로 드러나는 지점이 있고, 어쩔 수 없이 자칭하는 말에 지나지 않는다는 자조가 섞여 있기 때문이다. 연구자는 '연구자'라는 말을 견지하기 위해 끝없이 읽고 적고, 묻고 또 물을 수밖에 없다.

2015년 11월 14일 서울 광화문 르메이에르 빌딩 앞. 전남 보성에서 올라온 초로의 농민 한 명이 시위 진압용 물대포를 맞고 쓰러졌다. 고(故) 백남기 농민의 이야기다. 물대포를 맞고 쓰러져 서울대학교병원으로 실려 갔지만 무리한 수술 후 한 번도 의식 회복을 하지 못하고 10개월이 넘는 기간 투병을 하다 결국 중환자실에서 숨을 거두었다. 여기까지는 소위 팩트다. 하지만 그 기간 농민과 시민은 모여서 '현장'을 만들어야 했다. 천주교 신자이자 가톨릭농민회 회원이었던 고인의 회생을 기원하며 혜화동 서울대학교병원 입구에서는 매일 미사가 1년 넘도록 이어졌다. 고인이 숨을 거둔 후, 사인이 분명한 죽음임에도 시신 부검 영장이 떨어졌다. 사망진단서에 '외인사'가 아닌 '병사'로 기재되면서 다시 장례 투쟁을 벌여야 했다. 시신 부검 영장이 철회되고 백남기 농민의 장례식을 뒤따른 행렬이 촛불 정국의 시작이었다. 이후 촛불을 들고 거리로 나온 시민들이 현직 대통령을 끌어내리고 구속시키는 정치 격변을 만들어냈다. 대통령은 바뀌었지만 아직 백남기 농민 사건은 미완이고 기록은 흩어져 있는 상태다.

사건의 복판에 떠밀릴 때가 있다. 나는 '백남기 농민' 사망 사건을 계기로 사건의 복판으로 성큼 들어섰다. 이 싸움의 기록자가 된 것이다. 백남기농민투쟁본부에서 백남기 농민의 전기와 이 투쟁 기록을 기술하는 작가로 서달라는 제안을 받았고, (반사회과학적인 말이긴 하지만) 운명적으로 끌려 덜컥 수락을 한 상태다. 아마 이 좌충우돌기가 출간될 즈음에 나는 또 어느 농민들의 인터뷰 한마디를 얻어내려다 결국 소주잔을 연거푸 마시며 뻗어 있을지도 모르겠다. 그저 치킨을 갖고 떠들던 초짜 저자가 가장 무거운 죽음의 과정을 어떻게 재구성하게 될지 나도 잘 모른다.

이 글에서 나는 의식적으로 글을 '쓴다'라는 말 대신 '적는다'라는 말을 선택했다. 사전적 의미로는 차이가 없다. 다만 이 단어를 선택한 이유는 글을 쓰는 단계 이전에 철저히(때로는 처절히) 기록하고 적어두는 일의 엄중함을 드러내고 싶어서였다. 나는 이제 백남기 농민을 적을 것이다. 아니 '백남기 농민들'을 적을 것이다. 국가 폭력과 인권 담론에 묻혀 정작 왜 농민 백남기가 서울에 왔는지는 가려진 지금의 현실에서 다시 한번 농민의 이야기를 중심으로 세우려는 작업이다. 한국 농업·농촌의 역사에서 이미 많은 백남기들이 있어왔음을 적으려 한다. 어머니의 죽음을 '여성 농민'의 죽음으로 받아들이면서 한걸음 걸어 나왔던 것처럼, 이제 나는 백남기 농민을 적으면서 두 걸음 더 나아가 보려고 한다. 흔들리면서 말이다.

생각해볼 거리

1 질적 연구자는 자신을 인터뷰이들에게 솔직하게 드러내야 할까? 잠입 취재 기법을 써야 했던
   나는 신분을 숨기고 현장에 들어가 사람들의 말을 훔쳐냈다는 자책을 여전히 갖고 있다. 이런
   연구자의 내적 갈등을 어떻게 극복할 수 있을까? 질적 연구자가 견지해야 할 연구자 윤리란
   구체적으로 어떤 것일까?

더 읽어볼 거리

1 캐롤란, 마이클(Michael Carolan). 2013. 『먹거리와 농업의 사회학』. 김철규 외 옮김. 따비.
   먹거리와 농업의 세계화에 대한 기초 지식을 쌓기에 유용할 것이다.
2 하트, 잭(Jack Hart). 2015. 『(소설보다 더 재밌는) 논픽션 쓰기: 퓰리처상 심사위원이 권하
   는 탄탄한 구조를 갖춘 글 쓰는 법』. 정세라 옮김. 유유.
   기초 취재의 방법과 가독성 있는 글쓰기의 기초를 배울 수 있다.
3 겐로, 하야미즈(速水健朗). 2017. 『라멘의 사회생활: 일본과 함께 진화한 라멘 100년사』. 김
   현욱·박현아 옮김. 따비.
   가장 흔한 일상의 음식의 역사를 훑는 것은 역사를 직면하는 일이기도 하다. 일본의 사례지만
   그 내용이 한국의 근대 음식이 걸어온 길과 다르지 않다는 것을 알 수 있다.

참고문헌

박신규·정은정. 2010. 「여성 농민의 사회적 정체성 형성과 여성 농민운동의 발전: 전국여성 농
   민회총연합(전여농)을 중심으로」. ≪농촌사회≫, 20(1)(여름), 89~129쪽.
박완서. 2006. 『나의 가장 나종 지니인 것』. 문학동네.
오웰, 조지(George Orwell). 2010. 『위건부두로 가는 길』. 이한중 옮김. 한겨레출판.
정은정. 2007. 「1960년대 미국의 한국 '농촌 만들기' 담론 전략: 미 공보원(USIS)발간 '농촌 사
   람들을 위한 잡지 ≪새힘≫' 분석을 중심으로」. 경북대학교 사회학과 석사 학위 논문.
정은정·허남혁·김흥주. 2011. 「텃밭 공간을 통해 본 여성과 장소의 정치: 전국여성 농민회총연
   합 "언니네텃밭" 사업을 중심으로」. ≪농촌사회≫, 21(2)(겨울), 301~344쪽.

제8장

한국의 베트남 전쟁 기억 두껍게 읽기

윤충로

한국학중앙연구원 전임연구원

1. 연구자 소개

나는 역사사회학을 전공했고, 남한과 남베트남의 국가 형성사를 주제로 박사 학위 논문 「베트남과 한국의 반공독재국가 형성사」(윤충로, 2005)를 썼다. 학위 논문을 마친 이후의 작업은 이전과는 많이 달랐다. 한국의 베트남 전쟁 경험을 다루면서 개인과 집단의 구체적인 전쟁 경험과 기억 문제로 연구 관심사를 옮겼기 때문이다. 이것이 내 구술사 연구의 출발이었다. 2005년부터 시작했으니 햇수로는 13년째다. 초기에는 관련 강좌 하나 제대로 없어 개론서와 현장 경험에 의지해 그야말로 좌충우돌로 구술사 연구 방법을 익혔다. 틈틈이 구술사 개별 강좌와 한국구술사연구소의 강의 등을 쫓아다니며 나의 좌표를 확인하고, 이론과 방법론, 연구 방법을 보완해가고자 했다. 그간 민주화 운동, 새마을 운동, 베트남 전쟁, 마을 조사, 다큐멘터리와 구술사의 접합 등 다양한 영역에서 구술사 연구를 진행했다. 연구자로서 나는 한국 현대사, 특히 베트남 전쟁과 새마을 운동 등을 경험했던 1960~1970년대, 그리고 이와 연관된 현재에 여전히 많은 관심을 갖고 있다. 이야기는 사람들의 삶으로 들어가는 통로다. 동시대를 살고 있지만 나이와 경험의 차이가 만들어내는 이야기의 풍부함과 다양함은 내가 가보지 못한 길에 대한 상상력과 더불어 삶의 의미를 다시 생각하게 한다. 구술사는 나의 관심을 구체적인 결과물로 만들어가기 위한 주요 연구 방법일 뿐만 아니라 인간과 세계에 대한 이해를 넓혀가는 수단으로 중요한 의미를 지닌다.

2. 나의 질적 연구 좌충우돌기[1]

1) 기억의 전쟁, '잊힌' 전쟁의 기억 속으로

조부모와 부모 세대의 삶은 나와 중첩된 가운데 분리된, 친근하면서도 먼, '낯선 나라'였다. 여기에는 단순히 세대 간의 거리뿐만 아니라 '과거의 파괴', 곧 "한 사람의 당대 경험을 이전 세대들의 경험과 연결시키는 사회적 메커니즘의 파괴"가 동시에 작용했다(홉스봄, 1997: 15). 나는 베트남 전쟁이 한창일 때 태어났고, 당시 내 부모는 모두 20대였다. 도시의 노동자로, 가내 수공업자로 삶을 꾸렸던 부모에게 베트남 전쟁은 그저 다양한 사회적 풍경 중 하나였을 것이다. 나는 성장하면서 한국의 베트남 전쟁에 대해 관심을 두거나 알려고 한 적이 없었다. 아니 별로 들어본 기억도 없다. 한국의 베트남 전쟁 참전은 연표 속에 존재하는 숫자, 교과서 한편에서 겨우 자신의 존재를 입증하는 많은 사건 중 하나에 불과했다. 한국의 베트남 전쟁은 그야말로 '잊힌 전쟁'이었다.

내가 베트남 전쟁에 관심을 두게 된 것은 대학원에서 역사사회학을 공부하면서부터였다. 해방에서 한국전쟁으로 이어지는 현대사 초입에 관심이 많던 나는 우연히 접한 베트남의 근현대사에 매료됐다. 식민지 경험, 전쟁과 분단, 통일과 독립을 위한 30여 년에 걸친 전쟁은 리영희 선생의 이야기처럼 "20세기 모든 갈등의 요소가 범벅이 되어서 전개된 전쟁"(리영희, 1985: 7)이었다. 나는 그곳에서 또 다른 한국의 모습을 보았

---

1 이 장의 내용은 다음 논문의 연구 과정을 기반으로 작성되었다. 윤충로, 「베트남전쟁 참전군인의 집합적 정체성 형성과 지배 이데올로기의 재생산」, ≪경제와 사회≫, 76(2007); 윤충로, 「구술을 통해 본 베트남전쟁: 참전군인의 전쟁 경험과 기억을 중심으로」, ≪사회과학연구≫, 17(1)(2009). 두 논문은 이 장에서 자주 언급되는데, 제목이 긴 관계로 본문에서는 각각 「참전군인」(2007), 「참전군인」(2009)으로 축약해서 표기했다.

다. 석사 논문은 베트남 혁명 과정에 관한 주제로 썼다. 박사과정에서는 남베트남의 응오딘지엠(Ngo Dinh Diem)과 한국의 이승만 정권기 국가 형성 과정에 대한 비교사를 주제로 연구를 진행했다. 베트남의 현대사와 전쟁에 관심을 두고 오랫동안 연구했지만, 그 속에 한국의 베트남 전쟁은 없었다.

잊힌 전쟁을 현실로 끌어낸 것은 1999년 9월 2일 자 "베트남의 원혼을 기억하라"라는 기사로 촉발되어 2000년 9월까지 지속된 ≪한겨레21≫의 캠페인과 2000~2003년까지 전개된 베트남 전쟁 민간인 학살 진실 규명 운동이었다. 언론과 시민사회 운동은 베트남 전쟁을 둘러싼 한국 사회의 기억 지형을 바꾸었다.[2] 내가 운동 주변에서나마 이 운동을 지켜보게 된 것은 베트남 현대사와 베트남 전쟁에 특별한 관심을 갖고 있었기 때문이었다. 이후 연구 과정과 연관해볼 때 당시 운동은 나에게 다음과 같은 몇 가지 측면에서 영향을 미쳤다.

첫째, 의도한 바는 아니었지만 이를 통해 나는 이후 연구에 자원이 될 경험을 쌓아갈 수 있었다. 당시 경험한 일련의 사건들, 예를 들어 2000년 10월 13일 개최하기로 했던 '베트남 전쟁과 한국군 파병에 관한 심포지엄'이 고엽제후유증전우회의 행사장 점거로 무산된 사건이나, 2002년 4월 24일 베트남 푸옌(Phu Yen)성에서 열린 한·베평화공원 기공식 참여 등 당시에는 파편적이었던 경험들이 이후 연구 관심을 형성해가는 데 밑거름이 되었다.

둘째, 베트남 전쟁 당시 한국군의 베트남 민간인 학살과 같이 한국의 베트남 전쟁 경험과 관련해 새롭게 제기된 역사적 사건, 이에 대한 경험적·이론적 연구의 현실적 필요성은 베트남 전쟁에 대한 개인적 연구 관

---

2 운동의 특성과 내용, 한국 사회에 미친 영향에 대해서는 윤충로, 「한국의 베트남전쟁 기억의 변화와 재구성」, ≪사회와 역사≫, 105(2015) 참조.

심과 결합되면서 베트남을 중심으로 했던 기존 문제의식을 한국으로 확장해갈 수 있는 계기가 됐다.

셋째, 베트남 민간인 학살 진실 규명 운동, 한국의 베트남 전쟁 경험을 둘러싼 기억 투쟁을 지켜보면서 나는 처음으로 전쟁의 기억과 기억을 둘러싼 갈등에 관심을 갖게 됐다. 일본군 위안부 문제, 베트남 문제와 유사한 시기에 터진 미군의 노근리 학살 문제 등은 국가, 민족, 사회, 개인을 가로지르는 다층적이고 복합적인 기억의 층위와 기억의 정치 문제를 생각하게 했다.

넷째, 참전 군인의 집합 행동과 보수적 동원, 2000년 6월 27일 한겨레신문사 난입과 같은 집단 폭력 사건을 보면서 나는 우선 도저히 이해할 수 없는 집단적·세대적·이념적 거리감을 느꼈다. 그리고 동시에 참전 군인들의 현실적 집합 행동과 이념적 동원을 가능케 하는 집단적·사회적 기제에 대한 의문을 갖게 됐다. '그들은 왜 그렇게 행동하는가?'

연구에 관련한 본격적인 이야기에 들어가기 전에 한국군의 베트남 전쟁 민간인 학살 사건에 관련한 초기 시민운동과 나의 이야기를 꺼낸 것은 당시 운동이 내가 한국의 베트남 전쟁 경험에 관심을 갖게 된 출발점이자 베트남 전쟁 참전 군인들과의 첫 만남이었기 때문이다. 1999년에서 2000년까지 초기의 격렬했던 기억 투쟁이 한풀 꺾이고 운동이 잦아들면서 나의 직접적인 관심도 멀어졌다. 여러 중요한 의미를 가진 경험이었음에도 불구하고 그때까지, 아니 그 이후도 오랜 시간 나는 베트남이라는 창을 통해 한국을 보았다. 박사 논문을 남베트남과 남한의 초기 국가 형성사로 준비하던 내가 한국의 베트남 전쟁 경험에 본격적인 관심을 기울이게 된 것은 그 후로도 몇 년의 시간이 더 지난 2005년이었다. 베트남 현대사에 관심을 갖기 시작한 것이 1993년경이었으니 한국의 베트남 전쟁에 다가서기까지 참 먼 길을 돌아온 셈이었다.

이 글에서는 한국의 베트남 전쟁 참전에 관련한 공식 기억과 망각, 한국군의 베트남 민간인 학살 문제에 대한 한국 사회의 시민운동과 이를 둘러싼 기억의 정치를 씨줄과 날줄로 삼아 한국이 '경험한', 그리고 '경험하고 있는' 베트남 전쟁을 이해하고자 했던 다년간의 고민의 여정을 풀어내려 한다. 이를 좀 더 선명히 드러내기 위해 이 글에서는 베트남 전쟁 참전 군인의 전쟁 경험과 집합적 정체성 형성, 동원 기제의 형성 등의 문제를 다뤘던 「베트남전쟁 참전군인의 집합적 정체성 형성과 지배 이데올로기의 재생산」[이하 「참전군인」(2007)][3]을 중심에 둔다. 여기서 이 글은 연구 과정에서 부딪힌 여러 문제들을 설명하기 위한 하나의 사례로 활용한다. 이는 해당 연구가 한국의 베트남 전쟁 경험과 기억이라는 좀 더 포괄적인 주제를 구성하는 한 부분으로 그 자체로 독자성을 지니면서도 다른 연구 주제와 직접적이고 파생적인 연관성을 지녔기 때문이다.

2) '잊힌 전쟁' 불러오기: 연구 기획과 준비

한국의 베트남 전쟁 경험에 본격적으로 관심을 기울였던 것은 2005년 학술진흥재단 기초학문육성지원사업 참여가 계기였다. 프로젝트의 전체 주제는 '한국에서의 전쟁 경험과 생활세계 연구'[4]였고, 전쟁 경험과 생활세계 변화(1차년), 전후 냉전체제 형성과 국가 이데올로기의 내면화(2차년), 전쟁 유산과 냉전의 사회사(3차년)를 하위 주제로 다뤘다. 이 연구는 "해방 이후 한국 사회가 경험했던 두 번의 전쟁 — 한국전쟁과 베트남 전쟁 — 과 냉전체제를 생활 영역에서 재조명하고 전쟁과 냉전이 한국 사회에 구조화·내재화되는 과정"을 살펴보는 것을 기본 목적으로 했다. 또한 '전쟁 경험과 생활세계에 대한 관심', '한국의 전쟁 경험을 베트남 전쟁까지

---

3 이후 본문 언급에서는 「참전군인」(2007)으로 줄여 쓴다.
4 이 과제는 2005년에 선정되어 2008년까지 한성대학교 전쟁과평화연구소에서 진행했다.

확장', '생활세계의 변화를 개인의 경험에 기초해 자료화'할 것을 연구 방향으로 제시하고, 오늘날 한국 사회를 규정하는 중요한 역사적 결절점의 하나를 '아래로부터의 전쟁 연구'를 통해 보여주고자 했다.

이러한 연구 방향은 독자성을 가지면서도 서로 연결된 당시 나의 관심과 맞닿아 있었다. 첫째는 베트남 전쟁을 둘러싼 냉전·발전 신화의 탈신화화였다. 한국은 스스로를 '자유의 십자군'이라 불렀지만 북베트남인들에게 한국군은 단지 '박정희 군대'였고 침략자였다. 제발트(W. G. Sebald)는 '라인강의 기적'과 맞바꾼 독일인들의 전쟁 경험 망각과 침묵에 대해 "경탄할 만한 독일의 재건은 적국의 공습으로 초토화된 뒤에 실시된 제2의 과거 청산 작업과 다를 바 없었다"(제발트, 2013: 18)라고 했다. 한국의 베트남 전쟁 경험도 이와 유사했다. 냉전·발전 신화는 국가의 공식 기억뿐만 아니라 사회적 기억을 지배했고, 이러한 신화의 해체가 나의 주된 문제의식 중 하나였다.

둘째는 한국의 베트남 전쟁이 '잊힌 전쟁'이라면 그보다 더 잊힌 것은 베트남 전쟁을 경험한 사람들의 전쟁 경험과 기억이라는 점이었다. 베트남 전쟁 당시 참전 군인뿐만 아니라 기술자, 위문단 등 다양한 인물들이 베트남에 들어갔고, 후방인 한국 또한 전장의 연장이었다. 그러나 전쟁에 대한 개인적·집단적·사회적 경험과 기억은 주변화되고 망각됐다. 이 연구를 통해 나는 베트남 전쟁의 잊힌 기억들을 불러오고자 했다. 역사와 공적 기억으로부터 배제된 이들의 기억과 갈등에 대한 이해를 통해 '아래로부터의 역사'에 한 걸음 더 다가가고자 했다.

셋째로는 베트남 전쟁을 둘러싼 집단적 정체성과 기억의 정치에 대한 관심이었다. '과거'란 어떤 것일까? "공식적으로 '과거'라고 규정된 것은 기억되거나 기억될 수 있는 무한히 많은 것들 중에서 분명하게 특별히 선택된 것들"(홉스봄, 2002: 32)이라 할 수 있다. 여기서 '선택'은 필연적으로 기억과 망각을 동시에 함축한다. 과거를 둘러싼 기억의 양가성은 현재와 과거의 관계성을 반영한다. 여기에서 주된 관심은 참전 군인의 집합적 정체성 형성, 한·베 간 전쟁 기억의 충돌 등의 문제였다.

연구 기획에서 내가 담당했던 것은 자연스럽게 한국의 베트남 전쟁 경험에 관련한 것이었다. 이 글의 주된 논의 주제인 참전 군인의 집합적 정체성과 지배 이데올로기 문제는 전체 기획의 일부이므로 여기에서는 먼저 한국의 베트남 전쟁 경험과 기억에 관련한 전체 틀을 이야기하겠다. 특히 초기 기획 과정의 문제의식과 전체 그림을 다시 떠올리면서 기획 당시에는 잘 깨닫지 못했던 문제, 내가 놓치고 있었던 것들에 대해 연구 주제 설정, 연구의 접근 방향, 연구 방법을 중심으로 이야기하겠다.

첫째, 연구뿐만 아니라 대다수의 집필 작업은 대개 앞선 연구나 작업을 찾아보는 것으로 시작한다. 나 역시 당연한 수순을 밟았다. 기존 한국의 베트남 전쟁 파병 관련 연구는 한미 관계, 국가, 정치, 경제, 군사 등 영역에서 주로 거시적 측면을 중심으로 이루어졌다. 연구 주제도 참전 동기와 배경, 참전의 경제적 성과와 영향, 군사 활동 등의 범주를 크게 벗어나지 않았다. 이에 큰 파문을 던진 것이 1999년 한국군의 베트남 민간인 학살 관련 《한겨레21》 캠페인과 진상 규명을 위한 시민운동이었다. 당시 운동은 냉전·발전 전쟁이라는 국가의 공식적 기억과 사회적 통념을 뒤흔들어놓았을 뿐만 아니라 거대 담론에 가려진 전쟁의 다양한 이면을 들여다볼 수 있는 길을 열었다. 참전자들의 집단적 기억, 집단적 정체성과 기억과 망각의 정치(염미경, 2003) 등에 관련한 문제의식의 확장도 운동을 통한 '기억의 민주화' 과정의 산물이었다고 할 수 있다. 당시 기획했던 공동 연구 주제의 한 축은 참전 군인 관련 연구였다. 기존 연구나 문헌을 검토하면서 놀랐던 것은 참전 군인에 관련한 개인, 집단, 사회 문화적인 연구의 빈약함이었다. 연구는 이로부터 출발해야 했다. 관련 주제로 먼저 제기한 것이 베트남 전쟁과 군사 문화의 일상화, 베트남 전쟁 참전 군인 단체의 형성과 특성, 참전 경험과 지배 이데올로기의 관계

등 전쟁 경험을 둘러싼 문화사적 영향과 참전 군인 주체의 특성이었다. 나는 이와는 다른 측면에서 열전이자 경제 전쟁으로서의 베트남 전쟁을 생활세계의 변화와 파월 경제 특수의 사회사를 중심으로 살펴보고자 했다. 여기서 주인공은 파월 기술자였다. 처음 이 문제를 연구 주제로 제기할 때 파월 기술자는 사회적으로 낯선 것이라 여겨질 정도로 그야말로 잊힌 존재였다. 당시 연구 기획은 문헌 연구를 통해 드러난 기존 연구의 빈 고리와 프로젝트의 전체 연구 방향, 나의 고민과 문제의식을 반영하고 있었다. 대부분 기존 연구에서 거의 다루지 않았던 주제였기 때문에 연구의 필요성이나 가치는 충분했다고 본다. 그러나 이것이 함정이라면 함정이었다. 연구의 필요성만으로 연구가 가능한 것은 아니기 때문이다. 특히 오랫동안 방치된, 혹은 잊힌 연구 주제의 경우는 더욱 그렇다. 1, 2차 자료에 대한 검토뿐만 아니라 현장연구의 가능성까지 기본적으로 살펴야 한다. 그러나 당시에는 이런 면에 취약했다. 파월 기술자 관련 연구는 연구 과정 내내 나를 괴롭혔다. 그들을 찾는 과정이 너무도 힘겨웠기 때문이다. 특히 한국 한진상사에 취업했던 파월 기술자를 찾기 위해 나는 2년여의 시간을 보내야 했다. 필요한 연구를 실현 가능한 연구로 만들어가기 위해, 연구의 효율성을 높이기 위해, 그리고 무엇보다 연구자 자신이 지치지 않기 위해서는 자료뿐만 아니라 미래의 자료화 영역에 대한 더욱 많은 고민이 필요하다는 것을 몸으로 배워가는 과정이었다.

둘째, 프로젝트를 공동 기획하면서 내가 부딪힌 큰 문제 가운데 하나는 연구 방법과 직접적으로 연관될 수밖에 없는 연구 방향이었다. 당시 연구의 기본적인 접근 방향은 생활세계를 토대로 한 일상사나 문화사, 사회사, 전쟁 경험을 생생하게 드러내줄 수 있는 '아래로부터의 전쟁 연구'였다. 이는 "계급 혹은 더 큰 범위의 사회집단에 대한 통계학적 설명이나 구조주의적 분석에서 드러나지 않는 역사적 행위 주체들에게 목소리를 부여"하는 미시사적 관점(뤼트케, 2007: 23)을 반영하고 있었다. 박사 논문을 쓸 때까지 나는 역사사회학 연구 방법을 토대로 한 거시사적 연구를 수행했다. 베트남과 한국이 경험한 식민 지배와 국가 형성과 같은 주제를 비교사적 시각에서 다루면서 분석 단위로는 세계 체제, 국가, 계급, 분석 영역으로는 정치, 경제, 사회, 군사 등 주로 거시 역사적 접근과 분석에 익숙해 있었다. 비교사적 연구와 전쟁과 연관된 연구를 진행하면서 그 시대를 살았던 다양한 사람들의 경험에 관심을 갖기도 했지만, 이를 본격적인 주제 영역으로 가져오기에는 나의 관심이 부족했고 시간도 짧았으며 준비도 되어 있지 않았다. 소위 민중 지향적 연구, 지배 이데올로기로부터 벗어난 연구 지향을 갖는다는 것과 내용과 방법의 측면에서 '아래로부터의 전쟁 연구'를 진행한다는 것은 엄연히 다르다는 것을 깨달아야 했다.

셋째, 당시 연구를 실질적으로 진행하기 위해 유용한 방법론으로 채용한 것이 구술사였다. 우선 구술사는 소외된 기층민의 경험과 이야기를 기록함으로써 공식적·지배적 역사에 대항한 대안적 역사 쓰기를 가능케 할 유력한 수단이었다. 마침 2000년대에 들어서 한국전쟁과 분단에 관련한 주목할 만한 구술사 연구 결과가 나오기 시작했고, 전쟁 연구에서 구술사가 지닌 강점과 의미, 방향성에 대한 논의도 참조할 수 있었다. 다음으로 구술사 연구 방법을 활용할 수밖에 없었던 직접적인 이유는 자료의 문제였다. 기존의 공식 문헌과 자료에서 다루지 않았던, 한국이 경험한 베트남 전쟁 경험과 기억의 결락을 메우기 위한 현장연구와 구술사 연구가 필수적이었다. 구술사 관련 연구 경험이 짧았음에도 절실한 필요성만으로 구술사를 주요 연구 방법으로 '용감히' 채용했다. 연구 방법을 머리로 이해하는 것, 한 걸음 더 나아가 이를 몸에 익히는 것 사이에서 발생할 수밖에 없는 간극을 초기 기획 과정에서는 잘 몰랐다. 남의 연구 경험을 읽고, 연구 방법을 머리로 이해하는 것은 연구의 출발에 불과했다. 현장은 언제나 유동적이고 돌발적인 요소를 가지고 있었다. 구술자를 찾아다니고, 구술 면담을 진행하면서 비로소 개론서 등에서 무심코 지나친 현장 상황에 대한 설명이나 자잘하게 쏟아내는 지침이라고 이야기하기도 어렵게 느껴졌던 팁(tip)들의 유용성을 깨달을 수 있었다. 연구를 진행하는 과정은 연구 내용뿐만 아니라 구술사 연구 방법을 습득하며 이해를 넓혀가는 이중의 과정이었고, 이는 많은 시행착오를 수반했다.

3) '꾸불꾸불 가기'의 여정: 구술 면담과 연구 진행

참전 군인의 전쟁 경험과 기억에 주의를 기울이면서 내가 관심을 둔 것은 현재 시점에서 재해석되고 새로이 의미가 부여된 과거와 현재의 연관이었다. 한국의 베트남 전쟁 참전 군인은 "반전·평화 운동과는 거리가 멀고, 반공주의, 발전주의, 국가주의 등과 같은 보수 이데올로기와 강력한 친화력"을 보여주며, "베트남 참전을 비판적으로 다룬 매체에 대한 시위와 폭력 행사, 혹은 냉전·안보주의를 표방한 수구·보수단체의 집회나 행사의 주요 구성원으로 이미지화"됐다(윤충로, 2007: 197~198). 그러면 참전 군인의 베트남 전쟁 경험과 기억, 보수 이데올로기와 보수 정치화는 어떤 관계가 있을까? 「참전군인」(2007)은 2000년대 참전 군인의 보수적 동원에 대한 내 나름의 해답을 찾는 과정의 산물이었다.

이 연구의 구술자는 17명이었고, 구술 면담은 2005년 말부터 2007년 초반 정도까지 이루어졌다. 부대별로는 비둘기 한 명, 청룡 세 명, 맹호 여섯 명, 백마 여섯 명, 십자성 한 명이었다. 첫 파월 시기는 1965년 네 명, 1966년 여섯 명, 1967년 두 명, 1968년 한 명, 1969년 세 명, 기타 한 명이었다. 이들 중 네 명은 베트남에서 제대한 후 현지 취업했다. 전체 17명 중 12명이 참전 군인 단체에 가입해 있었고, 두 명은 진보적 성향의 평화재향군인회 회원이었다. 세 명은 당시 베트남 거주 해외동포였다. 이들을 찾아다니는 과정과 만남은 그야말로 비틀거리며 겨우 중심을 잡고 꾸불꾸불 갔던 쉽지 않은 여정이었다.

이들을 처음 찾아 나선 길은 의욕이나 기대보다는 염려와 두려움이 앞섰다. 이는 연구 방법에 대한 자신감 결여와 이제 노년으로 접어들어 가는 참전 경험을 지닌 보수적 남성을 만나야 한다는 부담감 때문이었다. 먼저 구술사 연구 방법에 대한 부분은 그때로써는 나름 최선이라고 생각했지만 지금 돌이켜보면 참으로 빈틈이 많았다. 구술사 연구에 막 진입하는 많은 연구자들이 한 번쯤은 겪었을 만한 시행착오에서 나 또한 예외일 수 없었다. 녹음기를 잘못 조작한다거나, 인터뷰 도입부에 밝혀야 하는 기본 정보 녹음(과제명, 면담 날짜, 구술자, 면담자, 면담 장소, 면담 차수 등의 정보)을 놓쳐버리고 구술자의 구술을 따라 허겁지겁 바로 면담을 시작한 일도 비일비재했다. 질문 요령이 부족하기도 했고, 면담 분위기를 끌어나가는 것도 미숙했다. 제대로 된 면담 교육을 받았다면 그래도 줄일 수 있는 실수들이었다. 박사 학위를 취득한 연구자라고 하더라도 구술 면담에 나가기 전 많은 구술 면담 경험을 가진 선배 연구자의 면담에 참여해 현장 경험을 쌓거나, 체계적인 면담 교육을 통해 면담 요령을 숙지하는 과정이 꼭 필요하다. 이를 소홀히 하면 현장에서 실수할 가능성이 그만큼 높아질 수밖에 없다.

참전 군인과 함께 구술 면담을 비롯한 구술사 연구 작업을 시작했다. 연구를 진행하는 얼마간 나는 참전 군인에 대한 선입견을 떨쳐버리지 못했다. 여기에는 참전 군인에 대한 사회적 이미지와 베트남 진실 규명 활동 당시 보았던 폭력적 행위에 대한 개인적 기억이 동시에 작용했다. 선입견은 '진정성'[5]을 갖춘 깊이 있는 면담을 어렵게 하는 요인이다. 선입견과 학습된 고정 이미지를 깨는 것은 쉽지 않다. 내가 이를 깰 수 있었던

---

5 이는 "구술자의 인생 경험을 소중히 여기고 삶에 대한 성찰적 자세를 갖는 것"으로 "바람직한 면담자의 요건"이라 할 수 있다. 정혜경, 「구술사 프로젝트 기획」, 한국구술사연구회 엮음, 『구술사 아카이브 구축 길라잡이 I』(선인, 2014), 42쪽.

것은 2006년 1월 황○○과의 만남을 통해서였다.[6] 그와의 생애사적 구술 면담은 4회에 걸쳐 11시간가량 진행됐다. 그는 진지하게 자신의 삶을 이야기했다. 그의 청년기를 관통하는 베트남 전쟁 이야기를 통해 나는 이념화되고 정형화된 참전 군인의 이미지가 아닌, 한국전쟁과 베트남 전쟁, 산업화 시기를 별수단 없이 몸으로 버텨온 한 개인의 얼굴을 발견했다.

그를 만난 후 참전 군인에 대한 개인적 선입견은 많이 사라졌다. 그럼에도 불구하고 '구술자 만나기'는 여전히 어려웠다. 여기에는 '물리적 거리'와 나와 참전 군인 집단 사이의 '사회적·이념적 거리감'이 작용했다. 먼저 물리적 거리는 그야말로 적합한 구술자를 찾고 만나기 위한 노력과 '발품'을 필요로 했다. 초기 연구 과정에서 참전 군인 가운데 제일 찾기 어려웠던 것이 현지 취업자였다. 베트남 전쟁 당시 연인원 32만 명이 넘는 인원이 파병됐다. 그중 베트남 현지에서 제대해 취업한 인원은 1922명이었다. 이들은 현역군인으로, 민간인으로 베트남에 짧게는 2년, 길게는 4~5년씩 체류한 사람들이었다. 현지 취업자는 열전과 경제 전쟁의 경험과 기억을 몸으로 체득한, 얼마 되지 않는 참전자였다. 이들과의 만남은 지속적인 노력과 우연과 운이 없었다면 불가능했을 것이다. 당시 내 연구를 돕고 있던 독립영화감독의 현장에 대한 감각이 없었다면 이들과의 만남은 훨씬 더디고 어려웠을 것이다. 참전 군인을 만난 또 하나의 사

---

6 황○○은 1944년 도쿄에서 태어났고, 해방되는 해에 귀국했다. 경남 고성군의 한 시골 마을에서 가난한 어린 시절을 보냈다. 청년기인 1960년대 그는 그야말로 '밥 얻어먹는 취직'으로 월급도 못 받고 3여 년을 일했다. 그 후 떠돌이로 간판 그리는 일을 하다가 군에 입대했다. 1965년 맹호부대 1진으로 파병됐다. 1년 후 1차 귀국 후 복귀한 군 생활이 너무 배고파 재파월을 지원했다. 1968년 7월 현지 제대해 1971년까지 미국 군사 지원 기업인 빈넬(VINNELL)에서 현지 취업자로 일했다. 그 이후 귀국해 페인트 일을 하면서 평생을 보냈다. 1987년 조직된 참전 군인 단체 '따이한'은 그에게 전우를 만나는 기회였고, 과거 청년기를 현재로 불러오는 계기였다. 그는 최근까지도 참전 군인 주관 집회에 참여하곤 했지만, 정치적 신념 때문이 아니라 동료들과의 모임을 유지하기 위함이었다.

례는 베트남 현지조사 경험을 통해서였다. 2006년 여름 나는 베트남 현지에 거주하고 있는 참전 군인과 파월 기술자를 찾아 나섰다. 호찌민시의 팜반하이(Pham Van Hai) 거리는 수교 후 초기 한인들이 모여들어 정착했던 곳이다. 참전 군인과의 특별한 인연이나 연고 없이 갔기에 당시 라이따이한(Lai Dai Han)[7]의 아버지로 알려진 정△△ 선생의 한식 식당인 다목적휴게실에 찾아가 사정 이야기를 하고 참전 군인을 소개받거나, 하루 종일 한인 손님들을 보면서 구술자를 기다렸다. 며칠 안 되는 시간이었지만 그야말로 기약 없는 기다림이었다. 베트남 전쟁 당시 한진에서 근무했다는 분을 소개받기도 했지만 얼굴도 보지 못하고 문전박대당했다. 소개자에게 이를 이야기했더니 한국군의 민간인 학살, 신라이따이한 문제 등 한인들에게 부정적인 보도들로 외부인을 꺼리기 때문일 거라 했다. 그날 팜반하이의 햇볕은 유난히도 눈부시고 뜨거웠던 것으로 기억한다. 「참전군인」(2007)에 포함된 해외동포 세 명은 이러한 우여곡절을 통해 만난 구술자들이었다. 나는 이러한 과정에서 신문 기사 몇 줄, 상상력을 자극하는 몇몇 자료를 통해 얻은 지식을 가지고 구술 면담을 포함한 연구 계획을 세우는 '용감함'이 초래하는 문제, 체계적인 계획과 현지 조율 없는, 무엇보다도 시간의 제약 속에서 진행하는 현장연구의 한계를 실감할 수 있었다.

  참전 군인 연구를 진행하면서 연구 당시는 물론이거니와 아직도 해결하지 못한 문제가 집단으로서의 참전 군인에 대한 '사회적·이념적 거리감'이다. 군대 문화와 결합된 참전 군인의 집합 행동과 보수적 이념 동원은 이들의 집합적 성격과 특성을 보여준다. 개인적으로 나는 이에 대한 많은 거부감을 가지고 있었고, 구술자를 만날 때도 개인적 성격에서 드러나는 집합적 특성에 신경이 쓰였다. 사실 대부분의 구술자들과 이러한

---

7 베트남 전쟁 당시 베트남 현지에서 한국인과 베트남인 사이에서 태어난 2세를 일컫는다.

점이 문제된 적은 별로 없었다. 그러나 '5·18 민주화 운동 당시 북한군 투입설'이나, '한국 내 간첩 5만 명 암약설' 등을 신념화하고 있는 극우적 성향의 구술자들과는 만남이 어려웠다. 단적인 예로 참전 군인 단체의 유명 사이트 운영자를 만났을 때 나는 그를 다시 만날지, 만나지 말아야 할지를 결정해야 했다. 그와의 라포 형성과 관계 유지는 풍부한 자료로의 지름길이 될 수 있었을 것이다. 그렇지만 내가 느꼈던 것은 너무도 큰 '사회적·이념적 거리감'이었다. 이를 한편에 두고 구술자와의 관계를 진전시켜간다는 것은 스스로에게 자신이 없었고, 나와 구술자 모두를 위해서는 안 될 일이라 여겨졌다. 이는 불편한 상황을 피하기 위한 자기정당화일 수도 있다. 과연 당시의 선택은 옳은 것이었을까? 좀 더 적극적인 접근을 통해 구술자와의 관계를 진전해보려 노력해야 했을까? 이 문제는 나에게 여전히 어렵고, 힘든 문제로 남아 있다. 그렇지만 이러한 상황에 부딪혔을 때 꼭 기억해야 할 것은 구술자가 연구를 위한 수단이 되는 순간 구술자의 상처는 말할 것도 없고, 연구자 또한 그 해악에서 자유로울 수 없다는 점이다.

구술 면담을 위한 만남에서 마지막으로 하나 더 언급할 것은 구술 주제와 연관된 대상의 설정이다. 연구 계획 초기 「참전군인」(2007)은 구술 면담 범위를 베트남 전쟁 참전 군인과 더불어 그의 가족으로까지 확장했다. 가장의 경험이 가족의 국가주의, 반공주의에 어떻게 연계되는가를 살펴보고자 했기 때문이다. 참전 군인을 만난다면 이를 자연스럽게 가족과의 연계 구술로 연결시킬 수 있을 것이라는 '나이브(naive)'한 생각이 그 바탕이 됐다. 그러나 가족을 만난다는 것이 새로운 참전 군인을 찾는 것보다 훨씬 어려운 일이라는 것을 깨닫는 데는 오랜 시간이 걸리지 않았다. 나의 경험과 기억을 연다는 것과 나와 연관된 가족의 기억을 연다는 것은 전혀 다른 문제였다. 가족과의 면담을 완곡하게 거부하거나, 허락한다고 하더라도 편치 않게 느껴졌다. 지배 이데올로기의 아래로부터의 재생산 문제를 들여다보기 전에 먼저 보일 수밖에 없는 것이 가족 관계였다. 추상적 수준에서 만들어진 연구 기획이 현실과 부딪힐 때 얼마나 쉽게 그 바닥을 드러내는가를 느낄 수밖에 없었다.

구술자와의 만남에서 주제를 바꿔, 그렇다면 구술자에게 얼마큼의 이야기를 들어야 할까? 지금도 생각나는 한 구술자가 있다. 그는 한국전쟁 당시 노근리 사건에서 부모를 잃고 고아로 자랐다. 베트남 전쟁 파월 장병이었고, 베트남 현지 취업자였다. 내가 만났을 때는 고엽제 피해로 고통을 호소하고 있었다. 그는 해방 이후 한국이 경험한 가장 큰 두 번의 전쟁에 어쩔 수 없이 휘말렸다. 그와의 면담은 2차에 걸쳐 세 시간 이상 진행됐다. 그러나 지금 와 다시 들여다보니 깊이 있는 구술이라기보다는 구술자의 경험을 사건사별로 확인하는 정도에 그친 것 같아 아쉬움이 남는다. 두 번의 전쟁 이후 오랜 시간이 지난 뒤 그의 노년에 제기된 노근리와 고엽제 문제는 한국 현대사와 연관된 개인 삶의 사회적·개인적 맥락을 드러내는 일이었다. 열린 귀와 마음으로 그의 삶의 이야기를 제대로 들었어야 했다. 그러나 그때는 그러지 못했다. 그와 구술 면담을 하면서도 주제와 연관된 구술자를 찾는 데 더 몰두했던 것 같다. 프로젝트를 진행하다 보면 시간, 비용, 연구 일정 등 여러 상황을 지속적으로 고려해야 하며 이러한 상황이 면담의 집중력을 떨어뜨리기도 한다. 그렇지만 한 번 지나간 구술자와의 시간은 다시 돌아오지 않는다. 그때그때 사안에 따라 다를 수 있지만 구술자가 이야기할 분위기를 만들고 충실히 들어야 한다. 가장 기본이지만 쉽지만은 않은 일이다.

4) 과거와 현재의 관계 읽기와 기억의 재현: 자료 해석과 연구의 가지 뻗기

「참전군인」(2007)은 "미시적 맥락에서 지배 이데올로기가 재생산되는 경로, 보수 세력으로서 참전군인이 지니는 특성"(윤충로, 2007: 216)을 이해할 수 있는 단초를 제공한다. 나는 참전 군인의 보수적 동원을 그들의 전쟁 경험, 삶의 궤적에서 참전 경험을 반추할 수 있는 계기들, 집단이 동원할 수 있는 자원, 전쟁과 접합되는 지배 이데올로기 유형 등을 통해 설명하려 했다. 이는 '가스통 할배'로 가시화되는 폭력과 이념적 경직성을 현상적 특성을 통해 묘사하는 것이 아니라, 전쟁이라는 역사적·개인적 경험을 토대로 형성론적 관점에서 설명하고자 한 것이다. 아래의 글은 「참전군인」(2007)의 논의를 집약적으로 보여준다.

참전 군인이 보수 지배 이데올로기와 강력한 친화력을 보이는 것은 이데올로기가 그들의 의식을 왜곡해서라기보다는 그것이 그 집단 정서를 객관화하는 데 적절히 부합했기 때문이라고 할 수 있다. 공통적인 전쟁의 경험, 섬광 기억, 사나이 문화와 결합된 군사 문화와 같은 요인은 참전 군인이 집단화되고 집합적 정체성을 형성할 수 있는 원초적 재료가 되며, 전쟁에 대한 기억과 향수, 전쟁의 상처인 육체의 고통과 전쟁에 대한 사회적 기억의 변화는 참전 군인의 집단적 기억의 재생과 응집, 집합적 정체성을 촉진하는 요인으로 작용한다. 여기에서 특히 고엽제로 대표되는 육체적 고통, 전쟁에 대한 사회적 망각과 반공·발전을 위한 전쟁이었다는 국가·사회적으로 정형화된 전쟁 기억의 균열은 참전 군인과 단체가 과거의 가치, 경험, 상징을 현재화하는 '재생에 의한 동원'을 통해 자신을 적극적으로 방어하고 정당화하게 되는 계기가 된다(윤충로, 2007: 216).

베트남 전쟁 참전 군인의 집단화 및 동원 문제는 복합적인 역사와 사회적 요인, 집단과 개인의 경험과 기억의 접합 결과였다. 참전 군인의 이데올로기적 특성을 검토하면서 흥미로웠던 점은 베트남 전쟁과 반공 이데올로기의 연관성이었다. 연구 결과는 반공 이데올로기가 베트남 전쟁 경험보다는 주로 한국 사회 내 이념 지형의 영향으로 강화됐음을 보여준다. 이는 '반공 전쟁', '자유의 십자군'이라는 참전의 주요 명분이 사회적으로 그리 큰 효과를 발휘하지 못했음을, 베트남 전쟁이 왜 그렇게 경제 전쟁의 성격을 강하게 내포하게 됐는지를 간접적으로 설명해주는 기제이기도 했다.

나는 또한 과거가 현재 관계를 구축하며, 역으로 현재가 과거를 재규정해가는 기억의 정치 과정을 살펴볼 수 있었다. 1999년 이후 한국이 경험한 베트남 전쟁의 기억을 둘러싼 '기억의 전쟁'은 물리적 전쟁의 종결로 끝나지 않는 전쟁의 시간이 지닌 다양한 층위를 보여주었다. 이는 또한 끝나지 않은 피해와 가해의 문제, 직접적 폭력과 결합된 문화적 폭력 문제를 사회적으로 부각시켰다. 여기서 주목해볼 것은 베트남의 피해자가 자신의 존재를 드러내는 과정, 한국의 참전 군인이 집단화되고 응집적인 행위 주체로 형성되어가는 과정이 상이하지만 서로 연관된 시간의 축을 따랐다는 점이다. 의도치 않았겠지만 피해자 기억의 부상은 참전 군인의 기억을 소환하고, 응집을 강화하는 촉매제가 됐다. 기억의 전쟁은 망각된 전쟁 기억의 재현 과정에서 부상했다. 나는 참전 군인에 관련한 연구를 진행하면서 이러한 모순된 접합을 깨달을 수 있었다. 내가 만일 베트남 민간인 학살 진실 규명에만 관심을 갖고 있었다면 이러한 상황을 인지하는 데 좀 더 많은 시간이 필요했을지도 모른다.

참전 군인을 중심으로 아래로부터 지배 이데올로기가 재생산되는 과정을 두텁게 기술하려 노력했지만 여전히 부족한 면이 많다. 목적한 맥락을 충분히 드러내려면 이와 연관된 다양한 연구들이 필요하다. 예를 들어 국가와 참전 군인 단체, 참전 군인 단체들, 참전 군인 단체와 개인, 이들 상호 간의 길항과 갈등 그리고 협력, 참전 군인 단체의 유지·재생산 기제 등의 문제를 더 심도 있게 다룰 필요가 있다. 또한 참전 군인 관련 연구는 '아래로부터 보수의 재생산'이라는 좀 더 포괄적인 문제와 맞물려

주제 지평을 심화·확장하고, 더욱 깊은 연구로 나갈 필요가 있다.

　문헌 연구와 기초 자료 찾기, 2년에 가까운 구술 면담과 자료화 과정 등에 많은 시간과 노력을 들여 논문 한 편을 쓴다면 너무 '낭비'적인 것은 아닐까? 그럴 수도, 그렇지 않을 수도 있다. 사실 이렇게 집중적으로 자료를 수집하고 읽고, 하나의 주제에 몰두해 구술 면담을 진행하고 이를 지속적으로 고민할 수 있는 기회는 많지 않다. 결과물을 고민하는, 아니 다양한 자료를 틀어쥐고 앉아 상상력을 '쥐어짜는 과정'은 연관된 주제의 생성과 확장을 이끌기도 하고, '의도치 않은' 연구 결과를 수반하기도 했다. 이제부터는 참전 군인의 전쟁 경험과 기억을 토대로 한 전시 작업과 연구 한 편을 간략히 소개하겠다.

　먼저 이야기할 것은 '귀국박스 展'(2008년 12월)이다.[8] 당시 작업은 사회학자인 나, 독립영화감독 박경태, 미술작가 임홍순 3인이 공동 기획했다. 우리는 이 전시에서 참전 군인의 경험과 기억, 이야기를 통해 재구성되는 베트남 전쟁을 보여주고자 했다. 다음은 당시 전시회 소개 글 중 일부 내용이다.

> "전쟁의 기억 귀국박스를 열다"
> 전쟁기념관의 기념비와 기념물, 사망자 명단, 통계 수치, 경부고속도로로 기억되는 전쟁. 딱딱하지만, 지극히 '얇은 공식 기억'의 이면에는 두텁지만 점차 사라져가고 있는 사람들의 경험과 기억이 있다. 병사들이 귀국의 단꿈을 꾸며 꾸렸던 귀국박스, 그 속에 담아 왔던 C-레이션, 라디오, 탄피들. 그리고 박스로는 도저히 채울 수 없었던 그들의 전쟁 경험과 기억들. 이제 노병들이 이야기를 시작한다. 그들의 '귀국박스'는 이제야 열리기 시작한다.

8　귀국박스는 베트남 전쟁 당시 귀국 장병들이 개인 물품을 넣어 한국으로 보냈던 나무 박스다.

표 1 ｜ 구술자의 생애사적 시간과 베트남 전쟁

구분	황○○	문○○	최○○
1950	내가 일곱 살 때 6·25가 터졌어.	노근리 사건으로 가족을 잃었어. …… 8형제 모두 가 흩어졌지.	경주로 피난 가서 중학교 1학년을 마치고 서울로 올라왔어요.
1965	트럭을 타고 가는데 전쟁 터에 가면 누구에게 알려 야 되는데 알릴 길이 있 나? 밖에 친구가 보이기에 '○○아 나 월남 간다' 소 리쳤지.	-	인생 사는 동안에 가장 행 복했고, 그런 기간이 월남 전이에요. …… 군인이 전 쟁을 한다고 그래가지고.
1966	14개월 만에 국한 뒤 형님 들한테 인사하고 나가려고 하니까, 어떤 젊은 사람들 이 돈 얼마 벌었어요, 샀더 라고. 말대꾸도 안 했어요.	6월에 십자성부대에 차출 돼 월남에 갔어.	다쳐서 귀국했고. (군인으 로서는) 끝난 거지 인제.
1967	군 생활 힘들고 배고파 재 파월해가지고 다시 월남에 갔지.	근데 민간인이지만 철모 쓰고 방탄조끼 입고…… 총을 놓고 운전하고 그랬 어. 완전히 군인이요, 민간 인도.	-
1968	(현지 제대해) 운 좋게 미국 회사에 취직되어…… 300 불에서 시작해서 올 때는 450불까지 월급 받았지.	한국에 처자식 있는데. 돈 도 벌 만큼 벌었으니까. 내 가 여기서 죽으면 쓸데없 으니까. 귀국해서 이걸 토 대로 잘살아보자. 이러고 희망 귀국한 거예요.	-

전시는 공적 기록, 공식적 기억의 이면에 있는 참전 군인들의 다양한 기억을 그들이 베트남에서 가져왔던 '귀국박스'라는 상징적 매개체를 통해 재현하고자 했다. 당시 나는 구술생애사 자료를 바탕으로 전시장 한쪽 벽면에 몇몇 구술자들의 생애사적 기억의 편린을 펼쳐놓았다. 기간은 대체로 한국전쟁에서 최근 구술 시기까지였다. 〈표 1〉은 그 예를 간략히

사진 1 | '귀국박스 展' 참전 군인 생애사 작업

보여준다. 그리고 〈사진 1〉은 위의 내용을 OHP 필름에 옮겨 구술자별로 벽면에 시계열적으로 배치한 모습이다.

글쓰기 이외에 다른 작업을 전혀 생각해보지 않았던 나에게 당시 전시회는 몸에 맞지 않는 옷을 입은 듯한 어색함도 있었지만, 구술 자료를 활용한 다양한 기획과 새로운 영역으로의 개척 가능성을 느꼈던 신선한 경험이기도 했다.

연구로 이어진 것은 「구술을 통해 본 베트남전쟁: 참전군인의 전쟁 경험과 기억을 중심으로」(2009)다.[9] 이 연구는 「참전군인」(2007)의 '프리퀄(prequel)'에 해당된다고 할 수 있다. 여기에서 나는 「참전군인」(2007)에서 분석을 위해 언급했던 '파월 장병'의 전장으로의 여정과 전쟁 경험을 제대로 펼쳐 보여주고자 했다. 「참전군인」(2009)은 「참전군인」(2007)보

---

9 이후로 본문 언급에서는 「참전군인」(2009)으로 줄여 쓴다.

다 구술자가 확장되고 면담 시간도 늘어났다. 면담 기간은 대체로 2년 6개월 정도가 소요되었고, 베트남 전쟁 참전 경험이 있는 병사 21명, 장교 세 명, 파월 장병 선발 교육을 담당했던 장교 한 명, 총 25명의 장병에 대한 93시간가량의 구술 면담 자료를 기초로 했다. 이 글에서 나는 정치·경제·외교 등 거대 담론, 혹은 미시적인 전투사로 재현되는 베트남 전쟁 이야기를 넘어 '참전 군인'의 이야기를 통해 재현되는 베트남 전쟁 이야기를 그리고자 했다. 이를 위해 "참전 군인의 전쟁 경험과 기억을 시간의 흐름과 공간적 재배치에 따라 파월 과정과 베트남 전장으로 나누어 재구성"(윤충로, 2009: 256)했다. 장병들의 파월 동기에서 "자유민주주의 수호, 반공 전쟁이라는 국가적 대의명분"은 별 의미가 없었고, 파월 결정에는 "국가의 강제, 생활세계의 어려움 탈피, 혹은 '사나이 문화'와 결합된 '군사적 남성성'의 실현이라는 복합적 요인"(윤충로, 2009: 256)들이 작용했다. 베트남의 전장에서도 병사들에게 중요했던 것은 영웅주의, 반공주의, 애국주의와 같은 거대 담론보다 '개인적 명예'와 '생존'이었다. 이들의 목소리는 베트남 전쟁이 반공·자유 수호 전쟁이었다는 국가의 공식 기억을 형해화하며 내부로부터 허문다.

많은 시간 구술 면담을 하고, 자료화를 진행하는 공에 비하면 그 결과물을 외화하는 작업은 매우 제한적이라고 할 수 있다. 지금 돌이켜보면 나의 작업도 예외는 아니다. 그나마 서로 독립된 작업이었지만 긴밀한 연계를 가진 두 논문(윤충로, 2007; 윤충로 2009)과 '귀국박스 展'이 가능했던 것은 주제 영역의 유사성 때문이었다. 프로젝트 구성상 연차별로 주제가 다르다 하더라도 한국이 경험한 베트남 전쟁이라는 큰 범주 내에서 구술 자료 생산이 이루어졌기 때문에 자료의 활용도를 높일 수 있었던 것도 주요했다고 볼 수 있다. 이러한 결과물은 연구를 진행하는 과정에서 파생된 것이었다. 구술 자료의 활용도를 높이기 위해서는 연구 기획 단계부터 가능한 활용 범위와 목표를 설정하는 것이 중요하다. 예를 들어 구술 자료집 같은 경우도 마찬가지다. 베트남 전쟁과 관련해서 나는 연구 논문 집필 이외에 다른 결과물에 대해 크게 고민하지 않았다. 그만큼 시야가 좁았기 때문이라고도 할 수 있다. 다만 '쇠뿔도 단김에 뺀다'는 말처럼 구술 자료집 발간은 서두르는 것이 좋다. 대개 구술 녹취록이 나온 뒤 구술자 검독, 면담자의 윤문 혹은 편집 작업, 구술자의 재검독 과정을 거쳐 자료집을 발간한다. 이러한 일련의 과정은 구술자와의 협업뿐만 아니라 면담자의 많은 노력이 필요하다. 따라서 자료를 생산한 뒤 시간적 간극을 크게 두지 않고 바로 진행하는 것이 좋다. 적기를 놓치면 결과물 산출도 어려워질 수밖에 없다.

5) 우연, 혹은 필연, 가보지 않은 길을 향한 걸음

(1) 풍경 1: '하나의 전쟁, 두 개의 기억'

2015년 4월 4일 인천공항으로 응우엔떤런(Nguyen Tan Lan), 응우엔티탄(Nguyen Thi Thanh)이라는 베트남인 두 명이 입국했다. 스쳐 지나가는 많은 사람들에게 이들은 그저 저마다 다른 목적을 갖고 한국을 방문하는 수많은 평범한 베트남인 중 하나였을 것이다. 그러나 이들의 내력은 단순치 않았다. 응우엔떤런은 1966년 2월 13일 안빈(An Vinh) 마을 학살 사건으로 어머니와 여동생을 잃었다. 또한 응우엔티탄은 1968년 2월 12일 퐁니(Phong Nhi) 마을 학살 사건으로 어머니와 남동생 등 가족 다섯이 희생됐다. 베트남 전쟁 종전 40년, 한·베 수교 23여 년 만에 베트남 전쟁 기간 중 발생했던 학살 사건의 '생존자'가 한국을 직접 방문한 것이다. 한국 땅을 밟은 것은 비록 두 사람에 불과했지만, 우리가 감당해야 할 과거사의 무게는 결코 가볍지 않다. 이러한 가운데 한국 사회에서 이들을 가장 떠들썩하게 맞이했던 것은 베트남 전쟁 참전 군인이었다. 참전 군인 단체들은 두 생존자의 한국 방문을 "역사를 왜곡하는 불순 세력의 반민족적 행위", "근거도, 증거도 없는 연극"이라 주장하며 강력히 반발했다(≪한겨레≫, 2015.4.7). 그들은 시민단체 주관으로 생존자들이 참가하는 베트남 전쟁 기억에 관련한 사진전 리셉션 행사를 실력으로 저지했다. "심장으로 말을 하고", "직접 눈으로 보고 귀로 들은 것만 말"(≪오마이뉴스≫, 2015.4.8)한다는 응우옌떤런, 모든 것을 부인하는 참전 군인 단체, 이 상반된 모습은 당일 무산된 사진전의 제목, '하나의 전쟁, 두 개의 기억'의 현실적 재현이었다.

(2) 풍경 2: 촛불 집회와 태극기 집회, 다른 걸 틀리다고가 아니고…… 이해해야

장○○은 1942년생으로 올해 76세다.[10] 그는 베트남 '참전 용사'이며, 직업 군인으로 12년을 근무했다. 슬하에 3남매를 두었다. 젊을 때 고생도 많이 했지만 지금은 그의 말대로 하자면 월수입이 1000만 원 가까운, 생활에 걱정 없는 노년을 보내고 있다. 작년 말, 그의 집안에는 촛불 집회와 태극기 집회를 둘러싼 작은 분란이 있었다. 두 집회에서 부모와 자식이 갈렸다. 장○○은 "박근혜를 처단하라 그러는데…… 나는 촛불 집회의 옳고 그름을 떠나 극단적인 걸 배제했으면 얼마나 좋을까……. 5000년 역사에 충효 사상에 어긋나지 않느냐, 우리가 동방예의지국인데 이건 아니지 않느냐 해서 태극기 집회에 나갔어요"라며 태극기 집회 참여 동기를 설명했다. 그러던 중 장○○은 텔레비전에서 나오는 촛불 집회 광경을 보고 자식들에게 태극기 집회를 지지하는 내용의 카톡을 보냈다. 딸 둘에게서는 응답이 없었다. 그러나 맏이인 아들은 '이런 메시지 보내지 말라'는 답을 보내왔다. 장○○ "그런가 보다 묵살하고 넘어갔으면 좋지 않았겠느냐. 그런데 (아들이) '박근혜, 이명박 10년을 실정해서

---

10 이는 2017년 7월 21일에 진행된 구술자의 생애사 면담 자료 중 일부 내용이다.

그런 건데' 이렇게 꾸짖는 식으로 오니까. …… 그냥 넘어가도 되는데 직
설적으로 자기주장을……. 그래가지고 그 후에 안 보낸다고 하고"라면서
아들에 대한 섭섭함을 드러냈다. 그의 섭섭함은 의견 차이 때문이 아니
었다. 차라리 딸들처럼 아들이 메시지를 무시했다면 덜 상처받았을 것이
라고 했다. 옳고 그름의 문제가 아니라 아들의 표현 방식에 더 속이 상했
다. 그러면서 장ㅇㅇ은 "생각이 다르지. 다른 걸 틀리다가 아니고 다른
걸 이해해야 해. 피차간에 이해해야 해. 지금 우리나라가 빈부 갈등, 노
소 갈등, 그다음에 좌우 갈등 등등 해소가 돼야 해"라면서 한국 사회의
계급, 세대, 이념의 대립과 갈등이 심각함을 지적했다.

　참전 군인 세대는 1945년 전후를 기준으로 현재 주로 70대 연령층이
다. 내가 그들을 처음 만나기 시작했을 때 그들은 60대로 접어들어 가고
있었다. 그들을 만나 나는 베트남 전쟁뿐만 아니라 그들의 어린 시절, 청
년기, 제대 후 사회생활, 그리고 은퇴 후의 삶에 대한 이야기를 들었다.
어떤 때는 일상과 가정사의 문제를 들으면서 술잔을 기울이기도 했다.
그들은 해방, 분단, 한국전쟁, 산업화, 민주화의 역사적 과정을 온몸으로
살아낸 세대였다. 풍경 1과 풍경 2는 현재를 살아가는 그들 모습의 한 단
면이다. 군복을 입은 70대 노병들은 50여 년 전 베트남의 전장을 현재 한
국에서 재현했다. 또한 태극기 집회에서는 지배 이데올로기의 내면화가
"지배자를 향한 선망과 숭배"(최현숙, 2016: 263)로까지 이어진 단면을 본
다. 이는 서로 다른 사건이지만, 그 저변의 맥락은 유사하다. 같은 시·공
간을 살아도 사람들은 각자의 시간대를 살아간다. 끊임없이 변화하는 현
실의 시간 축을 따라 현재를 살아갈 수도 있지만, 과거 특정 시점의 시간
에 결박되거나, 시간의 지체로 현재의 시간과 충돌하며 자신의 시간을
살기도 한다. 이는 '비동시성의 동시성'이란 개념으로 논의되기도 한다.
풍경 1과 풍경 2는 복합적인 시간성이 세대와 이념의 문제로 가시화된
양태를 보여준다. 글의 말미에 내가 두 사례를 언급한 것은 최근의 내 관

심사를 반영한 것이다. 「참전군인」(2007)에서 나는 전쟁의 희생자라고
도 할 수 있는 참전 군인이 왜 보수 이데올로기에 강력히 포획돼 있고,
아래로부터 지배 이데올로기를 재생산하는 보수적 주체가 되는가를 설
명하고자 했다. 최근에는 이러한 문제의식을 계급·세대와 보수의 재생
산 문제로 확장하려는 욕심이 생겼다. '가난한 사람이 왜 보수화되는가',
이와 교차해 '가난한 노년의 보수성을 어떻게 설명할까'라는 것이 성긴
질문의 시작이다. 이는 '아래로부터 보수의 재생산은 어떻게 이루어지는
가'라는 훨씬 포괄적인 질문과 연결돼 있다. 이를 위해 나는 우선 '작은
사람들의 역사', '생활세계'를 둘러싼 보수의 재생산, 박정희 시대를 둘러
싼 '기억의 정치' 등의 문제에 초점을 두고 이후 작업을 진행하려 한다.

첫째, 거시 역사에 가려져 드러나지 않았던 작은 역사 속으로 한 발 더
다가서려 한다. 나는 한국의 베트남 전쟁 경험에 관심을 갖고 베트남 전
쟁을 경험한 다양한 사람들을 만났다. 참전 군인, 간호장교, 파월 기술
자, 학생 위문단, 파월 교육대가 있었던 오음리의 상인, 베트남 전쟁 당
시 베트남 현지에서 사업을 하던 사업가, 한국군 민간인 학살 피해자, 우
리가 베트콩이라 불렀던 베트남 민족 해방 전사들……. 벨라루스의 저널
리스트 스베틀라나 알렉시예비치는 "역사는 거리에 있다. 군중 속에. 나
는 우리 한 사람 한 사람이 역사의 조각들을 가지고 있다고 믿는다. 어떤
한 사람은 반 페이지만큼의 역사를, 또 어떤 사람은 두세 페이지만큼의
역사를"(알렉시예비치, 2015: 26)이라고 했다. 구술사 연구를 통해 많은 사
람들과 만나면서 나는 이 이야기가 지닌 의미를 머리로만이 아니라 마음
으로도 느꼈다. 한 개인의 삶은 개인적 일상, 사회적 삶, 여기에 역사적
시간이 교차되면서 형성된다. 이제 나는 '작은 사람들의 역사'로 들어가
'현재'로 나오고자 한다. 이해의 근거는 삶의 역사로부터 나온다.

둘째로는 삶의 역사로부터 그들의 생활세계에 대한 이해로 이야기의
범위를 확장해가려 한다. 매일 지나다니는 동네 골목길도 낮과 밤에 보

는 느낌이 다르고, 때로는 여기에 이런 것도 있었나 하며 발걸음을 멈추고 되돌아보기도 한다. 이처럼 생활세계는 친숙하면서도 낯선 영역이다. 토호나 유지를 중심으로 한 지역사회 정치, 개인적·집단적 연계망을 통한 아래로부터의 동원과 보수 정치는 중심·상부 정치와 연계되면서도 상대적으로 독립적인 영역을 지닌다. 미시적 관점에서 생활세계에서 이루어지는 보수의 재생산 메커니즘에 접근하는 것은 세대 문제를 이해하기 위한 또 다른 출구일 수 있다.

셋째는 지속적으로 관심을 기울여왔던 박정희 시대에 대한 깊이 읽기다. "사람들은 의식상으로 기억할 수 있는 생애에 관련해서는 마음속의 그것과 관련된 용어를 적어도 하나 정도는 떠올릴 수 있는 역사가들"(홉스봄, 1998: 75)이다. 따라서 여기에는 다양한 판본이 있다. 그러한 기억들은 과거에 붙박인 것이 아니라 다양한 형태로 현재의 시간에 출몰해 자신의 존재를 인정받고자 한다. 단적인 예로 한국군의 베트남 민간인 학살을 둘러싼 문제는 과거의 역사가 아니라 지금도 치열한 '기억 투쟁'이 벌어지는 정치의 장이다. 최근까지 이념과 세대 문제를 반영한 기억의 정치에서 논란의 중심에는 박정희가 있었다. 1979년 10·26 사건 이후 40여 년이 가까워오지만 한국 사회는 그의 그림자로부터 자유롭지 못하다. 역사, 기억, 세대 문제를 교차시키면서 다양한 측면에서 이에 대한 사회사적·문화사적 접근을 시도할 필요가 있다.

우연인지 필연인지 내가 처음 구술사 연구 작업을 시작했을 때 만난 구술자들은 보수 집단으로 알려진 참전 군인들이었다. 이후 작업에서 내가 주로 만났던 사람들은 새마을 지도자였다. 각각 박정희 시대 군사적 동원, 또 사회적·경제적 동원의 일선에 섰던 이들이다. 당시 청장년이었던 이들이 이제는 노년의 시기를 보내고 있다. 2017년 3월 10일 박근혜 대통령이 탄핵됐다. 그들의 박근혜는 탄핵됐을까? 그렇다면 박정희는? 한국의 이념·세대 갈등을 더욱 깊이 들여다보기 위해서는 개인의 삶과 연계된 시대사, 사회사 그리고 '비동시성의 동시성'을 함축한 세대 문제를 함께 고려해 그 전체 맥락에 다가가려는 노력이 필요하다. 이는 아직 내가 가지 못한, 아니 가보지 않은 길이다. 이제 한 걸음 더 '그들의 세계'로 다가갈 수 있을까? 관련 인물과 많은 구술 면담을 거쳤지만, 새로운 사람과의 만남은 언제나 걱정과 설렘을 동반한다. 한 사람의 인생으로 들어가는 길은 하나의 작은 세계로 들어가는 길이다. 그 크기가 결코 작을 수 없다.

생각해볼 거리

1 세대 차이는 어느 때나 있어온 자연스러운 현상일 수 있다. 그러나 세대 차이가 정치·경제·사회·문화 등 다양한 요인들과 결합해 세대 간의 대립과 갈등, 적대 등을 유발하면 이는 심각한 사회 문제로 전환된다. 세대 간 투표 성향을 보여주는 통계 지표, 촛불 집회와 태극기 집회로 양분된 거리의 풍경 등은 이를 잘 보여준다. 현재 한국 사회의 세대 문제를 어떻게 이해해야 할까? 이러한 문제에 접근하는 데 질적 연구 방법이 기여할 수 있는 것은 무엇일까? 구체적 주제와 사례를 들어 함께 토론해보자.

2 구술사 연구는 연구자와 구술자의 관계망 속에서 이루어진다. 구술자는 연구 대상자가 아닌 연구 참여자로서 연구의 동반자라 할 수 있다. 그렇지만 동반자들이 언제나 친화적이지는 않다. 오히려 많은 구술자들은 연구자의 연구에 관심이 없다. 무관심, 귀찮음, 의심, 심지어는 적대적인 태도를 보이는 구술자도 있다. 이러한 상황을 악화시키는 요인 중 하나는 연구자와 구술자의 정치적·이념적 간극이다. 한국구술사학회 연구 윤리 규정 제4조(구술 채록 작업에 관한 윤리 원칙) 1항은 "연구자는 구술 채록의 목적과 해당 구술사 프로젝트에 대한 정보를 구술자에게 알려주어야 한다"는 것이다. 구술자의 이력과 정치적·이념적 성향이 연구자나 구술 채록의 목적과 충돌할 때 연구자는 이에 어떻게 대처해야 할까? 연구 과제의 목표 달성, 연구자, 구술자라는 3각 구도 속에서 연구 윤리를 지키고, 구술자를 존중하면서 연구를 진행할 수 있는 방안이 어떤 것일지 생각해보자.

더 읽어볼 거리

1 권헌익. 2016. 『베트남 전쟁의 유령들』. 박충환·이창호·홍석준 옮김. 산지니.
'전쟁의 유령들'을 실마리 삼아 베트남인들의 전쟁 경험과 기억에 대한 깊이 있는 연구를 수행한 역작이다. 현장연구와 인류학적·역사적 상상력의 결합을 생각하며 읽기를 권한다.

2 윤충로. 2015. 『베트남 전쟁의 한국 사회사』. 푸른역사.
한국의 베트남 전쟁에 관련한 대부분의 연구는 정치·경제·군사적인 거대 담론을 중심으로 한다. 반면 이 책은 구술사를 바탕으로 한국의 베트남 전쟁 경험과 기억을 재구성한다. 이 장의 내용과 관련한 10여 년의 연구 궤적, 한국의 베트남 전쟁을 둘러싼 사회사적·문화사적 단면을 살펴볼 수 있다.

3 슈피겔만, 아트(Art Spigelman). 1994. 『쥐』. 권희섭·권희종 옮김. 도서출판 아름드리.
히틀러 치하에서 살아남은 유대인 블라덱 슈피겔만과 그의 아들이 엮어가는 전쟁 경험과 현재의 일상에 대한 이야기. 구술사와 만화의 결합으로 구술사 활용의 훌륭한 사례를 보여준다.

참고문헌

뤼트케, 알프(Alf Ludtke). 2007. 「꾸불꾸불 가기」. 임지현·김용우 엮음. 『대중독재 3』. 책세상.

리영희. 1985. 『베트남전쟁: 30년 베트남전쟁의 전개와 종결』. 두레.

알렉시예비치, 스베틀라나(Svetlana Alexievich). 2015. 『전쟁은 여자의 얼굴을 하지 않았다』. 박은정 옮김. 문학동네.

염미경. 2003. 「전쟁연구와 구술사」. 표인주 외 엮음. 『전쟁과 사람들』. 한울.

≪오마이뉴스≫. 2015.4.8. "어떻게 그 많은 사람들을 다 죽여 버릴 수 있나요".

윤충로. 2007. 「베트남전쟁 참전군인의 집합적 정체성 형성과 지배 이데올로기의 재생산」. ≪경제와 사회≫, 76.

_____. 2009. 「구술을 통해 본 베트남전쟁: 참전군인의 전쟁 경험과 기억을 중심으로」. ≪사회과학연구≫, 17(1).

_____. 2015. 「한국의 베트남전쟁 기억의 변화와 재구성」. ≪사회와 역사≫, 105.

정혜경. 2014. 「구술사 프로젝트 기획」. 한국구술사연구회 엮음. 『구술사 아카이브 구축 길라잡이 I』. 선인.

제발트, W. G(W. G. Sebald). 2013. 『공중전과 문학』. 이경진 옮김. 문학동네.

최현숙. 2016. 『할배의 탄생: 어르신과 꼰대 사이, 가난한 남성성의 시원을 찾아서』. 이매진.

≪한겨레≫. 2015.4.7.

홉스봄, 에릭(Eric Hobsbawm). 1997. 『극단의 시대: 20세기 역사(상)』. 이용우 옮김. 까치.

_____. 1998. 『제국의 시대』. 김동택 옮김. 한길사.

_____. 2002. 『역사론』. 강성호 옮김. 민음사.

제9장

역사적 사건과 생애 연구:
민간인 학살의 증언자

한성훈

연세대학교 미래융합연구원 연구교수

1. 연구자 소개

질적 연구와 양적 연구에 대한 관점에서 연구의 초점은 사람에게 있다. 질적 연구는 사람을 이해하는 필수 연구 방법이다. 양적 연구가 사회 현상에 대한 경향과 추세를 보여주는 장점이 있는 반면, 질적 연구는 행위자의 동인을 설명하는 데 유용하다. 개인의 행위가 구조화된 사회와, 이 사회에서 재생산되는 인간을 이해하기 위해서, 또 그 행위를 설명하기 위해서 연구자는 질적 연구 방법을 선택한다.

질적 연구를 시작하게 된 동기는 한국전쟁 전후에 벌어진 민간인 학살의 피해자를 만나 증언을 채록하면서부터였다. 민주주의 국가에서 폭력을 당한 개인의 신원을 회복하는 것은 곧 정치와 권력의 보편 문제를 비판하는 것이다. 연구 방법론에 관해서는 학부에서 의문 사건의 피해자와 현장 탐구를 하며, 대학원 과정에서 북한 이탈주민 구술 채록을 위한 질문지와 보고서를 작성하고 사례 발표를 하며 익혔다. 시민단체와 정부 기관에서 일하면서 의문 사건과 민간인 학살 유가족, 고문 조작 간첩 피해자 등 다양한 연구 참여자를 만나 경험을 쌓았다.

본격적인 질적 연구 경험은 1999년부터 의문 사건과 민간인 학살을 증언하는 피해자를 많이 만나, 오랫동안 관계를 맺으며 그들의 삶이 변화하는 과정을 탐구하면서 시작됐다. 이때 가해자 연구에 대한 부담이 없을 만큼 충분한 연구 경험을 쌓았다.

이 장에서 소개하는 좌충우돌기는 『가면권력: 한국전쟁과 학살』을 주 배경으로 한다. 연구 내내 나는 증언자의 위치를 보편적인 질적 연구 방법의 연구 참여자로 확대하고 싶었고, 연구(자)의 서사를 밝히는 과정이 사회과학에서도 필요한 부분이라고 생각한다.

2. 나의 질적 연구 좌충우돌기[1]

1) '무시'당하거나 '환대'받거나

과거에 일어난 중요한 사건에 관련된 대상을 어떻게 연구할 것인가? 일본군 위안부나 고문 조작 간첩에 연루된 사람들 또는 세월호 유가족을 연구 과정에서 만나야 할 때 연구자의 부담은 클 수밖에 없다. 이 장은 '역사적 사건을 경험한 연구 참여자를 어떻게 마주할 것인가'에 대해 주로 다룬다.

역사적 사건이란 일상에서 쉽게 접할 수 없는 일을 말하며, 이런 사건을 겪은 대상을 마주하는 것은 질적 연구에서 부담으로 작용할 수 있다. 한국전쟁 전후에 발생한 민간인 학살도 마찬가지다. 제주 4·3과 여순 사건, 국민보도연맹원과 형무소 재소자, 부역 혐의자, 거창 사건과 11사단 토벌 작전, 미군이 관련된 노근리 사건 같은 민간인 학살은 워낙 많을 뿐만 아니라 내용 자체도 복잡하다. 이 사건의 연구 참여자들은 피해자를 비롯해 가해자와 목격자 등 다양한 증언자 지위를 갖고 있다. 이때 참여자는 그 위치에 있어 시민사회나 정치사회의 변동과 영향을 주고받는 매우 독특한 연구 대상이라고 할 수 있다.

피해자를 처음 만났을 때 나는 그들로부터 '무시'당하거나 '환대'받곤 했다. 1987년 민주주의 이행 이전까지, 가깝게는 1990년대 말까지 우리 사회에서 민간인 학살을 언급하는 것은 금기에 가까웠다. 일부 언론과 연구자를 제외하면 거창 사건 정도를 아는 것이 학계와 시민사회의 수준이었다. 이와 같은 상황에서 연구 참여자를 처음 대면했을 때, 참여자가

---

1 이 절의 내용은 다음 책의 연구 과정을 바탕으로 작성했다. 한성훈, 『가면권력: 한국전쟁과 학살』(후마니타스, 2014); 한성훈, 『학살, 그 이후의 삶과 정치』(산처럼, 2018).

연구자를 무시하게 되는 것은 놀라운 일이 아니었다. 당시 그들의 심중에는 '네가 사건을 알까'라는 생각이 지배적이었기 때문이다. 나중에 알게 되었지만 연구자나 언론, 사회에 대한 그들의 불신은 무력감이나 소외의 또 다른 표현이었다. 공동체 구성원으로서 실존하지 못한 그들의 현실을 반영한 태도라고 바꿔 말해도 괜찮을 것이다. '무시', '반감', '소외'는 그들이 학살이라는 비극을 겪고 그 이후에 경험한 삶이 그들에게 하나의 삶의 형식으로 자리 잡았기 때문에 나타나는 것이었다.

환대를 받는 경우도 있다. 그들의 이야기를 무조건 들어줄 때다. 1999년 9월 AP에서 노근리 사건을 보도한 이후 시민사회의 의제로 부상한 '민간인 학살'은 언론과 학계, 정치사회의 주목을 받기 시작한다. 사회학을 공부하던 나는 이 문제가 남한과 북한이라는 근대국가의 정초(定礎)와 관련되어 있음에 주목했다. 개인과 국가의 관계, 인간의 존재 형식을 규정하는 정치 공동체와 그 구성원 사이의 관계 설정이 분단 체제 수립과 한국전쟁에서부터 시작되어온 것이라는 생각을 한 것이다. 일종의 '가설'이었다. 학문적인 관심에서 출발했지만 민간인 학살은 사실 그 자체에 대한 재구성조차 되어 있지 않은 상태였다.

그즈음 시민사회는 유족회와 시민 활동가, 언론인, 연구자, 변호사들이 힘을 모아 전국 단위의 시민단체를 조직하고 본격적인 사회 운동을 시작한다. '한국전쟁 전후 민간인 학살 진상 규명과 명예 회복을 위한 범국민위원회'라는 긴 단체명만큼이나 오래된 민간인 학살의 의제를 끄집어내고 있었다. 학계의 연구는 초기 단계였고, 언론은 사실을 발굴하고 보도하기에 바빴으며, 활동가들은 각 지역에서 일어난 사건에 주목하면서 그동안 활동해온 유족(회)을 중심으로 연대를 이루었다. 피해자와 유족들은 자신들의 이야기를 알려고 하는 연구자를 좀 더 가까이하게 되었고 마음의 빗장을 풀었다.

이 연구 주제는 현재부터 한국전쟁, 1948년 남북한의 서로 다른 체제 수립 과정과 해방으로 거슬러 올라간다. 그 사이, 피해자와 그 친족의 지난한 시간은 계속 흘렀고, 1960년과 1961년에 분기점이 있긴 했지만 1990년대 말에 이르러서야 그들의 지위는 조금씩 보편성을 획득한다. 민간인 학살이 의제가 되고 관련 연구와 사회 운동이 궤도에 오르자 연구 참여자들은 사회로부터 가졌던 수동적 정서를 누그러뜨리게 된다. 그럼에도 불구하고 어떤 특정한 사건에 연루된 사람들을 대상으로 하는 질적 연구가 대부분 그렇듯이, 참여자를 대상화하는 위험은 항상 있어왔다. 객관적인 연구자의 관점을 유지하는 것과 그 참여자를 대상화하는 것은 전혀 다른 문제다. 간략하게 요약하면 연구(자)를 위해 그들이 존재하는 것이 아니라는 사실을 이해해야 한다. 그들을 이해하고 그들의 내적 논리를 바탕으로 전개되는 생애 주기와 민간인 학살의 연계성을 설명하는 것은 그들을 연구 대상자로서 한정하는 것과 전혀 다른 차원이다.

이 글은 민간인 학살과 그 증언자를 연구하는 과정에서 빚어진 연구자의 좌충우돌 서사를 다룬다. 시민사회에서 민간인 학살 문제가 어떻게 진행되었는지, 증언자(피해자)는 어떤 사람들인지, 그들은 무슨 생각을 하고 살아왔는지, 나는 어떻게 이들을 연구했는지, 그 방법과 사례를 밝히려고 한다. 일반적으로 공유하듯이 사회 운동은 시민사회의 주요 의제를 정치사회의 제도적 차원으로 이동시키는 구실을 한다. 민간인 학살 연구는 진실을 규명하자고 요구하는 사회 운동과 학계의 연구, 그리고 정치사회 변동과 맞물려 진행된 최근의 주제라고 할 수 있다. 학문의 연구사로 보면 질적 연구 방법의 적용과 그 연구 대상의 확대를 이 글은 요구한다.

2) 연구 참여자 만남과 구술의 함의

(1) 정치사회 변동과 증언자의 등장

연구 참여자를 처음 알게 된 것은 1999년 가을이다. 그해 9월 30일 AP는 노근리 사건을 대대적으로 보도한다. 국민의 정부가 들어선 정치사회의 변동과 맞물린 AP의 보도는 민간인 학살을 국가의 주요 의제로 전환하는 계기가 되었다. 김대중 정부에서 제주 4·3과 국가인권위원회 설립, 의문 사건이 중요한 제도적 이행을 앞두고 있었다. 나는 인권에 관심을 가지고 (재)한국인권재단에서 자원 활동가로 참여하고 있었다. 2000년 이후 한국인권재단이 주최한 연례 인권 회의의 주요 의제 중 하나가 민간인 학살이었다.

그 이전에도 제주 4·3과 여순, 문경 석달, 함평 11사단, 강화와 고양 지역 부역 혐의, 익산(이리)역 미군 폭격 사건에서는 유족들이 조직을 만들고 증언을 하며 유해를 발굴해왔다. 이런 활동이 배경이 되어 전국 단위의 유족회가 학계와 시민사회의 연대에 힘입어 1960년 이후 다시 만들어졌다. 흐름을 정렬하자면 피해자의 증언과 활동, 언론 보도 그리고 연구가 이어졌다. '빨갱이 죽음'이라는 이름으로, 이데올로기 문제와 결부되어 접근조차 쉽지 않던 이 사건에 대한 증언이 공론화되어 활발히 공개되기 시작했다.

민간인 학살 피해자나 관련된 사람들의 증언은 사회 운동 차원에서 시작한 연구라고 할 수 있다. 증언자에 대한 연구는 곧 사건 그 자체에 대한 재구성을 선행할 수밖에 없는 상황을 전제한다. 이 연구는 사회 운동과 결합되어 있고 관련 운동의 주제는 반세기 넘게 정치사회의 영향을 받으면서 진행되어왔다. 민간인 학살이 사회 운동 차원에서 간헐적으로 이뤄지게 되는 과정을 정치적 기회 구조(political opportunity structure)와 현대사의 흐름 속에서 살펴보자.

격동의 시기였던 정부 수립과 한국전쟁을 전후해서 이승만 정부의 군인과 경찰, 우익청년단은 대규모로 민간인을 살상한다. 1951년 2월 발생한 거창 사건이 널리 알려지고 군법회의(군사법원)에서 정치 쟁점이 되었지만 제대로 된 조사와 진실 규명은 유보된다. 1960년 4·19혁명이 일어나고 짧은 민주주의 이행기 동안 유족들은 전국피학살자유족회를 조직하고 활동에 나선다. 언론은 10여 년 전의 사건을 대대적으로 보도하고, 피학살 유족들은 이 시기 정치사회 변동의 중심에 서게 된다. 학살이 일어나고 얼마 되지 않은 시점은 다수의 증언자가 생존했던 때였다.

  당시에는 피해자는 물론이고 경찰과 군인을 비롯한 가해자와 목격자, 방관자들이 사실을 말했다. 증언자가 쏟아지면서 방치된 학살 현장에서 유족들이 유해를 발굴하고, 책임자 처벌을 요구하며 시위를 벌이고 정치권을 압박했다. 이와 같은 여론에 떠밀려 1960년 제4대 국회는 진상조사단을 전남반, 경북반, 경남반으로 꾸리고 각 지역의 피해 실태를 11일 동안 현지에서 신고받는다. 국회는 이 결과를 바탕으로 정부 측에 「양민학살 사건에 관한 건의안」을 제출한다. 주요 내용은 군·검·경 합동수사본부를 설치해 관련자와 피해 상황을 조사하고 피해자 보상을 위한 특별법을 제정하라는 것이었다. 그러나 건의사항은 전달되지만 정부는 아무런 조치를 취하지 않는다.

  1961년 5·16 쿠데타가 일어나자 상황은 더욱 악화되었다. 이전의 노력이 모두 수포로 돌아간 것이다. 군사정권은 유족들이 세운 합동묘와 위령비를 파괴하고 전국피학살자유족회에서 활동한 사람들을 검거해 이름도 거창한 '혁명 재판소'에 세워 형무소에 투옥한다. 대구 가창골과 부산 동래, 진영, 양산, 밀양, 제주 등 곳곳에서 부관참시가 벌어지고 진상규명을 요구한 활동이 '북한을 이롭게 한다'는 이데올로기로 덧씌워진다. 이 일을 겪은 유족들은 숨조차 제대로 쉴 수 없었다. 정치와 사회에 대한 불신으로 그들의 피해의식은 점점 깊어갔고, 1987년 전후까지 그들의 존재는 공동체로부터 격리된 것과 마찬가지 상태로 변한다. 이렇듯 정치군인의 쿠데타는 피해자들에게 전혀 다른 세상을 안겨주었다. 쿠데타를 일으킨 군인들의 정당성은 학살의 가해 문제에서 자유로울 수 없었기 때문이다.

어느 정도 시간을 두고 간간이 이어져 온 개별 유족의 진상 규명 활동은 1987년을 기점으로 서서히 불거지기 시작한다. 인권 의식의 성장과 민주주의 이행 정도에 따라 중대한 인권침해 사건이 의제로 부상한 것이다. 당대의 사회가 감당할 수 있는 수준, 인권 의식이 높아지고 민주주의 원리가 사회 곳곳에 정착되면서 중대한 인권침해 사건이 주목을 받았다. 광주 5·18, 거창 사건, 삼청 교육대, 의문 사건, 제주 4·3 그리고 그 끄트머리에서 한국전쟁기 민간인 학살이 뒤늦게 공론장의 쟁점으로 떠오른다. 하지만 이 문제는 1999년까지 숨 고르기를 하면서 기다려야 했다.

(2) 연구 참여자의 구술이 갖는 의미

증언자들은 기록될 것을 알고 구술한다. 이야기 속에서 그들은 면담자의 질문에 답하는 형식을 취하지만 실제로는 일상 대화처럼 자연스럽게 떠오르는 것을 말한다. 그렇다고 해서 이들 기록이 분석을 위한 텍스트로서 충분하지 않은 것은 아니다. 이런 대화 속에는 거창한 말이 오가지만 그 속에서 솔직한 자기 감정과 객관적 사실에 대한 중요한 내용이 모자이크처럼 전개되고 있다. 민간인 학살의 구술 자료를 제대로 평가하는 것은 현대사에 대한 새로운 통찰을 요구한다. 연구 참여자로서 그들의 구술은 정치권력이 유린한 인권침해의 구조적 장면과 자신들 내면의 심리상태가 결합되어 나타난 생애의 결과물이기 때문이다.

지식의 퇴적과 인간 활동의 총합으로서 역사를 이해하고 사람들의 삶을 해석하는 데 유념해야 할 부분이 있다. 연구자의 분석이나 서술은 '지금이라는 역사의 끝에서 시간을 거슬러 올라가 시작을 바라보는 관점이지 당대의 변화 과정 중에는 이해하기가 쉽지 않은 것'이라는 점이다. 많은 증언자가 구술하듯이, 학살이 일어난 당시로써는 앞으로 일이 어떻게 전개될지, 삶이 어떻게 변할지 누구도 알 수 없었다. 부모, 형제와 친족의 죽음으로 인한 고통이 어떻게 사회적으로, 또 정치적으로 자신의 생활에 영향을 미칠지는 어느 누구도 가늠하지 못했다.

이런 관점을 강조하면, 인문·사회 과학 분야 연구자에게는 노버트 엘리아스(Nobert Elias)가 염두에 두듯이 "다른 시대에 있었던 무지의 구조를 재구성하는 것이 가장 어려운 과제"가 될 수 있다. 민간인 학살 증언자에 대한 연구는 해방과 분단, 전쟁과 그 이후의 정치 과정에 대한 풍부한 지식과 이해가 필요하다. 체제 형성 초기의 정치 구조, 국민국가와 그 구성원의 관계, 폭력과 사상의 지배는 민간인 학살과 뗄 수 없는 인과성을 갖는다. 연구 참여자를 이해하는 것은 또한 사건 이후에 전개된 생애와 정치사회 변동의 연관성을 파악하는 장기적 관점을 고려해야 한다.

연구 참여자의 구술에 초점을 둔다면, 출생에서부터 현재에 이르기까지 화자의 진술은 나름대로 완결성은 유지하고 있지만 그렇다고 해서 일관된 것은 아니다. 논리라는 기준을 따른 것은 연구자의 질문이지만 참여자는 이를 따르기보다는 자신이 가장 중요하게 생각하는 이야기를 들려주고 싶어 한다. 구술은 대화처럼 이루어져 있는 듯 보이지만 실제로는 연구 참여자가 자신이 중요하게 여기는 소재를 수시로 바꾸어가며 말하기도 한다. 그들은 때때로 사건과 서사를 재구성하려는 면담자의 질문에 응하기보다는 자신의 의견이나 주장을 덧붙이고 싶어 한다. 자기 자신에 대한 이야기가 그렇듯이, 구술에서 비약은 피할 수 없으며 일관성의 균열 또한 적지 않다. 사건과 그로부터 비롯된 영향 및 결과는 다른 주제와 사람으로 옮겨져 새롭게 이어지거나 과거와 현재를 뒤섞어버리기도 한다.

구술을 분석하려면 연구 참여자가 겪은 학살의 경험과 이것이 사회적으로 받아들여지고 있는 현실을 그들이 어떻게 인식하는지, 주관적 인식과 객관적 조건을 동시에 구성해보아야 한다. 객관적 환경, 그러니까 사건이라고 하는 사회적 사실과 함께 연구 참여자들이 여기에 대해 어떤 인식과 행동을 취해왔는지 동시에 설명하는 것이 필요하다. 동일한 사건을 겪어도 연구 참여자 개인의 심성은 제각각이고, 체험을 다르게 구술하는 경우가 자주 있기 마련이다. 피해자의 증언이라고 하더라도 연구 참여자가 지난 과거를 회상하는 방식은 현재의 정체성을 반영하기 마련이다. 그들의 인식과 해석, 그다음 이로부터 나타난 행위를 동시에 고려할 필요가 있다. 이 행위의 결과 역시 당연히 분석에 포함되어야 한다. 그렇다고 해서 남은 문제가 없는 것은 아니다. 여전히 행위의 동인을 설명하고 그 결과를 분석하는 것은 정치사회 변동과 뗄 수 없고 개인의 생애에서 풀리지 않는 물음 또한 남을 수밖에 없다.

연구 참여자가 자신의 정체성을 설명하는 데 어느 요인이 가장 크게 작용하는지는 지난 일을 바라보는 현재의 인식과 사회경제적 지위에 따라 달라진다. 관점의 차이는 그들에게 이 모든 것에 대한 시각의 변이에 영향을 주는 사회 변동이 있어왔음을 의미한다. 고정된 시각이 아니라는 사실은 생애사 구술이 보여주는 장점이 될 것이다. 그들의 증언은 정치 공동체에서 소외되어 살아온 지난한 시간의 흔적이며, 지금의 자신을 정치적·도덕적 정당성으로 평가해야 하는 근거가 되기도 한다. 한 사람의 생애에는 왜곡과 과장, 축소와 확대, 외면과 회피와 같은 심성의 변화가 반영되어 나타난다. 민간인 학살 사건만큼이나 그들의 삶과 인성, 심리 구조도 굴곡진 것이라고 할 수 있다.

3) 연구 참여자를 이해하는 방법

(1) 에고 도큐먼트

이 부분은 '민간인 학살의 증언(자)을 어떻게 연구할 것인가' 고민하면서 찾은 연구 방법에 관한 것이다. 연구 참여자의 대상을 확대하는 것은 어떤 연구 방법을 적용할 것인가와 연관되어 있다. 여기서 증언은 주로 피해자들의 구술을 두고 말하는데, 일반적으로 어떤 사실을 '말'로써 증명하는 경우를 증언이라고 한다. 연구 방법에 대한 고민을 시작한 것은 피학살 유족들의 증언이 갖는 다양한 형식 때문이다. 보편적으로 그들은 '사건'을 중심으로 이야기한다. '사실' 그 자체가 알려져 있지 않으므로 구술을 포함해 연구 참여자들이 남긴 글을 갖고 사건을 재구성하는 것이 우선이었던 셈이다.

연구 참여자들은 사건을 먼저 밝힐 목적으로 자신이 겪은 체험을 구술하는 경우가 많다. 이 경우에는 주관적 체험과 객관적 경험이 동시에 존재한다. 진술하는 시간이 지나면 그들의 증언은 민간인 학살이라는 사건의 실체에만 국한되지 않는다. 나는 이런 연구 참여자의 특성을 감안하고 연대기 서술로 정리할 수 없는 그들의 증언과 구술 내용을 설명하는 방법으로 에고 도큐먼트(ego-documents)와 구술생애사에 주목했다. 이것이 가장 적절한 연구 방법인지를 알기 위해서는 앞으로 좀 더 많은 적용과 분석을 해야 하겠지만, 나는 북한 사회사 연구에서도 에고 도큐먼트 방법을 적용한 적이 있다.[2]

구술은 증언이나 이야기를 바탕으로 하는 서사의 한 형식이다. 구술을

---

2 에고 도큐먼트 개념을 적용한 연구는 다음과 같다. 한성훈, 「개인 편지에 나타난 북한 인민의 전쟁 서사」, ≪경제와사회≫, 제94호(2012년 여름), 342쪽. 이 연구는 북한의 인민들이 전시에 작성한 편지를 텍스트 해석의 의미론적 자율성과 텍스트 작성자(발화자)의 시공간이 갖고 있는 존재와 의지의 부조화, 제한된 담화라는 개념으로 분석한 것이다.

채록한 텍스트는 개인의 체험과 느낌으로 구성된 기억의 역사라는 측면에서 중요하다. 텍스트로 구성된 구술은 일기나 수기와 같은 형태의 기록과 함께 개인의 은밀한 내면세계를 알 수 있는 문헌이다. 이 자료들은 공식 기록은 아니지만 한 사회의 변화를 반영하고 있는 점에서 온전히 사적이라고 할 수 없는 의미를 가진다. 개인이 기록한 편지와 일기에는 현실 속에 존재하는 자기 자신의 의미와 그가 지향하는 가치가 고스란히 담겨 있다. 현실은 그가 간직한 내면의 세계와 일치할 수도 있고 그렇지 않을 수도 있지만, 이런 종류의 텍스트에는 연구 참여자 개인의 심성과 사건이 결합되어 나타나기 마련이다.

저자 또는 증언자 개인의 삶과 견해를 중심으로 서술한 텍스트를 에고 도큐먼트라고 하는데, 이는 1950년대 중반 네덜란드에서 등장한 개념이다. 자크 프레서르(Jacques Presser)는 일기와 수기, 회고록, 자서전, 증언록, 구술집 등 개인의 관점과 감정이 중요한 비중을 차지하는 텍스트를 에고 도큐먼트라고 명명한다. 그는 홀로코스트(holocaust) 희생자인 안네 프랑크(Anne Frank)의 『안네의 일기』가 갖는 기록의 성격을 강조하면서 이 개념을 창안했다. 에고 도큐먼트는 텍스트에 지속적으로 나타난 주제에 대해 묘사하는 '나' 또는 때때로 '그'가 직면한 역사적인 자료라고 할 수 있다.[3] 자크 프레서르는 위와 같은 설명에 대해서 더욱 간명하게 그 정의를 덧붙였다. 그는 "자기 자신의 자아를 고의로 또는 우연히 드러내거나 숨기는 자료들"로 에고 도큐먼트를 정식화한다. 여행기와 종교에 대한 저자의 주관적인 견해도 이런 자료에 해당한다. 이와 같은 연구 내용을 오늘날 학자들은 '자기 서사(self-narratives)' 또는 '자신에 대한 증언(testimonies to the self)'이라고 부르기도 한다.[4]

---

3 루돌프 데커(Rudolf Dekker)의 논문은 자크 프레서르의 연구와 에고 도큐먼트에 관한 연구사를 자세히 밝히고 있다. Rudolf Dekker, "Jacques Presser's Heritage: Egodocuments in the Study of History," *Memoria y Civilización*, 5(2002), p. 14.

유럽에서 자기 증언에 대한 연구는 근래에 확립되어가고 있다. 자기 증언의 방식에 대한 연구에서 중요하게 여기는 질문은 "자율적 개인의 형성이 근대의 생성에 중심적인 역할"을 한 것이라는 데 있다.[5] 근대의 기획과 이행은 보편성을 지향하고는 있지만 각 나라마다 다르고, 개별 국가의 역사적 배경과 정치적 조건에 따라 한 사회의 근대성 또한 다르게 나타난다. 에고 도큐먼트는 자율적인 개인의 영역 내에서 자료의 종류에 따라 조금씩 차이가 발생한다. 민간인 학살의 증언자에 있어서도 개별성은 사건을 체험한 정도와 피해자의 위치, 성별에 따라 큰 차이를 보여준다.

이번에는 에고 도큐먼트 연구 방법을 어떻게 적용했는지 보자. 에고 도큐먼트 연구 자료들은 종류에 따라 서술의 차이를 보여주는데 자서전과 회고록, 일기와 편지는 이것이 쓰인 시간의 변이를 유심히 살펴봐야 한다. 자서전과 회고록은 과거에 대한 회상과 경험을 현재 시각에서 쓰고 있는 반면, 일기와 편지는 이것을 작성하는 시점에 자신에게 벌어진 가장 중요한 체험을 중심으로 서술한다. 국민보도연맹 결성과 관리에 큰 역할을 한 사상 검사 선우종원의 경우, 나는 그의 자서전을 읽은 후 각종 언론 인터뷰와 기고문을 근거로 그의 증언을 청취했다. 그는 자서전에서 국민보도연맹 조직 설립을 매우 긍정적으로 서술한 반면, 전쟁 초기의 학살에 대해서는 단 한 줄도 언급하지 않았다. 반면, 대다수의 언론 인터뷰와 증언은 학살 문제에 초점을 두고 있었다. 그는 자신이 학살 문제를 소상히 알 수 있는 위치에 있었지만 지휘명령 체계에 직접 가담하지 않았다는 이유로 이 문제를 피해 갔다. 나는 그가 자서전에서 학살에 관해

---

4 Mary Fulbrook and Ulinka RublackIn, "Relation: The 'Social Self' and Ego-Documents," *German History*, 28(2010), p. 263.

5 클라우디아 울브리히(Claudia Ulbrich)·박성윤, 「역사적 시각으로 본 유럽의 자기 증언-새로운 접근들」, 《역사비평》, 100(2012년 가을), 401~410쪽.

아무것도 서술하지 않은 것을 고의로 은폐한 것이라고 비판했다.[6]

시간 순서의 관점에서 보면 서사가 갖는 내용은 질적으로 차이가 나타날 수밖에 없다. 과거를 회상하는 방식의 자기 증언은 아무래도 사실을 과장하거나 또는 자신의 경험을 부풀려서 언급할 여지가 뒤따른다. 그 사실이 증언자의 잘못된 행위를 포함하고 있을 때는 자서전이나 회고록에 이것을 남기거나 인정하는 경우는 매우 드물다. 선우종원 사례에서 언급했듯이 자크 프레서르의 정의처럼, 가해자의 경우 이해관계가 얽힌 증언자의 위치에 따라 에고 도큐먼트에서는 자아를 충분히 숨길 수 있다. 이전과는 다르게 변화된 자아의 현재 관점이 첨가될 가능성 또한 자서전과 회고록에는 존재한다. 이렇게 본다면 사회과학은 좀 더 넓은 작업 방식을 위해 텍스트를 선택하고 있으며, 인문학은 자서전과 같은 특정한 종류를 더욱 선호할 수 있다. 오늘날 에고 도큐먼트의 개념은 위의 자료 모두를 하나의 텍스트 문건들로 통합한다. 역사적 사건을 대면하는 연구 참여자의 경우는 이와 같은 자료의 특성을 고려하는 것이 무엇보다 중요하다.

(2) 구술생애사

연구 참여자들은 사건이 일어난 그때를 비롯해 자신들이 겪은 일을 과거와 현재의 시간을 교차해가면서 폭넓게 구술한다. 역사적 사건의 연구 참여자들이 갖는 특징이라고 할 수 있다. 나는 이런 증언에서 민간인 학살이 하나의 사건으로서뿐만 아니라 개인의 전 생애에 걸쳐 지속적인 영향을 미치고 있는 것을 알았다. 구술생애사 연구 방법을 찾게 된 것은 연구 참여자의 '서사' 때문이다. 앞서 보았듯이 정치사회 변동과 관련된 연구 참여자라면 더욱더 생애 전반에 걸쳐 구술이 이루어진다. 한 사건을

---

6 한성훈, 『가면권력: 한국전쟁과 학살』(후마니타스, 2014), 106~111쪽.

둘러싼 다양한 위치의 참여자를 만나는 일도 중요하다. 학살 현장에서 기적처럼 살아난 생존자와 그 현장의 목격자, 사망자의 가족, 친척이 받은 영향은 제각각이다. 가해자의 경우도 마찬가지다. 현장에서 직접 총을 쏜 병사나 경찰이 있을 것이고 명령을 내린 지휘관과 주둔지나 사무실의 어느 책상 앞에서 명령을 내린 책임자도 있을 것이다. 현장과 피해자, 가해자를 각각 기준으로 할 때 연구 참여자의 서사는 확연히 달라진다.

구술을 근간으로 하는 연구 방법은 인문사회과학에서 일반적이다. 구술사와 생애사가 결합된 방식으로서 구술생애사는 구술이라는 방법론과 개인의 생애라고 하는 시간적 차원의 경험이 결합된 연구 양식이다. 구술(사)연구는 질적 연구 방법의 하나로서 구술을 과학적으로 접근하고 분석하기 위한 인식 틀이자 수단이다.[7] 구술로 이루어지는 생애사 연구는 시간과 경험에 대한 체계를 나름대로 부여한다. 개인의 생애사는 시간 차원에서 겪는 체험에 의미를 부여하는 질서 또는 주체적으로 구성된 행위 지향의 형식이다.[8] 나는 이 방법론이 완결적이지 않기 때문에 민간인 학살 연구에서 문헌을 기초로 하는 에고 도큐먼트 방법을 보완해서 사용한다.

민간인 학살을 연구하면서 나는 서구 학계의 제노사이드(genocide)와 홀로코스트 연구에서 많은 시사점을 얻었다. 구술과 증언의 형식을 띠는 질적 연구에서 매우 뛰어난 성과는 아르메니아인 학살의 생존자를 다룬 도널드 밀러(Donald E. Miller)와 로나 밀러(Lorna T. Miller)의 연구다.[9]

---

7 김귀옥, 『구술사연구: 방법과 실천』(한울, 2014), 106~109쪽, 110~118쪽.
8 이희영, 「사회학 방법론으로서의 생애사 재구성: 행위이론의 관점에서 본 이론적 의의와 방법론적 원칙」, ≪한국 사회학≫, 39(3)(2005년 여름), 130쪽.
9 Donald E. Miller and Lorna Touryan Miller, *SURVIVORS: An Oral History of the Armenian Genocide* (Berkeley·Los Angeles·London: University of California Press, 1993); 한성훈, 『학살, 그 이후의 삶과 정치』(산처럼, 2018), 259~260쪽.

생존자의 구술에 기초해 방대하게 이루어진 이 연구는 대학살과 그 이후 피해자들이 겪은 정신 외상을 어떻게 다루는지 상세하게 보여준다. 이 책은 생존자의 고통스러운 삶 속에서 인간이 가지고 있는 위대한 정신에 대해서 말한다. 그들은 100명 이상의 생존자와 그 가족에게 200여 개에 달하는 세부 질문으로 증언을 채록한 후 분석한다. 20세기 최초의 제노사이드를 겪은 사람들을 연구한 이 책의 연구 방법은 다양한 자료를 함께 이용한 구술생애사의 교범이라고 할 수 있다.

자기 증언과 행위의 주체성에는 주의해야 할 점이 있는데, 이는 생애사 자료의 축적에서 한계라고 할 수 있는 부분이다. 구술이라고 할 때 이것은 한 사람의 생애를 현재의 시점(일종의 끝)부터 시작하는 뒤돌아보기와 마찬가지 이치를 의미한다. 회고의 성격을 가지면서 과거의 것을 말하는 현재의 구술은 생애사의 전개를 마치 필연이었던 것처럼 여기게끔 한다. 부연하자면 구조화되어가는 일상 속에는 여러 가지 가능성이 존재하지만, 현재에 이르게 한 경로는 선택의 결과라는 데 있다. 역사적 사건의 연구 참여자들에게 과거의 것을 구술하는 현재는 자기 체험의 역동성과 과장을 동반하면서 마치 운명이라고 할 만큼 부풀려질 가능성이 있다. 이런 경우 결과가 나타난 이후에 전체적인 것이 '어떻게 변할지 알고 있었다'는 식의 구술은 후건지명의 오류를 범하는 것이다. 비판적으로 보자면 연구 참여자들은 현재의 자신을 정당화하기 위해 끊임없이 과거를 재구성하기도 한다.

구술이 자기 자신의 이야기이기는 하지만 그 내용에는 필연적으로 다른 사람의 내용이 포함되는 경우가 있다. 공동체의 삶에서 다른 사람과의 사회적 관계는 증언에서 그 존재가 드러나기 마련이다. 심각한 예를 들면, 마을에서 벌어진 보복 살인과 성폭력은 사건 이후에도 증언자와 그가 속한 마을공동체에 계속해서 영향을 끼친다. 나는 연구 참여자들이 관련된 전남 함평군 월야, 해보, 나산면에서 11사단 20연대 2대대 5중대가 저지른 사건 자료에서 이런 현상을 보았다. 그를 긍정하는 진술이든 비판하는 진술이든, 그 내용이 옳은 것이든 그렇지 않은 것이든 상관없이 생애를 분석할 때 타자의 존재를 언급하는 것은 피할 수 없는 과정이다.

연구 참여자가 가해자일 경우 그들의 구술은 피해자의 구술과는 또 다르다. 손에 꼽을 정도지만 민간인 학살의 진실 규명이라는 차원에서 보면 매우 큰 의미를 가진 것이 이들의 증언이다. 구술은 자신의 잘못(어떤 경우에는 이것이 연구 참여자와 동료의 살인 행위에 해당할 때도 있다)을 포함한다. 국군 제6사단 헌병대에 근무한 김만식은 어렵게 자신의 실명을 드러내고 한국전쟁 초기에 본인의 살인 행위를 가감 없이 밝혔다. 이 일로 그는 자신이 몸담은 헌병전우회 동료들로부터 비난을 받아야 했다. 가해 사실을 논증하고 사실관계를 밝히는 사건의 경우 구술 내용을 확인하는 과정은 피할 수 없다. 이런 사례에서 역사적 사건의 연구 참여자가 갖는 구술의 의의는 매우 큰 것이라고 할 수 있다.

4) 좌충우돌 연구자의 서사

(1) 연구 참여자의 과장과 축소, 왜곡과 회피

연구 참여자들은 피해자들이 많은데, 그들의 태도와 구술에 주의할 점이 있다. 첫째, 증언을 채록하다 보면 그들은 '억울한 죽음'을 강조하기 위해 피해를 과장하고 부각시킨다. 자신들의 도덕적 정당성을 내세우기 위해 학살에 조금이라도 빌미가 될 만한 정황은 숨기거나 생략하는 경우도 있다. 학살이 발생하기 이전의 상황을 축소하는 경향도 포함한다. 이런 사례는 조금이라도 국가에 적대 행위를 할 수 있었던 여지를 없앰으로써 자신들의 행위가 완전히 무고하다는 입장을 강화하기 위해서 일어난다. 이는 거꾸로 가해자의 살해 행위를 도드라지게 과장하려는 의도와도 관련되어 있다. 작전지역 내에서 다양하게 발생할 수 있는 상황을 애써 외면한 채 진술하는 경우가 이에 해당한다. 거창 사건에서 대량 학살이 있기 전에 인민 유격대가 신원지서를 공격한 사실을 피해자들은 회피하거나 언급하지 않는다. 인민 유격대의 신원지서 공격과 주민들의 행위에 어떤 연관성이 있든 없든, 군인들로부터 총살을 당하게 되는 상황으로부터 어떠한 오해의 소지도 주지 않으려고 그들은 애쓴다.

어떤 사람이든지 자신이 겪은 고통이 감정적으로 가장 큰 비극이 될수 있지만, 연구자는 이것을 사실로서 다르게 평가할 수 있다. 자기 서사로서 구술을 분석할 때 자기가 겪은 어려움은 부풀려지고 이와 반대인경우는 얼버무려지는 것이 다반사다. 피해자라고 해서 모든 행위를 사실대로 밝히는 것은 아니다. 한 사람의 생애는 누구에게나 부침이 있기 마련이다. 증언자들은 대부분 군인과 경찰의 살해 행위에 대해서는 아무거리낌 없이 자신들이 당한 대로 진술할 수 있다. 하지만 그들은 빨치산활동이나 부역을 한 혐의에 대해서는 발설하지 않고 숨긴다. 나는 구술을 여러 차례 청취하면서 이것이 훗날 억울한 죽음을 인정하지 않으려는사람들에게 꼬투리를 잡히고 싶지 않은 심정이라는 것을 알았다. 그리하여 역사적 사건의 증언자는 반복해서 구술을 청취하는 것이 필요하고,그렇게 하다 보면 정확한 내용이 맞춰지기 마련이다.

다음으로는 구술을 여러 차례 받으면서 사건에 대한 자기 완결성을 점점 더해가는 경우가 있다. 다르게 표현하면 증언자가 자신의 체험을 왜곡하는 경우다. 2005년 12월 진실화해를위한과거사정리위원회가 출범한 이후 등장한 피해자와 그 유가족 중에는 자신의 구술로 사건의 전모를 설명하려는 사람들이 있다. 이때, 연구 참여자가 계속해서 증언을 하다 보면 마치 자신이 당시의 사건을 전부 알고 있는 것처럼 진술하게 된다. 부분만 알고 있는 상태에서 언론이나 다른 사람의 구술에서 좀 더 많은 내용을 알게 됨으로써, 본인도 모르게 자기 체험으로 발전하는 경우다. 증언자가 의도하든 아니든 사후에 알게 된 정보와 지식을 자신의 체험으로써 구술에 보충하는 사례는 흔하게 발생한다. 이런 때에 한 번의 구술 채록은 연구자에게 혼란을 일으킬 가능성이 크다. 이것은 구술이 횟수를 더하고 연구 참여자의 생애를 주기별로 살펴봐야 하는 이유이기도 하다.

자신과 관련된 사건이라고 해서 피해자 또는 증언자가 반드시 당시의 상황을 가장 잘 이해하고 있는 것은 아니라는 점도 염두에 두어야 한다. 증언에는 자신이 체험한 것과 주장, 감정이 혼재되어 있다. 학계의 연구나 시민단체, 언론의 보도보다 앞서 진실을 파헤치려고 노력한 연구 참여자를 제외하면, 많은 경우 연구 참여자들의 구술은 사회에 통용되는 정보나 지식을 반영한 채 재생산된다. 민간인 학살 연구와 사회 운동에서 선구자에 해당하는, 눈에 띄는 몇몇 사례는 위에서 언급한 자기 왜곡에 해당하지 않는다. 문경 석달의 채의진과 함평 11사단의 정근욱, 강화의 서영선, 고양 금정굴의 마임순과 서병규, 진주의 강병현, 노근리의 정은용, 익산의 이창근, 경산의 이태준 그리고 제주의 이도영과 같은 구술자들은 자신들이 겪은 체험을 진술하고 관련 자료와 가해자를 찾아 사건의 진실을 스스로 밝힌 경우다.

홀로코스트 연구에서 그 대상이 가해자, 피해자, 방관자로 확대되어온 과정은 주목할 만하다. 1950년대 이후 홀로코스트 연구의 경향을 살펴보면, 최초 20년은 가해자의 행위를 설명하는 것이 주된 내용이었다. 그다음은 피해자의 행위를 밝히는 것이었고 연구가 30년째로 접어들자 학자들의 홀로코스트 연구는 방관자에 주목하기 시작했다.[10] 물론 행위자를 연구의 중심에 두기는 하지만, 앞서 언급한 대로 나치의 정치구조와 사회 양식, 동유럽의 역사적 배경을 동시에 들여다보는 것은 필수였다.

우리 사회에서 가해자는 어떨까. 그들은 대부분 드러나지 않은 침묵의

---

10 Helen Fein, *Genocide, A Sociological Perspective* (London: Sage, 1993), p. 58.

소유자들이다. 자기 고백이 매우 드문 사회의 특징을 반영하는 사례라고 볼 수 있다. 권력을 가졌던 사상 검사 선우종원처럼 책임 있는 사람들은 대부분 자신의 잘못을 회피한다. 그렇지 않고 현장에서 살인을 수행한 사람들의 행위에는 명령에 따랐지만 불법을 행한 자신의 책임을 축소하려는 복잡한 논리가 존재한다. 자신이 총을 쏴서 사람을 죽인 병사와 경찰의 증언이 이에 해당한다. '합리화의 오류'라고 부르고 싶은 이런 곤경에 처한 사람들은 민간인 학살의 가해자나 5·18 진압에 가담한 군인, 베트남 전쟁에서 민간인을 살해한 병사들처럼 역사적 사건과 관련되어 있다. 국가의 체계가 개인의 존재를 상대적으로 능가하는 관료 조직의 위계는 정치권력의 민주화를 쉽게 받아들이지 않는다.

구술생애사 연구 방식을 띠고는 있어도 민간인 학살 연구에서 증언자의 생애 전반을 주제로 하는 경우는 드물다. 증언 내용 역시 단편적이고 사건 중심이거나 피해 중심의 진술일 때가 많다. 일생에 대한 자기 서사는 학살이라고 하는 하나의 사건을 중심에 두기는 하지만, 이것만이 연구 참여자의 삶을 구성하지는 않는다. 과장과 축소, 왜곡과 회피가 그들의 인식 속에 동시에 존재하는 것은 구술이 개인의 주관적 영역에서 이루어지는 행위이자 그 결과이며 제도화된 구조 속에서 나타나는 다양한 현상을 반영하기 때문이다.

3. 좌충우돌하면서도 질적 연구를 하는 이유

연구 참여자는 보통 사람들과 자신의 처지를 곧잘 비교하곤 한다. 어렵고 힘들게 살아온 삶에 대한 회한을 숨길 수 없기 때문이다. 과거 그들은 남들보다 매우 열악한 정치적·경제적 조건에 처해 있었고 제대로 된 명예 회복과 피해 구제 조치를 받지 못하고 살았다. 그들이 다른 사람을 마주할 때 자신들이 이 사회에서 가장 '하찮은 존재'라는 것을 강조하는 이유다. 이런 상황을 담은 그들의 생애 구술은 연구 참여자의 삶이 자신의 의지나 선택의 결과가 아님을 암시한다.

나는 많은 연구 참여자를 개별이나 집단으로 만났다. 개인으로 증언을 들을 때도 있지만 유족 회원들이 모인 자리에서 집단 면담 형식으로 구술을 청취하기도 한다. 그중에는 오랫동안 연락을 주고받으며 지내온 증언자들이 있다. 좋은 관계를 유지하는 것은 쉽지만은 않다. 그들이 필요로 하는 것은 연구자의 입장과 종종 다를 때가 있다. 사건의 진실 규명과 연구는 중첩된 부분이기도 하지만 그렇지 않은 부분도 분명 존재한다.

연구 참여자들은 자신이 구술하는 것으로 만족하지 않는다. 그들의 '인정' 욕구는 한 연구자의 능력을 넘어서는 경우가 많다. 사실을 밝히고 널리 알리는 차원, 진실 규명이라고 포괄해서 말하자면 이런 요구는 연구자의 관점보다 활동가로서 행동해주기를 바라는 마음이다. 이런 부담 때문에 나는 그들에게 가장 중요한 의례인 위령제에 참석하지 않기도 했다. 희생자를 해원하는 위령제는 전국 각지에서 학살이 발생한 날을 전후로 일 년 내내 열린다. 1월부터 12월까지 위령제가 없는 달이 없다.

연구자로서 감당하기 어려웠던 또 다른 사안은 연구 참여자들의 구술 내용에 있다. 사실의 복원이라는 측면에서 자세히 묘사하는 증언자의 피해 상황을 듣는 것은 불가피하다. 죽음에 이르는 총격과 그 이후 현장에서 벌어진 참혹한 장면을 매번 떠올리지 않을 수 없다. 결코 상상하고 싶지 않은 죽음의 이미지들이다. 그렇다고 구술을 중단할 수도 없다. 이런 현상은 매번 되풀이된다. 좋은 얘기라도 자주 들으면 싫증나는 것이 사람의 마음인데 죽음과 고통, 힘들게 살아온 삶을 반복해서 들어야 하는 상황은 심리적으로 좋지 않다. 연구 참여자를 만나는 것이 부담이 되는 또 다른 이유다. 결국 연구 참여자의 감정에 동감하면서도 객관적 시선을 유지해야 했다. 나는 어떤 사건에서 '해결'이라는 용어를 쉽게 사용하지 못하고 있다. 어떻게 하는 것이 궁극적인 '해결'인지 알 수 없기 때문이다. 흔히 제주 4·3이나 한국전쟁기 민간인 학살, 대규모 참사를 당한 세월호 사건에 대해 '완전한 해결'을 요구한다. 이런 각오와 의지를 십분이해하면서도 연구 참여자의 생애와 정치 공동체의 상황을 고려하면 그렇게 간단한 문제가 아니라는 것을 뼈저리게 느낀다.

구술 과정의 어려움으로 이해관계가 상충하는 연구 참여자 간 갈등을 빼놓을 수 없다. 상당수 피해자들은 자기가 겪은 학살이 가장 중요하고 무엇보다 먼저 해결되어야 할 사건이라고 주장한다. 전국에 산재한 서로 다른 유형의 민간인 학살 사건은 가해자와 사건이 발생한 경위, 피해자의 위치를 볼 때 매우 다양한 성격을 가진다. (사)함평사건희생자유족회 회장 정근욱은 2000년 이전까지는 자신의 사건인 11사단 5중대 사건만 빨리 해결되기를 원했다. 그는 보도연맹원 학살은 '사상' 문제가 결합되어 있어 자신이 겪은 '양민' 학살과는 다르다는 입장을 가지고 있었다. 또한 문경 석달 사건에서 유족들은 위령제를 따로 지내거나 갈라섰고, 전국유족회 내부에도 의견이 다른 피해자들이 별도 조직을 만들기도 했다.

연구자 입장에서 그들의 각기 다른 주장을 번갈아가며 듣게 되는 일은 또 다른 고민거리다. 개별 사건의 진실 규명이나 명예 회복, 손해배상·보상은 민간인 학살 사건 전체가 하나의 국가 의제로서 해결의 실마리를 찾아야만 가능한 것이었다. 유족들이 객관화된 인식을 받아들이는 데는 시간이 필요하다. 또, 사회화 과정도 거쳐야 한다. 민간인 학살에 있어서 개별 피해자의 이해관계는 전체 피해자의 이해관계에 종속되는 것이라고 해도 지나치지 않다. 유족들에게도 보편성과 공공성을 확대하는 방향으로 전환하는 인식의 변화는 사회 운동 차원에서 중요하다.

또 한 가지 구술생애사 연구의 부담을 밝히면, 나이가 많은 연구 참여자들을 만나는 곤혹스러움이다. 우리 사회에서 노인이라고 하는 계층에 속해 있는 구술자에게서 나는 '늙음', '말년'의 모습을 종종 본다. '나이 많은 사람의 구술'이라고 표현하면 직설적이지만, 연령대로 보면 2000년 전후에 처음 만난 60~70대 연구 참여자들은 어느덧 80~90대에 이르렀다. 회상의 방식을 띠는 이들의 구술은 미래의 희망을 말하기보다는 과거의 회한과 아픔에 대한 사연이 대부분이다. 물론 자랑도 있다. 매번 같은 내용을 반복하는 구술을 들어야 한다는 것도 꼭 염두에 두어야 한다. '민간인 학살' 사건의 체험에서 이제 새로운 내용은 거의 없다. 다만 변화된 사회 환경의 맥락과 해당 사건의 진실을 규명하는 과정에서 벌어지는 일들이 조금씩 추가될 뿐이다.

나는 연구 참여자를 만나게 된 이전과 그 이후로 그들의 생애를 나누어보곤 하는데, 언젠가부터 그들을 만나면 쓴맛투성이인 노년의 이미지를 떠올린다. 노인이 되는 것은 누구에게나 피할 수 없다. 그렇더라도 말년에 이른 연구 참여자의 모습을 한 번으로 만나는 것이 끝이 아니라면, 연구자에게는 나이 들어 늙어가는 참여자에 대한 존중의 마음가짐이 필요하다. 그들의 생애를 듣다 보면, 그들이 피해 사실에만 매몰되어 있지 않고 지혜롭게 삶을 관조한다는 것을 알 수 있다. 이 과정에서 깨달음을 얻는 경우도 가끔 있다. 모순된 사회에서도 적대적이지 않으며 포용하고 원숙한 태도를 유지하는 그들의 모습에서 지혜와 겸손을 배운다. 이것이 비극의 삶 속에 있는 사람들의 질적 연구를 계속하는 동기지 않나 싶다.

부산 지역에서 오랫동안 통일 운동에 참여하고 1987년에는 민주헌법쟁취국민운동본부 부산본부 공동의장이었던 김상찬을 만났을 때가 그랬다. 2000년대 초반 서울에 볼일이 있어 기차를 타고 올라온 그를 서울역에서 만났다. 그는 민간인 학살 문제와 자주통일, 민주화 운동이 어떻게 내적 연계성을 갖는지 찬찬히 알려주었다. 커피숍 한쪽 테이블에 다소곳이 자리 잡은 그를 보고 나는 어린아이의 모습을 떠올렸다. 자신보다 나이가 어리다고 푸대접하거나 낮게 대우하지 않는 그의 말투와 모습, 생애를 관통해 이어지는 구술을 지금도 잊을 수 없다. 연구 참여자에게서 배움을 느낄 때 질적 연구의 보람과 값어치는 상상 그 이상이다.

4. 앞으로의 연구

지금까지 민간인 학살 연구자의 서사를 다루었다. 질적 연구는 어쩌면 (앞서 언급한 후견지명의 오류를 방지하기 위해) 우리가 알고 있는 역사나 일이 진행된 과정을 끝에서부터 배제해야만 연구 참여자들이 무엇을 알고 있었는지 좀 더 정확하게 설명할 수 있을지 모른다. 어떤 사람들은 이렇게 이야기할 수 있을 것이다. 현재의 시점에서 생애를 돌아보면 '학살이 일어난 것은 불가피한 것이 아니었는가'라고. 하지만 이런 평가는 후세의 일이고, 그 일이 벌어진 당대를 이해한다면 증언자의 생애를 한 사람이 겪은 사건으로만 간주할 연구자는 없을 것이다. 역사적 사건의 연구 참여자들이 갖는 사회적 위치를 그들의 삶에 대입해보면 우리 사회의 한 단면을 볼 수 있다.

연구 참여자의 정체성은 보통 사람들과 마찬가지로 고정되어 있는 것이기도 하고 사회의 변동에 따라 조금씩 변하기도 한다. 그들의 정체성 일부는 연좌제와 관련되어 있다. 나는 피해자 구술을 받으면서 그들이 공무원 임용이나 회사 내의 승진, 근무지 배치에서 차별당한 서사를 다양하게 들었다. 생애가 결합된 질적 연구를 수행하는 데 있어 연좌제는 정치 공동체와 그 구성원의 관계 변화를 적나라하게 보여준다. 부모 형제가 죽은 이후 피해자의 삶에는 국가주의에 종속되거나 이를 넘어서는 인본주의 경향이 있을 수 있다. 피해자의 입장을 보게 되면, 우리 사회에서 좀 더 나은 사회적 지위를 가진 사람 중에서 자신이 민간인 학살의 유족이라는 사실을 밝힌 증언자는 거의 없다. 공직에 있을 때는 더욱더 숨길 수밖에 없는 것이 정치사회의 현실이었다. 이념 문제로 경직되어 있는 사회에서 민간인 학살의 유족이라는 배경은 사회생활에 전혀 도움이 되지 않는다는 것을 피해자들은 알고 있기 때문이다.

　민간인 학살을 증언하는 구술은 사건을 바로잡는 것 이상의 학문적 의미를 가지고 있다. 정치 체제와 그 구성원의 성립이라고 하는 근대 국민 국가의 형성 속에서 빚어진 대량학살은 16세기 이후 분석의 대상이 되어 온 주권과 권력, 서유럽을 중심으로 형성된 근대성의 흐름, 지식의 공공성과 도덕에 관한 사회 이론, 피해자와 가해자를 설명하는 주제다. 연구 참여자의 구술은 구조사와 미시사, 정치사와 개인사, 사회 이론과 사회 운동이 결합된 연구를 가능하게 한다. 증언자를 어떤 관점에서 보는가에 따라서 정신 외상에 대한 심리와 정신의학, 사실의 재구성과 피해자의 서사, 미시적 삶에 이르기까지 연구를 진행할 주제는 많다. 학제 간 통합 연구와 개별 연구 대상으로서 증언자의 생애 또한 다룰 수 있다.

　끝으로 유념할 것은 '학살'이 사회적 실재로서 존재하는 것이라고 해서 연구자가 증언자를 피해 집단이나 가해 집단이라고 하는 하나의 범주로만 여기는 것은 조심해야 한다는 것이다. 그들의 일생에서 학살이 가장 중요한 사건임은 틀림없지만, 그렇다고 해서 이것만이 전부거나 전체는 아니라는 것을 염두에 두어야 할 것이다. 연구 참여자를 피해자와 가해자라고 하는 특정한 하나의 사회집단으로 포장하는 위험성을 연구자는 경계해야 한다. 연구 과정에서 연구 참여자에게 다른 정체성의 여지를 남겨두는 것이 연구자의 열린 시각일 것이다.

생각해볼 거리

1 민간인 학살이나 고문 조작 간첩 사건의 피해자 증언, 구술 내용은 참혹하고 잔인한 경우가 많다. 이때, 연구자가 연구 참여자를 상대하면서 겪게 되는 정신 외상(구술 채록 과정에서 연구자에게 남는 심리적 고통)을 어떻게 볼 것인가?
2 피해자에 비하면 역사적 사건에 책임이 있는 가해자는 구술을 통해 사실을 밝히기보다는 사건을 부인하거나 침묵하는 경우가 대부분이다. 가해자 증언은 국가의 책임과는 다른 개인의 이해관계를 반영하기 때문이다. 이렇듯 자기 고백의 기회가 드물고 어려운 우리 사회에서 가해자의 증언을 어떻게 평가할 것인가?

더 읽어볼 거리

1 **한성훈. 2014.『가면권력: 한국전쟁과 학살』. 후마니타스.**
이 책에는 증언의 교범처럼 수많은 증언자가 등장한다. 피해자뿐만 아니라 가해자와 그들의 행위를 구체적으로 밝힌 것은 그동안 공개되지 않았던 구술과 증언의 의미 있는 성과다.
2 **김상숙. 2016.『10월 항쟁: 1946년 10월 대구, 봉인된 시간 속으로』. 돌베개.**
구술로 구성한 10월 인민항쟁과 지역사 이야기. 개인의 삶과 느낌, 사건의 전개와 부침이 자세히 소개되어 있다.
3 **정찬대. 2017.『꽃 같던 청춘, 회문산 능선 따라 흩뿌려지다: 한국전쟁 민간인 학살의 기록: 호남·제주편』. 한울.**
민간인 학살의 현장을 찾아 그동안 알려지지 않은 증언자를 발굴하고, 진실 규명 이후에도 남아 있는 지역공동체의 현실을 되짚고 있다. 구술자의 생애 이야기가 압도적이다.
4 **한성훈. 2018.『학살 그 이후의 삶과 정치』. 산처럼.**
사건과 경험 이후에도 지속되고 있는 전쟁의 아픔은 개인의 증언으로 끝나지 않는다. 민간인 학살에 있어서 정치의 문제와 증언자의 삶을 입체적으로 풀어놓은 이 책은 제노사이드와 홀로코스트 연구의 보편성을 국내에 적용하고 있다.

참고문헌

김귀옥. 2014.『구술사연구: 방법과 실천』. 한울.
울브리히, 클라우디아(Claudia Ulbrich)·박성윤. 2012.「역사적 시각으로 본 유럽의 자기 증언-새로운 증언들」. ≪역사비평≫, 100(가을).
이희영. 2005.「사회학 방법론으로서의 생애사 재구성: 행위이론의 관점에서 본 이론적 의의와 방법론적 원칙」. ≪한국 사회학≫, 39(3)(여름).
Dekker, Rudolf. 2002. "Jacques Presser's Heritage: Egodocuments in the Study of History." *Memoria y Civilización*, 5.

Fein, Helen. 1993. *Genocide, A Sociological Perspective*. London: Sage.

Fulbrook, Mary and Ulinka Rublackln. 2010. "Relation: The 'Social Self' and Ego-Documents." *German History*, 28.

Miller, Donald E. and Lorna Touryan Miller. 1993. *SURVIVORS: An Oral History of the Armenian Genocide*. Berkeley, Los Angeles, London: University of California Press.

제10장

가족계획사업의
기억이라는 영역과 '나':
연구자와 연구 참여자의
대화로 구축되는 사회 조사

이지연

한양대학교 ERICA IC-PBL센터 책임연구원

1. 연구자 소개

나는 1973년 전라남도 진도에서 태어나 세 살이 되던 해, 부모님을 따라 서울로 이사해 서울에서 자랐다. 모리스 알박스(Maurice Halbwachs)의 집합적 기억론을 참조한다면, 사회적 기억이 개인적 기억을 형성한다는 의미에서 서울에서 자란 나에게는 가족계획사업에 대한 직접적인 기억은 아예 없다시피 하다. 그런데 왜 가족계획사업에 대해 연구를 했는지 누군가 묻는다면 아무래도 2004년으로 거슬러 올라가야 할 것 같다.

당시 나는 무엇이 되겠다는 작정도 딱히 없이 불현듯 일본으로 떠났다(왜 불현듯 일본으로 떠났는지 자세히 설명하자면 너무 길어질 것이므로 생략한다). 단순히 1~2년 코스로 도쿄에서 일본어를 배우기 위해 떠났다. 하지만 어학연수에서 대학원 연구생 과정으로, 또 연구생 과정에서 대학원 석사과정으로 진학하면서 나의 일본 체류 기간은 당초 예상보다 길어지고 있었다. 게다가 여동생들을 비롯한 한국에 있는 친구나 지인들은 이미 결혼해 주부가 되었으며 한 명 또는 두 명의 자녀를 출산 양육하면서 '평균적인(이라고 할까, 아무튼)' 가정을 꾸려나가고 있었다. 이국땅에서 학생의 신분으로 홀로 살고 있는 자신의 삶을 생각했을 때 여성으로서 올바른 길을 걷고 있는 것인지, 또 유학 생활이 힘들 때마다 내가 지금 잘 하고 있는 것인지, 잘살고 있는 것인지 의문도 들었다. 비록 무엇이 되겠다는 작정은 딱히 없었지만(그 당시까지만 해도 꼭 사회학자가 되겠다는 생각은 없었다), 주어진 과제를 완수하기 위해 하루하루 열심히 살아가면서 나는 왜 자책감에 빠지는 것인지, 이러한 답답함은 어디에서부터 오는 것인지를 생각하게 되었고, 그 과정에서 이러한 답답함이 생기는 까닭은 나의 인생관(혹은 가치관)이 일정 부분 한국의 전통적인 가족상, 가정상 또는 나를 둘러싼 규범과 제도에 묶여 있기 때문이라는 생각을 하게 되었다. 자신을 자책감에 빠지게도 하고 속박하기도 하는 이 가족관이란 무엇인가. 지극히 개인적이고 단순한 이유일지도 모르지만, 아무튼 그래서 나는 가족제도에 대해 관심을 가지게 되었다.

가족제도에 관심을 갖게 된 후부터는 가족 관련 문헌들을 살펴보게 되었다. 이 과정에서 여러 가지 '정상 가족' 규범을 알게 되었다. 이를테면 제2차 세계대전 이후 1950~1970년대의 일본 고도 경제성장기에는 소위 '마이홈(My Home)주의'가 강조되었다든지, '가정을 가지면 행복하다'는 표어가 유행했다든지, 또는 '표준적인 가족'은 핵가족의 형태, 즉 일부일처제의 부부와 두세 명의 자녀로 구성된 가족으로 일컬어졌다는 사실을 알게 되었다. 이러한 가족상은 '좋다' 또는 '훌륭하다'고 말해지고, 이러한 가족이 아니면 정상 가족이 아니라는 규범으로 인식되고 있었다. 또한 이는 1950년대 중반부터 일본 사회에서 가족계획이라는 이름으로 만들어져 간 개념이었으며, 1960~1970년대 산업화 시기의 한국 역시 매우 비슷한 상황이었음을 알게 되었다. 이러한 사실을 바탕으로 석사과정에서는 인구 증가 억제 정책 관련 문헌과 여성 잡지를 검토해 가족계획사업이 장려한 가족상·여성상에 관한 한·일 비교연구를 했다. 그리고 박사과정에서는 한국 농촌의 가족계획사업에 초점을 맞춰 연구를 진행하게 되었다.

2. 나의 질적 연구 좌충우돌기[1]

1) 조사 연구의 경위와 방법론

이 글에서는 내가 7년간의 박사과정 동안 경험한 질적 연구에 대해 이야기하고자 한다. 나는 일본 오차노미즈여자대학교에서 「한국의 가족계획사업 경험: 1960~1970년대 농촌의 여성동원과 관련하여(韓国における 家族計画事業の経験: 1960~1970年代の農村の女性動因との関連から)」(2017)라는 논문으로 사회학 박사 학위를 받았다. 이때 쓴 학위 논문은 1960~1970년대 농촌 여성 동원론에 초점을 맞추어 한국 사회가 가족계획사업의 경험과 어떻게 마주해왔는지에 대한 물음에 대해 나름의 해답을 제공하기 위해 쓴 것이었다. 구체적으로는 가족계획사업의 지도자와 실천자의 관계에 주목해, 첫째로는 가족계획사업을 수행한 여성 조직에 작용하는 규범이 그 관계를 어떻게 규정하고 있는지, 둘째로는 여성 조직 내부에서는 실제로 어떠한 관계성이 발생하는지 가족계획사업을 경험한 당사자의 이야기를 통해 해명코자 하는 데 그 목적이 있었다. 논문의 내용을 좀 더 구체적으로 설명하면 다음과 같다.

한국전쟁 이후 심각한 빈곤과 식량 문제로 고민한 한국 정부(박정희 정권)는 1961년부터 경제개발계획의 일환으로 인구 증가 억제 정책, 이른바 가족계획사업(이하, '사업'과 호환해 사용)을 실시했다. 이러한 가운데 1970년대 들어 농촌의 가족계획사업은 새마을 운동의 일부로 진행되었

---

1 이 절의 내용은 다음 논문의 연구 과정을 바탕으로 작성했다. 李知淵, 「韓国における家族計画事業の経験: 1960-70年代の農村の女性動因との関連から(한국의 가족계획사업 경험: 1960~1970년대 농촌의 여성동원과 관련하여)」(오차노미즈여자대학교 사회학과 박사 학위 논문, 2017); 이지연, 「한 마을 노인회 여성들의 새마을운동 기억: 생애이야기 연구에서의 대화적 구축주의 접근방법을 통해서」, ≪문화와 사회≫, 26(2)(2018).

는데 그 주요 담당자는 가족계획어머니회, 새마을부녀회라는 여성 조직이었다. 그리고 이렇게 여성을 조직적으로 가족계획사업의 수행자로 동원한 것은 민간단체 대한가족계획협회(이하, 가협)이었다. 가협의 지도하에 추진된 사업에서 여성은 출산 조절을 실천했을 뿐 아니라 농촌의 복지 체제나 재생산을 위한 기초적 사회 조건의 구축을 담당하고 농촌의 생산 노동력으로 동원되며 농촌 개발에 공헌했다. 그런 의미에서 당시의 여성 조직 활동은 여성의 성(性)과 삶의 자유를 빼앗는 한편, 여성의 활동 영역이 가정에서 지역사회로 확대되는 과정이자 여성의 임파워먼트에 영향을 주는 과정이기도 했다. 다만 이러한 과정은 사업을 수행한 여성 조직에만 국한된 것은 아니었다. 가족계획사업은 여성의 생식에 대한 직접적인 개입과 통제를 동반했기 때문에 현장 지도에는 농촌 지역의 일반 여성이 가족계획요원이라는 새로운 자격으로 대량 동원되어 가협의 사업을 지원했다. 나아가 주목해야 할 점은 가협이 여성 잡지 ≪가정의 벗≫의 발행을 통해 다양한 집단이나 조직을 연결하는 파이프 역할을 담당한 것이다. ≪가정의 벗≫에는 모범적 여성 조직의 활동과 당사자의 수기 등이 게재되었는데, 이는 농촌 지역에서 사업을 수행한 여성 조직과 여성 지도자들(부녀회장, 가족계획요원)의 활동을 돕는 매개체 역할을 했다. 그렇기 때문에 ≪가정의 벗≫을 통해서는 당시 가부장적이고 보수적이었던 농촌 사회 속에서 어떤 방식을 통해 여성들이 사업에 참여할 수 있었는지, 그리고 개인과 사회집단(가령 여성 조직, 가족, 지역사회, 가협) 간, 혹은 여성 조직 내부의 개인들 간의 관계 맺음 구조가 어떻게 형성되어 가는지를 파악할 수 있었다. 가족계획사업을 통해 가협은 여성들에게 어떻게 행동할 것을 촉구했는지, 또 사업의 지도자와 실천자라는 입장에서 그 정책의 내용과 영향은 개인과 사회집단의 관계를 어떻게 맥락화했는지 이해하고자 하는 것이 학위 논문의 전체적인 내용이었다.

한편, 이 과정에서 나는 잡지 분석과 인터뷰 분석의 조합으로 두 가지

조사 방법의 단점을 보완하면 다각적인 고찰이 가능할 것이라고 생각해 인터뷰를 계획하고 실천해왔다. 여기서 '인터뷰를 실천해왔다'고 표현하는 의도를 설명하고자 한다. 생애사(life history) 및 생애 이야기(life story) 연구를 전문으로 하는 사회학자 사쿠라이 아츠시(桜井厚)는 인터뷰 행위에서 '대화적 구축주의'[2] 접근이라는 방법을 제시하고 있다. 그는 이 방법을 다음과 같이 설명한다.

생애 이야기 인터뷰에서는 화자의 발화를 방해하지 않도록 배려하면서 비교적 자유로운 대화를 진행한다. 경험한 사건이나 사회과정의 주관적 의미를 파악하기 위해서는 화자 자신의 개념 또는 카테고리의 정의나 이야기의 맥락(context)을 존중할 필요가 있기 때문이다. 이때 보통은 화자가 '무엇을 말했는지'라는 이야기의 내용에 관심이 집중되지만, 반면에 '어떻게 말했는지'라는 이야기의 방식에도 주의를 기울이는 접근 방법이 있다. 그것은 생애사의 이야기가 반드시 화자가 미리 보유하고 있던 것을 인터뷰장에서 끄집어낸 것이 아니라 화자와 인터뷰어의 상호 행위에 의해 구축되는 것이라고 보는 관점이다(桜井厚, 2002: 28).

나는 1960~1970년대 정부 사업의 실제 당사자를 대상으로 인터뷰를

---

2 이 방법론은 조사자와 대상자의 커뮤니케이션이 사회 조사라는 현상을 대화적으로 구축한다고 본다. 즉, 대화적 구축주의란 우리는 무엇을 설명하기 위해 말하는 것이 아니라 말하는 행위가 바로 말하는 것과 관련된 현실을 인터뷰장에서 구축한다는 입장이다. '대화적 구축주의'는 사쿠라이 아츠시의 조어이며 이 방법은 말하자면 민속 방법론, 구축주의, 이야기론 등을 공유하는 방법론인데, 이 내용이 포함된 그의 책 『인터뷰의 사회학: 생애 이야기를 듣는 방법(インタビューの社会学: ライフストーリーの聞き方)』(2002)이 출간되면서 일본 학계에 널리 알려지게 되었다. 그는 또한 2012년 자신의 저서에서 "(이 방법을) 최근에는 많은 연구자들이 인지하고 있다"고 언급하기도 했다(桜井厚, 2012). 현재까지도 이 방법은 일본의 사회조사·사회학 분야에서 일정 정도 학문적 시민권을 확보하고 있다고 할 수 있다.

시작했을 때, 사쿠라이 아츠시가 제시하는 방법론을 참조했다. 즉, 연구자로서의 질문은 최소한으로 하고 가능한 자연스러운 대화가 이루어지도록 마음을 썼다. 이러한 인터뷰 방식을 이용함으로써 연구 참여자 중에서는 "이런 말도 도움이 되냐"고 종종 의문을 품는 이들도 있긴 했지만, 기본적으로 이러한 입장을 바꾸지 않고 연구 참여자와의 인터뷰를 계속 진행해왔다. 그리고 화자로서 조사에 협력해준 여덟 명의 이야기를 분석하며 청자인 나의 인터뷰 경험도 조사 대상에 포함시켰다. "왜 연구자인 나의 인터뷰 경험이 고찰의 대상이 되는가?" "사업을 직접 경험한 당사자들의 이야기 검토가 중요한 것 아닌가?" 이러한 의문을 갖는 사람도 있을지 모르겠다. 나 또한 인터뷰를 처음 시작했을 때는 그렇게 생각하고 있었다. 그러나 인터뷰를 진행하는 과정에서 타자의 경험을 듣는 행위의 의미를 생각하게 되었다. 다시 말해 타자의 이야기에 귀를 기울이고 이야기를 기록하고 분석할 때, 청자는 어떻게 화자의 체험을 이해하는 것일까 하는 의문을 갖게 되었다. 그리고 이러한 의문은 청자로서의 '나'라는 논점을 부상시켰다.

이러한 논점이 떠오르게 된 계기는 조사 과정에서 겪은 곤란한 경험이었다. 여기에서 조사 과정의 곤란이란, 인터뷰나 현지조사를 중심으로 조사를 수행하는 과정에서 겪게 되는 연구자와 연구 참여자 간의 관계를 둘러싼 곤란을 말한다. 보통 이러한 곤란은 연구자가 통제할 수 없는, 뜻하지 않게 발생하는 귀찮은 일로 연구자들에게 인식되어왔다. 하지만 생각해보면, 이러한 곤란은 인터뷰나 현지조사가 연구자와 연구 참여자 간의 상호 행위에 의해서 성립되는 이상 필연적으로 일어나는 것이라고 보아도 무방하다. 무슨 말이냐면, 그동안의 현지조사 방법은 연구 참여자와 연구자의 좋은 신뢰 관계를 위해 둘 사이의 문제를 최소화하는 연구자 태도의 문제를 강조해왔는데 '상호행위분석(ethnomethodology)'의 관점에서 보면, 라포를 확립하거나 조사 방법 매뉴얼대로 능숙하게 인터뷰를 진행하는 등의 문제는 기본적으로 해결할 수 없다는 것이다. 왜냐하면 질적 자료의 수집 과정은 이야기하는 사람과 묻고 듣고 기록하는 연구자 간의 협동 작업인데, 연구자와 연구 참여자의 관계에서 사실상 자유로운 조사라는 것은 존재할 수 없기 때문이다. 나아가 질적 연구에서 일반적으로 발견되는 문제와 경험에 대해 각도를 바꿔서 접근한다면 문제 그 자체가 연구자와 연구 참여자 간의 관계에 대해 풍부한 시사점을 주는 자원이 된다는 점이 지적되고 있다(Holstein and Gubrium, 1995).[3]

이 글에서는 나의 조사 경험을 '상호행위분석'의 관점에서 검토하고자 한다. 이는 연구자가 질적 연구를 할 때 일반적으로 부닥치는 문제와 경험을 어떻게 이해할 수 있는지에 대한 성찰적인 논의에 도움을 주기 위한 시도다. 즉, 이 글은 '상호행위분석'의 관점에서 나의 질적 연구 과정을 성찰적으로 들여다보고자 하며, 이를 통해 '인터뷰나 현지조사를 수행할 때 일반적으로 부닥치는 문제와 경험을 어떻게 이해할 것인지', '질적 연구란 무엇인지', '익숙하지 않은 사람은 어렵기만 한 것인지' 등에 대한 문제를 두고 고민에 빠져 있을 독자들에게 도움을 주고자 하는 목적으로 쓰였다. 따라서 '상호행위분석'의 관점에 대한 체계적이고 종합적인 고찰

---

3 '상호행위분석'의 대표적인 방법이 '대화적 구축주의'다. 이는 인터뷰를 통해서 얻어진 자료를 화자와 청자의 언어적 상호 행위에 의한 공동 산물로 인식해 연구 참여자뿐만 아니라 연구자도 조사의 중요한 대상으로 규정하며, 질적 자료를 해석함에 있어서 하나의 '사실'이나 '현실'의 존재를 찾기보다는 이야기의 '맥락'이나 '이야기의 일관성'을 중시하는 방법이다. 한편 '상호행위분석'의 배후에는 실증주의에 대한 비판이 있다. 여기서 실증주의란 연구자와 연구 참여자 사이의 분리를 전제하며, 발견해야 할 사실은 연구자의 조사라는 행위와 무관하게 기본적으로 외부에 독립해서 존재한다는 인식론적 입장이다. 이러한 입장에서는 연구자 자신이 현지조사에 가지고 들어가는 입장과 태도를 은폐하고 연구자를 특권적인 입장에 둔다. 즉, 연구자를 신의 눈높이에 두고 연구 참여자의 이야기만을 기술해 마치 연구자를 투명한 존재인 것처럼 위장해버린다. 그래서 연구자는 조사 과정에서 일반적으로 부닥치는 문제와 경험을 자신이 미숙한 탓에 일어난 일로 여기기 쉽다. 하지만 '상호행위분석'의 관점에서는 이런 문제는 대화주의적인 조사를 진행하는 이상 없어서는 안 될 자원이라고 본다.

보다는 나의 조사 경험을 기반으로 주제와 관련된 부분만을 선택적으로 소개했음을 미리 밝혀둔다.

2) 인터뷰의 상호성: 정부 사업에서 지도자 활동을 한 여성들과의 인터뷰

먼저 인터뷰 과정이 연구자와 연구 참여자의 언어적 상호 행위에 의한 공동 산물임을 파악하기 위해 나의 인터뷰 경험을 제시하고자 한다. 이때 주목할 점은 다음 두 가지다. 첫째는 인터뷰의 전개 과정에 관한 것이다. 앞서 말한 바와 같이 나는 사쿠라이 아츠시의 방법론을 참조해 인터뷰를 진행해왔다. 이는 화자가 자유롭게 말하는 '대화적 구축주의'의 목적을 지닌 한편, 연구 주제의 변화를 야기했다. 즉, 인터뷰의 실천 과정에서 나는 연구 참여자와 상호작용을 함으로써 연구 주제의 변화를 경험했다. 여기서는 그 경험을 묘사하려고 한다. 그리고 왜 그러한 일이 일어났는지를 논하려고 하는데, 이 점은 두 번째로 주목할 점인 연구자가 갖는 특징과 관련된 것이다.

사쿠라이 아츠시는 연구자가 가진 특징에 대해 언급하면서 인터뷰에서 연구자가 자기 자신을 성찰적으로 돌이켜볼 필요성을 강조한다. 이는 필드워크에 나갈 경우, 연구자는 미리 연구 참여자에 대해 쓰인 여러 문헌과 자료를 참조하기 때문이다. 그에 따르면, 필드에 나가서 인터뷰를 하려고 할 때는 선입견을 버리라고 훈계하거나 가치 판단의 억제를 권하는 조사 방법론 책도 존재하지만, 그렇다고 해서 사실상 아무런 추측이나 생각 없이 인터뷰를 진행하는 것은 우선 생각할 수 없고, 오히려 필드에서 초기 인터뷰를 구조화하는 것은 연구자와 연구 참여자의 관계가 도드라지는 인터뷰 현장보다도 연구자가 속해 있는 연구 커뮤니티의 이야기 형식이라고 한다. 그렇기 때문에 연구 주제도 이러한 틀에 지배된 '모델 이야기(model story)'[4]로서 기능하고 있다는 것에 대해 연구자는 충분

히 자각하고 있어야 하며 연구자 자신이 스스로를 늘 성찰적으로 평가해
야 한다고 주장한다(桜井厚, 2002). 나는 이러한 관점을 토대로 2011년 C
시에서의 조사 경험을 소개하고자 한다.

2011년 7월 나는 서울시 영등포구 소재 가협(현 인구보건복지협회)을 방
문해 조사 연구에 대한 취지를 설명하고 연구 참여자의 소개를 의뢰했
다. 그 결과 1960~1970년대 당시 가협의 멤버였던 남성이 퇴직해 J도 C
시에서 살고 있다는 정보와 그 남성의 연락처를 얻을 수 있었다. 그 후 C
시에 살고 있는 전(前) 가협의 멤버와 연락을 취해 연구 참여자의 소개를
의뢰했다. 그리고 그를 통해서 1960~1970년대 가족계획요원으로 활동
한 신○○과 부녀회장으로 활동한 정△△을 알게 되어 2011년 8월 C시
의 한 카페에서 인터뷰를 하게 되었다.

우선 이들의 생애 이야기에 대해서 간략하게나마 설명하고자 한다. 신
○○과 정△△은 고등학교 졸업자다. 당시의 농촌 여성으로서는 고학력
층에 속했지만, 여성이 할 수 있는 직업이 적고 안정된 직업으로는 교사
밖에 없었던 사회적 상황에서 신○○은 9개월간의 간호조무사 과정을
이수한 뒤 가족계획요원 일을 하기 시작해서 40년의 세월을 보건소 직원
으로 살아왔다. 그리고 정△△은 조산사로 몇 년 동안 일하다가 결혼을
계기로 일을 그만두고 전형적인 농촌 주부로 살아오다가, 1970년대 새마
을 운동이 전개되었을 때 새마을지도자로서 명성을 얻어 그 경력으로
1980년대 민간단체 '새마을운동협의회' J도 지부의 부녀과장을, 그리고

---

4 사쿠라이 아츠시는 인터뷰를 수행하는 연구자가 속해 있는 연구 커뮤니티에서 말해지는 연구
참여자에 대한 이야기 형식을 '모델 이야기'라고 칭한다. 가령 새마을 운동 연구자라면 누구
나가 다 아는 이야기의 형식이 존재한다는 것인데, 그에 의하면 '모델 이야기'는 연구자 측에
만 있지 않으며 연구 참여자가 속해 있는 커뮤니티에도 존재한다고 한다(桜井厚, 2002:
256). 즉, 한 개인의 이야기에는 그 개인의 주위 사람들만이 공유하고 있는 이야기의 형식이
존재한다는 의미다. 더 자세한 내용은 이지연(2018)을 참조할 것.

1993년 C시의 동장까지 지냈던 경험을 갖고 있다. 게다가 당시 정부 사업에 참여했던 경험이 있는 여성들이 고령층이 된 현재 정△△은 '새마을운동연수원'에서 과거의 새마을지도자 활동 경험을 바탕으로 강연 활동을 하고 있다.

이러한 신○○과 정△△의 이야기에는 유사점이 있었다. 인터뷰에서 이들은 스스로를 농촌 지역의 다른 여성들을 계몽 또는 지도하는 데 큰 역할을 담당한 존재로 규정하고 있었다. 또한 당시의 활동 경험뿐만 아니라 '보릿고개 시절', '농촌사회에서 여성이 억압받던 시대' 등 시대적 상황에 대해서 많은 이야기를 했다. 그런데 여기서 중요한 점은 이들의 이야기가 단순히 정부 사업에 참여한 바로 그 시기의 이야기가 아니라는 점이다. 인터뷰는 연구자와 연구 참여자 간의 상호 행위에 의해 성립하므로 연구 참여자의 이야기는 현재의 시점에서 재구성된 것일 수 있다. 즉, '지금 - 여기' 한국을 살아내고 있는 그녀들 각자에게 있어 의미 있는 사건이자, 인터뷰라는 장에서 구축된 이야기인 셈이다. 그렇다면 연구 참여자들의 이야기 전개는 왜 그렇게 되었을까?

생각건대, 우선은 연구 참여자의 이야기를 그대로 듣고자 연구자가 "무지(無知)의 자세"(Anderson, 1997)를 취하면서 인터뷰를 진행했기 때문이 아닐까 싶다. 인터뷰는 "당시의 가족계획요원(또는 부녀회장)으로 활동한 경험에 대해서 말씀해주세요"라는 개방형 질문으로 시작되었다. 즉, 연구자인 나는 구체적인 질문을 하는 형식이 아니라 연구 참여자들에게 자신의 이야기를 들려주도록 부탁을 하고, 또 들려준 내용에 대한 부연 설명을 부탁하는 입장을 취했기 때문에 그러한 결과를 낳은 것이다. 이는 인터뷰를 마친 후 나중에 음성 데이터를 들은 후에야 알 수 있었다. 인터뷰 중에 그녀들은 "486 양곡이라고 알아?", "좀도리(절미저축)라고 알아?", "공동 우물도 모르지?", "처음부터 다 가르치지 않으면 안 되겠네", "일본에만 있어서 잘 모르나 보네"라는 식의 표현을 많이 하고 있었다.

　그런데 내가 그들에게서 그러한 이야기를 들은 데는 또 다른 이유가 있었다. 그것은 연구자인 내가 당시의 피임 부작용에 대해 과도한 관심을 보였기 때문이다. 바꿔 말하자면, 인터뷰 당시 나는 기존 여성학 연구자들에 의한 '도구화된 여성 건강'이라는 인식 틀에 강하게 구속되어 있었다. 이를테면 가족계획사업이 제공한 피임이 여성의 이익이 아니라 국가와 가족의 이해관계에 의해 결정되었다고 논하거나, 여성들은 피임 시술 및 피임법에 관한 부족한 정보와 비자율적인 피임 결정 과정으로 인해 많은 부작용과 고통을 경험해야 했다고 밝히는 연구들이었다.[5] 이러한 연구들은 '이야기 형식'에 관한 사쿠라이 아츠시의 말(桜井厚, 2002: 36, 252~259)을 빌리자면 '모델 이야기'와도 같은 것이었다. 좀 더 구체적으로 말하자면 이 연구들은, 당시의 상황을 인구 증가와 경제적 압박 등으로 적은 수의 자녀를 낳으려는 여성의 욕구가 가족계획사업과 일치했다는 식으로 설명하는 남성 연구자들의 '지배 서사(master narrative 또는 dominant story)'가 지배하는 사회 속에서 위기의식을 느낀 여성 연구자들이 1980년대 후반 이후[6] 기존의 지배적 담론에 저항하며 만들어낸 '모델 이야기'로 볼 수 있다는 것이다.[7] 그리고 나 자신도 그러한 '도구화된

5　가령 배은경(2004)은 문헌 연구와 면접을 통해 당시 가족계획사업이 가장 열심히 보급했던 자궁 내 장치(리페스루프, 일명 '루프')는 부작용이 많았음을 시사하고, 당시의 여성들 상황에 대해서 이렇게 서술하고 있다. "가족의 동의를 얻어서라기보다는 아무도 몰래, 아니면 겨우 남편으로부터 '허락'을 받고 자궁 내 장치 시술을 받게 된 여성들은 호된 경험을 하게 된다. 낯선 의사에게 생식기를 보여야 했고 질을 통한 장치 삽입이라는 '부끄러운' 작업을 견뎌야 했으며, 성관계 시 질강에 남아 있는 끈이 의식된다는 남편의 불평을 참아내야 했다. 그나마 몸에 별문제를 일으키지 않으면 다행이었지만, 반수가 넘는 여성들이 출혈과 요통 등 각종 부작용을 겪어야 했다"(배은경, 2004: 234)

6　배은경(2004: 7)에 의하면, 가족계획사업이 여성을 전통적·신체적 역할의 수행자로만 간주하며, 여성의 출산력을 근대화에 부정적인 요소로 보아 국가의 이익에 대비시켰다고 지적한 장필화(1985)의 연구는 한국 가족계획사업에 대한 페미니즘적 비판의 출발점이 된다고 한다.

여성 건강'이라는 모델 담론을 통해서 연구 참여자들의 이야기를 예측 혹은 기대하면서 인터뷰에 임하고 있었던 것이다.

그러나 이들의 증언에서는 그러한 심각성이 느껴지지는 않았다. 피임 부작용에 대한 두려움은 없었는지, 다른 분들에게서 그러한 경험을 들은 적은 없었는지 등의 질문을 해도 "괜찮다고 생각했다"고 답하거나 "부작용이 있어도 극히 드물었다"고 강조하고 있었다. 또한 "무엇을 위한 조사냐", "프라이버시 문제는 없냐", "인터뷰하고 나중에 문제 생기는 거 아니냐"면서 개인정보 유출에 대한 우려를 표하기도 했다. 그리고 가족계획사업의 제도적·문화적 배경에 대한 인식이 나를 포함한 당시를 경험하지 않은 세대의 연구자들 사이에서 충분히 공유되고 있지 않다는 식의 말도 했다. 이를테면 "우리가 저출산·고령화의 주범인 양" 쓴 논문을 보고 화가 났다고 다른 연구자와의 인터뷰 경험을 언급하거나, "지금 사람들은 우리를 잘못된 판단, 잘못된 시행으로 얘기하는데 그 당시 상황을 충분히 알고 이야기해야 할 것"이라고 말하기도 했다.

가족계획사업으로 인해 농촌 여성들이 어떤 신체적·정신적 부담을 느꼈는지에 대한 자료를 수집하려고 했던 나의 당초 목적과는 다른 조사의 전개였다. 그런 까닭에 2011년 실시한 조사에서 나는 기존의 여성학 연구에 의한 문제 틀로는 파악할 수 없는 연구 참여자들과 만나 당황하기도 하고, 그러한 연구 참여자들을 통설적 이론의 기반으로 기술하는 데 주저하기도 했다. 그들과 거리를 두면서 대하는 것도 어려웠다. 즉, 인터

---

7 사쿠라이 아츠시는 사회 전체에서 유통되는 '지배 서사'를 사회적 규범이나 이데올로기를 구현하는 이야기로 규정하고 있다. 그리고 한 커뮤니티 안에서 특권적인 지위를 차지하는 이야기를 '모델 이야기'라고 칭하며, '지배 서사'와 '모델 이야기'를 구별하고 있다. 그에 따르면, 커뮤니티의 전통이나 생활 실천에 의해 배양된 이야기에 해당되는 모델 이야기는 지배 서사와 공진을 할 수도 있고, 반대로 대립이나 갈등을 일으키는 경우도 있다고 한다(桜井厚, 2002: 36).

뷰 장에서 나는 연구 참여자를 그 바깥에 서서 관찰할 수도 없지만 연구 참여자와 같은 입장에 서지도 못하는 조사의 어려움을 경험한 것이다.

한편 신ㅇㅇ과 정△△의 이야기는 남성 연구자에 의한 '지배 서사'도 아니고, 이에 대항하는 여성 연구자에 의한 '모델 이야기'도 아니었다. 또한 그녀들의 이야기에는 정부 사업에 참여했던 과거의 경험과 함께, 그러한 경험을 말하고 있는 현재의 경험이 포함되어 있었다. 즉, 그녀들은 가족계획사업 또는 새마을 운동 이후에도 과거의 경험을 공적인 장소에서 발언하면서 정부 사업을 통해 동료나 친구와 친밀한 관계를 맺고 또 그 관계 속에서 과거의 경험을 회상하며 평가하고 있었다. 결국 신ㅇㅇ과 정△△의 이야기에 관해서는 1960~1970년대 정부 사업을 둘러싼 담론의 권력과 당사자의 주체성과의 관련성을 모색하는 기술을 시도했다.

3) 조사라는 행위의 권력성: 한 마을 여성들과의 인터뷰

2012년에는 정△△이 과거 새마을지도자로 활동했던 A마을에 거주하고 있는 여성들을 대상으로 인터뷰를 실시했다. 오랫동안 새마을 운동 관련 단체와 관계를 맺고 활동을 해온 정△△의 경험을 현재 마을에 거주하고 있는 여성들의 새마을 운동 경험과 비교하기 위해서였다. 그런데 나는 마을 여성들에게서 새마을 운동에 대한 주관적 인식이나 경험을 듣고자 했지만, 이들은 "옛날 일이라 다 잊어버렸다", "따라다니기만 해서 잘 모른다"고 하면서 자신의 경험을 말하는 데 소극적인 태도를 보였다. 연구 참여자의 이야기를 끄집어내어 분석하는 사람이 질적 연구자라면, 나는 질적 연구자로서 실격이었다. 당시 나는 연구 공모전에 응모해 연구 보조비를 받아 한국에서 인터뷰 조사를 진행하는 상황이었다. 조사를 마친 후 일본에 돌아가서는 보고서를 작성해야만 했다. 내가 인터뷰를 능숙하게 진행하지 못한 탓일까, 나는 질적 연구와는 맞지 않는 걸까 하는 고민도 있었고 보고서 작성에 큰 압박감을 느꼈던 것이 기억난다.

하지만 사실 이것은 인터뷰나 현지조사를 하는 사람이라면 누구나 경험할 수 있는 자연스러운 문제와 현상에 지나지 않는다. 따라서 이때는 다음과 같이 생각을 전환해보도록 하자. '연구자와 연구 참여자의 관계에서 자유로운 조사란 존재하지 않는다. 이는 표면적으로는 조사 과정의 곤란이나 문제로 느껴질 수 있지만, 오히려 조사 당시 연구자와 연구 참여자가 어떠한 관계에 놓여 있었는지를 파악하는 데 필요 불가결한 자원이다.' 그리고 조사가 완료된 직후에는 최대한 빠른 시일 내에 녹취록 (transcript)을 작성해보길 권하고 싶다. 수집한 자료를 글로 정리하는 작업은 조사 과정을 성찰적으로 들여다보는 과정이기 때문이다. 발견도 해석의 아이디어도 녹취록을 작성하는 과정에서 생기는 경우가 많다. 그래서 녹취록은 청자인 연구자가 작성하는 것이 좋고 연구자와 연구 참여자의 구술을 포함한 조사 전 과정을 축어록 형태로 작성하는 것이 바람직하다(桜井厚, 2005: 133).

A마을 조사의 녹취록 내용과 관련해 결론부터 말하자면, 특히 일반 회원으로 활동한 여성들이 자신의 경험을 말하는 데 소극적인 태도를 취하는 편이었다. 그 이유는 간단한데, 그들은 내가 어떤 의도를 가지고 마을에 찾아왔을 것이라고 생각했기 때문이다. 가령 새마을 운동에 대한 질문을 하는 사람들(연구자나 정부 관계자)이라면 마을부녀회를 이끈 이야기를 마을 여성들에게 기대한다는 식의 의도라고 하겠다. 왜냐하면 마을부녀회를 이끈 여성들의 이야기는 지금까지 연구자의 커뮤니티에서 특권적인 지위를 차지했으며, 모범 마을의 커뮤니티에서도 영향력이 큰 이야기 형식인 '모델 이야기'였기 때문이다. 여기서 하고자 하는 말은 '모델 이야기'의 권력성이다. 다시 말해, '모델 이야기'에는 이와 유사한 이야기에서 이탈하는 이야기는 할 만한 가치가 없다고 판단하게 하는 억압의 측면이 있다는 점이다(桜井厚, 2002: 169~171). 이는 2012년 처음 A마을

을 방문했을 당시의 상황에서도 확인할 수 있다. 인터뷰에서 마을 여성들이 '모델 이야기'에 어떻게 영향을 받고 있는지 주목해보자. 먼저 1972년 6월호 ≪가정의 벗≫에 게재되어 있는 A마을 부녀회의 기사를 살펴보려 한다.

C시에서 열차를 타고 ○○쪽으로 1시간 남짓을 거슬러 내려가면 G군 H면 A리(A마을). 철도 연변에 자리 잡은 이 동네의 어구에 들어서자 마치 난리라도 난 것처럼 북새통을 이루고 있다. 남색 작업복 차림에 재건 모자를 눌러 쓴 아낙네 40명이 남정네 못지않게 어기찬 모습으로 삽, 곡괭이, 호미를 들고 꽃밭을 일구는가 하면 또 한쪽에서는 확성기를 든 안내원(A리 어머니 회장 정△△)을 따라 부녀자 100여 명이 이리 몰리고 저리 몰리고······. 진짜 이 동네에 무슨 큰 난리라도 난 듯 소란스럽다. 알고 보니 G군 내무과장 조남식 씨를 비롯하여 G군 내 부녀클럽 회장 105명과 자진 '새마을사업' 부녀회장 27명 등 132명이 버스를 대절하여 이곳 A리 어머니회 활동을 직접 눈으로 보고 배우기 위해 견학을 왔기 때문에 이렇게 부산하게 바쁘다는 것. A리 어머니회장 정△△ 여사는 빠른 어조로 이렇게 말하며 다시 견학 온 손님들과 함께 '목단재배 화단'으로 안내해주었다. ······매월 모이는 월례회 때면 가족계획어머니회의 운영에 대한 이야기와 함께 "우리도 한번 잘 살아 보자"고 어머니회원들끼리 생활에 시달려 억새밭처럼 묵은 머리를 짜고 또 짜내어 연구한 것이 바로 이 밤나무 단지였다. 그래서 먼저 밤나무를 심을 땅(산)을 마련해야 했고, 15,000평이나 되는 산을 빌려준 산 주인에게 밤나무를 심어서 얻게 될 전체 이익금의 3할을 대지세로 주기로 했으며 7할을 100으로 쳐서 이 가운데 5할은 어머니회원들이 나누어 쓰고 그 나머지 5할은 귀여운 자녀들의 장학기금으로 저축하자는 속셈이었다. ······원래 A리는 100호 남짓 되는 호수에 한 집 평균 논 5마지기, 밭 1마지기 정도로 경지 면적도 좁고 그나마도 동네 남정네는 술과 도박 등으로 항상 가난이라는

무서운 굴레를 벗어던질 수 없는 폐촌에 가까운 마을이었단다. 그러나 가난을 딛고 일어서자고 동네 어머니들 40명이 기독교를 중심으로 가족계획어머니회를 조직하여 ① 가난한 사람이 없는 마을, ② 가르치고 배우는 마을, ③ 가족계획과 생활개선을 하여 살기 좋은 마을, ④ 나라를 사랑하는 마을, ⑤ 하나님과 이웃을 사랑하는 마을을 이룩하자는 목표를 내세우고 정△△ 여사가 먼저 보물처럼 아끼는 결혼반지를 내어놓았다. 그러자 회원들도 감동하여 눈물을 흘리며 약혼반지, 결혼반지를 내놓기 시작하여 무려 15돈의 금반지를 모으게 되었으며 이때부터 어머니회 운영에 불이 붙게 되었다(대한가족계획협회, 1972: 20).

1) A마을 방문

A마을을 처음 방문한 것은 2012년 12월이다. 서울에서 대중교통으로 약 다섯 시간쯤 걸려 도착한 A리 버스 정류장. 그곳에는 주위가 산으로 둘러싸인 A마을이 있었다. 옛날에는 이 마을에 기차가 다녔다고 하는데 그런 흔적 같은 것이 보이지는 않는다. 마을 입구에 'A리'라는 표식이 있고 표식을 따라서 가면, 여름철에는 마을 주민의 휴게소가 될 것만 같은 정자가 있다. 이 정자의 우측에는 'A리 정자 건립 기념비'가 서 있고 그곳에는 마을에 대한 간단한 소개문도 새겨져 있다. "조선왕조 중기 선조(1958년) 진주 강씨가 경상남도 함양에서 이주해 정착했고, 또 경주 김씨 등이 입촌하여 살았고…… 전성기에는 약 140가구, 650명이 마을에서 살고 있었다. …… 정자는 2004년에 지어졌다"라는 기록이다. 그 외 진주 강씨의 열녀비도 눈에 띈다. 그 길을 쭉 따라가면 남자 경로당과 여자 경로당 건물 두 채가 나란히 마을 한가운데에 위치해 있다. 여자 경로당 안을 들여다보니 아무도 없다. 일단 안에서 누군가 올 때까지 기다려 보기로 했다. 방 두 개에 거실 겸 주방이 있고 주방에는 조리 기구나 식기

류 등이 갖추어져 있어서 요리도 할 수 있을 것 같은 경로당은 마치 가정 집과도 같다. 거실 벽에는 노인의 날이나 부녀회 여행 등의 기념사진이 장식되어 있고 '생활의 10계명'의 문구가 담긴 액자도 걸려 있다. 10분 정도 지났을까. 조용히 문이 열리고 60대의 여성(이하 김○○)이 들어왔다. 나는 사전 연락 없이 방문했기 때문에 간단한 자기소개 후 조사 협력을 의뢰했다. 그러자 김○○은 마을 주민들의 현재 상황에 대해 설명했다. 옛날에 새마을 운동에 관여했던 사람들 대부분은 마을에서 도시로 나가서 이곳에는 당시를 아는 사람이 별로 없으며, 이제 마을에는 노인들만 남게 되었고, 혼자 사는 고령 가구도 많다는 내용이었다. 또한 지금 마을에 살고 있는 사람 중에는 부녀회장으로 활동한 경험이 있는 최○○가 당시의 일을 잘 안다는 이야기도 들려주었다. "어머니께서도 활동하셨어요? 새마을부녀회라든지"라고 내가 묻자, 김○○은 "활동은 못 했다"고 답하면서 다음과 같은 이유를 말했다.

그때만 해도 나는 어디를 못 다니고 부녀회장, 부회장 그런 사람들이 다 이렇게 면사무소나 어디나 회의 다니고 (새마을지도자) 교육 다니고 했지. 나는 그때는 시아버지, 시어머니가 다 계셨으니까 집에서 살림하느라…… 인제 저녁에 (부녀회) 회의에 나가거나 마을에서 뭐 한다고 하면…… 우리(부녀회)는 그때 저기다가 남의 산 빌려다가 밤나무도 심어가지고 그걸 따서 팔아 가지고 공금을 만들었는데 인제 그런 거, 일하러 나가는 거는 같이 다녔는데 활동은 못 했어요. 모이라고 하면 모여서 회장들이 하란 대로 하고 그렇게 했지. 나는 (당시에) 따라다니기만 해서 (새마을 운동에 대해서) 잘 몰라.

이렇게 김○○은 부녀회 회원으로 "일하러 나가는 거는 같이 다녔는데" 당시 "시아버지, 시어머니가 계셔서 활동은 못 했다"고 했다. 즉, 부녀회 회원이었다고 해도 그 활동에는 한도가 있었고 정△△처럼 새마을 지도자 교육에 참여한 경험이 없어서 "활동은 못 했다"고 말하고 있었다. 때문에 김ㅇㅇ에게 '활동'이라는 것은 마을 밖으로 나가서 사회에서 힘이 강한 집단의 연수나 교육을 받는 것으로 볼 수 있다. 그런 의미에서 '시아버지, 시어머니가 계셔서'라는 말은 김ㅇㅇ이 새마을지도자 교육에 참가하지 못한 이유를 설명하기 위해 준비된 말이었다. 다시 말해 그 말에는 정△△은 시부모와 일찍 사별해서 새마을지도자 교육에 참여할 수 있었다는 것을 나에게 말하려는 의도가 포함되었을 가능성도 있었다. 아무튼 김ㅇㅇ은 시부모로 인해 바깥 활동을 하지 못했다는 것을 강조하면서 정△△과의 차별화를 도모했으며 새마을지도자 교육에 참여하거나 부녀회장으로 활동한 경험이 없기 때문에 자신은 새마을 운동에 대해서 "잘 모른다"고 했다.

이러한 김ㅇㅇ의 이야기를 듣고 있는데, 김ㅇㅇ보다 연배가 높아 보이는 여성 한 분이 경로당으로 들어왔다. 김ㅇㅇ에 의하면 이 여성(이하 강ㅇㅇ)은 당시 작업반장으로 활동했다고 한다. 김ㅇㅇ은 강ㅇㅇ을 '고모'라고 부른다. 올해 88세이신 강ㅇㅇ의 이야기는 유머가 있고 재미있다. 내가 "당시에 대해서 뭐라도 좋으니까"라는 말로 인터뷰를 시작하자, 강ㅇㅇ은 "옛날에 작업반장으로 일을 많이 해서 내가 몸서리가 나"라고 하면서 이야기를 꺼낸다. 강ㅇㅇ의 이야기는 정△△이 부녀회장일 때, 소득 사업의 일환으로 밤나무 단지를 조성했다는 기억에서 비롯된다. "내가 새벽 네 시면 징을 쳤어요. 그때는 방송도 없어서 내가 징을 치면 회원들이 아침밥을 먹고 나왔어요. 그때는 단체가 어찌나 잘돼서 잘했어요. 회원 48명이 운영을 하고 우리가 저기 밤나무를 산에다가 심어서 몇 년 수확했는데 얼마나 힘들었는지 몰라"라고 한다. 강ㅇㅇ과의 인터뷰를 바탕으로 밤나무 단지를 조성했을 당시의 이야기를 간단히 설명하면 다음과 같다.

밤나무 소득 사업은 정△△이 군청에 밤나무 묘목 2000주를 지원해달라고 요청해서 실현되었다고 한다. 그때 48명의 회원은 마을 야산을 기어올라 구멍을 파는 사람, 밤나무 묘목을 심는 사람, 비료를 마을에서 실어 오는 사람, 물을 강에서 길어 오는 사람 등 전원이 작업을 분담해 밤나무를 심었다고 한다. 강○○은 당시를 회상하며 작업이 끝났을 때 솔잎에 찔려 상처를 입지 않은 회원이 없었다고 말하며 "얼마나 힘들었는지 몰라"라고 한다. 그리고 가을이면 밤 수확이 시작되는데 이 작업도 만만치 않았다고 전한다. 강○○이 장대로 밤송이를 두들겨 떨어뜨리면 다른 회원들이 그것을 줍는 작전이었는데 "어떤 사람은 밤만 까먹고 앉아 있어서 어찌나 화가 나던지 나는 열심히 하고 그랬는데…… 어찌나 화가 나던지……"라고 한다. 이러한 밤나무 공동 작업 중에 강○○은 밤송이에서 밤을 꺼내는 작업을 며칠에 걸쳐서 하고 수확한 것을 머리에 이고 D면의 시장까지 걸어가서 팔았다고 한다. "48명을 데리고 다니면서 일시키는 게 보통이 아니에요. 공동 작업이라는 게 보통 힘든 게 아니더라고." 이렇게 말하는 강○○. 힘들었던 공동 작업의 기억과 자신은 작업반장으로서 책임감을 갖고 열심히 참여하고 일했지만 그렇지 않은 다른 회원들을 보고 화가 났던 일 등 많은 생각이 떠오른 듯하다.

밤나무 소득 사업이 한창 진행될 무렵 "서울에서 영화촬영 감독님들이 와서 우리들을 다 찍었어"라고 강○○은 말한다. 촬영 당시에 회원 전원은 새마을 노래도 불렀다고 한다. 그때 어떤 대학교수는 강○○에게 "아주머니 노래가 영화에 나온다. 하와이에서도 나오게 된다"고 했다고 한다. 그녀는 당시 제작된 비디오도 본 기억이 있다고 한다. 이렇게 강○○의 이야기를 즐겁게 듣고 있는 사이 경로당에는 한 명, 두 명 마을 여성들이 모이기 시작했다. 내가 다른 여성에게 조사 협력을 부탁하려고 하자, 강○○은 "그 사람은 잘 몰라. 그냥 따라만 다니고 해서 잘 몰라"라고 한다.

최○○가 경로당 앞을 지나가던 것이 이 무렵이었다. "지금 가는 거야?" 김○○이 그렇게 말을 건네자 "어, 버스 시간이 빠듯해서"라고 답변하는 여성은 부녀회장 등 활동 경험이 있는 최○○이다. 김○○으로부터 최○○를 소개받았다. 버스 배차 시간 때문에 나는 자기소개만 간단하게 하고 "가능하면 활동 당시 회원 한 사람 한 사람의 경험에 대해서 듣고 싶다"는 말을 최○○에게 전했다. 그런데 이제까지 A마을은 새마을 운동의 모범 마을로 알려져 현장 견학을 위해 여러 단체나 사람들이 마을을 방문했다고 하는데, 부녀회장의 설명만 듣고 마을을 한 바퀴 돌고 나서 반나절 정도 있다 돌아가는 그러한 방문자가 많았던 걸까. '개인 한 사람 한 사람의 경험'을 듣고자 하는 나의 취지를 잘 이해하지 못한다는 느낌을 받았다. 이날 최○○는 "다음에 우리 집에 와 봐요. 누추한 곳이지만 연수원에서 내가 사례발표용으로 쓴 원고가 있어요. 내가 후손들한테 물려주려고 보관하고 있으니까 그거만 봐도 충분하니까. 내가 그거 다 보여줄게. 나 죽은 뒤에도 그거 보면 다 알 거야"라고 말하고 있었다.

여기서는 마을 여성들의 새마을 운동 경험의 중심에는 부녀회장으로서 새마을지도자 교육에 참가하거나 부녀회 사업을 주도한 체험이 자리하고 있음을 엿볼 수 있다. 다시 말해 김○○이 새마을지도자 교육에 참여한 경험이 없기 때문에 자신은 당시 "활동은 못 했다"고 하거나, 최○○가 자신이 쓴 사례발표용 원고를 보면 당시의 일에 대해서 다 알 수 있다고 하는 것처럼 마을 여성들 사이에서는 새마을지도자로서 부녀회 사업을 주도하거나 사례발표를 한 체험이 특권적인 지위를 차지하고 있었다. 그리고 부녀회 활동을 통해 공동 작업을 함께해온 마을 여성들은 부녀회의 임원으로 활동하면서 고생한 것도 중요한 새마을 운동의 체험으로 인식하고 있었다. "그 사람은 따라만 다니고 해서 잘 몰라"라는 강○○의 말처럼, 당시 일반 회원으로 활동한 여성의 경험은 들을 만한 가치가 없다는 태도를 보이고 있는 것이다. 일반 회원으로 활동한 여성들이

"옛날 일이라 다 잊어버렸다", "따라다니기만 해서 잘 모른다"고 말하는 이유도 아마 그런 점에 있는지도 모른다. 그들은 부녀회 활동을 통해 새마을 운동을 경험했기 때문에 지역사회 안에서의 집합적인 사정과 기억, 그리고 부녀회 안에서의 자신의 위치를 의식하고 있었던 것이다.

4) '지향성'의 존재: 최○○와의 인터뷰

한편 A마을에서 인터뷰를 진행하는 과정에서 연구자인 나에게도 연구 참여자들에게서 어떤 특정 이야기를 듣고자 하는 지향성이 있음을 깨닫게 되었다. 즉, A마을에서 나는 어떤 생각 혹은 의도를 갖고 조사에 임하고 있었다. 조사를 진행할 때 연구자에게 의도가 있는 것은 당연하다고 생각하는 사람도 있을지 모르겠지만, '대화적 구축주의' 방법은 연구 참여자가 지금까지의 삶의 경험이나 개인적인 체험을 자유롭게 말하게 하는 데 주안점이 있다. 그런데 그들의 경험을 듣고 있는 중에 연구자인 내게 연구 참여자의 사적 이야기를 듣고자 하는 경향이 있었던 것이다. 이를테면 부녀회 활동은 농사일과 가사, 시부모 봉양, 육아 등과 병행하기에 힘들지 않았는지, 활동에 대한 가족의 반대는 없었는지, 피임에 대한 남편이나 가족의 저항은 없었는지, 피임 부작용에 대한 두려움은 없었는지 등의 사적 영역과 관련한 경험에 관심이 갔다. 좀처럼 그러한 이야기들이 나오지 않으면 지금까지 생활해오면서 힘들었던 일이나 고민과 걱정거리는 없었냐고, 나는 말을 빙빙 돌려가며 묻고 있었다. 혹자는 이렇게 물을지도 모르겠다. "왜 그러한 일이 발생한 걸까?", "연구자의 미숙함 때문이었나?" 혹은 "그렇게까지 해서 사적 이야기를 들어야만 할 이유라도 있었는가?"

이를 설명하려면 2011년에 실시한 정△△과의 인터뷰 경험에 대해서 이야기를 꺼낼 수밖에 없다. 당시 정△△은 자신의 생활사에서 새마을 운동과 관련된 공적 활동을 인터뷰 서두에서부터 자발적으로 말하고 있었다. 또한 새마을운동협의회의 임원으로서의 일, 공적인 인간관계, C시의 동장까지 지냈던 경험 등을 말했다. 나는 그러한 이야기를 들으면서 중간 중간 사적인 이야기로 주제를 전환해보려고도 했지만, 가사와 육아를 포함한 사적 영역에 대해서는 왠지 이야기를 꺼려하는 것 같았다. 때문에 정△△은 자신의 정체성을 새마을 운동에 공헌한 공적 활동에서 찾고 있는 것이 아닐까라는 생각이 들었다. 공적 활동이 자기를 표현하는 데 있어서 가장 이야기할 만한 가치가 있는 경험인 사람일 수 있다는 생각이 든 것이다. 젠더적인 배경도 생각할 수 있다. 그녀는 전국 최초로 여성들만 있는 동에서 동장으로 근무한 경험이 있다. 그녀에게서 남성 중심적 조직 안에서 남성 못지않게, 아니 남성 이상으로 일해온 자부심도 엿볼 수 있었다. 그녀가 공적 이야기를 하려고 하는 것은 어쩌면 새마을지도자를 시작으로 오랫동안 여성에 기반을 둔 활동을 해왔기 때문일 수도 있다. 즉, 나는 그녀의 이야기가 언제나 여성들이 사적 생활의 이야기를 강요당해온 것에 대한 암묵적 항의일 가능성도 있다고 생각했다.

이런 까닭에 A마을 여성들과의 인터뷰에서 나는 정△△과의 인터뷰에서 듣지 못했던 사적 이야기를 듣고자 하는 지향성이 강했던 것이다. 하지만 A마을 조사에서도 사적 영역과 관련해서 힘들었던 경험을 들을 수는 없었다. 때문에 나는 "남편과 가족 때문에 어려움을 겪은 경험은 없다", "남편이나 시부모가 활동하는데 호응해줬다", "루프(자궁 내 장치)할 때 아프거나 그러지는 않았다"는 말을 들을 때마다 낙담했으며 "주위에서 힘들어한 적은 없었는지"라고 묻기도 했다.

그러던 어느 날, 인터뷰 도중 불현듯 내가 어떤 특정 유형의 이야기를 듣고자 하는 지향성이 있다는 사실을 스스로 깨달았다. 말하자면 사회과학 연구에서 소외되었던 여성을 비롯한 사회 내 소수 집단의 조사를 진행하는 연구자 측의 의도라고 말할 수 있을지도 모르겠다. 즉, 특정한 권력관계 안에 있는 집단을 조사할 때, 집단 내 약자로 분류되는 이들에게는 사회적 약자가 겪는 특유의 경험이 있을 것이라고 전제하고 있었던 것이다. 사례에 빗대어 단도직입적으로 말하자면, 가족계획사업으로 인해 농촌 여성들이 어떠한 신체적·정신적인 부담을 느꼈을 것이라고 생각하는 것이다. 그러나 이러한 전제를 갖고 진행하는 인터뷰에는 두 가지 문제가 있었다. 하나는 연구 참여자가 어떠한 대답이나 말을 해도 구조적으로 '이 여성은 고통을 경험했다'는 판단만을 전제로 해석하게 된다는 점이다. 이를테면 고통을 겪은 경험이 있다고 말해도, 고통을 겪은 경험이 없다고 말해도 결과적으로는 '고통을 겪었다'고 해석하는 것이다. 어떤 경험을 말해도, 구술자가 구조적으로 고통을 겪고 있었다고 여기니 말이다. 다른 하나로는 고통을 겪은 경험이 없다는 말을 들으면, 연구 참여자가 그런 구조적인 고통에 대해 인식하지 못한다고 해석해 연구 참여자를 직관력이나 인식력이 없는 수동적인 인간상으로만 파악하는 문제가 있었다. 그러나 그러한 고통 혹은 문제라는 것이 있어도 각자의 극복 방안 내지 대응 방안이 있을 것이고 여성들마다 이유가 다양할 것이다. 여기에는 인간의 주체성이라고 할까 자율성이라고 할까 그러한 능동적인 것이 있다고 생각한다. 한편, 이러한 점에 주목하는 것이 바로 '대화적 구축주의'의 관점인데, 그렇다면 혹자는 이쯤에서 이렇게 물을지도 모르겠다. "종래의 질적 연구와 '대화적 구축주의'의 차이는 무엇인가?", "사쿠라이 아츠시는 왜 이 방법론에 주목하고 있는가?"

일본의 2002년은 사쿠라이 아츠시의 책 『인터뷰의 사회학: 생애 이야기를 듣는 방법』이 출간된 해로, '생애사' 연구에서 '생애 이야기' 연구로 많은 연구자가 쇄도하게 되는 전환점이 된 해이기도 하다. 사쿠라이 아츠시는 '생애 이야기'를 책 제목으로 사용했는데, 그 배경에 관한 이야기로, 그는 자신의 연구가 '생애사'에서 '생애 이야기'로 방법론적 전환을 맞았음을 책 속에서 밝히고 있다. 또한 그는 생애 이야기 연구의 정의로

'대화적 구축주의' 접근의 사고방식을 채택했다. 따라서 사쿠라이 아츠시에게 있어서 '대화적 구축주의'는 '생애 이야기'를 의미한다. 사쿠라이 아츠시는 생애사와 생애 이야기의 차이점으로 "생애사는 연구 참여자의 이야기만을 기술하고 연구자를 신(神)의 눈높이에 두는 데 반해, 생애 이야기는 연구자의 존재를 화자와 같은 위치에 둔다"(桜井厚, 2002: 61)라고 설명한다. 사회학자 이시카와 료코(石川良子) 또한 사쿠라이 아츠시의 방법론은 "연구자를 신의 눈높이"에 두는 실증주의와는 결정적으로 다르고, 이에 의거한 "오래전부터 이용되어온 생애사 연구 방법"과 구별된다(石川良子, 2012: 3)고 지적하며, 생애사 연구와 생애 이야기 연구의 차이점을 정리하고 있다. 사쿠라이 아츠시는 자신이 생애 이야기에 주목하고 있는 이유는 생애 이야기에는 '이야기(story)'로 표현되는 특유의 국면이 있기 때문이라고 한다. 또한 생애 이야기는 "자신의 인생 경험을 표현하기에 가장 적합한 커뮤니케이션의 형태"라고도 강조한다. "이야기가 말해지는 데는 화자뿐만 아니라 청자(인터뷰어, 청중, 사회)가 필요하다. 인터뷰에서는 인터뷰어와 화자의 언어적 상호 행위에 의해 생애 이야기가 말해지며, 그 이야기를 통해 자신과 현실이 구축된다"(桜井厚, 2002: 61)라고 대화적 구축주의에 대해 설명하고 있다.

그리고 사쿠라이 아츠시와 이시카와 료코는 사람들의 풍부한 실재(reality)뿐만 아니라, 인터뷰의 상호 행위에서 우리들이 인터뷰어로서 어떠한 의도(지향성)를 가진 '주체'인 동시에 사람들의 이야기를 조종하는 '주체'임을 체험하길 원한다(石川良子, 2012: 5, 桜井厚, 2002: 12)고 대화적 구축주의 방법론을 소개하고 있다. 사쿠라이 아츠시는 또한, 때로는 인생을 말하는 것은 연구 참여자에게 자신에 대한 이해를 촉진시키고, 자신의 생활 방식을 창조하는 데 도움이 되는 것임을 시사하고 있는데, 이시카와 료코는 이와 더불어, 인터뷰는 연구 참여자와 연구자 모두에게 그러한 '도움'이 될 수 있을지도 모른다고 하며 이러한 행운의 가능성을 낳는 왕래야말로 '대화'라고 말하고 싶다고 한다(石川良子, 2012: 6). 더불어 이러한 '대화'의 관점에서 보면 연구 참여자와 연구자가 만나는 인터뷰 그 자체는 두 사람 인생의 한 단면이며 그것은 또한 서로의 인생에 피가 되고 살이 된다(石川良子, 2012: 6~7)고 덧붙이고 있다.[8] 인터뷰란 무엇보다 현대를 살아가는 인간들끼리의 만남이고 그러한 사실을 기점으로 이야기를 해석하는 것, 이것이 대화적 구축주의의 '대화적'이란 말에 담긴 의미가 아닐까(石川良子, 2012: 7) 하고 이시카와 료코는 '대화적'이란 말의 함의에 대해서도 설명하고 있다. 다음으로는 최○○와의 인터뷰를 바탕으로 진행된 연구를 통해 '대화적 구축주의'의 관점에 좀 더 다가가보고자 한다.

(1) 부녀회장 활동 경험이 일상생활에 살아 있는 최○○

"우리 집에 와 봐요"라고 말씀해주신 최○○는 1938년생. 인터뷰 당시는 75세. 평일에는 C시에서 맞벌이하는 딸 내외를 대신해 손녀를 돌보거나 노인복지회관에 다니면서 시간을 보내고, 주말에는 남편이 있는 A마을에서 농사일을 하면서 생활하고 있다. 최○○가 "12시에 초등학교로 손녀를 데리러 가니까 오전 중에는 만날 수 있다"고 해서, A마을을 방문한 다음 날 오전 아홉 시에 C시의 한 초등학교 앞에서 만나기로 했다. 최

---

8 이것은 사회학자 정수복이 말한 질적 연구의 글쓰기 과정의 의미와 유사하다. 정수복(2018: 392)에 따르면 질적 자료를 활용해 "글을 쓰다 보면 연구 참여자의 이야기를 처음 들었을 때와는 다르게 기존 자료를 심층적으로 해석하게 되고, 이 과정에서 글을 쓰고 있는 자기 자신의 삶도 성찰하게 된다. 연구자는 글을 써내려가면서 자기 삶을 성찰적으로 들여다보고, 이런 과정에서 자료를 새로운 눈으로 분석할 수 있게 되기도 한다. 질적 연구 방법을 활용한 글쓰기는 이렇게 연구자가 내면적으로 성숙하는 과정이기도 하다." 이 글에서 나의 질적 연구 자료를 다소 장황하게 제시하고 있는 것은 바로 질적 연구 과정에서 경험한 자아의 변화 과정에서 비롯된다. 즉, 나는 연구 과정에서 연구 참여자들에게서 어떤 특정 이야기를 듣고자 하는 연구자였음을 성찰적으로 들여다보고, 이런 과정에서 연구 참여자들의 삶과 그 삶이 이루어지는 생활세계에 대해 이해하고 깨달음을 얻기도 했다는 경험을 독자와 공유하고 싶었다.

○○의 집은 초등학교와 인접해 있는 조용한 주택가 골목에 자리 잡고 있었다. 집에 도착해 최○○가 차를 준비해주시는 동안 안내된 방에 앉아 있으니, 눈에 들어온 것은 '생활의 10계명'이라는 액자. A마을 경로당에서 본 것과 같은 액자가 벽에 걸려 있었다. '생활의 10계명'에 대해 최○○에게 묻자, 부녀회 관련 교육에서 만난 '생활의 10계명'이라는 문구가 좋아서 액자에 넣어 마을 경로당과 자신의 집에 걸어놓았다고 뿌듯해하며 답한다.

그러면서 최○○는 1993년 부녀회장의 자리에서 물러났지만 지금도 "교육을 받으러 오라"고 관민으로부터 연락이 올 때가 있다고 한다. 그때마다 남편과 A마을에 대한 고마움을 잊지 않는다고도 한다. "그런(부녀회장) 일은 주인 양반의 허락 없이는 못 해. 그렇지. 집도 없고 아무것도 없고 가난하고 해도 나를 회장으로 시켜준 것이 고마워서 그래서 고마운 보답으로 지금도 교육받으러 오라고 하면 내가 A마을에 대고 절을 해야 해." 당시 학력이나 재산 정도로 부녀회장을 뽑았다면 자신은 회장이 될 수 없었을 것이라고 말하는 최○○. 그래서 새마을지도자 교육을 통해서 배운 것은 A마을 주민에게 반드시 전하며 몸소 실천해 주민들의 모범이 되려고 했다고 한다.

현재 최○○는 A마을 여자노인회의 회원이고, 그녀의 남편은 남자노인회의 회장이다. 그녀는 인터뷰하는 동안 노인회에 대한 이야기를 꽤 오랫동안 했는데 몇 년 전부터 관청에서는 농촌의 고령화 및 독거어르신 증가로 마을 경로당을 활용한 공동생활을 권장하고 있었으나, 작년까지만 해도 공동 취사 등 공동생활이 잘 이루어지지 않아서 그녀의 남편이 1년간 경로당에서 취사를 실시하면서 시범을 보였고, 그 결과 현재 경로당의 운영이 비교적 잘 이루어지고 있다는 이야기였다. "내가 항상 시범을 보여요. 그래서 욕도 많이 얻어먹어"라고 말하는 최○○. 부녀회장으로서 책임감을 가지고 활동해온 최○○의 일화에서 그녀는 새마을 운동

이후에도 마을 공동사업에 앞장서고 먼저 실천하고 모범을 보여왔음을 짐작할 수 있었다.

"근데 그 욕을 욕으로 생각 안 해. 그래도 그런 욕을 항상 교훈으로 삼았지. 그걸 서운하게 생각하지 않고" 자신의 신념을 관철하기 위해 노력했다고 한다. 그녀는 왜 이러한 사고방식을 갖게 된 걸까. 이후 나는 이제까지 최○○가 걸어온 인생과 과거 부녀회장으로서의 경험에 대한 자유로운 이야기를 부탁했다.

(2) 가족계획어머니회 발족

최○○는 ○○면에서 한약방을 경영하는 유복한 집안에서 6남매 중 장녀로 태어났지만 아버지가 '여자'라는 이유로 교육을 시키지 않았기 때문에 초등학교도 제대로 졸업하지 못했다. 10대에서 20대 초반까지는 어머니를 도와 집안일을 하면서 양재 학원에 다녔다. 1961년, 고등학교를 졸업하고 면사무소에서 일하는 공무원이라는 중신아비의 소개로 최○○는 남편과 두 번의 만남 후 결혼을 결정했다고 한다. 그리고 결혼을 계기로 남편의 출신지인 A마을에서 살기 시작했다. 그런데 공무원이라고 알고 결혼한 남편이 실은 직장을 갖고 있지 않다는 사실을 신혼생활을 하면서 처음 알게 되었다고 한다. "근데 (남편이) 일을 안 해. 일을 할생각을 안 해. 신문만 보고 책만 보고 일을 안 다녀. 중신애비가 거짓말을 한 거야"라고 한다. 또한 "시집와서 보니까 술집이 일곱 개야 일곱 개. 그때는 집이 100여 호 됐는데 술집은 일곱 개"라고 말하듯이, 당시 빈곤한 마을이었던 A마을에 "술집이 일곱 개나 있었다"는 것을 거듭 강조했다. '일곱 개의 술집'을 강조하는 말은 기본적인 식생활도 제대로 영위하기 힘든 가난한 상황에서 술주정과 도박으로 날을 지샜던 남편이나 마을 남자들의 모습을 보고 느낀 최○○의 당시 심경을 상징적으로 시사하고 있는 것처럼 나에게는 보였다. 그러나 내가 그 고생에 대해서 묻자, "우리 집 양반은 술만 안 마시면 좋아. 마음이 착해"라고 답하는 최ㅇㅇ. "근데 내가 이렇게 고생을 해도 중신애비보고 왜 나한테 이리로 중신해줬냐고 한 번도 원망을 해본 적이 없어. 내 복이지 중신애비 탓이 아니잖아. 탓은 할 필요가 없지. 누구를 원망해. 원망해도 별수 없어"라고 한다. 결혼 이듬해 장남을 출산하고 "남자들만 믿어서는 안 되니까" 장남 친구 어머니들과 모여서 '절미저축' 계를 시작했다. 그 무렵 최ㅇㅇ의 남편은 '고등학교까지 공부했다'는 이유로 마을 이장이 되었다. 그리고 몇 년 후 당시 마을 이장의 부인이었던 최ㅇㅇ를 중심으로 가족계획어머니회가 발족된다. 발족 당시의 회원은 최ㅇㅇ의 장남 친구 어머니이자 계모임의 회원 열 명으로 구성되었다.

(4) 최ㅇㅇ에서 정△△으로

최ㅇㅇ는 결혼 후 10년 동안 2남 2녀를 둔다. 그러나 남편의 빚 때문에 집안의 경제 사정이 안 좋아졌고 당장 먹고살 길이 막막한 상황이었다. 그러한 상황에서 최ㅇㅇ는 담배 장사도 하고 바느질 일도 하게 된다. 그때 정△△은 당시 A마을에서 조금 떨어진 산중에서 농지를 개척하며 남편(면서기)과 살았는데 최ㅇㅇ의 집에 자주 놀러 오는 등 두 사람은 친분이 있었다. 최ㅇㅇ는 고등학교도 졸업하고 자신보다 세상 물정에 밝은 정△△을 회장으로 추천했다고 한다. 이를 계기로 정△△은 A마을로 이사 와서 회장으로 활동을 하게 되었다. 정△△이 회장이 되고 새마을 운동이 한창일 때쯤의 일이다. 가족계획어머니회의 명칭은 부녀클럽으로 변경되고 회원 수도 증가해 48명이 되었다고 한다. 이때 최ㅇㅇ는 부회장으로서 정△△의 "뒷받침을 해줬다"고 말한다. 또한 정△△은 "공무원 부인이고 배웠고 해서" A마을을 대표해서 새마을지도자 교육이나 연수원에 참가하는 등 주로 공적인 장소에서 활동했음을 최ㅇㅇ는 강조했다.

(5) 최○○를 중심으로 부녀회사업

한편 새마을 운동 당시 정△△은 새마을부녀지도자로 이름을 날려 전국 각지를 돌며 강연을 하게 되어 최○○는 그녀를 대신해서 새마을지도자 교육에 자주 참가했다고 한다. 새마을지도자 교육에 대해 "공부하는 마음으로 다녔다"고 말하는 최○○의 모습은 인상적이었다.

"교육을 받으러 가보니까 마을에 가서 어떻게 해야 한다는 것을, 어떻게 해야 잘살게 된다는 것을 가르쳐줘. 그러니까 이제는 금방 기계화가 시작되니까 그때까지는 가능하면 효율적으로 공동 작업을 해야 한다는 소리를 하더라고. 교육을 받으면 반드시 와서 실천을 했지." 그리하여 그녀는 부녀회 공동품앗이를 추진했다. 그러나 회원 중에는 "자신보다 농사일에 서투른 사람과는 일하고 싶지 않다"는 사람도 있어서, 좀처럼 최○○의 생각대로 일이 진행되지 않고 날마다 악전고투하고 있었다. 심지어 최○○는 농가 출신이 아니어서 당시 농사일에 숙련되지 않았던 것 같다. "처음에는 농사일이 서투른 내가 이런 말을 하니까 자기가 성장하고 싶어서 그런다"고 비꼬인 근성으로 최○○를 비난하는 태도를 취하는 회원도 있었다고 한다. 이때 '자기가 성장하고 싶어서'라는 말이 의미심장하다. 아마도 '성장'이라는 말은 정△△처럼 유명한 새마을지도자가 되어 공개석상에서 성공 사례를 발표하고 표창을 받는 것을 의미하는 것 같다.

최○○의 이야기는 끊이지 않고 계속되었다. 최○○는 그 후 농협에서 교육을 받고, 통장 만들기 사업에 착수했다고 한다. 그런데 그 당시 대부분의 여성은 본인 명의의 통장을 가지고 있지 않았던 듯하다. 최○○는 "나도 통장이 없었어. 회장인 나도. 주인 양반한테 권한이 다 있어서 난 65살 때 통장을 만들었어. 정부에서 차비를 준다고 해서 그때서야 만들었지. 신랑이 있어도 그리 안 보내고 본인한테 보낸대"라고 말했다. 한편 이제까지 돈을 벌어 식구를 부양하는 사람은 주로 최○○였는데 그럼에

도 남편에 의해서 현금 관리가 이루어지는 생활 방식이었던 것 같다. 최
○○는 "애들 학비랑 책값 줄 때도 꼭 주인 양반 손을 통해서 줬어"라고
말했다. 남편이 집안의 가장이라는 것을 항상 신경 썼던 모습이다. 이렇
게 최○○는 자신의 개인 사생활 이야기를 하면서 과거의 여성들이 통장
을 가지고 있지 않았던 이유를 설명하고 있었다. 최○○는 새마을지도자
교육을 받고 스스로 실천하는 가운데 배운 점이나 깨달은 점을 중앙 도
청이나 군청에서의 사례발표회 때 발표했으며, 그때마다 A마을이 모범
마을로 뽑혀 새마을 표창을 받게 되어 많은 사람들이 마을을 방문했다고
한다.

(6) 아프면 내 운명이지

이러한 최○○의 이야기가 끝난 후, 인터뷰는 피임 경험에 대한 이야
기로 전환되었다. 이하는 나의 질문과 그에 대한 최○○의 답변이다(이
하 연구자는 '이', 연구 참여자는 '최').

이 가족계획에 대해서 여쭤보고 싶은데요?

최 어, 물어봐요.

이 피임에 대해서도 시범을 보이셨나요?

최 시범을 많이 보였지.

이 어떤 시범을 보이셨는지요?

최 우리 주인 양반이 이장을 보니까 나는 모범을 보이려고 네 명 낳았어.
다른 회원은 대여섯 명 낳고 그렇게 하지 않았으면 일고여덟 명은 낳았을
거야. 처음에는 (회원) 열 명이 시범을 보인 거야. 그때는 요만한 약이 있었
어. 그걸 자궁 속에 넣으면 자궁이 후덕 후덕해서 사람 죽겠어.

이 그게 뭔가요? 루프는 아니지요?

최 루프는 아닌데 약이야. 몰라 뭔 약인지. 우리는 모르지. 시골에서 사니

까 뭔 약인지도 모르고 주인 양반이 갖다주면 회원들한테 나눠준 거지. 그 때는 다 애기를 낳았을 때니까 나눠주면 사용하고 한 달에 한 번씩 모이면 냇가에서 목욕을 하고 했는데 땀을 흘리고 수도가 없었을 때니까 공동샘에서 물 길어다 먹을 때니까 아이구매.

이 (웃음)

최 그래서 나중에 콘돔을 갖고 왔는데 남자들이 콘돔을 안 쓰려고 해. 우리는 좋은데 불편하다고. 그래서 콘돔은 안 쓰고 그 뒤 먹는 약을 갖고 오더라고. 주인 양반이 먹는 약을 준 거야. 근데 그것이 그 월경 조절…… 근데 그거 아는 사람들이 월경 조절하지. 우리 때는 멍청해가지고 언제 애가 들어선지도 몰라. 월경 조절이 뭔지도 몰라. 그때는 그런 것(월경)이 있으면 얼마나 부끄러워가지고 살짝 빨아놓은 거도 뒤뜰에다 널어놓고 어디 앞에 남자들 옷 널어놓은 데다 널어놓아요? 못 널어놓았어, 우리 때는. ……그리고 그 뒤에는 먹는 약이 나왔어. 그리고 먹는 약이 나온 뒤에는 그게 뭐야, 그거 그거 배를 쨌어요. 배를.

이 아, 복강경 수술이요?

최 어, 복강경 수술. 애기 집을 뒤집는 다나 어쩐다나. 그걸 했다니까 긍게 인자 그걸 하고 루프, 루프.

이 네.

최 루프를 시키고 나는 지금도 루프가 있어요.

이 아, 정말이요?

최 허먼 사진(엑스레이) 찍으면 나와. 여전히 나와. 그리고 루프하면서 이거 뭐야 배 쨌는 거. 배꼽 밑에 쨌는 거(난관 수술). 그러니까 배 안 쨌 사람은 루프를 했거든. 난 그래서 지금도 있어요. 사진 찍으면 나와. 근데 넷째는 루프를 했는데 루프를 했으니까 안심을 하고 그랬는데 근데 생겨버렸어.

이 네.

최 어, 생겨버렸어. 그래서 그거 생겨가지고 원래 셋만 낳으려고 했거든.

아들 둘, 딸 하나. 그런데 생겨서 그 애를 떼려고 먹는 약을 한 주먹 먹었더니 지금도 내가 양약을 못 먹어. 그 냄새가 나서 못 먹어. 그니까 몸이 아파서 병원에 가면 사실대로 말을 해요. 그전에 루프를 했는데 그 루프가 있고 양약을 먹으면 냄새 때문에 못 먹는다는 그런 얘기를 해.

이 (루프를) 빼지는 않으세요?

최 아, 그때 막내 임신 때문에 한번 놀래서…… 그때는 시골에서 49살에도 애기를 낳았어. 궁께 이거 빼면 안 된다 싶어서 49살에 멘스가 가버려서 빼려고 가보니까 딱 들러붙어 가지고 못 뺀대.

이 네.

최 근데 안 아프니까. 어떤 사람들은 아프면 어떻게 하냐고 하는데, 아휴 이때까지 살았는데 아프면 내 운명이지 하고 생각하는데…… 근데 아파…….

이 마음이…….

최 어, 마음이 아픈 거지. 루프를 빼러 갔더니 끈만 떨어지고 살에 붙어버렸다고 하니까. (손으로 자신의 가슴을 두들기면서) 근데 생활하는 데는 지장이 없어. 괜찮아.

가족계획사업 때 삽입한 자궁 내 장치(리페스루프)가 자궁벽에 박혀서 꺼낼 수 없었던 경험을 갖고도 인터뷰하기 전에 최○○는 "여자들은 별 문제가 없었는데 남자 한 명이 부작용으로 고생했어"라고 말하고 있었다. 나는 '괜찮았다', '별문제 없었다'는 화자의 표현도 그대로 받아들여서는 안 된다는 것을 깨달았다. 부녀회장 등 마을 부녀회의 임원으로 활동해오면서 다양한 정보를 접해온 최○○에게 있어서 자신의 이 정도의 경험은 정관수술로 고생한 남성의 경험에 비하면 아무것도 아니라고 생각하고 있었는지도 모른다. "이때까지 살았는데 아프면 내 운명이지"라고 마치 일상적인 일인 듯 아무렇지도 않게 말하고 있었다. 그러나 그 뒤

"(마음이) 아파"라고 속마음을 털어놓기도 했다. "근데 생활하는 데는 지장이 없어. 괜찮아"라고 웃으면서 말하는 그녀의 모습을 보면서 나는 그저 고개를 끄덕이면서 침묵할 수밖에 없었다.

(7) 그냥 내 몸으로 실천을 한 거야

인터뷰 초기부터 최○○는 "정△△은 공무원 부인이고 배웠고 말도 잘해"라는 말을 자주 했다. 또한 "나는 못 배웠으니까 그냥 내 몸으로 실천을 한 거야"라고 최○○는 자신을 정△△과 비교해서 "그냥 내 몸으로 실천을 한" '실천자'로 규정하고 있었다. 부녀회 사업에서 "먼저 실천하고 모범을 보여왔다"는 말도 인터뷰 중에 자주 했다. 당초 나는 이 말에 그다지 주의를 기울이지 않았다. 그러나 인터뷰가 2회, 3회 진행되는 과정에서 "먼저 실천하고 모범을 보여왔다"는 말에서 드러나는 생활 방식의 규범이 그녀가 자신의 과거의 경험을 긍정적으로 평가하게 하는 요인일 수 있음이 느껴졌다. 가령 다음과 같은 에피소드를 통해 이를 조금은 이해할 수 있었다.

날마다 하는 일과처럼 참여한 교육에서 접한 '생활의 10계명'이라는 문구가 좋아서 액자에 넣어 마을 경로당과 자신의 집에 걸어놓았다고 뿌듯해하는 최○○의 모습은 인상적이었다. 실은 나도 경로당에 걸려 있던 '생활의 10계명'을 보면서 좋은 문구라고 생각했다. 내가 문구가 좋아서 사진을 찍었다고 말하자, 그녀는 자신이 교육에서 배운 것을 일상생활 속에서 실천해 많은 사람에게 전파될 때 기쁘고, 가슴 아픈 기억들이 잊혀진다고 했다. 그리고 어느 날은 노인복지회관에서 한자를 배우고 한자능력검정시험 8급을 취득했다는 이야기를 하며 인터뷰 중에 합격증을 보여주기도 했다. "지금 자식들은 몰라요. 그래서 2학년짜리(7급) 시험에 합격하면 내가 자식들한테 엄마 이렇게 살았다 하고 내가 요거(합격증) 남겨놓고 (하늘나라로) 가면 그려 우리 엄마 늦게까지, 여기 연도가 나오니까 몇 살인지 알잖아, 잉? 우리 엄마가 이런 나이까지 세상에 이걸 배웠구나. 그것을 내가 남기고 가고 싶어서 세상에 이걸 시험 보러 갔어"라고 최○○는 언급하기도 했다. 부녀회장으로서의 경험이나 생활사를 통해서 습득된 삶의 방식과 생각일 것이다. 부모의 삶과 행동 등 부모 자신이 경험해온 모든 것이 자녀들에게 아웃풋(output)된다는 것을 연구자인 내게 전하려고 했던 것은 아닐까.

최○○는 경제개발과정에서 부녀회장으로서 새마을지도자 교육에 참여하고 부녀회 사업에 앞장섰으며 부녀회 사업의 성과를 발표하는 등 새마을 운동의 담당 주체로서의 책임감을 느끼면서 살아왔다. 그녀는 이러한 일련의 활동을 해오는 과정에서 지역사회에 공헌했고 생활의 지혜와 노하우를 터득했으며, A마을이 모범 마을로 뽑혀 정부로부터 표창을 받게 되면서 기쁨과 성취감을 느끼는 주체가 되기도 했다. 부녀회장 자리에서 물러났지만 지금도 변함없이 부녀회 관련 교육에 참여하는 일련의 행위는 그녀 자신에게 큰 동력이 되고 있었다.

중신아비의 말대로, 남편이 면사무소에서 근무했다면 최○○는 '공무원 사모님'이라고 불렸을지도 모른다. 그러나 고졸이라는 신분이 당시의 농촌 사람들에게는 고학력층에 속했음에도 불구하고, 음주에 시간을 보내며 푼돈밖에 안 되는 마을 이장 일을 했던 남편은 출세하기 힘든 사람이었다. 그럼에도 앞서 말한 바와 같이, 최○○는 지금도 "교육을 받으러 오라"고 관민으로부터 연락이 올 때면 남편과 A마을에 대한 고마움을 잊지 않는다고 한다. 최○○는 자신의 삶을 되돌아보는 가운데 깨달았을지도 모른다. 시골에서 일상생활만을 반복했다면 맛볼 수 없었을 경험을 쌓을 수 있었던 것은 무엇보다 남편과 A마을이 있었기 때문이라는 것을.

3. 좌충우돌하면서도 질적 연구를 하는 이유

나는 무엇이 되겠다는 작정이 딱히 없었지만 도쿄의 사립대학에서 석사 논문을 집필하고 심사를 받는 과정에서 박사과정에 입학하기로 결정하게 되었다. 그러던 중 한 교수의 추천으로 국립대학교로 자리를 옮겨 박사과정을 밟았다. 내가 다니던 대학은 학술지에 두 편 이상의 논문을 게재하지 않으면 박사 논문을 쓸 수 없었는데(한국 대학도 그렇겠지만), 내 경우에는 입학한 지 2년 남짓 만에 논문 세 편을 냈고(SCI급 논문을 제출한 것은 아니지만), 이대로 열심히 하다 보면 뭐 박사과정 4, 5년 차에는 졸업할 수 있겠다는 생각이 들었다(물론 이건 2년차 당시의 생각이지만). 하지만 앞에서도 언급했듯이 나는 7년 만에 졸업을 했다.

나는 질적 연구를 하기 위한 전문 교육이나 훈련을 받아본 적이 없다. 지도 교수가 질적 연구자이기도 했고 지도 교수의 연구 지도를 받은 적이 있었지만, 나에게는 별로 도움이 되지 않았던 것 같다. 왜 도움이 되지 않았는가 하면, 지도 교수의 지도 방법이 내 연구와 별로 맞지 않았기 때문이다. 구체적으로 말하자면, 지도 교수는 어느 정도 윤곽이 선명한 메시지를 갖고 나를 지도하려고 했다. 이를테면 내가 가족 사회학적이면서 여성학적이고 어떤 확실한 메시지나 개념이 드러나는 논문을 쓸 것(쓰지 않을 수 없을 것)이라고 생각했던 것이다. 나 역시 원래는 그럴 생각이었다. 아니, 나도 그런 식일 거라고 어느 정도 확신하고 있었다. 이유는 소논문 세 편이 그런 유형의 논문이었기 때문이다. 하지만 실제 조사 과정은 좌충우돌의 연속이었고, 수집된 자료는 확실한 메시지나 개념을 전달할 수 없는 것들이었다. 그 때문에 당시의 나는 너무 걱정이 많았다. 이를테면 자료를 논리적으로 조합해서 논문으로 작성할 수 있을지, 혹시 내가 잘못한 것인지 등등이 걱정되었던 것이다.

이러한 상황을 지도 교수에게 솔직하게 털어놓지도 못하고 있었다. 털어놓은들 조사를 좀 더 해보라는 말만 돌아올 거라고 생각했기 때문이다. 지도 교수는 말하자면 연구자가 포괄적·망라적인 조사를 하면 할수록 객관적인 세계를 그리는 데 성공할 확률도 높아지게 된다는 인식론적 견해를 갖고 있는 사람이었다. 머리 회전이 빠른 사람이었고 지식이 풍부하면서 수업과 학생 지도를 충실히 하기 위해 노력하는 사람이었다. 좋은 질적 자료를 가져오면 언제든 도와주겠다는 생각을 갖고 있는 사람이었다. 하지만 내가 수집한 자료는 (지도 교수 입장에서는) 좋은 자료가 아니었다. 그리고 이미 사쿠라이 아츠시 같은 학자의 영향을 받아서인지는 모르지만, 나는 어느 정도 조사를 하면, 조사를 더 한들 결과가 크게 달라지지 않을 거라는 생각을 하곤 했다. 알기 쉽게 말하자면, 나는 조사자로서 누군가의 기억을 집요하게 끄집어내지 못할 것 같다는 느낌을 품고 있었다. 질적 연구자로서의 역량이 부족해서인지, 머리 회전이 빠르지 못해서인지, 사회성이 부족해서인지는 모르겠지만 말이다. 그리고 좀 더 솔직해지자면 무엇 때문에 질적 연구를 하는지 그 목적도 애매한 가운데 지도 교수의 지도를 받아야 한다는 게 너무도 고역이었다. 그래서 지도 교수를 생각하면 참으로 마음이 아프고 죄송하다. 아니 늘 죄송했다. 나는 지도 교수가 지도(혹은 지시)하는 대로 해야 하는 상황을 부담스러워하고 귀찮아하면서도, 내가 잘못하고 있는 건가 하는 불안을 느꼈다. 대인기피증이 생겨서 외출을 피하게 되었고, 상당히 오랜 기간 지도 교수의 면담을 거부했다. 박사과정에 들어간 지 5년 차가 되어도 졸업논문을 쓰지 못했고, 그해 가을학기에 휴학을 했다. 휴학을 결정한 시점에 '다시는 이곳에 돌아올 수 없을지도 모르겠다'는 생각이 들 만큼 내 상황은 여러모로 좋지 못했다. 하지만 반전이 있었다. 귀국 후 얼마 지나지 않아 논문 집필에 시동이 걸리기 시작했다. 질적 연구에서 좌충우돌한 점을 소재로 삼아서 논문을 쓰면 되겠다는 생각이 불현듯 떠오른 것이다. 다시 말해 좋은 질적 자료를 가지고 있지 않아서 쓸 게 없으니, 왜 좋은 자료를 수집할 수 없었는지에 대해 쓸 수밖에 없겠다고 생각한 것이다. 어쨌든 나는 그런 소재를 바탕으로 대략 1년 동안 논문을 집필했고 반년 동안 심사를 받아서 7년 만에 졸업을 했다.

질적 연구에서의 좌충우돌인지, 인간관계에서의 좌충우돌인지 이야기가 애매해졌지만, 결국 내가 말하고 싶은 것은 내 의지에 따라 질적 연구를 해보니 재미있었다는 것이다. 물론 질적 연구자마다 제각기 다른 문제라서 간단히 일반화할 수는 없겠지만, 극단적으로 말하면 질적 연구에서 좌충우돌을 하지 않았다면 후회했을 것 같다는 생각까지 들었다. 사실 질적 연구, 특히 사람을 대상으로 하는 인터뷰와 현지조사 과정에서 연구자는 당혹스러운 상황이나 문제에 직면할 가능성이 높다. 이러한 문제를 어떻게 이해해야 할지에 대한 판단 없이 질적 연구를 한다면 즐거움은커녕 고역이 될 것이다. 그런 의미에서 연구자의 성찰성은 중요하다고 본다. 연구자의 조사 과정에 대한 자기성찰의 과정에는 조사 당시 자신과 연구 참여자가 어떠한 관계에 놓여 있었는지를 파악할 수 있는 계기인 동시에, 자신이 직면하고 있는 문제를 극복할 수 있는 계기가 내포되어 있다. 이러한 계기들이 바로 질적 연구에 대한 즐거움과 매력을 느끼게 하는 기회로 다가온다는 말이다. 이제까지 자신이 경험해보지 못한 새로운 세상과 조우할 가능성을 지닌 것이 질적 조사이며, 연구자의 예상과 전혀 다른 이야기가 전개될 때야말로 질적 연구의 묘미를 만끽할 수 있는 기회인 셈이다.

또 한 가지 중요한 것은 연구를 하며 나 자신에 대해 되돌아보게 되었다는 것이다. 한동안 고립된 상태에서 감정적으로나 연구적으로나 말도 못할 정도로 힘들었지만, 연구는 결국 나의 타고난 천성을 알아차리게 된 계기였다고 생각한다. 나의 천성이 좋든 나쁘든 상관없이 그것을 끄집어내 준 지도 교수에게 감사드린다. 최○○와의 인터뷰를 바탕으로 진행된 연구가 끝날 때쯤, 아니 어쩌면 그전에 나는 깨달았을지도 모른다.

한국에서 보통 사람으로서 극히 보통의 삶을 살았다면 맛볼 수 없었을 경험을 쌓을 수 있었던 것은 무엇보다 지도 교수가 있었기 때문이라는 것을.

생각해볼 거리

1 '라포'라는 말은 연구자의 연구 목적이 연구 참여자에게 수용되어, 연구자가 관련 정보를 얻는 데 연구 참여자가 적극적인 도움을 줄 정도의 신뢰와 친근감으로 이루어진 인간관계라는 뜻이다. 그동안 국내 질적 연구에서는 연구 참여자와의 라포를 형성하는 것이 매우 중요하고, 이러한 신뢰 관계를 구축하고 현지조사 및 인터뷰를 진행해야 한다는 점이 강조되어왔다. 하지만 나는 신뢰 관계를 구축하는 것 자체는 부정하기 힘들지만, 신뢰 관계를 구축하면 좋은 구술 자료를 입수할 수 있다는 견해에는 의문이 있다. 연구 참여자들과 여러 번 만나고 친밀해지면 그들의 솔직한 속내를 들을 수 있을까? 그리고 그렇게 해서 그들의 말을 끄집어내는 것이 질적 조사일까? 그들의 말을 끄집어내지 못하면 실패한 조사일까? 이 물음에 대해 생각해보자.

2 인터뷰의 상호 행위에서 우리들이 인터뷰어로서 어떠한 의도(지향성)를 가진 '주체'인 동시에 사람들의 이야기를 조종하는 '주체'임을 체험하길 원한다는 말이 무슨 뜻인지 질적 자료의 수집 및 해석과 관련지어 생각해보자.

더 읽어볼 거리

1 **홀스타인(James A. Holstein)·구브리움(Jaber F. Gubrium). 2005. 『적극 면담』. 이명선 옮김. 군자출판사.**

앞서 말한 바와 같이, 사쿠라이 아츠시는 저서 『인터뷰의 사회학: 생애 이야기를 듣는 방법』에서 자신은 인터뷰를 통한 질적 연구를 진행하는 과정에서 생애사에서 생애 이야기로 연구 방법을 전환했으며, 자신의 방법론적 입장이 실증주의가 아니라 '대화적 구축주의'라고 밝혔다. 이는 연구 참여자가 '무엇을(what) 말했는지'라는 이야기의 내용과 함께, 그러한 이야기를 하게 된 다양한 맥락에 주의를 기울이면서 '어떻게(how) 말했는지'도 음미하는 입장이다. 즉, 인터뷰를 통해 얻어진 자료를 화자와 청자와의 언어적 상호작용에 의한 공동 산물로 인식해 연구 참여자뿐만 아니라 연구자도 조사의 중요한 대상으로 규정하고 있는 점이 포인트다. 이러한 인터뷰에 대한 인식은 연구 참여자는 '답변 용기(vessel of answers)'가 아니고 연구자와 연구 참여자와의 협동 작업이 인터뷰라는 홀스타인과 구브리움의 지적에 준거한다.

인터뷰 현장은 중립적인 공간이 아니며, 연구자와 연구 참여자의 상호작용이 인터뷰 결과에 큰 영향을 미친다. 질적 연구자는 그러한 영향에 대해 항상 의식해야 함은 오래전부터 지적되어왔다. 홀스타인과 구브리움은 그러한 영향을 불가피한 것으로 간주하며, 나아가 그것을 적극적으로 이용하는 기법이나 사고방식 등을 책 『적극 면담』에서 해설하고 있다. 요약하자면 대화 분석이나 담화 분석의 사고방식을 인터뷰라는 데이터 수집의 단계에서 적극적으로 이용하는 방법론이라고 하겠다. 필자들은 사회 구축주의(혹은 구성주의)적인 사고방식을 가진 연구자로 『가족이란 무엇인가?: 사회구성주의적 관점에서 본 가족 담론』(2002)이 번역을 통해 국내에 소개되어 있으므로 함께 읽어보면 이해가 좀 더 깊어지리라 생각한다.

2 최종렬 외. 2018. 『문화사회학의 관점으로 본 질적 연구 방법론』. 한국문화사회학회 기획. 휴머니스트.

질적 연구 입문서나 연구 방법론이 소개된 책을 찾고 있는 사람들에게 이 책이 도움이 될 것이다. 이 책은 방법론 책이라고 해서 자료를 수집하고 해석하고 분석하고 글 쓰는 방법만을 논의하는 데 그치지 않고 질적 연구의 패러다임, 이론, 관점을 소개함으로써 질적 연구 방법을 통해 연구자 자신이 관심을 두는 다양한 주제를 어떻게 드러낼 수 있을지에 대해서 생각할 거리들을 제공해준다. 또한 지금까지 한국 사회학자들이 수행한 질적 연구의 결과물을 바탕으로 제작되었기 때문에 국내 질적 연구에서 논의되고 있는 다양한 관점과 쟁점을 전반적으로 이해하는 데도 큰 도움이 될 것이다.

참고문헌

대한가족계획협회. 1972. 「금반지 팔아 마을을 가꾼 극성부인들」. 《가정의 벗》, 5(6).

배은경. 2004. 「한국 사회 출산조절의 역사적 과정과 젠더: 1970년대까지의 경험을 중심으로」. 서울대학교 대학원 박사 학위 논문.

이지연. 2018. 「한 마을 노인회 여성들의 새마을운동 기억: 생애이야기 연구에서의 대화적 구축주의 접근방법을 통해서」. 《문화와 사회》, 26(2).

정수복. 2018. 「Ⅳ. 분석과 글쓰기-제14강 질적 자료를 활용한 창조적 글쓰기」. 최종렬 외 엮음. 『문화사회학의 관점으로 본 질적 연구방법론』. 휴머니스트.

최종렬 외. 2018. 『문화사회학의 관점으로 본 질적 연구 방법론』. 한국문화사회학회 기획. 휴머니스트.

홀스타인(James A. Holstein)·구브리움(Jaber F. Gubrium). 2002. 『가족이란 무엇인가?: 사회구성주의적 관점에서 본 가족 담론』. 최연실·조은숙·성미애 옮김. 夏雨.

_____. 2005. 『적극 면담』. 이명선 옮김. 군자출판사..

李知淵. 2017. 「韓国における家族計画事業の経験: 1960-70年代の農村の女性動因との関連から」. お茶の水女子大学大学院 社会学 博士学位論文.

石川良子. 2012. 「ライフストーリー研究における調査者の経験の自己言及的記述の意義: インタビューの対話性に着目して」. 《年報社会学論集》, 25号, 関東社会学会.

桜井厚. 2002. 『インタビューの社会学: ライフストーリーの聞き方』. せりか書房.

_____. 2005. 『ライフストーリー・インタビュー: 質的研究入門』. せりか書房.

_____. 2012. 『ライフストーリー論』. 弘文堂.

Anderson, Harlene. 1997. *Conversation, Language, and Possibilities: A postmodern approach to therapy*. New York, N.Y.: BasicBooks.

한국문화사회학회　한국문화사회학회는 2005년에 '문화연구의 사회학화'와 문화연구자들 간의 학문적이며 인간적인 교류와 소통의 터를 만들고자 출범한 학회이다. 한국문화사회학회는 연 2회 정기 학술대회와 연 5회 이상의 월례발표회(콜로키엄)를 개최하고, 학회지 《문화와 사회》 (한국연구재단 등재지)를 연 3회 발간하고 있다. 『문화이론』을 번역하고 『문화사회학』을 집필했으며 『문화사회학의 관점으로 본 질적 연구방법론』을 발간하는 등 문화사회학 분야 연구방법론 교육을 위해 주력하고 있다.

엮은이

이현서　연세대학교 사회학과에서 학사와 석사 학위를, 미국 일리노이대학교(스프링필드)에서 예술경영 석사 학위와 일리노이대학교(어버나-샴페인) 휴양·스포츠·관광학과에서 박사 학위를 받고 아주대학교 스포츠레저학과에 대우 부교수로 재직 중이다. 주로 여가 및 스포츠 관련 문화현상에 관해 연구한다. 최근 연구 관심은 대학생 여가 생활이 직장 이행에 미치는 영향과 스포츠에 나타나는 개인주의, 국가(민족)주의, 초국가주의 간의 경합 현상이다. 주요 논문으로는 「청년 고실업률 시대, 청년 여가권(餘暇權) 성찰」, 「스포츠 셀러브리티에 나타난 민족(국가)주의 대(對) 초국가주의 담론 경합: 빅토르 안 사례를 중심으로」 등이 있다.

박선웅　미국 UCLA에서 사회학 박사 학위를 취득했고, 현재 한국교원대학교 일반사회교육과 교수로 재직 중이다. 지난 12여 년간 한국문화사회학회의 학술위원장, 부회장, 회장을 역임했다. 주요 관심사로는 문화사회학, 시민사회, 사회 운동, 사회문화교육 등이며, 주요 저서로 『문화사회학』(공저), 『한국사회의 문화풍경』(공저), 『Civil Sphere in East Asia』(공저) 등이 있다.

지은이(가나다순)

김은정　덕성여자대학교 사회학과 교수이다. 개인의 생애 발달 및 이를 둘러싼 사회적 맥락에 관심이 있는데, 최근에는 노인 문제를 중심으로 이 주제를 탐구하고 있다. 대표 논문으로는 「성인모색기 20대 여성의 이성교제 및 성 행동을 통한 자아 정체성 형성에 관한 일 연구」, 「1930-1940년대 서비스직 여성의 노동경험을 통한 '직업여성'의 근대적 주체성 형성과 갈등에 관한 연구」, 「1935-1945년 코호트 전문직 여성노인들의 일 정체성 형성과정에 관한 연구」 등이 있으며, 저서로는 『문화사회학의 관점에서 본 질적연구방법론』(공저)이 있다.

윤충로　한성대학교와 성공회대학교 연구교수를 거쳐 현재 한국학중앙연구원 전임연구원으로 일하고 있다. 1960~1970년대 사회사, 특히 베트남 전쟁 참전과 새마을 운동에 관련한 대중적 경험과 기억과 현재성 등에 관심을 갖고 연구를 진행해왔다. 주요 저서로『베트남전쟁의 한국사회사: 잊힌 전쟁, 오래된 현재』,『(베트남과 한국의) 반공독재국가형성사: 응오딘지엠과 이승만 정권 비교』가 있다.

이기웅 성공회대학교 동아시아연구소 연구교수이다. 영국 런던정경대학교(London School of Economics)에서 사회학 박사 학위를 받고 대중문화와 도시문화에 관심을 갖고 연구와 저술 활동을 진행해왔다. 주요 저서로는『서울, 젠트리피케이션을 말하다』,『아시아, 젠트리피케이션을 말하다』,『변방의 사운드: 모더니티와 아시안 팝의 전개 1960-2000』(공저) 등이 있고 연구 논문으로는「젠트리피케이션 효과: 홍대지역 문화유민의 흐름과 대안적 장소의 형성」,「서울의 젠트리피케이션과 대안적 도시운동의 부상」,「팝 에로티카: 육체·관능·사운드」가 있다.

이재성 성공회대학교 사회문화연구원의 연구위원이며, 서울대학교 기초교육원에서 사회과학 글쓰기 강좌를 맡고 있다. 주요 연구 분야는 노동 운동, 지역 운동, 문화 운동 등이고, 글쓰기와 아카이빙 등 기록 문화의 인프라를 구축하는 일을 하고 있다. 주요 저서로『지역사회운동과 로컬리티: 1980년대 인천의 노동운동과 문화운동』과『문화사회학의 관점으로 본 질적연구방법론』(공저)이 있다.

이지연 일본 오차노미즈여자대학교에서 사회학 전공으로 박사 학위를 취득하고 현재 한양대학교 PRIME사업단 책임연구원으로 재직 중이다. 주요 연구 분야는 가족사회학, 여성 정책, 지역사회학, 질적 연구 방법론 등이고, 문제 중심 학습(Problem Based Learning), 액티브 러닝(Active Learning) 등 학습자 주도형 교수 방법에 관심을 갖고 있다.

이창호 한양대학교 글로벌다문화연구원 연구교수이다. 한국학중앙연구원 한국학대학원 인류학 박사이며, 연세대학교 사회발전연구소 연구원과 한국학중앙연구원 문화외종교연구소 학술연구교수를 지냈고 한국외국어대학교, 한양대학교, 고려대학교, 홍익대학교, 강원대학교 강사를 역임했다. 주요 저서로는『20세기 동아시아화교의 지속과 변화』(공저),『동아시아 관광의 상호시선』(공저),『향수 속의 한국 사회』(공저),『한국의 다문화 공간』(공저) 등이 있고, 번역서로는『글로벌시대의 문화인류학』(공역),『베트남 전쟁의 유령들』(공역) 등이 있다.

정수남 한국학중앙연구원에서 사회학 박사 학위를 받고 서울대학교에서 박사후연구원, 한국학중앙연구원에서 학술연구교수를 지냈다. 현재 연세대학교 사회발전연구소 연구교수로 재직 중이다. 주요 관심 분야는 감정사회학, 문화사회학, 역사사회학이다. 역서로는『감정의 거시사회학』(공역),『사회이론의 역사』(공역),『셀러브리티』(공역) 등이 있고 저서로는『열풍의 한국사회』(공저),『감정은 사회를 어떻게 움직이는가』(공저),『향수 속의 한국사회』(공저) 등이 있다. 최근에는 프레카리아트 및 플랫폼노동자의 감정에 대해 연구하고 있다.

정은정 경북대학교 사회학과 대학원에서 박사과정을 수료하고 현재는 한신대학교에서 시간 강사로 음식과 농업과 관련한 교양과목을 강의하고 있다. 전공은 농촌사회학으로, 농업의 기업 화 문제를 치킨으로 푼 책이 『대한민국 치킨展: 백숙에서 치킨으로, 한국을 지배한 닭 이야기』 이다. 주로 치킨, 피자, 라면 등의 대중적인 음식으로 농촌 농업 문제와 자영업자들의 문제를 연 구한다. 농촌 현장을 돌아다니며 농민들의 이야기를 듣고 적어 매체에 기고하는 일을 소임으로 여기고 있다. ≪경향신문≫에 '정은정의 먹거리 공화국'이라는 칼럼을 연재 중이다.

한성훈 연세대학교 미래융합연구원 연구교수로 재직 중이며 가톨릭대학교, 아주대학교, 한성 대학교 등에서 강의하고 있다. 주요 논저로는 『전쟁과 인민: 북한 사회주의 체제의 성립과 인민 의 탄생』, 『가면권력: 한국전쟁과 학살』, 『학살, 그 이후의 삶과 정치』, 「하미마을의 학살과 베 트남의 역사 인식: 위령비와 '과거를 닫고 미래를 향한다'」, 「월남 지식인의 정체성: 정치사회변 동과 자기 결정성」, 「신해방지구 인민의 사회주의 체제 이행」 등이 있다. 전쟁과 사회 변동, 동 아시아 시민사회, 제노사이드와 인권, 사회 운동, 북한 사회와 인민에 관심을 갖고 연구 중이다.

한울아카데미 2099

질적 연구자 좌충우돌기
실패담으로 파고드는 질적 연구 이모저모

ⓒ 이현서 외, 2018

기획 한국문화사회학회 | **엮은이** 이현서·박선웅
지은이 김은정·윤충로·이기웅·이재성·이지연·이창호·이현서·정수남·정은정·한성훈
펴낸이 김종수 | **펴낸곳** 한울엠플러스(주) | **편집책임** 최규선 | **편집** 김지하

초판 1쇄 인쇄 2018년 9월 10일 | **초판 1쇄 발행** 2018년 10월 1일

주소 10881 경기도 파주시 광인사길 153 한울시소빌딩 3층
전화 031-955-0655 | **팩스** 031-955-0656 | **홈페이지** www.hanulmplus.kr
등록번호 제406-2015-000143호

Printed in Korea.
ISBN 978-89-460-7099-8 93330 (양장) | 978-89-460-6521-5 93330 (반양장)

※ 책값은 겉표지에 표시되어 있습니다.
※ 이 책은 강의를 위한 학생용 교재를 따로 준비했습니다. 강의 교재로 사용하실 때에는 본사로 연락해주시기 바랍니다.